CUENTOS DE LA ALHAMBRA

TALES OF THE ALHAMBRA

Plutón Ediciones

Segunda Edición: 2016
Tercera Edición:2017
Cuarta Edición: 2017
Quinta Edición: 2018

Diseño de cubierta y maquetación: Saul Rojas Blonval

Edita: Plutón Ediciones X, s. l.,
Calle Llobateras Nº 20,
Talleres 6, Nave 21
08210 Barberà del Vallés
Barcelona-España
E-mail: contacto@plutonediciones.com
http://www.plutonediciones.com

I.S.B.N: 978-84-15089-83-4
Depósito Legal: B-14357-2015

Impreso en España

CLÁSICOS/BILINGÜES

CUENTOS DE LA ALHAMBRA

Washington Irving

TALES OF THE ALHAMBRA

TRADUCCIÓN: BENJAMIN BRIGGENT

Presentación

La Colección Clásicos Bilingües de Plutón Ediciones sirve como una herramienta educativa para aprender y perfeccionar el inglés mediante la lectura de clásicos imprescindibles de la literatura universal. El texto traducido al castellano acompaña página a página a su versión en inglés. Puedes leer el libro de la manera que desees, todas las maneras son correctas.

Para completar tu experiencia educativa se incluyen al final del libro una serie de ejercicios para poner en práctica tus nuevos conocimientos del idioma, diseñados especialmente a partir de la lectura realizada y tomando en cuenta sus características principales.

El Autor

El genial creador de *Cuentos de la Alhambra*, Washington Irving vino al mundo el 3 de abril de 1783, año glorioso para los jóvenes de EEUU de América, porque su antigua metrópoli les reconoce también como un país soberano. Ya como escritor consumado, fue nombrado como agregado de la Legación norteamericana en Madrid, cargo que buscaba con ahínco por haber proyectado una obra sobre Cristóbal Colón y necesitar por ello, la mayor documentación posible. Le seduce el país y antepone su costumbrismo, su luz y color a los archivos y legajos que también investiga.

En la primavera de 1829, Irving visitó Sevilla y después Granada, junto con Dalgoruki, adscrito a la embajada rusa en Madrid, y tal como él mismo nos cuenta en la obra, obtuvo permiso para residir una temporada en las habitaciones de la famosa fortaleza palacio.

Fruto de ello fue la obra *The Alhambra* que las versiones en español popularizaron como *Cuentos de la Alhambra*. Algunos de ellos llegaron a publicarse por separado, como la *Leyenda de la Rosa de la Alhambra*.

Irving supo mezclar sabiamente la historia oral con la consulta de las fuentes. Nadie como él ha sabido captar a vista de pájaro, todas las emociones que se perciben desde lo alto de la fortaleza, en una ciudad que se presta por su situación, maravillosamente para ello. No olvida tampoco una visión completa del plano interior del recinto que describe minuciosamente, el grácil Generalife, el Darro serpenteante, la emblemática ciudad de Santafé, la vega del Genil, y Sierra Nevada, orgullosos y delicias de Granada.

Irving murió en 1859, el mismo año que lo hacía otro gran hispanista también norteamericano William H. Prescott. Muy lejos quedaba todavía 1898 y el enturbiamiento de las relaciones entre los dos países que se hallan condenados a entenderse. 1859 será también el año de la apertura del Canal de Suez, que para bien o para mal, tanto contribuiría en el nuevo acercamiento de Occidente al mundo Islámico.

CUENTOS DE LA ALHAMBRA

TALES OF THE ALHAMBRA

El viaje

Durante la primavera del año 1829, el autor de esta obra, que había venido a España atraído por la curiosidad, realizó un viaje desde Sevilla a Granada, acompañado de un amigo, miembro de la Embajada rusa en Madrid. El azar nos había juntado desde regiones muy lejanas, y la igualdad de aficiones nos despertó el deseo de peregrinar juntos por las románticas montañas de Andalucía. ¡Si estas páginas llegan a sus manos, ojalá que le evoque las escenas de nuestro aventurero viaje, ya esté ocupado en las tareas de su cargo diplomático, o mezclado en el bullicio de la corte, o ya se halle absorto ante el espectáculo de la naturaleza; y ojalá que también puedan traerle el recuerdo de los detalles de nuestra atractiva excursión, y con ellos el retrato de un amigo al cual ni el tiempo ni el alejamiento harán olvidar la dulce memoria de su cortesía y gran valía!

Ahora, antes de entrar en mi narración, permítame apuntar algunos pormenores sobre el aspecto de España y la manera de viajar en este país. Casi todos se representan en su imaginación a España como una región meridional atractiva, con los suaves encantos de la sensual Italia; pero es, por el contrario, en su mayor parte —si bien se exceptúan algunas de sus provincias marítimas—, un país áspero y triste, de escarpadas montañas y extensísimas llanuras desprovistas de árboles, de impresionante aridez y aislamiento, que participa del salvaje y solitario carácter de África.

Esta silenciosa soledad aumenta la ausencia de las aves melodiosas, consecuencia natural de la falta de árboles y de pastos: se contemplan al buitre y al águila revolotear alrededor de los escarpados picos de las montañas, precipitándose al llano, y las bandadas de recelosas zancudas que trepan entre los matorrales; pero esa multitud de aves que anidan en otros países no se encuentran más que en unas pocas provincias de España, y principalmente en los huertos y jardines que rodean las estancias de los humanos.

The Journey

During the spring of 1829, the author of this work, whom curiosity had brought into Spain, made a rambling expedition from Seville to Granada in company with a friend, a member of the Russian Embassy at Madrid. Accident had thrown us together from distant regions of the globe, and a similarity of taste led us to wander together among the romantic mountains of Andalusia. Should these pages meet his eye, wherever thrown by the duties of his station, whether mingling in the pageantry of courts, or meditating on the truer glories of nature, may they recall the scenes of our adventurous companionship, and with them the recollection of one, in whom neither time nor distance will obliterate the remembrance of his gentleness and worth.

And here, before setting forth, let me indulge in a few previous remarks on Spanish scenery and Spanish travelling. Many are apt to picture Spain to their imaginations as a soft southern region, decked out with the luxuriant charms of voluptuous Italy. On the contrary, though there are exceptions in some of the maritime provinces, yet, for the greater part, it is a stern, melancholy country, with rugged mountains, and long sweeping plains, destitute of trees, and indescribably silent and lonesome, partaking of the savage and solitary character of Africa.

What adds to this silence and loneliness, is the absence of singing birds, a natural consequence of the want of groves and hedges. The vulture and the eagle are seen wheeling about the mountain-cliffs, and soaring over the plains, and groups of shy bustards stalk about the heaths; but the myriads of smaller birds, which animate the whole face of other countries, are met with in but few provinces in Spain, and in those chiefly among the orchards and gardens which surround the habitations of man.

En las regiones del interior atraviesa el viajero de tanto en tanto campos extensos sembrados de cereales, que verdean de vez en cuando, tan extensos que no los abarca la vista, y que en otros tiempos estaban desérticos y secos; en vano se buscará la mano que ha cultivado aquel suelo. A lo lejos se divisa algún pueblecito situado sobre una colina escarpada o áspero acantilado, semejando murallas desmanteladas o ruinosas atalayas; o bien algún refugio fortificado, en épocas pasadas, en las muchas guerras que se sucedieron o contra las correrías de los moriscos, pues todavía se conserva entre los pueblerinos de muchas partes de España la costumbre de unirse para la protección mutua, a causa de los robos de los ladrones vagabundos.

Pero aunque una gran parte de España está falta de arboleda y floresta y carece de los atractivos del cultivo que adornan los campos, todo su conjunto ofrece una noble severidad que está perfectamente en armonía con la manera de ser de los habitantes; así he entendido mejor, el arrogante, intrépido, frugal y sobrio español y su arrojo en los peligros y su desprecio a los refinados placeres desde que he visitado el país en que vive.

Hay algo también en los severos y sencillos paisajes del territorio español que imprime en el alma un sentimiento majestuoso. Las inmensas llanuras de Castilla y de la Mancha, que se extienden hasta perderse de vista, atraen e interesan por su gran aridez e inmensidad, y poseen en alto grado la solemne grandiosidad del océano. Recorriendo estas vastas llanuras, se divisa por doquier algún rezagado rebaño o manada a cargo de un solitario pastor, inmóvil cual una estatua, con una larga y delgada vara que se levanta hacia los aires a manera de lanza; o ya una larga reata de mulos marchando cansinamente a través de la llanura, semejando una caravana de camellos en el desierto; ya un solo labriego armado de trabuco y puñal y yendo de allá para acá por el llano. De este modo, el país, los habitantes y las mismas costumbres del pueblo participan en algo del carácter árabe. La general inseguridad de esta región está demostrada con el universal uso de las armas: el pastor en la campiña y el zagal en el llano tienen su escopeta y su navaja, y el rico aldeano en pocas ocasiones se aventura a ir a la feria real sin su trabuco, y quizá también acompañado de un criado a pie, con su arma de fuego al hombro; y, en general, no se inicia la más pequeña caminata sin todos los preparativos de una empresa bélica.

In the interior provinces the traveller occasionally traverses great tracts cultivated with grain as far as the eye can reach, waving at times with verdure, at other times naked and sun burnt, but he looks round in vain for the hand that has tilled the soil. At length, he perceives some village on a steep hill, or rugged crag, with mouldering battlements and ruined watchtower; a strong-hold, in old times, against civil war, or Moorish inroad; for the custom among the peasantry of congregating together for mutual protection is still kept up in most parts of Spain, in consequence of the maraudings of roving freebooters.

But though a great part of Spain is deficient in the garniture of groves and forests, and the softer charms of ornamental cultivation, yet its scenery is noble in its severity, and in unison with the attributes of its people; and I think that I better understand the proud, hardy, frugal and abstemious Spaniard, his manly defiance of hardships, and contempt of effeminate indulgences, since I have seen the country he inhabits.

There is something too, in the sternly simple features of the Spanish landscape, that impresses on the soul a feeling of sublimity. The immense plains of Castiles and of La Mancha, extending as far as the eye can reach, derive an interest from their very nakedness and immensity, and possess, in some degree, the solemn grandeur of the ocean. In ranging over these boundless wastes, the eye catches sight here and there of a straggling herd of cattle attended by a lonely herdsman, motionless as a statue, with his long slender pike tapering up like a lance into the air; or, beholds a long train of mules slowly moving along the waste like a train of camels in the desert; or, a single horseman, armed with blunderbuss and stiletto, and prowling over the plain. Thus the country, the habits, the very looks of the people, have something of the Arabian character. The general insecurity of the country is evinced in the universal use of weapons. The herdsman in the field, the shepherd in the plain, has his musket and his knife. The wealthy villager rarely ventures to the market-town without his *trabuco*, and, perhaps, a servant on foot with a blunderbuss on his shoulder; and the most petty journey is undertaken with the preparation of a warlike enterprise.

Los peligros del camino provocan también un modo especial de viajar, parecido, aunque en pequeña escala, a las caravanas del Oriente. Los arrieros se reúnen y emprenden juntos la caminata en largo y bien armado convoy y en ciertos y determinados días; y, a la vez, algún que otro viajero aumenta el número y contribuye a la defensa general. En esta ancestral forma de viajar está el comercio del país. El mulatero es el intermediario ordinario del tráfico y el auténtico viajero de la tierra: él atraviesa la Península desde los Pirineos y las Asturias hasta las Alpujarras, la Serranía de Ronda e incluso hasta las puertas de Gibraltar. Vive sobria y rudamente; sus alforjas de tela burda constituyen su parca despensa de provisiones; una bota de cuero pendiente de su arzón llena vino o agua, que le ofrece refuerzo a través de aquellas estériles montañas y secas llanuras; una manta de mula tendida en la tierra le sirve de cama por la noche y la albarda de almohada. Su pequeño pero bien constituido y membrudo cuerpo indica su vigor; su tez es morena y tostada por el sol; su mirada resuelta, pero tranquila en su expresión, excepto cuando se enfurece por alguna emoción súbita; su porte es franco, varonil y cortés, y jamás pasa junto a alguno sin dirigirle este grave saludo: "Dios lo guarde a usted", "Vaya usted con Dios, caballero".

Como estos hombres transportan constantemente toda su fortuna entregada a la suerte en sus mulas de carga, tienen siempre sus armas a punto, colgadas de los aparejos y prontas para poderlas coger en alguna desesperada contingencia; pero, como viajan reunidos en gran número, se hacen temibles a las partidas de rastreadores, y el solitario bandolero, armado hasta los dientes y montado en su corcel andaluz, anda con cautela acechándolos, como el pirata que persigue un barco mercante, sin tener arrojo para dar el asalto.

Los arrieros españoles poseen un inacabable repertorio de cantares y baladas, con las que se entretienen en sus constantes viajes. Sus aires musicales son severos a la vez que sencillos, y consisten en suaves inflexiones; cantan en voz alta y sostienen el canto modulado, sentados a la manera femenina en su mulo, que parece escuchar con atención y a la vez guarda con el paso el compás de las romanzas.

The dangers of the road produce also a mode of travelling, resembling, on a diminutive scale, the caravans of the east. The *arrieros*, or carriers, congregate in convoys, and set off in large and well-armed trains on appointed days; while additional travellers swell their number, and contribute to their strength. In this primitive way is the commerce of the country carried on. The muleteer is the general medium of traffic, and the legitimate traverser of the land, crossing the peninsula from the Pyrenees and the Asturias to the Alpuxarras, the Serrania de Ronda, and even to the gates of Gibraltar. He lives frugally and hardily: his *alforjas* of coarse cloth hold his scanty stock of provisions; a leathern bottle, hanging at his saddle-bow, contains wine or water, for a supply across barren mountains and thirsty plains; a mule-cloth spread upon the ground is his bed at night, and his pack-saddle his pillow. His low, but clean-limbed and sinewy form betokens strength; his complexion is dark and sunburnt; his eye resolute, but quiet in its expression, except when kindled by sudden emotion; his demeanor is frank, manly, and courteous, and he never passes you without a grave salutation: "Dios guarde a usted!" "Vaya usted con Dios, Caballero!" ("May God protect you!" "God be with you, Sir!")

As these men have often their whole fortune at stake upon the burden of their mules, they have their weapons at hand, slung to their saddles, and ready to be snatched out for desperate defence; but their united numbers render them secure against petty bands of marauders, and the solitary *bandolero*, armed to the teeth, and mounted on his Andalusian steed, hovers about them, like a pirate about a merchant convoy, without daring to assault.

The Spanish muleteer has an inexhaustible stock of songs and ballads, with which to beguile his incessant wayfaring. The airs are rude and simple, consisting of but few inflections. These he chants forth with a loud voice, and long, drawling cadence, seated sideways on his mule, who seems to listen with infinite gravity, and to keep time, with his paces, to the tune.

Las coplas que cantan evocan casi siempre a algún antiguo y tradicional romance de moros, o a alguna leyenda de un santo, o de las llamadas "amorosas"; en ocasiones —y esto es lo más corriente— modulan una canción sobre algún osado contrabandista, pues el bandolero y el bandido son héroes poéticos en España entre la gente del pueblo. Sucede con frecuencia que los arrieros improvisan en el acto coplas, inspirándose en algún paisaje que atraviesan o sobre algún avatar del viaje; esta inspiración fácil para comprender e improvisar es característica en España, y, según se cuenta, heredada de los moros. Se percibe, pues, una mezcla de severidad y encanto al oír estas estrofas en los agrestes y salvajes parajes en que nacen, y más yendo acompañadas del especial sonido de las campanillas de las mulas.

Ofrece también un cuadro muy atractivo, una banda de arrieros atravesando el paso de una montaña: primero se oyen los campanilleros, que hieren con su repetido sonido el silencio de la elevada cumbre, o quizá la voz del mulatero arreando a alguna perezosa o rezagada bestia, o bien cantando con toda la fuerza de sus pulmones algún romance tradicional. Otras veces se ve una recua al borde de un terrible desfiladero, o descendiendo por agrestes acantilados, de tal modo que parece destacarse de relieve en el firmamento, o bien caminando junto a espantosos precipicios que se abren bajo sus pies. A medida que se aproximan las bestias se van distinguiendo sus coloridos arreos de cáñamo bordado, sus penachos y sus mantas; y al pasar frente a nosotros nos hace recordar la poca seguridad que ofrece la ruta, su inseparable trabuco pendiente de los fardos y de las mantas.

El antiguo reino de Granada, del cual estábamos ya muy cerca, es una región de las más montañosas de España. Extensas sierras desnudas de pastos y arboledas y formadas de variados mármoles y granitos elevan sus crestas sombrías y negruzcas hasta las regiones siderales; pero en sus rugosos senos crecen fertilísimos y verdes valles, luchando por vencer en ellos la aridez y la vegetación de tal forma, que la misma piedra viva se ve obligada a producir higueras, y el naranjo y el limonero crecen junto al mirto y el rosal.

The couplets thus chanted, are often old traditional romances about the Moors, or some legend of a saint, or some love-ditty; or, what is still more frequent, some ballad about a bold *contrabandista*, or hardy *bandolero*, for the smuggler and the robber are poetical heroes among the common people of Spain. Often, the song of the muleteer is composed at the instant, and relates to some local scene, or some incident of the journey. This talent of singing and improvising is frequent in Spain, and is said to have been inherited from the Moors. There is something wildly pleasing in listening to these ditties among the rude and lonely scenes they illustrate; accompanied, as they are, by the occasional jingle of the mule-bell.

It has a most picturesque effect also to meet a train of muleteers in some mountain-pass. First you hear the bells of the leading mules, breaking with their simple melody the stillness of the airy height; or, perhaps, the voice of the muleteer admonishing some tardy or wandering animal, or chanting, at the full stretch of his lungs, some traditionary ballad. At length you see the mules slowly winding along the cragged defile, sometimes descending precipitous cliffs, so as to present themselves in full relief against the sky, sometimes toiling up the deep arid chasms below you. As they approach, you descry their gay decorations of worsted stuffs, tassels, and saddle-cloths, while, as they pass by, the ever-ready *trabuco*, slung behind the packs and saddles, gives a hint of the insecurity of the road.

The ancient kingdom of Granada, into which we were about to penetrate, is one of the most mountainous regions of Spain. Vast *sierras*, or chains of mountains, destitute of shrub or tree, and mottled with variegated marbles and granites, elevate their sunburnt summits against a deep-blue sky; yet in their rugged bosoms lie ingulfed verdant and fertile valleys, where the desert and the garden strive for mastery, and the very rock is, as it were, compelled to yield the fig, the orange, and the citron, and to blossom with the myrtle and the rose.

En las escarpadas faldas de estas montañas la perspectiva de ciudades y pueblecitos amurallados, construidos a semejanzas de nidos de águila suspendidos entre las rocas y rodeados de baluartes moriscos o ciudadelas cuarteadas, nos transporta con la imaginación a los caballerescos tiempos de las guerras entre moros y cristianos y a la romántica contienda por la conquista de Granada. Al atravesar estas elevadas sierras el viajero se ve obligado a cada paso a echar pie a tierra y guiar sus caballos por las laderas y rápidas subidas y bajadas de aquellos cerros que parecen los desiguales escalones de una escalera. A veces, el sendero va zigzagueando junto a terribles precipicios, sin parapeto que lo ponga a salvo del tajo que se mira en la hondonada, y después desciende hacia los profundos abismos por lóbregas y peligrosas bajadas. En otras ocasiones, a través de accidentados barrancos, esculpidos por los torrentes del invierno, salva la oculta vereda de que se sirve el contrabandista, sin contar con que de cuando en cuando aparece alguna lúgubre cruz, en memoria de algún robo o asesinato, erigida sobre un montón de piedras en un lugar solitario del camino, la cual advierte al viajero que se encuentra en medio de los refugios de los bandidos, y quizás en el mismo momento de ser acechado por algún oculto bandolero. También otras veces, al atravesar por un estrecho valle, se ve uno sorprendido por un ronco mugido; y pronto se divisa por encima del prado que tapiza la falda de la montaña una manada de bravos toros andaluces, destinados a ser toreados en la plaza. Yo he experimentado —si así puedo mencionarlo— un agradable terror contemplando muy de cerca estos temibles animales, poderosos casi sin límites, rebuscando sus gratos pastos, y en estado salvaje, pues casi nunca han visto la gente, ni conocen a nadie más que al solitario pastor que los cuida, e incluso a veces él mismo no se aventura a aproximárseles. El ronco bramido de estas fieras y su aire amenazador, cuando miran abajo desde la elevada roca en que se hallan, añaden fiereza a los salvajes contornos del escenario.

Me he entregado involuntariamente, y con más minuciosidad de lo que yo me proponía, a hacer estas consideraciones sobre las fases generales que presentan los viajes por España; pero hay tal poesía en los dulces recuerdos de la Península, que se siente la imaginación dulcemente conquistada.

In the wild passes of these mountains the sight of walled towns and villages, built like eagles' nests among the cliffs, and surrounded by Moorish battlements, or of ruined watchtowers perched on lofty peaks, carries the mind back to the chivalric days of Christian and Moslem warfare, and to the romantic struggle for the conquest of Granada. In traversing these lofty sierras the traveller is often obliged to alight, and lead his horse up and down the steep and jagged ascents and descents, resembling the broken steps of a staircase. Sometimes the road winds along dizzy precipices, without parapet to guard him from the gulfs below, and then will plunge down steep, and dark, and dangerous declivities. Sometimes it struggles through rugged *barrancos*, or ravines, worn by winter torrents, the obscure path of the *contrabandista*; while, ever and anon, the ominous cross, the monument of robbery and murder, erected on a mound of stones at some lonely part of the road, admonishes the traveller that he is among the haunts of banditti, perhaps at that very moment under the eye of some lurking *bandolero*. Sometimes, in winding through the narrow valleys, he is startled by a hoarse bellowing, and beholds above him on some green fold of the mountain a herd of fierce Andalusian bulls, destined for the combat of the arena. I have felt, if I may so express it, an agreeable horror in thus contemplating, near at hand, these terrific animals, clothed with tremendous strength, and ranging their native pastures in untamed wildness, strangers almost to the face of man: they know no one but the solitary herdsman who attends upon them, and even he at times dares not venture to approach them. The low bellowing of these bulls, and their menacing aspect as they look down from their rocky height, give additional wildness to the savage scenery.

I have been betrayed unconsciously into a longer disquisition than I intended on the general features of Spanish travelling; but there is a romance about all the recollections of the Peninsula dear to the imagination.

Era el 1 de mayo cuando mi compañero y yo salimos de Sevilla en dirección a Granada; lo habíamos planeado todo para hacer nuestro viaje por lugares montañosos, pero por caminos un poco mejores que las primitivas sendas de los mulos, sin contar el que están frecuentemente visitados por los bandidos. Lo más valioso de nuestro equipaje se había enviado delante con los arrieros, llevando únicamente con nosotros lo necesario para el viaje y el dinero para los gastos del mismo, con un suficiente sobrante de esto último para satisfacer la ambición de los bandoleros, si por desgracia nos asaltaban, y para librarnos de los duros tratamientos que sufre el indefenso viajero que es demasiado confiado. Nos prepararon un par de resistentes caballos de alquiler, y además otro tercero para nuestro parco equipaje y para que sirviese a la vez a un vizcaíno fortachón, mozo de unos veinte años de edad, que era nuestro guía por todos aquellos confusos vericuetos y senderos montañosos, el cual cuidaba de nuestros caballos y desempeñando a veces el papel de lacayo, sirviéndonos constantemente de guardia, pues llevaba un formidable trabuco para defendernos de los asaltantes, y sobre cuya arma nos realizó muchas y pomposas alabanzas; aunque en desprestigio de esta su celebrada herramienta debo añadir que casi siempre estaba descargada y colgada detrás de la silla. Era, con todo, fiel, divertido y de buena condición, y encadenaba refranes y proverbios como aquella flor y nata de los escuderos, el mismísimo afamado Sancho, cuyo nombre le pusimos; y como buen español —aunque le tratábamos con la familiaridad de un compañero— nunca, ni aun por un solo instante, traspasó los límites del decoro, a pesar de su innato buen humor.

Así equipados y servidos, nos pusimos en marcha muy bien pertrechados para que el viaje fuera agradable. Pero ¡qué país es España para un viajero! La más miserable posada está para él tan repleta de aventuras como un castillo encantado, y cada comida constituye por sí misma toda una proeza. ¡Quédese para otros el criticar la falta de buenos caminos y de suntuosos hoteles, y de las esmeradas comodidades de un país adelantado y corriente; pero prefiero la áspera y escarpada serranía, la vagabunda y azarosa vida del caminante, y las francas, hospitalarias y primitivas costumbres que prestan exquisito atractivo a la romántica España!

My companion and I left Seville on May 1st.As our proposed route to Granada lay through mountainous regions, where the roads are little better than mule paths, and said to be frequently beset by robbers, we took due travelling precautions. Forwarding the most valuable part of our luggage a day or two in advance by the *arrieros*, we retained merely clothing and necessaries for the journey and money for the expenses of the road, with a little surplus of hard dollars by way of robber purse, to satisfy the gentlemen of the road should we be assailed. A couple of stout steeds were provided for our own mounting, and a third for our scanty luggage and the conveyance of a sturdy Biscayan lad, about twenty years of age, who was to be our guide, our groom, our valet, and at all times our guard. For the latter office he was provided with a formidable *trabuco* or carbine, with which he promised to defend us against rateros or solitary footpads. He made much vainglorious boast about his weapon at the outset of the journey, though, to the discredit of his generalship, it was suffered to hang unloaded behind his saddle. He was, in truth, a faithful, cheery, kind-hearted creature, as full of saws and proverbs as that miracle of squires, the renowned Sancho himself, whose name, by the by, we bestowed upon him, and like a true Spaniard, though treated by us with companionable familiarity, he never for a moment, in his utmost hilarity, overstepped the bounds of respectful decorum.

Such were our minor preparations for the journey, but above all we laid in an ample stock of good humor, and a genuine disposition to be pleased. *Contrabandista* Spain, what a country for a traveller!, where the most miserable inn is as full of adventure as an enchanted castle, and every meal is in itself an achievement! Let others repine at the lack of turnpike roads and sumptuous hotels, and all the elaborate comforts of a country cultivated and civilized into tameness and commonplace; but give me the rude mountain scramble; the roving, haphazard, wayfaring; the half wild, yet frank and hospitable manners, which impart such a true game flavor to dear old romantic Spain!

Nuestra primera velada tuvo cierto tono agradable. Llegamos, ya tras el ocaso, a un pequeño pueblecito situado entre las sierras, después de una fatigosa marcha por una dilatada llanura desértica, y en donde soportamos varias veces la lluvia. En la posada había una patrulla de miqueletes que andaban rondando aquella zona en persecución de bandidos. La presencia de extranjeros de nuestra condición no era muy frecuente en esta apartada aldea; mi posadero, con dos o tres viejos locuaces camaradas, con mantas pardas, revisaron nuestros pasaportes en un rincón de la posada, mientras que un alguacil garabateaba a la débil luz de un candil. Como los pasaportes estaban en lengua extranjera se quedaron atónitos; pero nuestro escudero Sancho les ayudó en sus pesquisas y les ponderó nuestra importancia con la altisonancia propia de un español.

Además, la generosa distribución de unos cuantos cigarros nos ganó las simpatías de los que nos rodeaban; y después, todos los presentes se movían de un lado para otro por instalarnos cómodamente. El propio corregidor en persona vino a saludarnos, y la posadera trajo pomposamente a la habitación un gran sillón hecho de juncos, para el descanso de tan importante personaje. El jefe de la patrulla cenó con nosotros: era un andaluz vivo, hablador y alegre, que había realizado su campaña en la América del Sur; nos contó sus aventuras amorosas y guerreras, con grandilocuencia, vehemencia en el gesticular, y con un cierto atrayente entornar de ojos; nos dijo que poseía una lista de todos los bandoleros de la comarca, y que se disponía a dar una batida a cada hijo de su madre; nos ofreció al propio tiempo algunos soldados para escolta: "Uno es suficiente para cuidar de ustedes, señores; los ladrones me conocen y conocen a mi gente: la mirada de uno solo es suficiente para aterrorizar la sierra entera." Le quedamos altamente agradecidos por su ofrecimiento, pero le aseguramos, con nuestra natural franqueza, que con la custodia de nuestro escudero Sancho no temíamos a ninguno de los bandoleros de Andalucía.

Our first evening had a very pleasant tone. Shortly after sunset we arrived to a little town among the hills, after a very tiresome journey through the desertic vast plains, where we endured heavy and repeated showers of rain. We found it in a bustle with a party of *miquelets*, who were patrolling the country to ferret out robbers. The appearance of foreigners like ourselves was an unusual circumstance in an interior country town. My host, with two or three old wiseacre comrades in brown Cloaks, studied our passports in a corner of the posada, while an *Alguacil* took notes by the dim light of a lamp. The passports were in foreign languages and perplexed them, but our Squire Sancho assisted them in their studies, and magnified our importance with the grandiloquence of a Spaniard.

In the mean time the magnificent distribution of a few cigars had won the hearts of all around us; in a little while the whole community seemed put in agitation to make us welcome. The corregidor himself waited upon us, and a great rush-bottomed arm-chair was ostentatiously bolstered into our room by our landlady, for the accommodation of that important personage. The commander of the patrol took supper with us—a lively, talking, laughing Andaluz, who had made a campaign in South America, and recounted his exploits in love and war with much pomp of phrase, vehemence of gesticulation, and mysterious rolling of the eye. He told us that he had a list of all the robbers in the country, and meant to ferret out every mother's son of them; he offered us at the same time some of his soldiers as an escort. "One is enough to protect you, *señores;* the robbers know me, and know my men; the sight of one is enough to spread terror through a whole sierra." We thanked him for his offer, but assured him, in his own strain, that with the protection of our redoubtable squire, Sancho, we were not afraid of all the ladrones of Andalusia.

Mientras estábamos cenando con nuestro amigo el perdonavidas, se escucharon acordes de una guitarra y el ruido de castañuelas, y poco después varias voces cantando a coro con un aire popular. En efecto, mi posadero había reunido conjuntamente a los aficionados al canto y a la música y a las hermosas muchachas del rústico lugar, y al salir al patio del mesón se presentó ante nuestra vista el cuadro de una verdadera fiesta española. Nos sentamos, con nuestros huéspedes y con el jefe de la patrulla, en el cenador del patio; la guitarra pasó de mano en mano, haciendo un alegre zapatero de Orfeo de la función. Era un buen mozo de sendas patillas negras; llevaba las mangas subidas hasta los codos; tocaba la guitarra con arte magistral y cantaba coplas amorosas, lanzando miradas expresivas a las mozuelas, de quienes era sin duda el favorito. Bailó después un fandango con verdadero estilo andaluz y con gran satisfacción de los allí presentes. Pero de las muchachas presentes ninguna podía compararse con la hermosa hija de mi posadero, Pepita, que había desaparecido de pronto para hacerse el tocado que la ocasión requería: se adornó su cabeza con rosas, y se lució bailando el bolero con un apuesto soldado. Dimos órdenes a nuestro posadero para que repartiese vino y ofreciese galantemente refrescos a los circunstantes; siendo de notar que, aunque aquella era una humilde heterogénea reunión de soldados, arrieros y aldeanos, nadie traspasó los límites de una honesta alegría. La escena era un magnífico cuadro para un pintor: grupos pintorescos de bailarines, soldados en sus trajes medio militares, aldeanos envueltos en sus parduscas mantas, y no he de pasar en silencio al viejo y flacucho alguacil con su corta capilla negra, el cual no hacía caso de lo que allí ocurría, sino que, sentado en un rincón, escribía sin detenerse, a los pálidos fulgores de un enorme velón, digno de haber figurado en los tiempos de Don Quijote.

No estoy haciendo un esquema con perfección, ni mucho menos pretendo dibujar con precisión los variados sucesos de cada una de nuestras jornadas por sierras y valles, barrancos y montañas. Viajábamos del mismo modo que los contrabandistas, enfrentándonos cada cosa lisa y llanamente como era, y confundiéndonos con personas de todas clases y condiciones, como unos meros despreocupados trotamundos: el mejor y único modo de viajar por España.

While we were supping with our Drawcansir friend, we heard the notes of a guitar, and the click of castanets, and presently a chorus of voices singing a popular air. In fact mine host had gathered together the amateur singers and musicians, and the rustic belles of the neighborhood, and, on going forth, the courtyard or patio of the inn presented a scene of true Spanish festivity. We took our seats with mine host and hostess and the commander of the patrol, under an archway opening into the court; the guitar passed from hand to hand, but a jovial shoemaker was the Orpheus of the place. He was a pleasant-looking fellow, with huge black whiskers; his sleeves were rolled up to his elbows. He played the guitar with masterly skill, and sang a little amorous ditty with an expressive leer at the women, with whom he was evidently a favorite. He afterwards danced a fandango, to the great delight of the spectators. But none of the females present could compare with mine host's pretty daughter, Pepita, who had slipped away and made her toilette for the occasion, and had covered her head with roses; and who distinguished herself in a bolero with a handsome young dragoon. We ordered our host to let wine and refreshment circulate freely among the company, yet, though there was a motley assembly of soldiers, muleteers, and villagers, no one exceeded the bounds of sober enjoyment. The scene was a study for a painter: the picturesque group of dancers, the troopers in their half military dresses, the peasantry wrapped in their brown cloaks; nor must I omit to mention the old meagre *Alguacil*, in a short black cloak, who took no notice of any thing going on, but sat in a corner diligently writing by the dim light of a huge copper lamp, that might have figured in the days of Don Quixote.

The outline of our journey is not a perfect one, nor do I intend to describe with accuracy all the events of each day we traveled through valleys and hills, *barrancos* and mountains. We traveled like the *contrabandistas,* dealing with everything as it was and blending with all sorts of people, as if we were carefree globetrotters. Such is the best way to travel across Spain.

Conociendo las pobres despensas de las posadas y los desiertos parajes que el viajero tiene necesidad de atravesar, pusimos todo nuestro tacto, al partir, en tener bien abastecidas las alforjas de nuestro escudero con provisiones de fiambres y llenar la bota —que era de respetables dimensiones— hasta la boca de exquisito vino de Valdepeñas. Como estas municiones eran más fundamentales para nuestro viaje que las de su trabuco, le advertimos que tuviese mucho cuidado con ellas y le hago justicia diciendo que su homónimo el mismísimo Sancho Panza no le hubiera podido aventajar en su oficio de administrador despensero. Aunque las alforjas y la bota eran frecuentemente asaltadas durante el viaje, parecían poseer el don de no agotarse nunca; y era que nuestro celoso escudero tenía cuidado de guardar lo que quedaba de nuestras cenas nocturnas en las posadas, para completar nuestras comidas del día.

En cierta ocasión nos detuvimos a la caída de la tarde, para obsequiarnos con una merienda de esta clase, en una agradable pradera tapizada de verde y rodeada de colinas cubiertas de olivos. Se tendieron numerosos cobertores sobre el musgo bajo un álamo cercano a un delicioso arroyuelo, y se ataron los caballos donde pastasen la hierba. Sancho presentó sus alforjas con cierto aire de victoria, y en ellas los sobrantes de cuatro días de camino, y además notablemente aumentadas con los acopios hechos la tarde anterior en una rica posada de Antequera. Nuestro escudero iba sacando uno por uno su heterogéneo contenido, y parecía que aquello no iba a acabar nunca. Primero una pierna de cabrito asada, casi sin haberla tocado; después una perdiz entera; acto seguido un gran trozo de bacalao en salazón, liado en papel; después los restos de un jamón, y, por último, media gallina; todo ello junto con algunos panecillos y una gran provisión de naranjas, higos, pasas y nueces. Su bota había sido rellena con excelente vino de Málaga. A cada nueva aparición de su despensa gozaba con nuestra divertida sorpresa, tirándose de espaldas sobre la hierba y estallando de risa. Nada le gustaba más al sencillo muchacho como el ser comparado —por su afición a la comida— con el celebérrimo escudero de Don Quijote. Era un experto en la vida del "caballero andante", y —como el lugareño de España— creía firmemente que era una historia verídica.

Knowing the scanty larders of Spanish inns, and the houseless tracts we might have to traverse, we had taken care to have the *alforjas* of our squire well stocked with cold provisions, and his *bota*, or leathern bottle, which might hold a gallon, filled to the neck with choice Valdepeñas wine. As we depended more upon these for our well-being than even his *trabuco*, we exhorted him to be more attentive in keeping them well charged; and I must do him the justice to say that his namesake, the trencher-loving Sancho Panza, was never a more provident purveyor. Though the *alforjas* and the bota were frequently and vigorously assailed throughout the journey, they had a wonderful power of repletion, our vigilant squire sacking every thing that remained from our repasts at the inns, to supply these junketings by the road-side, which were his delight.

At noon we halted in a pleasant little meadow among hills covered with olive-trees. Our cloaks were spread on the grass, under an elm by the side of a bubbling rivulet; our horses were tethered where they might crop the herbage, and Sancho was told to produce his *alforjas*. He had a brightened countenance, when he produced his *alforjas* with an air of triumph. They contained the contributions of four days' journeying, but had been signally enriched by the foraging of the previous evening in the plenteous inn at Antiquera. He drew forth the heterogeneous contents one by one, in a series which seemed to have no end. First came forth a shoulder of roasted kid, very little the worse for wear; then an entire partridge; then a great morsel of salted codfish wrapped in paper; then the residue of a ham; then the half of a pullet, together with several rolls of bread, and a rabble rout of oranges, figs, raisins, and walnuts. His *bota* also had been recruited with some excellent wine of Malaga. At every fresh apparition from his larder, he would enjoy our ludicrous surprise, throwing himself back on the grass, shouting with laughter. On my comparing his contents of the *alforjas* to Sancho's skimming of the flesh-pots at the wedding of Camacho, I found he was well versed in the history of Don Quixote, but, like many of the common people of Spain, firmly believed it to be a true history.

—¿Hace mucho tiempo que sucedió eso, señor? —me preguntó cierto día con mirada escrutadora.

—Ya hace mucho tiempo —le dije.

—¿Se puede decir que hará más de mil años? —añadía, mirando todavía con aire de duda.

—Yo te aseguro que es lo menos.

El lacayo quedó persuadido.

Cuando estábamos dedicados a la refacción antes citada y divirtiéndonos con las bufonadas de nuestro criado, se nos acercó un pobre mendigo que tenía cierto aspecto de peregrino. Era un anciano con la barba muy blanca, y se venía apoyando en un cayado, aunque la vejez no le había encorvado todavía; era alto, de buen porte y conservaba trazas de haber tenido hermosas facciones; se cubría con un sombrero que le entraba mucho en la cabeza y traía zamarra y calzones de cuero, polainas y sandalias. Su vestido —aunque viejo y remendado— era decente y su aspecto muy noble, y se dirigió a nosotros con esa grave cortesía que se nota en el más pobre español. Estuvimos sorprendidos con semejante huésped, y por deseo de la caprichosa generosidad le dimos algunas monedas de plata, un pan de trigo blanco y un vaso de nuestro excelente vino de Málaga. Él lo recibió con agradecimiento, pero sin ninguna muestra de servil adulación. Probando el vino lo levantó en alto, analizándolo al trasluz con cierta expresión de estupor, y después se lo bebió de un trago: "Ya hace muchos años —manifestó— que no he probado vino igual a este. Es un magnífico tónico para el corazón de un viejo." Después, contemplando el panecillo que se le había ofrecido, añadió: "¡Bendito sea tal pan!" Le invitamos a que lo comiese allí mismo: "No, señores —contestó—; el vino lo he bebido con vuestro permiso; pero el pan me lo reservo para casa para compartirlo con mi familia."

Nuestro Sancho nos miró, y dándose cuenta enseguida de nuestros deseos, ofreció al anciano una parte de las abundantes sobras de nuestra merienda, con la condición de que se sentase a tomar un bocado.

Se sentó, pues, a corta distancia de nosotros, y empezó a comer poco a poco, con sobriedad y con la finura propia de un hidalgo. Había, en verdad, cierto modo mesurado y tal tranquila serenidad en el anciano, que me hizo creer que habría disfrutado de mejores tiempos; además, su lenguaje, aunque sencillo, era de vez en cuando colorido y de una poética fraseología.

"All that happened a long time ago, *señor*," said he, with an inquiring look.

"A very long time," I replied.

"I dare say more than a thousand years"—still looking dubiously.

"I dare say not less."

The squire was satisfied.

While we were diverting ourselves with his simple drollery, a solitary beggar approached, who had almost the look of a pilgrim. He had a venerable gray beard, and was evidently very old, supporting himself on a staff, yet age had not bowed him down; he was tall and erect, and had the wreck of a fine form. He wore a round Andalusian hat, a sheep-skin jacket, and leathern breeches, gaiters, and sandals. His dress, though old and patched, was decent, his demeanor manly, and he addressed us with the grave courtesy that is to be remarked in the lowest Spaniard. We were in a favorable mood for such a visitor; and in a freak of capricious charity gave him some silver, a loaf of fine wheaten bread, and a goblet of our choice wine of Malaga. He received them thankfully, but without any grovelling tribute of gratitude. Tasting the wine, he held it up to the light, with a slight beam of surprise in his eye, then quaffing it off at a draught, "It is many years," said he, "since I have tasted such wine. It is a cordial to an old man's heart." Then, looking at the beautiful wheaten loaf, "*Bendito sea tal pan!*" "Blessed be such bread!" So saying, he put it in his wallet. We urged him to eat it on the spot. "No, *señores*," replied he, "the wine I had either to drink or leave; but the bread I may take home to share with my family."

Our man Sancho sought our eye, and reading permission there, gave the old man some of the ample fragments of our repast, on condition, however, that he should sit down and make a meal.

He accordingly took his seat at some little distance from us, and began to eat slowly, and with a sobriety and decorum that would have become a *hidalgo*. There was altogether a measured manner and a quiet self-possession about the old man, that made me think that he had seen better days; his language too, though simple, had occasionally something picturesque and almost poetical in the phraseology.

Creí percibir en su interior a un arruinado caballero, pero me equivoqué; no había más que la innata amabilidad del español y los giros poéticos de la fantasía y del lenguaje usado comúnmente por las clases bajas de este pueblo de viva fantasía. Nos contó que durante cincuenta años había sido pastor. "Cuando era joven —decía— no tenía miedo al dolor, ni a la aflicción; siempre me encontraba bien, siempre alegre; pero ahora tengo setenta y nueve años, y soy pobre y mi corazón comienza a abandonarme."

Sin embargo, todavía no era un completo vagabundo, pues hacía poco que había venido a aquel estado de degradación; nos hizo una patética pintura de la lucha entre el hambre y la dignidad cuando las miserables carencias se adueñan de él. Regresaba de Málaga sin dinero; no había probado bocado desde hacía días, y atravesaba uno de los más dilatados llanos de España, donde había muy pocas posadas. Cuando casi flaqueaba de necesidad, se acercó a la puerta de una venta: *¡Perdone usted por Dios, hermano!,* le dijeron (que es la forma usual de despedir a un pobre en España). "Yo me fui —continuó— más avergonzado que con hambre, pues mi corazón era demasiado orgulloso todavía. Me dirigí, pues, hacia un río de profundas márgenes e impetuosa y rápida corriente, y estuve tentado a arrojarme a él. ¿Para qué quiere vivir un viejo miserable y desgraciado como yo? Pero, cuando estuve al borde de la corriente, me acordé de la Santísima Virgen y reculé de mis pasos. Anduve sin rumbo, hasta que divisé un cortijo situado a corta distancia del camino, y penetré en el portal exterior que daba al patio. La puerta estaba cerrada, pero había dos señoritas en una ventana; me acerqué y les pedí una limosna: *¡Perdone usted por Dios, hermano!* Y cerraron la ventana. Me salí del patio temblándome las piernas; pero el hambre me venció y me faltó el valor; pensé que había llegado mi última hora, y me tendí en la puerta, encomendándome a la Santísima Virgen y cubriéndome la cabeza para morir. A poco de esto vino a recogerme el amo de la casa, y viéndome reclinado en su puerta, se apiadó de mis canas, me introdujo en su casa y me dio de comer. ¡Vean ustedes, señores, por qué tengo puesta mi confianza en la protección de la Virgen!"

I set him down for some broken-down cavalier. I was mistaken; it was nothing but the innate courtesy of a Spaniard, and the poetical turn of thought and language often to be found in the lowest classes of this clear-witted people. For fifty years, he told us, he had been a shepherd, but now he was out of employ and destitute. "When I was a young man," said he, "nothing could harm or trouble me; I was always well, always gay; but now I am seventy-nine years of age, and a beggar, and my heart begins to fail me."

Still he was not a regular mendicant: it was not until recently that want had driven him to this degradation; and he gave a touching picture of the struggle between hunger and pride, when abject destitution first came upon him. He was returning from Malaga without money; he had not tasted food for some time, and was crossing one of the great plains of Spain, where there were but few habitations. When almost dead with hunger, he applied at the door of a *venta* or country inn. "*Perdone usted por Dios, hermano!*" ("Excuse us, brother, for God's sake!") was the reply—the usual mode in Spain of refusing a beggar. "I turned away," said he, "with shame greater than my hunger, for my heart was yet too proud. I came to a river with high banks, and deep, rapid current, and felt tempted to throw myself in: 'What should such an old, worthless, wretched man as I live for?' But when I was on the brink of the current, I thought on the blessed Virgin, and turned away. I travelled on until I saw a country-seat at a little distance from the road, and entered the outer gate of the court-yard. The door was shut, but there were two young *señoras* at a window. I approached and begged. '*Perdone usted por Dios, hermano!*'—and the window closed.

"I crept out of the court-yard, but hunger overcame me, and my heart gave way: I thought my hour at hand, so I laid myself down at the gate, commended myself to the Holy Virgin, and covered my head to die. In a little while afterwards the master of the house came home. Seeing me lying at his gate, he uncovered my head, had pity on my gray hairs, took me into his house, and gave me food. So, *señores*, you see that one should always put confidence in the protection of the Virgin."

El anciano iba camino de su pueblo natal, Archidona, que se halla emplazado en lo alto de una escarpada y áspera montaña. Señalando con el dedo las ruinas de su vetusto castillo árabe: "Aquel castillo —nos dijo— estuvo habitado por un rey moro en épocas de las guerras de Granada. La reina Isabel lo sitió con un gran ejército; pero el infiel la miraba desde su castillo junto a las nubes y sonreía sarcásticamente. En esto se apareció la Virgen a la reina, y la guio junto con sus tropas por una misteriosa vereda de las montañas, que nunca después se ha vuelto a descubrir. Cuando el moro la vio venir quedó atónito, y, saltando con su caballo por un precipicio, se hizo trizas. Las huellas de las herraduras de su caballo —prosiguió el viejo— todavía se pueden percibir en el borde de la roca; y perciban ustedes, señores: aquel es el camino por donde la reina y sus soldados treparon; perciban como una cinta por la falda de la montaña; el milagro consiste en que se ve a cierta distancia pero a medida que uno se acerca va desapareciendo."

El camino que nos señaló era, sin duda, una faja arenisca de la montaña que se distinguía perfectamente dibujada y marcada desde lejos, pero que de cerca se borraba y desaparecía.

Después que el ánimo del viejo recobró fuerzas con el vino y la merienda, se puso a explicarnos cierta historia de un misterioso tesoro escondido debajo del castillo del rey moro, al lado de cuyos cimientos se encontraba su propia casa. El cura y el notario soñaron tres veces con el tesoro y fueron a excavar al sitio indicado en sus ensueños, y su propio yerno oyó el ruido de los picos y azadas cierta noche. Lo que ellos hallaron nadie lo ha sabido: se hicieron ricos de la noche a la mañana, pero guardaron su mutuo secreto. Así, pues, el anciano tuvo a su puerta la fortuna, pero estaba condenado a vivir perpetuamente de aquella manera.

Me he dado cuenta que las historias de tesoros escondidos por los moros, que se recuerdan tanto en España, son muy corrientes entre la gente necesitada. ¡De tal manera la benévola Naturaleza alivia con la fantasía la falta de recursos: el sediento sueña con fuentes y fugitivas corrientes; el famélico, con fantásticos banquetes; el pobre, con montones de oro escondidos! ¡Nada hay, ciertamente, más brillante que la imaginación de un pobre!

The old man was on his way to his native place, Archidon
was in full view on its steep and rugged mountain. He pointed to the ruins of its castle. "That castle," he said, "was inhabited by a Moorish king at the time of the wars of Granada. Queen Isabella invaded it with a great army; but the king looked down from his castle among the clouds, and laughed her to scorn! Upon this the Virgin appeared to the queen, and guided her and her army up a mysterious path in the mountains, which had never before been known. When the Moor saw her coming, he was astonished, and springing with his horse from a precipice, was dashed to pieces! The marks of his horse's hoofs," said the old man, "are to be seen in the margin of the rock to this day. And see, *señores*, yonder is the road by which the queen and her army mounted: you see it like a ribbon up the mountain's side; but the miracle is, that, though it can be seen at a distance, when you come near it disappears!"

The ideal road to which he pointed was undoubtedly a sandy ravine of the mountain, which looked narrow and defined at a distance, but became broad and indistinct on an approach.

As the old man's heart warmed with wine and wassail, he went on to tell us a story of the buried treasure left under the castle by the Moorish king. His own house was next to the foundations of the castle. The curate and notary dreamed three times of the treasure, and went to work at the place pointed out in their dreams. His own son-in-law heard the sound of their pickaxes and spades at night. What they found nobody knows; they became suddenly rich, but kept their own secret. Thus the old man had once been next door to fortune, but was doomed never to get under the same roof.

I have remarked that the stories of treasure buried by the Moors, so popular throughout Spain, are most current among the poorest people. Kind nature consoles with shadows for the lack of substantials. The thirsty man dreams of fountains and running streams, the hungry man of banquets, and the poor man of heaps of hidden gold: nothing certainly is more opulent than the imagination of a beggar.

La última escena a la que haré mención es una velada en la pequeña ciudad de Loja. Esta fue un famoso apostadero fronterizo beligerante en tiempos de los moros, que hizo frente a Fernando desde sus murallas; fue la guarida del viejo Aliatar, suegro de Boabdil, desde donde este feroz veterano se lanzó con su yerno a una desastrosa correría que concluyó con la muerte de su jefe y la prisión del monarca. Loja está agrestemente situada en un quebrado paso montañoso a orillas del Genil, entre rocas y montañas, y jardines, y la población parece guardar todavía el intrépido espíritu de fiereza de los tiempos pasados. Nuestro mesón se encontraba en relación con el sitio. Se hallaba al frente de él una joven y hermosa viuda andaluza, cuya adornada basquiña de seda negra con franjas de abalorios dejaba ver los encantos de sus atractivas formas y de sus torneados y flexibles miembros. Su andar era firme y delicado; sus ojos, negros y llenos de fuego; y la coquetería de su porte y los variados adornos de su persona señalaban que estaba acostumbrada a que la contemplasen.

Hacía la mujer buena pareja con un hermano suyo, casi de su misma edad, y eran ambos tipos perfectos de majo y maja andaluces. Él era alto, vigoroso y bien constituido, de color aceitunado claro, negros y chispeantes ojos y rizadas patillas de pelo castaño que se unían por debajo de la barba. Estaba graciosamente vestido con una chaquetilla corta de terciopelo verde, ajustada a su talle, y ricamente adornada con botones de plata, con un inmaculado pañuelo blanco en cada bolsillo. Llevaba calzones de lo mismo, con hileras de botones desde la cadera hasta la rodilla, pañuelo de seda color de rosa al cuello, sujeto con una sortija sobre la pechera de la camisa, esplendorosamente rizada; faja alrededor de la cintura para que hiciera buen contraste, botines de cuero encarnado, elegantemente trabajados y abiertos por la pantorrilla, enseñando sus medias; y, finalmente, zapatos que dejaban ver un pie muy pulido.

The last scene I will mention took place in a very small town. Towards sunset the road, winding round a hill, brought us in sight of the famous little frontier city of Loxa, which repulsed Ferdinand from its walls. It was the strong-hold of that fiery veteran, old Ali Atar, father-in-law of Boabdil; and here it was that the latter collected his troops, and sallied forth on that disastrous foray which ended in the death of the old alcayde and his own captivity.. It is wildly picturesque; built along the face of an arid mountain.. The river Xenil washes its base, winding among rocks, and groves, and gardens, and meadows. The inn to which we were conducted to was quite in keeping with the character of the place, the inhabitants of which seem still to retain the bold, fiery spirit of the olden time. The hostess was a young and handsome Andalusian widow, whose trim *basquiña* of black silk, fringed with bugles, set off the play of a graceful form and round pliant limbs. Her step was firm and elastic; her dark eye was full of fire, and the coquetry of her air, and varied ornaments of her person, showed that she was accustomed to be admired.

She was well matched by a brother, nearly about her own age; they were perfect models of the Andalusian *majo* and *maja*. He was tall, vigorous, and well-formed, with a clear olive complexion, a dark beaming eye, and curling chestnut whiskers that met under his chin. He was gallantly dressed in a short green velvet jacket, fitted to his shape, profusely decorated with silver buttons, with a white handkerchief in each pocket. He had breeches of the same, with rows of buttons from the hips to the knees; a pink silk handkerchief round his neck, gathered through a ring, on the bosom of a neatly-plaited shirt; a sash round the waist to match; *botines*, or spatterdashes, of the finest russet leather, elegantly worked, and open at the calf to show his stockings and russet shoes, setting off a well-shaped foot.

Después que permaneció un tiempo en el zaguán llegó un jinete y trabó con él una charla normal en voz baja. Venía vestido de forma parecida y casi con idéntico refinamiento. Era un hombre como de unos treinta años, de fuerte complexión y de rígidas facciones romanas, guapo, aunque ligeramente picado de viruelas, y con aire franco, valiente y un tanto osado. Su poderoso caballo negro se encontraba adornado con borlas y caprichosos jaeces, y llevaba un par de bocachas colgando por detrás de la silla. Mostraba el aspecto de uno de esos contrabandistas que he visto en las montañas de Ronda. Ciertamente, tenía gran confianza con el hermano de mi posadera, y —si no me engaño— era el favorito admirador de la viuda. En resumen, la posada entera y sus huéspedes rezumaban cierto aire contrabandista, y los trabucos reposaban en un rincón al lado de la guitarra. El jinete que he dibujado pasó la noche en la posada y cantó algunos picarescos aires de la Serranía con mucha desenvoltura. Cuando nos encontrábamos cenando, dos pobres asturianos se aproximaron, mendigándonos míseramente alimento y posada. Habían sido asaltados por los bandoleros al venir de una feria por las montañas; les habían robado un caballo en que llevaban todo su capital comercial; les quitaron el dinero y sus ropas; los habían violentado por haberse osado a oponer resistencia, y los abandonaron casi desnudos en mitad del camino. Mi compañero, con espontánea generosidad, natural en él, les pagó la cena y una cama, y les dio una cantidad de dinero para ayudarles a regresar a sus hogares.

Pero ya cerrada la noche, aumentaron los personajes del drama. Un hombre como de sesenta años, de fornida y vigorosa naturaleza, entró de súbito al interior, a charlar con mi posadera. Vestía el ordinario traje andaluz, pero llevaba un enorme sable debajo del brazo, con largos bigotes, y ostentaba un marcado aire de bravucón. Parecía que todos le miraban con gran temor.

Nuestro Sancho nos dijo en voz baja que era don Ventura Rodríguez, el héroe y campeón de Loja, famoso por sus hazañas y por la fuerza de su brazo. En tiempos de la invasión francesa sorprendió a seis soldados que estaban dormidos: ató en primer lugar sus caballos, y, después les arremetió sable en mano, matando a uno y haciendo prisioneros a los demás. Por este hecho de armas le asignó el rey una peseta diaria y fue honrado con el título de Don.

As he was standing at the door, a horseman rode up and entered into low and earnest conversation with him. He was dressed in a similar style, and almost with equal finery—a man about thirty, square-built, with strong Roman features, handsome, though slightly pitted with the small-pox; with a free, bold, and somewhat daring air. His powerful black horse was decorated with tassels and fanciful trappings, and a couple of broad-mouthed blunderbusses hung behind the saddle. He had the air of one of those *contrabandistas* I have seen in the mountains of Ronda, and evidently had a good understanding with the brother of my hostess; nay, if I mistake not, he was a favored admirer of the widow. In fact, the whole inn and its inmates had something of a *contrabandista* aspect, and a blunderbuss stood in a corner beside the guitar. The horseman I have mentioned passed his evening in the posada, and sang several bold mountain romances with great spirit. As we were at supper, two poor Asturians put in in distress, begging food and a night's lodging. They had been waylaid by robbers as they came from a fair among the mountains, robbed of a horse, which carried all their stock in trade, stripped of their money, and most of their apparel, beaten for having offered resistance, and left almost naked in the road. My companion, with a prompt generosity natural to him, ordered them a supper and a bed, and gave them a sum of money to help them forward towards their home.

As the evening advanced, the dramatis personae thickened. A large man, about sixty years of age, of powerful frame, came strolling in, to gossip with mine hostess. He was dressed in the ordinary Andalusian costume, but had a huge sabre tucked under his arm, wore large moustaches, and had something of a lofty swaggering air. Every one seemed to regard him with great deference.

Our man Sancho whispered to us that he was Don Ventura Rodriguez, the hero and champion of Loxa, famous for his prowess and the strength of his arm. In the time of the French invasion he surprised six troopers who were asleep: he first secured their horses, then attacked them with his sabre, killed some, and took the rest prisoners. For this exploit the king allows him a *peseta* (the fifth of a duro, or dollar) per day, and has dignified him with the title of Don.

Me gustaba contemplar su florido lenguaje y ademanes. Era un perfecto andaluz, muy pagado de su valentía. Tan pronto tenía el sable en la mano como debajo del brazo; lo llevaba siempre consigo, como una niña lleva una muñeca; lo denominada *su Santa Teresa* y decía que *cuando lo sacaba "temblaba la tierra"*.

Permanecí hasta hora muy avanzada contemplando la infinidad de charlas de este pintoresco grupo, donde hablaban todos con la poca reserva propia de una posada española; tuvimos canciones de contrabandistas, historias de bandoleros, hazañas de guerras y leyendas moriscas. El fin de fiesta corrió a cargo de nuestra atractiva posadera, y consistió en una poética relación de *Los infiernos de Loja,* lúgubres cavernas en cuyos subterráneos se producen un misterioso sonido de corrientes y cascadas de agua. El pueblo cree que hay allí encerradas talegas falsas desde tiempo de moros, y que los reyes moriscos guardaban sus tesoros en estas cavernas.

Podríamos llenar las páginas de esta obra con los incidentes y sucesos de nuestra accidentada expedición, si fuera este el objeto de ella; pero perseguimos otro fin. Prosiguiendo nuestro viaje, salimos de las montañas y entramos en la deliciosa vega de Granada. Aquí realizamos la última merienda, a la sombra de unos olivos y a orillas de un riachuelo, con la vieja ciudad morisca en lontananza, coronada por los picos de Sierra Nevada, brillante como la plata. El día estaba sin nubes y el calor del sol atemperado por las frescas brisas de la montaña; después de la comida tendimos nuestras mantas y dormimos nuestra última siesta, acariciados por el zumbido de las abejas entre las flores y por los arrullos de las palomas silvestres de los próximos olivares. Cuando pasaron las horas del calor iniciamos de nuevo la marcha; y, después de haber pasado por entre vallados de pitas y chumberas y por un laberinto de huertas, alcanzamos, al ponerse el sol, las puertas de Granada.

Para el viajero inspirado en lo histórico y en lo poético, la Alhambra de Granada es un objeto de tanta veneración como la Kaaba o Casa Sagrada de la Meca para los devotos peregrinos musulmanes. ¡Cuántas leyendas y tradiciones verídicas y fabulosas, cuántos cantares y romances amorosos, españoles y árabes, y qué de guerras y hechos caballerescos hay referentes a aquellos torreones románticos!

I was amused to behold his swelling language and demeanor. He was evidently a thorough Andalusian, boastful as brave. His sabre was always in his hand or under his arm. He carries it always about with him as a child does her doll, calls it his *Santa Teresa*, and says, "When I draw it, the earth trembles" ("*tiembla la tierra*").

I sat until a late hour listening to the varied themes of this motley group, who mingled together with the unreserve of a Spanish posada. We had *contrabandista* songs, stories of robbers, guerilla exploits, and Moorish legends. The last were from our handsome landlady, who gave a poetical account of the infiernos, or infernal regions of Loxa, dark caverns, in which subterranean streams and waterfalls make a mysterious sound. The common people say that there are money-coiners shut up there from the time of the Moors, and that the Moorish kings kept their treasures in those caverns.

I could fill up these pages with every anecdote and event that happened throughout our rough journey, were this the aim of this book. Continuing with our journey, we emerged from the mountains, and entered upon the far famed Vega of Granada. Our last mid-day's repast was taken under a grove of olive-trees on the border of a rivulet. In the horizon we could see a rural resort of the Moorish kings, while far above it the snowy summits of the *Sierra Nevada* shone like silver. The day was without a cloud. The heat of the sun was tempered by cool breezes from the mountains. Our repast finished, we spread our cloaks and took our last siesta al fresco, lulled by the humming of bees among the flowers and the notes of doves among the olive-trees. When the sultry hours were passed we resumed our journey. We passed between hedges of aloes and Indian figs, and through that wilderness of gardens with which was embroidered, and arrived about sunset at the gates of the city.

To the traveller imbued with a feeling for the historical and poetical, so inseparably intertwined in the annals of romantic Spain, the Alhambra is as much an object of devotion as is the Caaba to all true Moslems. How many legends and traditions, true and fabulous; how many songs and ballads, Arabian and Spanish, of love and war and chivalry, are associated with this oriental pile!

El lector se dará cuenta fácilmente de nuestra alegría cuando, poco después de llegar a Granada, el gobernador de la Alhambra nos dio permiso para residir en las habitaciones vacías del Palacio morisco. Mi compañero fue pronto llamado por los deberes de su cargo oficial; pero yo permanecí ocioso algunos meses en el viejo Palacio encantado. Las siguientes páginas son el resultado de mis abstracciones e investigaciones durante tan feliz permanencia. ¡Si ellas pudiesen transparentar algo de los fascinadores encantos de este sitio a la imaginación del lector, este no podría menos que lamentarse por no haber pasado conmigo una temporada en los legendarios salones de la Alhambra!

GOBIERNO DE LA ALHAMBRA

La Alhambra es una vieja fortaleza o palacio amurallado de los reyes moros de Granada, desde donde ejercían dominio sobre este alabado paraíso terrenal, última posesión de su imperio en España. El palacio árabe no ocupa sino una parte de la fortaleza, cuyas murallas, guarnecidas de torres, rodean irregularmente toda la cresta de una elevada colina que domina la ciudad y constituye una estribación de la Sierra Nevada.

En tiempo de los moros era capaz la Alhambra de encerrar un ejército de 40.000 hombres dentro de su recinto, y se utilizó alguna que otra vez para librarse los soberanos del furor de sus levantiscos súbditos. Después que el reino pasó a manos de los cristianos siguió la Alhambra siendo del patrimonio real, y también algunas veces ha sido habitada por los monarcas castellanos. El emperador Carlos V edificó un suntuoso palacio dentro de sus murallas, pero se suspendió la obra por los continuos terremotos. El último rey que vivió en ella fue Felipe V y su hermosa esposa Isabel de Parma, a principios del siglo XVIII. Se realizaron grandes preparativos para su recepción: el palacio y los jardines sufrieron notable reforma y se agregaron algunas habitaciones, que fueron decoradas por artistas traídos de Italia. La permanencia de estos soberanos fue fugaz, y después de su partida el Palacio volvió nuevamente a su abandono.

You can imagine our glad surprise, when the Mayor of the Alhambra, allowed us to stay in the empty chambers of the Palace. My companion was called upon to resume his job. However, I was at my leisure for some months in the old charming Palace. I forbear for the present, however, to describe the other delightful apartments of the palace. My object is merely to give the reader a general introduction into an abode where, if so disposed, he may linger and loiter with me day by day until we gradually become familiar with all its localities.

Palace of the Alhambra

It was the royal abode of the Moorish kings, where, surrounded with the splendors and refinements of Asiatic luxury, they held dominion over what they vaunted as a terrestrial paradise, and made their last stand for empire in Spain. The royal palace forms but a part of a fortress, the walls of which, studded with towers, stretch irregularly round the whole crest of a hill, a spur of the *Sierra Nevada* or Snowy Mountains.

In the time of the Moors the fortress was capable of containing within its outward precincts an army of forty thousand men, and served occasionally as a strong-hold of the sovereigns against their rebellious subjects. After the kingdom had passed into the hands of the Christians, the Alhambra continued to be a royal demesne, and was occasionally inhabited by the Castilian monarchs. The emperor Charles V commenced a sumptuous palace within its walls, but was deterred from completing it by repeated shocks of earthquakes. The last royal residents were Philip V and his beautiful queen, Elizabetta of Parma, early in the eighteenth century. Great preparations were made for their reception. The palace and gardens were placed in a state of repair, and a new suite of apartments erected, and decorated by artists brought from Italy. The sojourn of the sovereigns was transient, and after their departure the palace once more became desolate.

El recinto fue en adelante ocupado por fuerza militar; el gobernador de la Alhambra quedó bajo la dependencia de la Corona, y su jurisdicción se extendía hasta los confines de la ciudad. Su autoridad era del todo independiente de la del capitán general de Granada. Se alojaba en el interior de la Alhambra una respetable guarnición; el gobernador poseía sus habitaciones frente al viejo palacio morisco, y nunca bajaba a Granada sin una escolta militar. La fortaleza, en resumen, era una pequeña ciudadela independiente, con algunas calles y casas dentro de sus muros, y además con un convento de franciscanos y una iglesia parroquial.

La retirada de la corte, fue, realmente, un golpe fatal para la Alhambra. Sus bellísimos salones se desguarnecieron y algunos de ellos quedaron en ruinas; los jardines desaparecieron y las fuentes cesaron de fluir. Paulatinamente las viviendas se fueron habitando por gentes de mala extracción: contrabandistas que se aprovechaban de su exenta jurisdicción para emprender un extenso y atrevido tráfico de contrabando, y ladrones y pícaros de todas clases, que hacían de ella su guarida y su refugio, y desde donde a todas horas podían patrullar por Granada y sus inmediaciones. La energía del gobierno intervino finalmente, expulsó, por último, a esta gente y no se permitió vivir allí sino el que probase que era hombre honrado y que, por tanto, tenía justos títulos para habitar aquel histórico recinto; se demolieron la mayor parte de las casas y solamente quedaron en pie unas pocas, con la iglesia parroquial y el convento de San Francisco. Durante las últimas guerras acontecimientos en España, mientras Granada se halló en poder de los franceses, la Alhambra estuvo guarnecida con sus tropas, y el general francés habitó provisionalmente en el Palacio. Con el ilustrado criterio que siempre ha distinguido a la nación francesa en sus conquistas, se preservó este monumento de elegancia y grandiosidad morisca de la irreversible ruina que le amenazaba. Los tejados fueron reparados, los salones y las galerías protegidos de los temporales, los jardines cultivados, las cañerías repuestas, y se hicieron saltar en las fuentes vistosos juegos de aguas. Sea como fuere, España, debe estar agradecida a sus invasores por haberle conservado el más hermoso e interesante de sus históricos monumentos.

Still the place was maintained with some military state. The governor held it immediately from the crown, its jurisdiction extended down into the suburbs of the city, and was independent of the captain-general of Granada. A considerable garrison was kept up, the governor had his apartments in the front of the old Moorish palace, and never descended into Granada without some military parade. The fortress, in fact, was a little town of itself, having several streets of houses within its walls, together with a Franciscan convent and a parochial church.

The desertion of the court, however, was a fatal blow to the Alhambra. Its beautiful halls became desolate, and some of them fell to ruin; the gardens were destroyed, and the fountains ceased to play. By degrees the dwellings became filled with a loose and lawless population; *contrabandistas*, who availed themselves of its independent jurisdiction to carry on a wide and daring course of smuggling, and thieves and rogues of all sorts, who made this their place of refuge whence they might depredate upon Granada and its vicinity. The strong arm of government at length interfered; the whole community was thoroughly sifted; none were suffered to remain but such as were of honest character, and had legitimate right to a residence; the greater part of the houses were demolished and a mere hamlet left, with the parochial church and the Franciscan convent. During the recent troubles in Spain, when Granada was in the hands of the French, the Alhambra was garrisoned by their troops, and the palace was occasionally inhabited by the French commander. With that enlightened taste which has ever distinguished the French nation in their conquests, this monument of Moorish elegance and grandeur was rescued from the absolute ruin and desolation that were overwhelming it. The roofs were repaired, the saloons and galleries protected from the weather, the gardens cultivated, the watercourses restored, the fountains once more made to throw up their sparkling showers; and Spain may thank her invaders for having preserved to her the most beautiful and interesting of her historical monuments.

Con la marcha de los franceses volaron éstos algunas torres de la muralla exterior y dejaron las fortificaciones casi en ruinas. Desde este tiempo terminó la importancia militar de la fortaleza. La guarnición consta de unos pocos soldados inválidos, cuya misión principal consiste en guardar algunas de las torres exteriores que sirven en la actualidad de prisiones de Estado; y el gobernador, habiendo abandonado la elevada colina de la Alhambra, habita en Granada, para el más cómodo despacho de los asuntos oficiales.

No terminaré esta breve reseña sobre el estado de la fortaleza sin rendir el debido elogio a los meritorios esfuerzos de su actual gobernador, don Francisco de Serna, quien está utilizando los limitados recursos de que dispone para ir reparando el Palacio, y con sus acertadas disposiciones ha impedido su inminente ruina. Si sus predecesores hubieran cumplido los deberes de su cargo con igual dedicación, la Alhambra podría haber permanecido casi en su originaria belleza; y si este gobierno le ayudara con medios iguales a su celo, este edificio podría conservarse todavía como joya de la nación, y atraería a los curiosos e intelectuales de todos los países durante largas generaciones.

Interior de la Alhambra

La Alhambra ha sido descrita tan punto por punto y con tanta frecuencia por los viajeros, que un ligero croquis será quizá suficiente para refrescar la memoria del lector; por consiguiente, realizaré una breve explicación de nuestra visita al otro día de llegar a Granada.

Abandonando la posada de la Espada, atravesamos la famosa plaza de Bibarrambla, teatro en otros tiempos de las moriscas justas y torneos, y ahora convertida en mercado principal. Desde allí subimos por el Zacatín, que es la calle más importante, y que en tiempo de los moros era el Gran Bazar: en él las tiendecillas y callejuelas conservan aún el carácter del Oriente. Cruzando una plaza por frente del Palacio del capitán general, ascendimos por una estrecha y tortuosa calle, cuyo nombre nos recordó los tiempos caballerescos de Granada.

On the departure of the French they blew up several towers of the outer wall, and left the fortifications scarcely tenable. Since that time the military importance of the post is at an end. The garrison is a handful of invalid soldiers, whose principal duty is to guard some of the outer towers, which serve occasionally as a prison of state; and the governor, abandoning the lofty hill of the Alhambra, resides in the centre of Granada, for the more convenient dispatch of his official duties.

I cannot conclude this brief notice of the state of the fortress without bearing testimony to the honorable exertions of its present commander, Don Francisco de Serna, who is tasking all the limited resources at his command to put the palace in a state of repair, and by his judicious precautions, has for some time arrested its too certain decay. Had his predecessors discharged the duties of their station with equal fidelity, the Alhambra might yet have remained in almost its pristine beauty: were government to second him with means equal to his zeal, this relic of it might still be preserved for many generations to adorn the land, and attract the curious and enlightened of every clime.

The Interior of the Alhambra

The Alhambra has been so often, however, and so minutely described by travellers, that I shall not undertake to give a comprehensive and elaborate account of it, but merely occasional sketches of parts with the incidents and associations connected with them. Hence, I shall give a brief description of our visit, the day after our arrival to Granada.

Leaving our posada called *La Espada*, and traversing the renowned square of the Vivarrambla, once the scene of Moorish jousts and tournaments, now a crowded market-place, we proceeded along the Zacatin, the main street of what, in the time of the Moors, was the Great Bazaar, and where small shops and narrow alleys still retain the oriental character. Crossing an open place in front of the palace of the captain-general, we ascended a confined and winding street, the name of which reminded us of the chivalric days of Granada.

Recibe el nombre de la *Cuesta de Gomeres*, de una familia morisca, famosa en los romances y cantares. Esta cuesta lleva a una maciza puerta de arquitectura griega, construida por Carlos V, y que constituye la entrada a los dominios de la Alhambra.

Había en la puerta dos o tres mal vestidos soldados veteranos, dormitando en un asiento de piedra, los sucesores de los Zegríes y los Abencerrajes; en tanto que un alto y pordiosero ganapán, con una mugrienta capa de color castaño, que tenía por misión, sin duda, el esconder el andrajoso estado de su traje interior, se encontraba haraganeando al sol y charlando con un viejo veterano que estaba de centinela. El individuo se nos juntó cuando hubimos pasado la puerta, y nos ofreció sus servicios para mostrarnos la fortaleza.

Tengo rechazo, como viajero, a estos improvisados cicerones, y no me agradó, en verdad, el aspecto del que se me presentaba.

—¿Supongo que usted conocerá muy bien este lugar?

—Nadie mejor que yo, señor, pues soy hijo de la Alhambra.

La mayoría de los españoles emplea giros poéticos singulares para expresarse. *¡Hijo de la Alhambra!* Esta frase me sorprendió al pronto; pero el humildísimo traje de mi nuevo conocido le daba un expresivo sentido ante mis ojos: era el emblema de las penurias de aquel lugar, y él representaba mejor que nadie al descendiente de tales ruinas.

Le formulé algunas preguntas, y me convencí de que era legítimo su título. Su familia se venía sucediendo en la fortaleza de padres a hijos, casi desde el tiempo de la conquista, y su nombre era Mateo Giménez.

—Entonces —le comenté— tal vez usted es descendiente del gran cardenal Jiménez de Cisneros.

—¡Dios sabe, señor! Muy bien puede ser. Somos la familia más antigua de la Alhambra: *cristianos viejos*, sin mezclas de moros ni judíos. Yo sé que formamos parte de cierta familia noble, pero no me acuerdo cuál. Mi padre sabe todo eso, y conserva el escudo de nobleza colgado en la habitación, en lo alto de la fortaleza.

No hay español, por pobre que sea, que no tenga sus pretensiones generacionales sobremanera, y acepté, por tanto, los servicios del *hijo de la Alhambra.*

It is called the Calle or street of the Gomeres, from a Moorish family famous in chronicle and song. This street led up to the Puerta de las Granadas, a massive gateway of Grecian architecture, built by Charles V, forming the entrance to the domains of the Alhambra.

At the gate were two or three ragged superannuated soldiers, dozing on a stone bench, the successors of the Zegris and the Abencerrages; while a tall, meagre varlet, whose rusty-brown cloak was evidently intended to conceal the ragged state of his nether garments, was lounging in the sunshine and gossiping with an ancient sentinel on duty. He joined us as we entered the gate, and offered his services to show us the fortress.

I have a traveller's dislike to officious ciceroni, and did not altogether like the garb of the applicant.

"You are well acquainted with the place, I presume?"

"*Ninguno más; pues señor, soy hijo de la Alhambra.*"—("Nobody better; in fact, sir, I am a son of the Alhambra!")

The common Spaniards have certainly a most poetical way of expressing themselves. "A son of the Alhambra!"—the appellation caught me at once; the very tattered garb of my new acquaintance assumed a dignity in my eyes. It was emblematic of the fortunes of the place, and befitted the progeny of a ruin.

I put some farther questions to him, and found that his title was legitimate. His family had lived in the fortress from generation to generation ever since the time of the conquest. His name was Mateo Ximenes. "Then, perhaps," said I, "you may be a descendant from the great Cardinal Ximenes?"—"*Dios sabe!* God knows, *señor!* It may be so. We are the oldest family in the Alhambra—*Cristianos viejos,* old Christians, without any taint of Moor or Jew. I know we belong to some great family or other, but I forget whom. My father knows all about it: he has the coat-of-arms hanging up in his cottage, up in the fortress."—There is not any Spaniard, however poor, but has some claim to high pedigree. The first title of this ragged worthy, however, had completely captivated me, so I gladly accepted the services of the "son of the Alhambra."

Nos internamos enseguida en una honda y estrecha cañada cubierta de frondosa arboleda, con una alameda en pendiente y varios caminillos alrededor, provista de asientos de piedra y adornada de fuentes. A nuestra izquierda descubrimos las torres de la Alhambra asomando por encima de nosotros; y a la derecha, en la falda opuesta de la cañada, estábamos columbrados igualmente por otras torres contrarias, en lo alto de una roca. Estas, según nos contaron, eran las *Torres Bermejas,* llamadas así por su color rojo. No se sabe su origen; son de una época muy anterior a la Alhambra, y suponen que fueron levantadas por los romanos; y, según otros, por una errante colonia de fenicios. Ascendiendo por la pendiente y sombría alameda, llegamos al pie de una robusta torre morisca cuadrada, que forma una especie de barbacana, y que constituye la entrada principal de la fortaleza. Dentro de la barbacana había otro grupo de veteranos inválidos, uno haciendo la guardia en la puerta, mientras que los otros, envueltos en sus ya roídos capotes, dormían en los poyos de piedra. Esta puerta se llama la *Puerta de la Justicia* del tribunal instalado en aquel vestíbulo durante la dominación de los musulmanes, para los sencillos juicios y causas ordinarias; costumbre general en los pueblos orientales, y citada frecuentemente en las Sagradas Escrituras.

El gran vestíbulo o porche de entrada está formado por un grandioso arco árabe en forma de herradura, que se eleva a más de la mitad de la altura de la torre. En la clave de este arco hay grabada una gigantesca mano, y dentro del vestíbulo, en la del portal, hay esculpida del mismo modo una desmesurada llave. Los que pretenden ser expertos en los símbolos mahometanos afirman que esta mano es el emblema de la doctrina, y la llave el de la fe; otros sostienen que está significando el estandarte de los moros que dominaron Andalucía, en oposición con el emblema cristiano de la cruz. Sin embargo, el *hijo de la Alhambra* le dio una explicación diferente, más en armonía con las creencias populares, que atribuye algo misterioso y mágico a todo lo que es de moros, y cuenta toda clase de hechicerías referentes a estas viejas fortalezas.

We now found ourselves in a deep narrow ravine, filled with beautiful groves, with a steep avenue, and various footpaths winding through it, bordered with stone seats, and ornamented with fountains. To our left, we beheld the towers of the Alhambra beetling above us; to our right, on the opposite side of the ravine, we were equally dominated by rival towers on a rocky eminence. These, we were told, were the *Torres Bermejas*, or vermilion towers, so called from their ruddy hue. No one knows their origin. They are of a date much anterior to the Alhambra: some suppose them to have been built by the Romans; others, by some wandering colony of Phoenicians. Ascending the steep and shady avenue, we arrived at the foot of a huge square Moorish tower, forming a kind of barbican, through which passed the main entrance to the fortress. Within the barbican was another group of veteran invalids, one mounting guard at the portal, while the rest, wrapped in their tattered cloaks, slept on the stone benches. This portal is called the Gate of Justice, from the tribunal held within its porch during the Moslem domination, for the immediate trial of petty causes: a custom common to the oriental nations, and occasionally alluded to in the Sacred Scriptures.

The great vestibule, or porch of the gate, is formed by an immense Arabian arch, of the horseshoe form, which springs to half the height of the tower. On the keystone of this arch is engraven a gigantic hand. Within the vestibule, on the keystone of the portal, is sculptured, in like manner, a gigantic key. Those who pretend to some knowledge of Mohammedan symbols, affirm that the hand is the emblem of doctrine; The key, say they, is the emblem of the faith or of power. The key we are told was emblazoned on the standard of the Moslems in opposition to the Christian emblem of the cross, when they subdued Spain or Andalusia. A different explanation of these emblems, however, was given by the legitimate son of the Alhambra, and one more in unison with the notions of the common people, who attach something of mystery and magic to every thing Moorish, and have all kind of superstitions connected with this old Moslem fortress.

Según Mateo, era tradición conocida en general desde los primitivos habitantes, y que venía de padres a hijos, que la mano y la llave eran un amuleto mágico del que dependía la fuerza desconocida de la Alhambra. El rey moro que la fundó era un gran mago, o —según otros opinan— se había vendido al diablo y había levantado la colosal fortaleza por arte infernal. Por tal motivo se sostiene esta desde tantos siglos, retando a las tormentas y los terremotos, mientras que casi todos los otros edificios moriscos habían sido destruidos y desaparecidos. Este privilegio, según cuenta la leyenda, durará hasta que la mano del arco exterior descienda y coja la llave, y entonces la fortaleza saltará en pedazos y quedarán descubiertos todos los tesoros escondidos en su seno por los moros.

Haciendo caso omiso de este fatídico vaticinio nos atrevimos a entrar por el estrecho y misterioso paso de la Puerta, poniendo cierta esperanza contra la magia en la protección de la Virgen, cuya escultura vimos sobre el portal.

Después de haber atravesado la barbacana ascendimos por una angosta callejuela que rodea entre murallas y conduce a una especie de explanada dentro de la fortaleza, denominada *Placeta de los Aljibes* por unos grandes depósitos de agua que hay bajo esta, cortados por los moros en la roca viva para el abastecimiento de la ciudadela. Existe también un pozo de gran profundidad, que da clara y fresquísima agua, y que es otro monumento del delicado gusto de los moros, los cuales fueron incansables en sus esfuerzos para conservar este elemento en su cristalina pureza.

Frente a esta explanada se abre el suntuoso palacio comenzado por Carlos V, y destinado —según se dice— a eclipsar la residencia de los reyes moros. Con toda su grandeza y mérito arquitectónico, nos pareció más bien un orgulloso aditamento, y, pisando por delante de él, entramos en un sencillo y severo portal, que conduce al interior del palacio morisco.

According to Mateo, it was a tradition handed down from the oldest inhabitants, and which he had from his father and grandfather, that the hand and key were magical devices on which the fate of the Alhambra depended. The Moorish king who built it was a great magician, or, as some believed, had sold himself to the devil, and had laid the whole fortress under a magic spell. By this means it had remained standing for several hundred years, in defiance of storms and earthquakes, while almost all other buildings of the Moors had fallen to ruin, and disappeared. This spell, the tradition went on to say, would last until the hand on the outer arch should reach down and grasp the key, when the whole pile would tumble to pieces, and all the treasures buried beneath it by the Moors would be revealed.

Notwithstanding this ominous prediction, we ventured to pass through the spell-bound gateway, feeling some little assurance against magic art in the protection of the Virgin, a statue of whom we observed above the portal.

After passing through the barbican, we ascended a narrow lane, winding between walls, and came on an open esplanade within the fortress, called the *Plaza de los Algibes*, or Place of the Cisterns, from great reservoirs which undermine it, cut in the living rock by the Moors to receive the water, for the supply of the fortress. Here, also, is a well of immense depth, furnishing the purest and coldest of water; another monument of the delicate taste of the Moors, who were indefatigable in their exertions to obtain that element in its crystal purity.

In front of this esplanade is the splendid pile commenced by Charles V, and intended, it is said, to eclipse the residence of the Moorish kings. With all the massive grandeur and architectural merit of the palace of Charles V, we regarded it as an arrogant intruder, and passing by it with a feeling almost of scorn, rang at the Moslem portal.

La transición es casi etérea; parecía que habíamos sido transportados a otros tiempos y a otros reinos, y que estábamos contemplando las escenas de la historia árabe. Nos encontramos en un gran patio embaldosado de mármol y decorado a cada extremo con ligeros peristilos moriscos: se llama el *Patio de la Alberca.* En el centro se abre un extenso estanque o vivero, de ciento veinticuatro pies de largo por veintisiete de ancho, poblado de dorados pececillos y adornado de vallados de rosas. Al otro lado del patio se levanta la gran *Torre de Comares.*

Por el lado de enfrente, sirviendo de portada un arco morisco, entramos en el famoso *Patio de los Leones.* No hay un sitio del edificio que dé una idea más completa que este de su original hermosura y magnificencia, pues ninguno ha sufrido menos los deterioros del tiempo. En el centro se encuentra la famosa fuente de los cantares e historias. La alabastrina taza derrama por todas partes sus gotas como de diamantes, y los doce leones que la sostienen lanzan sus cristalinos caños de agua como en la época de Boabdil. El patio se encuentra tapizado con un lecho de vegetación y rodeado de aéreas arcadas árabes de calados trabajos afiligranados, sostenidos por gráciles columnas de mármol blanco. La arquitectura, semejante a toda la del Palacio, está caracterizada por la elegancia más que por las dimensiones, poniendo de relieve cierto refinado, gracioso gusto y predisposición especial a los indolentes goces. Cuando se mira a través de la maravillosa tracería de los peristilos y de los —al parecer— frágiles festones de las paredes, se hace difícil el creer que haya sobrevivido a la destrucción y deterioro de los siglos, a los temblores de los terremotos, a los asaltos de la guerra y a los pacíficos y no menos perjudiciales saqueos del entusiasta viajero; todo lo cual es bastante para disculpar la popular tradición de que está protegida por mágico poder hechicero.

A un lado del patio existe un pórtico delicadamente adornado, que abre paso a un hermoso salón embaldosado de mármol blanco, y que se llama la *Sala de las Dos Hermanas.* Una cúpula o tragaluz da entrada por la parte superior a una moderada claridad y a una fresca corriente de aire.

The transition was ethereal, as if we were at once transported, into other times and an oriental realm, and were treading the scenes of Arabian story. We found ourselves in a vast patio or court paved with white marble, and decorated at each end with light Moorish peristyles, called the Court of the Alberca. Along the centre of the court extended an immense basin or tank (estanque) a hundred and twenty-four feet in length, twenty-seven in breadth, Great numbers of gold-fish were to be seen gleaming through the waters of the basin, and it was bordered by hedges of roses. Across this court the *Torre de Comares*, Comares Tower is erected.

Passing from the Court of the Alberca under a Moorish archway, we entered the renowned Court of Lions. No part of the edifice gives a more complete idea of its original beauty than this, for none has suffered so little from the ravages of time. In the centre stands the fountain famous in song and story. The alabaster basins still shed their diamond drops; the twelve lions which support them, and give the court its name, still cast forth crystal streams as in the days of Boabdil. The court is laid out in flower-beds, instead of its ancient and appropriate pavement of tiles or marble. The architecture, like that in most parts of the interior of the palace, is characterized by elegance, rather than grandeur, bespeaking a delicate and graceful taste, and a disposition to indolent enjoyment. When one looks upon the fairy traces of the peristyles, and the apparently fragile fretwork of the walls, it is difficult to believe that so much has survived the wear and tear of centuries, the shocks of earthquakes, the violence of war, and the quiet, though no less baneful, pilferings of the tasteful traveller; it is almost sufficient to excuse the popular tradition that the whole is protected by a magic charm.

Immediately opposite a portal, delicately adorned, leads into a hall exquisitely graceful in its architecture, paved with white marble, and bears the suggestive name of the Hall of the Two Sisters. A cupola or lantern admits a tempered light from above and a free circulation of air.

La parte baja de las paredes se encuentra ornamentada con bellos azulejos morunos, en algunos de los cuales se representan los escudos de los soberanos moros. La parte superior está adornada con delicados trajes en estuco, inventados en Damasco, y consisten en grandes placas vaciadas a molde y artificiosamente unidas, de tal modo, que parecen haber sido caprichosamente modeladas a mano en medio relieve, y elegantes arabescos entremezclados con textos del Corán y poéticas inscripciones en caracteres árabes y cúficos. Estos adornos de las paredes y cúpulas están profusamente dorados, y los intersticios pintados con lapislázuli y otros brillantes y cálidos colores. En cada lado de la sala hay departamentos para las otomanas y los lechos, y, encima de un pórtico interior, un balcón que comunica con el departamento de las mujeres. Se conservan aún las celosías, desde donde las beldades de los ojos negros del harén podían mirar sin ser vistas los festines de la sala inferior.

Resulta imposible contemplar este departamento, que fue en otro tiempo la mansión favorita de los placeres orientales, sin sentir los primitivos efluvios de la historia árabe y casi esperando descubrir el blanco brazo de alguna misteriosa princesa haciendo señas desde el balcón o algunos ojos negros brillando por detrás de la celosía. La morada de la belleza está allí, como si hubiese estado habitada recientemente, pero ¿dónde están las Zoraydas y Lindarajas?

En el lado opuesto del *Patio de los Leones* se encuentra la *Sala de los Abencerrajes,* denominada así por los galantes caballeros de este ilustre linaje que fueron allí pérfidamente asesinados. Hay algunos que dudan de la completa certeza de esta historia; pero nuestro humilde guía, Mateo, nos señaló el auténtico postigo de la puerta por donde se dice que fueron introducidos uno a uno, y la fuente de mármol blanco, en el centro de la sala, donde fueron degollados. Nos hizo notar también unas grandes manchas rojizas en el pavimento, señales de su sangre, que, según la leyenda popular, jamás desaparecerán.

The lower part of the walls in the saloons, to the height of several feet, is incrusted with glazed tiles (azulejos in Spanish), on some of them are emblazoned the escutcheons of the Moslem kings, traversed with a band and motto. The upper part of the walls is decorated with the richest silks of Damascus in stucco-work: plates of plaster of Paris, cast in moulds and skilfully joined so as to an unpractised eye the light relievos and fanciful arabesques. Along the mouldings of the cornices and on various parts of the walls were escutcheons and ciphers, and cufic and Arabic characters in high relief. These decorations on the walls and domes are painted in golden and lapis lazuli hues as well as other bright and warm colours. On each side of this hall are recesses or alcoves for ottomans and couches, and above an inner gateway, there is a balcony that connects a gallery with the women's apartment. The latticed "jalousies," in fact, still remain, whence the dark-eyed beauties of the harem might gaze unseen upon the entertainments of the hall below.

It is impossible to contemplate this scene so perfectly Oriental without feeling the early associations of Arabian romance, and almost expecting to see the white arm of some mysterious princess beckoning from the gallery, or some dark eye sparkling through the lattice. The abode of beauty is here, as if it had been inhabited but yesterday; but where are the two sisters; where the Zoraydas and Lindaraxas!

On the other side of the court a rich portal opens into the Hall of the Abencerrages; so called from the gallant cavaliers of that illustrious line who were here perfidiously massacred. There are some who doubt the whole story, but our humble cicerone Mateo pointed out the very wicket of the portal through which they were introduced one by one into the Court of Lions, and the white marble fountain in the centre of the hall beside which they were beheaded. He showed us also certain broad ruddy stains on the pavement, traces of their blood, which, according to popular belief, can never be effaced.

Notando que lo escuchábamos con credulidad, añadió que se oía a menudo durante la noche, en el *Patio de los Leones,* cierto débil y confuso ruido que parecía murmullo de gente, y de vez en cuando, un fuerte sonido, como un lejano rechinar de cadenas. Este rumor es causado, sin duda, a las espumosas corrientes y a la estrepitosa caída de agua que va por debajo del pavimento para surtir las fuentes; pero, siguiendo la leyenda del *hijo de la Alhambra,* era producido por los espíritus de los asesinados Abencerrajes que frecuentaban de noche el lugar de su martirio e invocaban contra sus verdugos la venganza del cielo.

Desde el *Patio de los Leones* regresamos por atrás hacia el de la Alberca, cruzando el cual entramos en la *Torre de Comares,* así llamada del nombre del arquitecto árabe. Es de maciza solidez y considerable altura, y sobresale del resto del edificio, dominando el precipicio del lado de la colina que desciende agrestemente hasta el cauce del Darro. Un arco morisco da entrada al gran y elevado salón que ocupa el interior de la Torre, y que sirvió como la gran Sala de Audiencia de los monarcas musulmanes, y por tanto llamada *Sala de los Embajadores.* Conserva todavía restos de su antiguo esplendor: sus paredes están ricamente estucadas y decoradas de arabescos, y su abovedado techo construido de madera de cedro, aunque confuso en la oscuridad a causa de su gran elevación, refulge aún con los más esplendorosos dorados y las más atractivas tintas del pincel árabe. En tres lados del salón hay grandes huecos abiertos a través del inmenso espesor del muro cuyos balcones dan vista al verde valle del Darro, a las calles y conventos del Albaicín, y dominan el panorama de la lejana vega.

Descubriré en resumen los demás placenteros departamentos de esta parte del Palacio: el *Tocador de la Reina,* que es una especie de mirador en lo alto de una torre, desde donde las sultanas moriscas gozaban de los escenarios naturales de las montañas y la vista del paraíso que hay alrededor; el apartado y pequeño patio o *Jardín de Lindaraja,* con su fuente de alabastro y sus plantaciones de rosales y mirtos, naranjos y limoneros.

Finding we listened to him apparently with easy faith, he added, that there was often heard at night, in the Court of Lions, a low confused sound, resembling the murmuring of a multitude; and now and then a faint tinkling, like the distant clank of chains. The sounds in question had no doubt been produced, as I had afterwards an opportunity of ascertaining, by the bubbling currents and tinkling falls of water conducted under the pavement through pipes and channels to supply the fountains; but to the humble chronicler of the Alhambra these sounds were made by the spirits of the murdered Abencerrages, who nightly haunt the scene of their suffering and invoke the vengeance of Heaven on their destroyer.

From the Court of Lions we go back to the Court of Alberca, and going across we enter the Tower of Comares, named after the Arabian architect. The tower is of massive strength, domineering over the whole edifice and overhanging the steep hillside, looking down upon the riverside of the Darro. Passing through a magnificent portal I was suddenly dazzled by emerging into the brilliant antechamber of the Hall of Ambassadors, the audience chamber of the Moslem monarchs. It still bears the traces of past magnificence, the walls are beautifully stuccoed and decorated with Morisco fancifulness, and the vault made of cedar is almost lost in obscurity due to its great height but with gleams of rich gilding and the brilliant tints of the Moorish pencil. On three sides of the Hall of Ambassadors are windows cut through the immense thickness of the walls, whose balconies look down upon the verdant valley of the Darro, its streets and convents of the Albaycin commanding the distant prospect of the Vega.

I forbear for the present, however, to describe the other delightful apartments of the palace. El tocador de la Reyna, or the queen's toilette, a mirador on top of a tower, from where the Moorish sultanas enjoyed the natural landscapes of the mountains and the paradisiac sightings that surrounded them. A charming little secluded garden, the Lindaraxa garden, where an alabaster fountain sparkled among roses and myrtles, and was surrounded by orange and citron trees.

Los frescos salones y bóvedas de *Los Baños,* en cuyo interior se mezclan el resplandor y los colores del día con cierta misteriosa luz y corriente de frescura. No insisto, en estas consideraciones; el objeto que me propongo es dar simplemente al lector una idea general del interior de esta mansión, que, si gusta, puede recorrer conmigo a su sabor en las páginas de esta obra, familiarizándose poco a poco con todas sus estancias.

Un abundante caudal de agua traído desde las montañas a través de viejos acueductos moriscos corre por el interior del Palacio, abasteciendo sus baños y estanques, brotando en surtidores en medio de las habitaciones y jugueteando en atarjeas a lo largo del marmóreo pavimento. Cuando ha pagado su tributo al real edificio y visitado sus jardines y parterres, se desliza a lo largo de la extensa alameda, precipitándose hasta la ciudad, ya corriendo en arroyuelos, ya esparciéndose en fuentes que mantienen en perpetuo verdor los bosques que cubren y hermosean toda la colina de la Alhambra. Únicamente el que vive en los ardientes climas del Sur puede valorar las delicias de esta mansión, en que se mezclan las tranquilas brisas de la montaña con la frescura y el verdor del valle. Mientras que la ciudad baja se siente agobiada con el calor del mediodía y la seca vega hace confundirse la vista, los deliciosos aires de Sierra Nevada circulan en el interior de estos bellísimos salones, trayendo con ellos el aroma de los jardines que los rodean. A cada instante proporciona al indolente reposo la plenitud de los climas meridionales; y mientras que los ojos, a medio entornar, se complacen desde los umbrosos balcones con el brillante paisaje, el oído se siente acariciado por el susurro de las hojas de los árboles y el murmullo de las cascadas.

LA TORRE DE COMARES

El lector tiene ya un esquema del interior de la Alhambra, pero acaso deseará que le demos una idea general de sus alrededores. Una mañana serena y apacible, cuando el sol no calentaba todavía con la fuerza que hubiera podido hacer desaparecer la frescura de la noche, decidimos subir a lo alto de la *Torre de Comares,* para desde allí contemplar a vista de pájaro el panorama de Granada y sus contornos.

The fresh chambers and vaults of the baths. A soft mysterious light reigns through the place, admitting cool breeze and dimmed light through small apertures in the vaulted ceiling. My object is merely to give the reader a general introduction into an abode where, if so disposed, he may linger and loiter with me day by day until we gradually become familiar with all its localities.

An abundant supply of water, brought from the mountains by old Moorish aqueducts, circulates throughout the palace, supplying its baths and fishpools, sparkling in jets within its halls, or murmuring in channels along the marble pavements. When it has paid its tribute to the royal pile, and visited its gardens and parterres, it flows down the long avenue leading to the city, tinkling in rills, gushing in fountains, and maintaining a perpetual verdure in those groves that embower and beautify the whole hill of the Alhambra. Those only who have sojourned in the ardent climates of the South, can appreciate the delights of an abode, combining the breezy coolness of the mountain with the freshness and verdure of the valley. While the city below pants with the noontide heat, and the parched Vega trembles to the eye, the delicate airs from the *Sierra Nevada* play through these lofty halls, bringing with them the sweetness of the surrounding gardens. Every thing invites to that indolent repose, the bliss of southern climes; and while the half-shut eye looks out from shaded balconies upon the glittering landscape, the ear is lulled by the rustling of groves, and the murmur of running streams.

THE TOWER OF COMARES

The reader has already a scheme of the interior of the Alhambra, but will be likely to wish for a general idea of its surroundings. It is a serene and beautiful morning: the sun has not gained sufficient power to destroy the freshness of the night. What a morning to mount to the summit of the Tower of Comares, and take a bird's-eye view of Granada and its environs!

Te invito, benévolo lector y compañero, y sigue nuestros pasos por este vestíbulo adornado de lujosas tracerías que conduce al *Salón de Embajadores.* No entraremos en él, sino que torceremos hacia la izquierda por una pequeña puerta que da a las murallas. ¡Ten precaución!, porque hay peligrosos escalones en caracol, y casi está a oscuras; sin embargo, por esta angosta y sombría escalera redonda han subido a menudo los orgullosos monarcas y las reinas de Granada hasta la culminación de la torre, para ver la aproximación de las tropas cristianas o para contemplar las batallas en la vega. Al poco rato nos encontramos en el adarve; y, después de coger aire por unos breves momentos, gozaremos contemplando el espléndido panorama de la ciudad y de sus alrededores; por un lado verás ásperas rocas, verdes valles y fértiles llanuras; por el otro, algún castillo, la catedral y torres moriscas, cúpulas góticas, desmoronadas ruinas y frondosas alamedas. Acerquémonos al muro e inclinemos nuestra vista hacia abajo. Mira: por este lado se nos presenta el plano entero de la Alhambra, y, descubierto ante nuestros ojos, el interior de sus patios y jardines. Al pie de la torre se ve el *Patio de la Alberca,* con su gran estanque o vivero rodeado de flores; un poco más allá, el *Patio de los Leones,* con su famosa fuente y con sus translúcidos arcos moriscos; en el centro del Alcázar, el pequeño *Jardín de Lindaraja,* sepultado en medio del edificio, poblado de rosales y limoneros teñidos de verde esmeralda.

Esta línea de muralla, salpicada de torres cuadradas edificadas alrededor en la misma cima de la colina, es el lindero exterior de la fortaleza. Como verás, algunas de estas torres se encuentran ya en ruinas, y entre sus desmoronados fragmentos han arraigado cepas, higueras y álamos blancos.

Miremos ahora por el lado septentrional de la torre. Se descubre una altura vertiginosa; los cimientos se elevan entre los arbustos de la escarpada falda de la colina. Fíjate en aquella larga hendidura del espeso murallón: indica que esta torre ha sido cuarteada por alguno de los terremotos que de vez en cuando han asolado a Granada, y que, tarde o temprano, reducirán este vetusto Alcázar a un simple montón de ruinas.

Come then, worthy reader and comrade, follow my steps into this vestibule, ornamented with rich tracery, which opens into the Hall of Ambassadors. We will not enter the hall, however, but turn to this small door opening into the wall. Have a care! here are steep winding steps and but scanty light; yet up this narrow, obscure, and spiral staircase, the proud monarchs of Granada and their queens have often ascended to the battlements to watch the approach of invading armies, or gaze with anxious hearts on the battles in the Vega. At length we have reached the terraced roof, and may take breath for a moment, while we cast a general eye over the splendid panorama of city and country; of rocky mountain, verdant valley, and fertile plain; of castle, cathedral, Moorish towers, and Gothic domes, crumbling ruins, and blooming groves. Let us approach the battlements, and cast our eyes immediately below. See, on this side we have the whole plain of the Alhambra laid open to us, and can look down into its courts and gardens. At the foot of the tower is the Court of the Alberca, with its great tank or fishpool, bordered with flowers; and yonder is the Court of Lions, with its famous fountain, and its light Moorish arcades; and in the centre of the pile is the little garden of Lindaraxa, buried in the heart of the building, with its roses and citrons, and shrubbery of emerald green.

That belt of battlements, studded with square towers straggling round the whole brow of the hill, is the outer boundary of the fortress. Some of the towers, you may perceive, are in ruins, and their massive fragments buried among vines, fig-trees and aloes.

Let us look on this northern side of the tower. It is a giddy height; the very foundations of the tower rise above the groves of the steep hill-side. And see I a long fissure in the massive walls, shows that the tower has been rent by some of the earthquakes, which from time to time have thrown Granada into consternation; and which, sooner or later, must reduce this crumbling pile to a mere mass of ruin.

El profundo y encajonado valle que se extiende debajo de nosotros, y que lentamente se abre paso entre montañas, es el *Valle del Darro,* contempla el tranquilo río cómo se desliza bajo embovedados puentes y entre huertos y floridos cármenes. Este es un río famoso desde la antigüedad por sus arenas auríferas, de las que, por medio del lavado, se extrae con frecuencia el preciado metal. Algunos de estos blancos cármenes que lucen por aquí y por allá entre árboles y viñedos eran campestres retiros de los moros, donde iban a complacerse con el frescor de sus jardines.

Aquel aéreo alcázar con sus esbeltas y elevadas torres y largas arcadas que se extienden en lo alto de aquella montaña entre frondosos árboles y vistosos jardines, es el *Generalife,* palacio elevado de verano de los reyes moros, en el cual se refugiaban en los meses del estío para disfrutar de aires todavía más puros y deliciosos que los de la Alhambra. En la árida cumbre de aquella alta colina verás sobresalir unas informes ruinas: es la *Silla del Moro,* llamada así por haber servido de refugio al infortunado Boabdil, durante el tiempo de una revuelta, y desde la que, sentado, contemplaba con angustia el interior de su levantisca ciudad.

Un agradable ruido de agua se oye de vez en cuando por el valle: es el acueducto del cercano molino morisco, emplazado junto al pie de la colina. El paseo de árboles de más allá es la *Alameda de la Carrera del Darro* es muy frecuentado por las tardes y un lugar de cita de los amantes en las noches de verano, y en el cual se oye la guitarra a las altas horas, tañida en los bancos que adornan el paseo. Ahora no hay más que unos cuantos pacíficos frailes que se sientan allí y un grupo de aguadores camino de la *Fuente del Avellano.* ¿Te has espantado? Es un halcón que hemos hecho huir de su nido. Esta antigua torre es un prolífero criadero de pájaros errantes; las golondrinas y los aviones anidan en las grietas y hendiduras y revolotean durante todo el día, mientras que por la noche, cuando todas las aves buscan el reposo, el agorero búho sale de su escondite y lanza sus lúgubres graznidos por entre las murallas. ¡Mira cómo los gavilanes que hemos echado fuera del nido pasan rastreando por debajo de nosotros, deslizándose entre las copas de los árboles y girando por encima de las ruinas que dominan el *Generalife!*

The deep narrow glen below us, which gradually widens as it opens from the mountains, is the valley of the Darro; you see the little river winding its way under imbowered terraces, and among orchards and flower-gardens. It is a stream famous in old times for yielding gold, and its sands are still sifted occasionally, in search of the precious ore. Some of those white pavilions, which here and there gleam from among groves and vineyards, were rustic retreats of the Moors, to enjoy the refreshment of their gardens.

The airy palace, with its tall white towers and long arcades, which breasts yon mountain, among pompous groves and hanging gardens, is the *Generalife*, a summer palace of the Moorish kings, to which they resorted during the sultry months to enjoy a still more breezy region than that of the Alhambra. The naked summit of the height above it, where you behold some shapeless ruins, is the *Silla del Moro*, or Seat of the Moor, so called from having been a retreat of the unfortunate Boabdil during the time of an insurrection, where he seated himself, and looked down mournfully upon his rebellious city.

A murmuring sound of water now and then rises from the valley. It is from the aqueduct of yon Moorish mill, nearly at the foot of the hill. The avenue of trees beyond is the *Alameda*, along the bank of the Darro, a favorite resort in evenings, and a rendezvous of lovers in the summer nights, when the guitar may be heard at a late hour from the benches along its walks. At present you see none but a few loitering monks there, and a group of water-carriers. The latter are burdened with water jars of ancient Oriental construction, such as were used by the Moors. They have been filled at the cold and limpid spring called the fountain of *Avellanos*. You start! 'tis nothing but a hawk that we have frightened from his nest. This old tower is a complete breeding-place for vagrant birds; the swallow and martlet abound in every chink and cranny, and circle about it the whole day long; while at night, when all other birds have gone to rest, the moping owl comes out of its lurking-place, and utters its boding cry from the battlements. See how the hawk we have dislodged sweeps away below us, skimming over the tops of the trees, and sailing up to the ruins above the *Generalife*!

Abandonemos este lado de la torre y volvamos la vista hacia Poniente. Mira por allá, muy lejos, una cadena de montañas limítrofes de la vega: es la antigua barrera entre la Granada musulmana y el país de los cristianos. En sus alturas observarás todavía fuertes ciudadelas, cuyas negruzcas murallas y torreones parecen constituir una sola pieza con la dura roca sobre la que están asentadas, y tal cual solitaria atalaya levantada en algún elevado paraje, dominando, como en otros tiempos, desde el firmamento los valles de uno y otro lado. Por uno de esos desfiladeros, conocidos popularmente por el *Paso de Lope,* fue por donde el ejército cristiano descendió hasta la vega. Por los alrededores de aquella lejana, pardusca y árida montaña, casi aislada, cuya maciza roca se dilata hasta el seno de la llanura, fue por donde los batallones invasores se lanzaron a campo raso, con flotantes banderas y al estrépito de timbales y de trompetas. Detrás de este promontorio se encontraba el memorable *Puente de Pinos,* famoso por una sangrienta batalla entre moros y cristianos, y mucho más conocido todavía por ser aquel el sitio en que Colón fue alcanzado y llamado por el emisario de la reina Isabel, precisamente cuando el navegante partía desesperado para exponer su proyecto de descubrimiento a la corte de Francia.

Mira aquel otro lugar, célebre también en la historia del descubridor: aquella lejana línea de murallas y torreones iluminados por el saliente sol en el mismo centro de la vega; es la ciudad de *Santafé,* fundada por los Reyes Católicos durante el sitio de Granada, después que un incendio devoró su campamento. Este es aquel mismo Real donde Colón fue llamado por la heroica princesa, y dentro del cual se ultimó el tratado que dio lugar al descubrimiento del Nuevo Mundo.

Por este lado, hacia el Mediodía, la vista se arroba con las lujuriosas bellezas de la vega: la floreciente feracidad de arboledas y jardines e innumerables huertas, por donde se extiende caprichosamente el Genil como una cinta de plata, creciendo por multitudes de arroyos canalizados en viejas acequias moriscas, que mantienen la campiña en un perpetuo verdor; por aquella otra parte, los sosegados bosques, cármenes y casas de campo, por las que los moros lucharon con desesperado ardor, las alquerías y casitas, por último, habitadas en la actualidad por campesinos, en las cuales se conservan vestigios de arabescos y de otros delicados adornos, que demuestran haber sido moradas suntuosas y pudientes.

Lets abandon this side of the tower and gaze into the west. Look over there, far away, a range of mountains bound to the Vega: the ancient barrier between Granada and the Christian territories. Among their heights you may still discern warrior towns, their gray walls And battlements seeming of a piece with the rocks on which they are built. Here and there a solitary atalaya, or watchtower, perched on a mountain peak, looks down as it were from the sky into the valley on either side. It was down a cragged defile of these mountains, called the Pass of Lope, that the Christian armies descended into the Vega. Round the base of yon gray and naked mountain stretching its bold rocky promontory into the bosom of the plain, the invading squadrons would come bursting into view, with flaunting banners and clangor of drum and trumpet. Behind yon promontory to the west is the bridge of Pinos, renowned for many a bloody fight between Moors and Christians. At this bridge the messenger overtook Columbus when, despairing of success with the Spanish sovereigns, he was departing to carry his project of discovery to the court of France.

Behold, in the very centre of this eventful plain, a place which in a manner links the history of the Old World with that of the New. Yon line of walls and towers gleaming in the morning sun, is the city of Santa Fe, built by the Catholic sovereigns during the siege of Granada, after a conflagration had destroyed their camp. It was to these walls Columbus was called back by the heroic queen, and within them the treaty was concluded which led to the discovery of the Western World.

Further this way these arid hills slope down into the luxurious Vega, from which he had just emerged: a blooming wilderness of grove and garden, and teeming orchard, with the Xenil winding through it in silver links, and feeding innumerable rills; which, conducted through ancient Moorish channels, maintain the landscape in perpetual verdure. Here were the beloved bowers and gardens, and rural pavilions, for which the unfortunate Moors fought with such desperate valor. The very hovels and rude granges, now inhabited by boors, show, by the remains of arabesques and other tasteful decoration, that they were elegant residences in the days of the Moslems.

Más allá de la fértil llanura de la vega distinguirás hacia el Sur una cadena de áridos cerros, por las cuales marcha parsimoniosamente una soberbia recua de mulos. En lo alto de una de estas colinas fue donde el desgraciado Boabdil dirigió su última mirada a Granada, lanzando un profundo ¡ay! de su alma doliente: es el famoso sitio llamado *El Suspiro del Moro* en los romances y leyendas.

Eleva ahora tus ojos hacia la nevada cumbre de aquella lejana cordillera que refulge como una nube de verano sobre el firmamento azulado: es la *Sierra Nevada,* orgullo y delicias de Granada, origen de sus frescas brisas y perpetua vegetación, y de sus amenísimas fuentes y perennes manantiales. Esta es la majestuosa cadena de montañas que da a Granada esa combinación de placeres tan rara en las ciudades meridionales: la fresca vegetación y templados aires de un clima septentrional con el vivificante ardor del sol de los trópicos y el claro azul del cielo del Sur. Este es el aéreo tesoro de nieve que, derritiéndose en proporción con el aumento de temperatura del verano, deja correr arroyos y riachuelos por todos los valles y gargantas de las Alpujarras, difundiendo vegetación, fertilidad y hermosa verdura de esmeralda por una prolongada cadena de numerosos y atrayentes valles.

Estas sierras pueden denominarse con razón la gloria de Granada. Dominan toda la extensión de Andalucía y se columbran desde distintas regiones. El mulatero las saluda, contemplando sus picos nevados, desde la caliginosa superficie del llano; y el marinero español, desde el puente de su barco, lejos, muy lejos, allá en el seno del azul Mediterráneo, las mira atentamente y piensa con melancolía en su gentil Granada, mientras que desgrana en voz baja algún antiguo romance morisco.

Pero ya es suficiente... El sol aparece por encima de las montañas y lanza sus cálidos resplandores sobre nuestra cabeza. Ya el suelo de la torre arde bajo nuestros pies; es hora de dejarla, y bajemos a refrescarnos bajo las galerías contiguas a la fuente de los Leones.

See to the south at the foot of those mountains a line of arid hills, down which a long train of mules is slowly moving. Here was the closing scene of Moslem domination. From the summit of one of those hills the unfortunate Boabdil cast back his last look upon Granada, and gave vent to the agony of his soul. It is the spot famous in song and story, "The last sigh of the Moor."

Raise your eyes to the snowy summit of yon pile of mountains, shining like a white summer cloud in the blue sky. It is the *Sierra Nevada*, the pride and delight of Granada; the source of her cooling breezes and perpetual verdure; of her gushing fountains and perennial streams. It is this glorious pile of mountains which gives to Granada that combination of delights so rare in a southern city: the fresh vegetation and temperate airs of a northern climate, with the vivifying ardor of a tropical sun, and the cloudless azure of a southern sky. It is this aerial treasury of snow, which, melting in proportion to the increase of the summer heat, sends down rivulets and streams through every glen and gorge of the Alpuxarras, diffusing emerald verdure and fertility throughout a chain of happy and sequestered valleys.

Those mountains may be well called the glory of Granada. They dominate the whole extent of Andalusia, and may be seen from its most distant parts. The muleteer hails them, as he views their frosty peaks from the sultry level of the plain; and the Spanish mariner on the deck of his bark, far, far off on the bosom of the blue Mediterranean, watches them with a pensive eye, thinks of delightful Granada, and chants, in low voice, some old romance about the Moors.

Alas! but it is enough…. The sun appears above the mountains and throws its warm glows over our head. The floor of the tower is already burning beneath our feet; it's time to leave, and go down to refresh under the adjoining galleries to the fountain of the Lions.

Consideraciones sobre la dominación musulmana en España

Uno de mis lugares favoritos era el balcón del hueco central del *Salón de Embajadores,* en la alta *Torre de Comares.* Me había sentado allí para gozar el ocaso de un hermoso día. El sol, escondiéndose tras las rojizas montañas de Alhama, arrojaba sus luminosos rayos sobre el valle del Darro, dando un aspecto triste a las severas torres de la Alhambra; y la vega, entre tanto, cubierta de un tenue vapor bochornoso que envolvía los rayos del sol poniente, semejaba a lo lejos un áureo mar. Ni la brisa más tenue turbaba el silencio de la tarde, y de vez en cuando se sentía un ligero rumor de música y algazara que se elevaba de los cármenes del Darro, y que hacía más expresivo el solemne silencio de la fortaleza que me daba cobijo. Era uno de esos momentos en que la memoria —parecida al sol de la tarde que lanzaba sus débiles rayos sobre los viejos torreones— alcanza un mágico poder y se remontaba a la vida retrospectiva para rememorar las glorias del pasado.

Me encontraba sentado meditando en el mágico tornasol del ocaso sobre la ciudadela morisca, y entré luego en reflexiones sobre el ligero, elegante y sensual carácter que domina en su arquitectura interior, y el contraste que ofrece con la grande, aunque triste, solemnidad de los edificios góticos levantados por los españoles. La respectiva arquitectura muestra las opuestas e irreconciliables naturalezas de los pueblos que por largo tiempo se disputaron el imperio de la Península. Poco a poco fui pasando a otra serie de consideraciones sobre el carácter singular de los árabes o musulmanes españoles, cuya existencia parece más bien un cuento que una realidad, y que en cierto modo forma uno de los más atípicos aunque brillantes episodios de la Historia. Potente y larga como fue su dominación, apenas sabemos cómo mencionarla, pues constituyó una nación sin legítimo nombre ni territorio. Lejana ola de la gran Europa, parecía tener todo el ímpetu del primer desbordamiento de un torrente. Su ruta de conquista, desde el Peñón de Gibraltar hasta la cumbre de los Pirineos, fue tan veloz y brillante como las victorias moriscas de Siria y Egipto, y ¡quién sabe si, de no haber sido rechazados en los llanos de Tours, toda Francia y Europa entera hubieran sido invadidas con la misma facilidad que los imperios asiáticos, y si la media luna se enseñorearía hoy en los templos de París y de Londres!

CONSIDERATIONS OF THE MUSLIM RULE IN SPAIN

The balcony of the window where this royal exclamation was made, has of late become one of my favorite resorts. I have just been seated there, enjoying the close of a long brilliant day. The sun, as he sank behind the purple mountains of Alhama, sent a stream of effulgence up the valley of the Darro, that spread a melancholy pomp over the ruddy towers of the Alhambra; while the Vega, covered with a slight sultry vapor that caught the setting ray, seemed spread out in the distance like a golden sea. Not a breath of air disturbed the stillness of the hour, and though the faint sound of music and merriment now and then rose from the gardens of the Darro, it but rendered more impressive the monumental silence of the pile which overshadowed me. It was one of those hours and scenes in which memory asserts an almost magical power; and, like the evening sun beaming on these mouldering towers, sends back her retrospective rays to light up the glories of the past.

As I sat watching the effect of the declining daylight upon this Moorish pile, I was led into a consideration of the light, elegant, and voluptuous character, prevalent throughout its internal architecture; and to contrast it with the grand but gloomy solemnity of the Gothic edifices reared by the Spanish conquerors. The very architecture thus bespeaks the opposite and irreconcilable natures of the two warlike people who so long battled here for the mastery of the peninsula. By degrees, I fell into a course of musing upon the singular fortunes of the Arabian or Morisco-Spaniards, whose whole existence is as a tale that is told, and certainly forms one of the most anomalous yet splendid episodes in history. Potent and durable as was their dominion, we scarcely know how to call them. They were a nation without a legitimate country or name. A remote wave of the great Arabian inundation, cast upon the shores of Europe, they seem to have all the impetus of the first rush of the torrent. Their career of conquest, from the rock of Gibraltar to the cliffs of the Pyrenees, was as rapid and brilliant as the Moslem victories of Syria and Egypt. Nay, had they not been checked on the plains of Tours, all France, all Europe, might have been overrun with the same facility as the empires of the East, and the crescent at this day have glittered on the fanes of Paris and London.

Rechazadas dentro de los límites de los Pirineos las mezcladas hordas de Asia y África que constituyen esta invasión, dejaron el principio musulmán de conquista y trataron de establecer en España un tranquilo y permanente dominio. Como conquistadores, su egoísmo fue igual a su moderación, y durante algún tiempo aventajaron a las naciones contra las cuales pelearon. Separados de su país natal, amaban la tierra que les había sido dada —según ellos— por Alá, y se esforzaron en embellecerla con cuanto pudiera contribuir a la felicidad humana. Basando los cimientos de su poder en un conjunto de sabias y equitativas leyes, cultivando diligentemente las artes y las ciencias, y fomentando la agricultura, la industria y el comercio, constituyeron poco a poco un imperio que no tuvo rival por su prosperidad entre los imperios del cristianismo; y condensando laboriosamente en él las gracias y refinamientos que distinguieron al imperio árabe de Oriente en la época de su mayor esplendor, derramaron la luz del saber oriental por las regiones occidentales de la atrasada Europa.

Las ciudades de la España árabe llegaron a ser el punto de encuentro de los artistas cristianos para instruirse en las artes útiles. Las almadrazas de Toledo, Córdoba, Sevilla y Granada se vieron frecuentadas por numerosa afluencia de estudiantes de otros reinos, que venían a instruirse en las ciencias de los árabes y en el guardado saber de la antigüedad; los amantes de las artes recreativas afluían a Córdoba para ilustrarse en la poesía y en la música del Oriente, y los bravos guerreros del Norte se trasladaron allí para experimentarse en los gallardos ejercicios y cortesanos usos de la caballería.

Si en los monumentos musulmanes de España, en la Mezquita de Córdoba, el Alcázar de Sevilla y la Alhambra de Granada, se leen grandilocuentes inscripciones ponderando con pasión el poder y permanencia de su dominación, ¿debe minusvalorarse su orgullo como alarde vano y arrogante?

Generación tras generación, siglo tras siglo, han ido pasando sucesivamente, y todavía mantuvieron los moros sus derechos a este suelo.

Repelled within the limits of the Pyrenees, the mixed hordes of Asia and Africa, that formed this great irruption, gave up the Moslem principle of conquest, and sought to establish in Spain a peaceful and permanent dominion. As conquerors, their heroism was only equalled by their moderation; and in both, for a time, they excelled the nations with whom they contended. Severed from their native homes, they loved the land given them as they supposed by Allah, and strove to embellish it with every thing that could administer to the happiness of man. Laying the foundations of their power in a system of wise and equitable laws, diligently cultivating the arts and sciences, and promoting agriculture, manufactures, and commerce; they gradually formed an empire unrivalled for its prosperity by any of the empires of Christendom; and diligently drawing round them the graces and refinements which marked the Arabian empire in the East, at the time of its greatest civilization, they diffused the light of Oriental knowledge, through the Western regions of benighted Europe.

The cities of Arabian Spain became the resort of Christian artisans, to instruct themselves in the useful arts. The universities of Toledo, Cordova, Seville, and Granada, were sought by the pale student from other lands to acquaint himself with the sciences of the Arabs, and the treasured lore of antiquity; the lovers of the gay science, resorted to Cordova and Granada, to imbibe the poetry and music of the East; and the steel-clad warriors of the North hastened thither to accomplish themselves in the graceful exercises and courteous usages of chivalry.

If the Moslem monuments in Spain, if the Mosque of Cordova, the Alcazar of Seville, and the Alhambra of Granada, still bear inscriptions fondly boasting of the power and permanency of their dominion; can the boast be derided as arrogant and vain?

Generation after generation, century after century, passed away in successsion, and still the Moors maintained possession of the land.

Después de haber transcurrido un período de tiempo más largo que el mediado desde que Inglaterra había sido subyugada por el conquistador normando, los descendientes de Muza y Tarik no pudieron prever que iban a ser arrojados al destierro por los mismos desfiladeros que habían atravesado sus triunfantes antecesores, del mismo modo que los descendientes de Rolando y Guillermo y sus veteranos pares no pueden soñar el ser rechazados a las costas de Normandía.

Sin embargo, el imperio musulmán en España fue casi una planta exótica que no enraizó profundamente en el suelo que hermoseaba. Alejados de sus vecinos del Occidente por insuperables barreras de creencias y costumbres, y separados de sus congéneres del Oriente por mares y desiertos, los musulmanes españoles constituyeron un pueblo completamente aislado. Su existencia fue un largo, aunque galante y caballeresco esfuerzo por defender un palmo de terreno en un país usurpado.

Ellos eran las avanzadas y fronteras del islamismo, y la Península el gran campo de batalla donde los conquistadores góticos del Norte y los musulmanes del Oriente lucharon y pelearon por dominar; pero el esfuerzo fiero de los sarracenos se vio al fin derrotado por el empecinado valor de la raza hispano-gótica.

Y por cierto que no se ha dado nunca una tan completa destrucción como la de la nación hispano-musulmana. ¿Qué se ha hecho de los árabes españoles? Preguntadlo a las costas africanas y a los solitarios desiertos. El resto de su antiguo y poderoso imperio ha desaparecido desterrado entre los naturales de África y ha perdido por completo su nacionalidad. No han dejado siquiera un nombre especial tras de sí, aunque durante ocho siglos constituyeron un pueblo separado. No quisieron reconocer el país de su adopción y el de su residencia durante muchos años y esquivaron el darse a conocer de otro modo que como invasores y usurpadores. Tal cual monumento ruinoso es lo único que queda para testificar su poder y dominación, al igual que las rocas solitarias que se ven allá en lontananza dan testimonio de algún pasado terremoto. Tal es la Alhambra: una fortaleza morisca en medio de un país cristiano; un palacio oriental rodeado de góticos edificios occidentales; un elegante recuerdo de un pueblo bravo, inteligente y simpático, que conquistó, dominó y dejó de existir.

A period elapsed longer than that which has passed since England was subjugated by the Norman Conqueror, and the descendants of Musa and Taric might as little anticipate being driven into exile across the same straits, traversed by their triumphant ancestors, as the descendants of Rollo and William, and their veteran peers, may dream of being driven back to the shores of Normandy.

With all this, however, the Moslem empire in Spain was but a brilliant exotic, that took no permanent root in the soil it embellished. Severed from all their neighbors in the West, by impassable barriers of faith and manners, and separated by seas and deserts from their kindred of the East, the Morisco-spaniards were an isolated people. Their whole existence was a prolonged, though gallant and chivalric struggle, for a foothold in a usurped land.

They were the outposts and frontiers of Islamism. The peninsula was the great battle-ground where the Gothic conquerors of the North and the Moslem conquerors of the East, met and strove for mastery; and the fiery courage of the Arab was at length subdued by the obstinate and persevering valor of the Goth.

Never was the annihilation of a people more complete than that of the Morisco-Spaniards. Where are they? Ask the shores of Barbary and its desert places. The exiled remnant of their once powerful empire disappeared among the barbarians of Africa, and ceased to be a nation. They have not even left a distinct name behind them, though for nearly eight centuries they were a distinct people. The home of their adoption, and of their occupation for ages, refuses to acknowledge them, except as invaders and usurpers. A few broken monuments are all that remain to bear witness to their power and dominion, as solitary rocks, left far in the interior, bear testimony to the extent of some vast inundation. Such is the Alhambra. A Moslem pile in the midst of a Christian land; an Oriental palace amidst the Gothic edifices of the West; an elegant memento of a brave, intelligent, and graceful people, who conquered, ruled, flourished, and passed away.

La familia de la casa

Ya es momento de que ofrezca alguna pincelada de mi doméstica instalación en esta peculiar residencia. El Palacio Real de la Alhambra se hallaba confiado al cuidado de una buena señora soltera y ya anciana, llamada doña Antonia Molina a la cual, según costumbre española, le daban sus vecinos el nombre de la *Tía Antonia.* Cuidaba de las habitaciones moriscas y de los jardines, y los enseñaba a los extranjeros, en recompensa de lo cual percibía gratificaciones de los visitantes del Alcázar y los productos de los jardines, excepción hecha de cierto tributo de flores y frutas que acostumbraba pagar al gobernador. Su hogar particular se encontraba en un extremo del Palacio, y por toda familia tenía un sobrino y una sobrina, hijos de dos hermanos diferentes. El sobrino, Manuel Molina, era un joven de bastante mérito y de gravedad española; había servido en el ejército, tanto en España como en las Indias occidentales; pero por entonces estudiaba para médico, con la esperanza de llegar a serlo algún día de la fortaleza, cargo muy honroso y que podría producir unos ciento cuarenta duros al año. En cuanto a la sobrina, era una robusta joven andaluza, de ojos negros, llamada Dolores, aunque por su aspecto y vivo carácter bien merecía un nombre más alegre. Era la presunta heredera de todos los bienes de su tía, consistentes en unas cuantas casillas mal conservadas situadas en la fortaleza, que le proporcionaban una renta de cerca de ciento cincuenta duros. No llevaba yo mucho tiempo viviendo en la Alhambra cuando descubrí los disimulados amores del discreto Manuel y su vivaracha prima, los cuales no aguardaban otra cosa para unir a perpetuidad sus manos y corazones sino el que aquel recibiera el título de médico y el que se consiguiera la dispensa Papal, a causa de su consanguinidad.

Firmé un contrato con la amable doña Antonia, bajo cuyas condiciones se comprometía a suministrarme plato y hospedaje, y por cuyo motivo la linda y alegre Dolores cuidaba de mi habitación y me servía de camarera a las horas de comer. También tenía a mis órdenes un mozo rubio y algo tartamudo, llamado Pepe, que cuidaba de los jardines, y el cual me hubiera servido de continuo asistente de no haberme ya de antemano comprometido con Mateo Jiménez, el *hijo de la Alhambra.*

THE FAMILY OF THE HOUSE

It is time for me to offer you a glance of my lifestyle in this peculiar residence. The royal palace was intrusted to the care of a worthy old maiden dame called Dona Antonia-Molina, but who, according to Spanish custom, went by the more neighborly appellation of Tia Antonia (Aunt Antonia), who maintained the Moorish halls and gardens in order and showed them to strangers. In consideration of keeping the palace in order, the good dame is allowed all the perquisites received from visitors, and all the produce of the gardens; excepting that she is expected to pay an occasional tribute of fruits and flowers to the Governor. Her family consists of a nephew and niece, the children of two different brothers. The nephew, Manuel Molina, is a young man of sterling worth and Spanish gravity. He had served in the army, both in Spain and the West Indies, but is now studying medicine in the hope of one day or other becoming physician to the fortress, a post worth at least one hundred and forty dollars a year. The niece is the plump little black-eyed Dolores; but who from her bright looks and cheerful disposition evidently merited a merrier name. It is said, she will one day inherit all her aunt's possessions, consisting of certain petty tenements in the fortress, in a somewhat ruinous condition it is true, but which, yield a revenue of nearly one hundred and fifty dollars. It didn't take too long to find out that a quiet courtship is going on between the discreet Manuel and his bright-eyed cousin, and that nothing is wanting to enable them to join their hands and expectations but his doctor's diploma, and a dispensation from the Pope on account of their consanguinity.

The good dame Antonia fulfils faithfully her contract in regard to my board and lodging; while the merry-hearted little Dolores keeps my apartment in order, and officiates as handmaid at meal-times. I have also at my command a tall, stuttering, yellow-haired lad, named Pepe, who works in the gardens, and would fain have acted as valet; but, in this, he was forestalled by Mateo Ximenes, "the son of the Alhambra."

Este infatigable y tozudo individuo se pegó a mí, no sé de qué modo, desde que lo encontré por vez primera en la puerta exterior de la fortaleza; y de tal manera se entrometía en todos mis proyectos, que al fin consiguió introducirse y contratarse conmigo de criado, cicerone, guía, guardián, escudero o historiógrafo. Me vi, por tanto, precisado a mejorarle de equipo, para que no me subieran los colores en el ejercicio de sus variadas funciones; dejó, pues, su vieja capa de color castaño, como la culebra muda de camisa, y pudo presentarse en la fortaleza con su excelente sombrero calañés y su chaqueta, con gran satisfacción suya y no menos admiración de sus colegas. El principal defecto del buen Mateo era su exagerado deseo de serme útil. Comprendiendo que me había forzado a utilizar sus servicios, y calculando, sin duda, que mi condescendiente y pacífico temperamento le podría proporcionar una renta segura, ponía todo su empeño en adivinar de qué modo y manera tendría que ser imprescindible para la satisfacción de todos mis deseos. En una palabra, yo era la víctima de todos sus servicios: no podía pisar el umbral del Palacio ni dar un paseo por la fortaleza sin que dejara de atosigarme, explicándome todo cuanto veían mis ojos, y si acaso decidía recorrer las cercanas colinas, no había más remedio sino que Mateo tenía que servirme de guardián, aunque estoy persuadido de que hubiera sido más a propósito para darle a los talones que para hacer uso de sus armas en caso de una agresión. Con todo, y a decir verdad, el pobre chico me servía con frecuencia de divertido acompañante: era de carácter sencillo y de muy buen humor, con la charlatanería de un barbero de lugar, y conocía perfectamente todas las noticias y curiosidades de la vecindad y de sus alrededores; pero de lo que más se enorgullecía era de su tesoro de noticias sobre todos aquellos lugares y de las maravillosas leyendas que contaba delante de cada torre, bóveda o barbacana de la fortaleza, y en cuyas historias tenía la más absoluta fe.

En su mayoría las había aprendido, según contaba, de su abuelo, que era un famoso legendario sastre que vivió cerca de los cien años, durante las cuales hizo apenas dos salidas fuera del recinto de la fortaleza. Su tienda fue, casi por espacio de un siglo, el lugar de reunión de una porción de viejos charlatanes, que se pasaban la mitad de la noche hablando de los tiempos pasados y de los fantásticos acontecimientos sucesos y ocultos secretos de la fortaleza.

This alert and officious wight has managed, somehow or other, to stick by me ever since I first encountered him at the outer gate of the fortress, and to weave himself into all my plans, until he has fairly appointed and installed himself my valet, cicerone, guide, guard, and historio-graphic squire. Therefore I have been obliged to improve the state of his wardrobe, that he may not disgrace his various functions; so that he has cast his old brown mantle, as a snake does his skin, and now appears about the fortress with a smart Andalusian hat and jacket, to his infinite satisfaction, and the great astonishment of his comrades. The chief fault of honest Mateo is an over-anxiety to be useful. Conscious of having foisted himself into my employ, and that my simple and quiet habits render his situation a sinecure, he is at his wit's ends to devise modes of making himself important to my welfare. I am, in a manner, the victim of his officiousness; I cannot put my foot over the threshold of the palace, to stroll about the fortress, but he is at my elbow, to explain every thing I see; and if I venture to ramble among the surrounding hills, he insists upon attending me as a guard, though I vehemently suspect he would be more apt to trust to the length of his legs than the strength of his arms, in case of attack. After all, however, the poor fellow is at times an amusing companion; he is simple-minded, and of infinite good humor, with the loquacity and gossip of a village barber, and knows all the small-talk of the place and its environs; but what he chiefly values himself on, is his stock of local information, having the most marvellous stories to relate of every tower, and vault, and gateway of the fortress, in all of which he places the most implicit faith.

Most of these he has derived, according to his own account, from his grandfather, a little legendary tailor, who lived to the age of nearly a hundred years, during which he made but two migrations beyond the precincts of the fortress. His shop, for the greater part of a century, was the resort of a knot of venerable gossips, where they would pass half the night talking about old times, and the wonderful events and hidden secrets of the place.

La vida entera, los hechos, los pensamientos y todos los actos del famosísimo sastre habían tenido por límite las murallas de la Alhambra; dentro de ellas nació, dentro de ellas vivió, creció y envejeció, y dentro de ellas recibió sepultura. Por suerte para la posteridad, sus tradiciones no murieron con él, pues el mismísimo Mateo, cuando era un mozuelo, acostumbraba a oír atentamente las consejas de su abuelo y de la tertulia de charlatanes que se reunía alrededor del mostrador de la tienda, y de este modo llegó a acumular un repertorio de interesantes narraciones sobre la Alhambra, que no se encuentran escritas en ningún libro, pero que se van depositando en la mente de los curiosos viajeros.

Tales eran los personajes que contribuían a darme plácida información en la Alhambra; y dudo que ninguno de cuantos nobles ricos, moros o cristianos, han vivido antes que yo en el Palacio se hayan visto servidos con más fidelidad que yo, ni gozado de un imperio más tranquilo.

Cuando me levantaba por la mañana el jardinero tartamudo Pepe me obsequiaba flores frescas recién cogidas, que eran a rápidamente colocadas en vasos por la delicada mano de Dolores, la cual ponía un especial cuidado en adornar mi habitación. Comía yo donde me dictaba mi capricho: unas veces en alguna sala morisca, otras bajo el templete del *Patio de los Leones,* rodeado de flores y fuentes; y cuando deseaba pasear, me acompañaba mi constante Mateo por los lugares más románticos de las montañas y deliciosos escenarios del valle contiguo, cada uno de cuyos parajes era teatro de alguna maravillosa historia.

Aunque mi mayor placer era el pasar la mayor parte del día en la soledad, frecuentaba algunas veces a la pequeña tertulia doméstica de doña Antonia, la cual se reunía ordinariamente en una vieja sala morisca que servía de cocina y de gabinete, y en uno de cuyos ángulos habían construido una vetusta chimenea, hallándose por el humo ennegrecidas las paredes y destruidos en gran parte los antiguos arabescos. Una ventana, con un balcón que daba al valle del Darro, permitía la entrada de la brisa fresca de la tarde; y aquí era donde yo realizaba mi cena frugal de fruta y leche, pasando el rato en conversación con la familia.

The whole living, moving, thinking, and acting, of this historical little tailor, had thus been bounded by the walls of the Alhambra; within them he had been born, within them he lived, breathed, and had his being; within them he died, and was buried. Fortunately for posterity, his traditionary lore died not with him. The authentic Mateo, when an urchin, used to be an attentive listener to the narratives of his grandfather, and of the gossip group assembled round the shopboard; and is thus possessed of a stock of valuable knowledge concerning the Alhambra, not to be found in books, and well worthy the attention of every curious traveller.

Such are the personages that constitute my regal household, and entertain me with all the information I need of Alhambra; and I question whether any of the potentates, Moslem or Christian, who have preceded me in the palace, have been waited upon with greater fidelity, or enjoyed a serener sway.

When I rise in the morning, Pepe, the stuttering lad from the gardens, brings me a tribute of fresh culled flowers, which are afterwards arranged in vases, by the skilful hand of Dolores, who takes a female pride in the decorations of my chamber. My meals are made wherever caprice dictates; sometimes in one of the Moorish halls, sometimes under the arcades of the Court of Lions, surrounded by flowers and fountains: and when I walk out, I am conducted by the assiduous Mateo, to the most romantic retreats of the mountains, and delicious haunts of the adjacent valleys, not one of which but is the scene of some wonderful tale.

Though fond of passing the greater part of my day alone, yet I occasionally repair in the evenings to the little domestic circle of Dona Antonia. This is generally held in an old Moorish chamber, which serves the good dame for parlor, kitchen and hall of audience, where a rude fireplace has been made in modern times in one corner, the smoke from which has discolored the walls, and almost obliterated the ancient arabesques. A window, with a balcony overhanging the valley of the Darro, lets in the cool evening breeze; and here I take my frugal supper of fruit and milk, and mingle with the conversation of the family.

Hay cierto talento natural —*sentido común,* como le llaman los españoles— que les hace despejados y de trato agradabilísimo, cualquiera que pueda ser su condición de vida y por imperfecta que sea su educación: se añade a esto que no son nada vulgares, pues la Naturaleza les ha dotado de cierta dignidad de espíritu que les es muy propicia y característica. La buena de la tía Antonia era una mujer discreta, inteligente y nada común, aunque sin ilustración, y la vivaracha Dolores, si bien no había leído tres o cuatro libros en toda su vida, poseía una cierta admirable discreción y buen sentido, sorprendiéndome frecuentemente con sus ingeniosas ocurrencias. El sobrino acostumbraba entretenernos leyéndonos alguna vieja comedia de Calderón o de Lope de Vega, a lo que se mostraba sumamente aficionado, por el deseo de complacer, o más bien de entretener a su adorada prima, si bien casi siempre, y a pesar suyo, se quedaba dormida esta señorita antes de terminar el primer acto. Algunas veces la tía Antonia daba reuniones de amigos de confianza y deudos suyos, que solían ser los habitantes de la misma Alhambra y las esposas de los soldados inválidos. Todos le tenían gran respeto, por ser la conserje del Palacio, y le hacían la corte, dándole noticias de lo que acontecía en la fortaleza o de los rumores que corrían por Granada. Oyendo estos chismes nocturnos me enteré de muchos acontecimientos curiosos, que me ilustraron sobre las costumbres del pueblo, y de muchos detalles propios de la localidad.

Y es así de dónde y cómo han nacido estas ligeras pinceladas, sencillas distracciones mías, a las que sólo ofrecen interés e importancia, la especial naturaleza de este lugar. Pisaba tierra hechizada y me encontraba bajo la influencia de recuerdos románticos. Desde que en mi infancia y allá en mis queridas riberas del Hudson recorrí por primera vez las páginas de una antigua Historia de España y leí en ellas las guerras de Granada, esta ciudad fue para mí eterno objeto de mis más dulces sueños; y muchas veces me imaginaba allá en mi fantasía pisando los poéticos salones de la Alhambra. ¡Ved aquí, quizá por primera vez, un sueño realizado, y, con todo, me parece una ilusión de mis sentidos; aún quiero dudar que yo haya habitado en el palacio de Boabdil, y que me haya pasado extáticas horas contemplando desde sus balcones la hermosa y poética Granada!

There is a natural talent or mother wit, as it is called, about the Spaniards, which renders them intellectual and agreeable companions, whatever may be their condition in life, or however imperfect may have been their education: add to this, they are never vulgar; nature has endowed them with an inherent dignity of spirit. The good Tia Antonia is a woman of strong and intelligent, though uncultivated mind; and the bright-eyed Dolores, though she has read but three or four books in the whole course of her life, has an engaging mixture of naivete and good sense, and often surprises me by the pungency of her artless sallies. Sometimes the nephew entertains us by reading some old comedy of Calderon or Lope de Vega, to which he is evidently prompted by a desire to improve, as well as amuse his cousin Dolores; though, to his great mortification, the little damsel generally falls asleep before the first act is completed. Sometimes Tia Antonia has a little levee of humble friends and dependents, the inhabitants of the adjacent hamlet, or the wives of the invalid soldiers. These look up to her with great deference, as the custodian of the palace, and pay their court to her by bringing the news of the place, or the rumors that may have straggled up from Granada. In listening to these evening gossipings I have picked up many curious facts, illustrative of the manners of the people and the peculiarities of the neighborhood.

These are simple details of simple pleasures; it is the nature of the place alone that gives them interest and importance. I tread haunted ground, and am surrounded by romantic associations. From earliest boyhood, when, on the banks of the Hudson, I first pored over the pages of old Spanish history of the civil wars of Granada, that city has ever been a subject of my waking dreams, and often have I trod in fancy the romantic halls of the Alhambra. Behold for once a day-dream realized; yet I can scarce credit my senses, or believe that I do indeed inhabit the palace of Boabdil, and look down from its balconies upon chivalric Granada!

Cuando vagaba por estos salones orientales y percibía el murmullo de las fuentes y los trinos del ruiseñor, cuando aspiraba la fragancia de las rosas y sentía la influencia de este clima embalsamado, me hallaba tentado a suponerme en el edén de Mahoma, y que la hermosa Dolores era una hurí de ojos negros, destinada a aumentar la felicidad de los verdaderos creyentes.

El Truhan

Después de haber escrito las anteriores páginas ocurrió un incidente que causó una ligera conmoción en la Alhambra y que entristeció la interesante fisonomía de Dolores. Esta señorita sentía esa natural pasión de mujer por los animales domésticos de todas clases; y, consecuencia de su bondadoso carácter, había poblado de los que le eran más queridos uno de los patios ruinosos de la Alhambra. Un orgulloso pavo real, con su hembra, parecía como que estaba ejerciendo imperio sobre otros hermosos pavos, cacareadoras gallinas de Guinea y una bandada de pollos y gallinas comunes. Pero el principal placer de Dolores fue mucho tiempo un par de pichones que habían entrado ya en el sagrado estado del matrimonio, sustituyendo en el cariño de la joven a una gata maltesa con sus gatitos.

Para desempeñar la función de vivienda, y con el fin de que pudieran hacer vida doméstica, Dolores les había arreglado una pequeña habitación al lado de la cocina, cuya ventana daba a uno de los silenciosos patios moriscos. Allí vivía la feliz pareja, no conociendo más mundo que su patio y sus relucientes tejados, sin que nunca se les hubiera ocurrido asomarse por encima de las murallas ni volar a lo alto de las torres. Su virtuosa unión se vio al fin fructificada por dos preciosos huevos blancos como la leche, que estremecieron de alegría a la cariñosa joven. Nada tan tierno y digno de admiración como los desvelos de los tiernos esposos en tan interesante situación; se turnaban en el nido hasta que nacieron los pollos, y mientras la tierna prole necesitaba calor y abrigo, el uno quedaba en el nido y el otro salía fuera para buscar sustento y traer a la casita provisiones.

As I loiter through these Oriental chambers, and hear the murmur of fountains and the song of the nightingale; as I inhale the odor of the rose, and feel the influence of the balmy climate, I am almost tempted to fancy myself in the paradise of Mahomet, and that the plump little Dolores is one of the bright-eyed houris, destined to administer to the happiness of true believers.

THE TRUANT

We have had a scene of a petty tribulation in the Alhambra, which has thrown a cloud over the sunny countenance of Dolores. This little damsel has a female passion for pets of all kinds, and from the superabundant kindness of her disposition one of the ruined courts of the Alhambra is thronged with her favorites. A stately peacock and his hen seem to hold regal sway here, over pompous turkeys, querulous guinea-fowls, and a rabble rout of common cocks and hens. The great delight of Dolores, however has for some time past been centred in a youthful pair of pigeons, who have lately entered into the holy state of wedlock, and even supplanted a tortoise-shell cat and kittens in her affections.

As a tenement for them wherein to commence housekeeping, Dolores had fitted up a small chamber adjacent to the kitchen, the window of which looked into one of the quiet Moorish courts. Here they lived in happy ignorance of any world beyond the court and its sunny roofs. Never had they aspired to soar above the battlements, or to mount to the summit of the towers. Their virtuous union was at length crowned by two spotless and milk-white eggs, to the great joy of their cherishing little mistress. Nothing could be more praiseworthy than the conduct of the young married folks on this interesting occasion. They took turns to sit upon the nest until the eggs were hatched, and while their callow progeny required warmth and shelter; while one thus stayed at home, the other foraged abroad for food, and brought home abundant supplies.

Este cuadro de felicidad conyugal se resquebrajó de pronto por una triste circunstancia. Una mañana temprano, cuando Dolores daba de comer al macho, tuvo el pensamiento de querer enseñarle el gran mundo, y, abriendo la ventana cuyas vistas daban al valle del Darro, lo lanzó de súbito fuera de la muralla de la Alhambra. Por primera vez en su vida, el inexperto pájaro tuvo que utilizar todo el vigor de sus alas; se precipitó hacia el valle, y levantándose después de un revuelo se remontó hasta cerca de las nubes. Nunca se había visto a tal altura ni gozado de los placeres de volar, y, al igual que la joven calavera que está en su elemento, parecía estar aturdido con el exceso de libertad y con el ilimitado campo de acción que de pronto se abrió a sus ojos. Durante todo el día estuvo dando vueltas, girando en caprichosas curvas, de torre en torre y de árbol en árbol. Todas las tentativas para cogerlo, echándole comida en los tejados, resultaron inútiles; parecía que se hubiera olvidado de su casa, de su dulce compañera y de sus tiernos pichones. Para aumentar la pena de Dolores, se reunió con dos palomas *ladronas,* cuya habilidad consiste en atraer a su nido a los pichones que se escapan de otro palomar. El fugitivo —como los jóvenes mal aconsejados en su primera salida al mundo— se deslumbró con la compañía de estos perjudiciales amigos, que tomaron a su cargo al enseñarle a vivir y presentarlo en sociedad, y estuvo volando con ellos por encima de los tejados y campanarios de Granada. Descargó una ligera tormenta, y, sin embargo, nuestro prófugo no regresaba a su nido; se echó encima la noche, y nada, no aparecía. Para agravar la situación, la hembra, después de estar bastantes horas en el nido sin ser relevada, salió al fin en busca de su fiel compañero, pero estuvo tanto tiempo ausente, que uno de los pichones falleció por falta de calor y de abrigo del pecho materno. A última hora de la noche notificaron a Dolores que habían visto al *truhan* del pájaro en la torre del Generalife. Nos enteramos de que el administrador de este antiguo palacio poseía también un palomar, entre cuyos habitantes se decía que había dos o tres pájaros ladrones que eran el terror de los aficionados a palomas en el territorio. Dolores dedujo inmediatamente que los dos pájaros con quienes había visto al fugitivo eran los del Generalife.

This scene of conjugal felicity has suddenly met with a reverse. Early this morning, as Dolores was feeding the male pigeon, she took a fancy to give him a peep at the great world. Opening a window, therefore, which looks down upon the valley of the Darro, she launched him at once beyond the walls of the Alhambra. For the first time in his life the astonished bird had to try the full vigor of his wings. He swept down into the valley, and then rising upwards with a surge, soared almost to the clouds. Never before had he risen to such a height, or experienced such delight in flying; and, like a young spendthrift just come to his estate, he seemed giddy with excess of liberty, and with the boundless field of action suddenly opened to him. For the whole day he has been circling about in capricious flights, from tower to tower, and tree to tree. Every attempt has been vain to lure him back by scattering grain upon the roofs; he seems to have lost all thought of home, of his tender helpmate, and his callow young. To add to the anxiety of Dolores, he has been joined by two *palomas ladronas*, or robber pigeons, whose instinct it is to entice wandering pigeons to their own dovecotes. The fugitive, like many other thoughtless youths on their first launching upon the world, seems quite fascinated with these knowing but graceless companions, who have undertaken to show him life, and introduce him to society. He has been soaring with them over all the roofs and steeples of Granada. A thunder-storm has passed over the city, but he has not sought his home; night has closed in, and still he comes not. To deepen the pathos of the affair, the female pigeon, after remaining several hours on the nest without being relieved, at length went forth to seek her recreant mate; but stayed away so long that the young ones perished for want of the warmth and shelter of the parent bosom. At a late hour in the evening, word was brought to Dolores, that the truant bird had been seen upon the towers of the *Generalife*. Now it happens that the Administrador of that ancient palace has likewise a dovecote, among the inmates of which are said to be two or three of these inveigling birds, the terror of all neighboring pigeon-fanciers. Dolores immediately concluded, that the two feathered sharpers who had been seen with her fugitive, were these bloods of the *Generalife*.

Acto seguido se reunió un consejo de familia en la habitación de la tía Antonia. El Generalife tiene distinta jurisdicción que la Alhambra, y existe cierta rivalidad, sin enemistad violenta, entre sus conserjes. Se determinó, por fin, enviar al jardinero tartamudo Pepe en calidad de embajador, exigiendo que, si se encontraba el fugitivo dentro de aquellos dominios, fuere entregado inmediatamente, por ser súbdito de la Alhambra. Pepe partió a cumplir su embajada diplomática, a la luz de la luna, por entre bosques y alamedas; pero volvió al cabo de una hora con la inconsolable noticia de que el tal pichón no se encontraba en el palomar del Generalife. El administrador, sin embargo, prometió, bajo palabra de honor, que si el desertor buscaba cobijo allí, aunque fuera a medianoche sería arrestado de inmediato y enviado prisionero a la joven señorita de ojos negros.

Así continuaba este desagradable incidente, que tan grave desazón produjo en el Palacio y que, durante la noche, no dejó pegar ojo a la apesadumbrada Dolores.

"No hay bien ni mal —dice un adagio popular— que cien años dure." Lo primero que vi, al salir de mi cuarto por la mañana, fue a Dolores con el *truhan* del palomo perdido, en sus manos, y sus ojos brillando de alegría. Había aparecido a primera hora en las murallas revoloteando con sigilo de tejado en tejado, hasta que entró por la ventana rindiéndose a discreción. Y por cierto que no consiguió muy buena fama con su vuelta; pues por la insaciable forma con que devoró la comida que le pusieron delante, daba bien a entender que, como el Hijo Pródigo, había regresado a su casa sólo acosado por el hambre. Dolores le riñó por su fea conducta, diciéndole toda clase de apelativos injuriosos (aunque, ¡condición tierna de mujer!, lo acariciaba al propio tiempo contra su pecho, cubriéndolo de besos). Observé, a pesar de ello, que tuvo cuidado de cortarle las alas, para evitar el que escapase de nuevo; precaución que hago constar en beneficio de las que tienen amantes volubles y maridos inquietos. Más de una saludable moraleja pudiera sacarse de la historia de Dolores y su pichón.

A council of war was forthwith held in the chamber of Tia Antonia. The *Generalife* is a distinct jurisdiction from the Alhambra, and of course some punctilio, if not jealousy, exists between their custodians. It was determined, therefore, to send Pepe, the stuttering lad of the gardens, as ambassador to the Administrador, requesting that if such fugitive should be found in his dominions, he might be given up as a subject of the Alhambra. Pepe departed accordingly, on his diplomatic expedition, through the moonlit groves and avenues, but returned in an hour with the afflicting intelligence that no such bird was to be found in the dovecote of the *Generalife*. The Administrador, however, pledged his sovereign word that if such vagrant should appear there, even at midnight, he should instantly be arrested, and sent back prisoner to his little black-eyed mistress.

Thus stands the melancholy affair, which has occasioned much distress throughout the palace, and has sent the inconsolable Dolores to a sleepless pillow.

"Sorrow endureth for a night," says the proverb, "but joy cometh in the morning." The first object that met my eyes, on leaving my room this morning, was Dolores, with the truant pigeon in her hands, and her eyes sparkling with joy. He had appeared at an early hour on the battlements, hovering shyly about from roof to roof, but at length entered the window, and surrendered himself prisoner. He gained little credit, however, by his return; for the ravenous manner in which he devoured the food set before him showed that, like the prodigal son, he had been driven home by sheer famine. Dolores upbraided him for his faithless conduct, calling him all manner of vagrant names, though, woman-like, she fondled him at the same time to her bosom, and covered him with kisses. I observed, however, that she had taken care to clip his wings to prevent all future soarings; a precaution which I mention for the benefit of all those who have truant lovers or wandering husbands. More than one valuable moral might be drawn from the story of Dolores and her pigeon.

La habitación del autor

Al hospedarme en la Alhambra me acondicionaron una serie de habitaciones de arquitectura moderna, destinadas para residencia del gobernador. Estaban enfrente del Palacio mirando hacia la explanada: lo más apartado de ellas comunicaba con otros aposentos —parte moriscos, parte modernos— que ocupaban la tía Antonia y su familia, y terminaban en el gran salón antes citado, que servía a la bondadosa anciana de gabinete de descanso, cocina y salón de recibir. Por estos oscuros departamentos se sale a un ángulo de la *Torre de Comares,* atravesando un estrecho corredor sin salida y una oscura escalera en caracol, pasando la cual, y abriendo una puertecilla en el fondo, queda el viajero asombrado al salir a la brillante antecámara del *Salón de Embajadores,* con la fuente del *Patio de la Alberca,* que sobresale en primer término.

No estaba muy a gusto con verme instalado en una habitación moderna, contigua al Palacio, y deseé trasladarme al interior del edificio. Me paseaba cierto día por los salones moriscos, cuando encontré junto a una apartada galería una puerta que no había descubierto hasta entonces y que comunicaba —al parecer— con algún extenso departamento reservado. Aquí, pues, había misterio; era, sin duda, el lugar embrujado de la fortaleza. Me procuré la llave, no sin gran trabajo; la puerta daba a unas habitaciones vacías, de arquitectura europea, aunque edificadas sobre una galería árabe contigua al *Jardín de Lindaraja.* Eran dos magníficas habitaciones, cuyos techos, divididos constituyendo casetones, poseían macizas ensambladuras de cedro figurando frutas y flores rica y hábilmente talladas y entremezcladas con grotescos mascarones. Las paredes habían estado, sin duda, en otra época, tapizadas de damasco, pero ahora se presentaban desnudas y garabateadas con las firmas de los turistas noveles, sin nombre ni importancia; las ventanas, que se encontraban desprotegidas y abiertas al aire y la lluvia, daban al *Jardín de Lindaraja,* extendiéndose las ramas de los naranjos y limoneros por el interior de la habitación. Al lado de estos departamentos hay otros dos salones menos suntuosos, que se abren también al jardín, y en los casetones de sus techos ensamblados hay canastillos de frutas y guirnaldas de flores, pintadas por experta mano, y en un estado regular de conservación.

MY CHAMBERS

When it was decided that I would stay in the palace, a couple of the modern architecture chambers were furnished, although they were the Govenor's residence. My quarters are at one end of the Governor's apartment, in front of the palace, looking out upon the great esplanade, opposite to my sleeping-room communicates with a cluster of little chambers, partly Moorish, partly Spanish, allotted to the chatelaine Dona Antonia and her family. Through these dark chambers one is lead down at an angle to the Tower of Comares passing through a narrow, blind corridor, to the head of a dark winding staircase, and opening a small door at the bottom, you can emerge into the brilliant antechamber of the Hall of Ambassadors; with the fountain of the Court of the Alberca sparkling before you.

I wasn't very comfortable staying in such modern chambers, next to the palace, so I wished to move to the interior of the edifice. A certain day I was strolling the Moorish chambers, when I found, close to a remote gallery, a door which I haven't discovered yet and that lead to a broad and secret chamber. Here then was a mystery. Here was the haunted wing of the castle. I was able to get the key, but not effortlessly. I returned forthwith to the door. It opened, as I had surmised, to a range of vacant chambers the architecture, though rich and antiquated, was European though built over a moorish gallery adjacent to the Lindaraxa garden. The first two rooms were lofty; the ceilings, broken in many places, were of cedar, deeply panelled and skilfully carved with fruits and flowers, intermingled with grotesque masks or faces. The walls had evidently in ancient times been hung with damask; but now were naked, and scrawled over by that class of aspiring travellers who defile noble monuments with their worthless names. The windows, dismantled and open to wind and weather, looked out into the Lindaraxa garden, and was surrounded by orange and citron trees, some of which flung their branches into the chambers. Beyond these rooms were two saloons, longer but less lofty, looking also into the garden. In the compartments of the panelled ceilings were baskets of fruit and garlands of flowers, painted by no mean hand, and in tolerable preservation.

Las paredes estuvieron antes pintadas al fresco, al estilo italiano; pero las pinturas estaban casi borradas; y las ventanas destrozadas, como en las cámaras mencionadas. Esta caprichosa serie de habitaciones termina en una galería con balaustradas que seguía en ángulos rectos los lados del jardín. Tal delicadeza y elegancia presenta esta pequeña habitación en su decorado, y tiene tal carácter de rareza y soledad por su situación junto a este oculto jardincito, que sentí curiosidad por conocer su historia. Después de varias preguntas, supe que era un departamento decorado por artistas italianos a principios del siglo pasado, en la época de Felipe V y la hermosa Isabel de Parma, con motivo de su venida a Granada, y se le destinó a la reina y damas de su comitiva. Una de estas hermosas cámaras fue su dormitorio; la estrecha escalera que conduce a él —ahora tapiada— daba al encantador pabellón, antes mirador de las sultanas moras, y posteriormente decorado para peinador de la hermosa Isabel, por lo cual conserva todavía el nombre de *Tocador de la Reina.* El dormitorio que he mencionado deja ver desde una ventana el escenario del Generalife y sus arqueadas azoteas y desde otra se divisa la fuente de alabastro del *Jardín de Lindaraja.* Este jardín transportó mis pensamientos a los tiempos antiguos del reinado de la hermosura: a los días de las sultanas y odaliscas.

Siglos han pasado y, sin embargo, queda mucho todavía de esta incomparable aunque endeble belleza. El *Jardín de Lindaraja* se encuentra todavía engalanado de flores y luce la fuente todavía su espejo cristalino. Es verdad que el alabastro ha perdido su blancura, y que el tazón inferior, cubierto de hierbas, se ha convertido en nido de lagartos; pero aun este mísero estado aumenta el interés de semejante lugar, anunciador de la inestabilidad, de la caducidad de las obras humanas. También la desolación de los regios aposentos, residencia en otros días de la orgullosa y espléndida Isabel, ofrecían mayor encanto ante mis ojos que si los hubiera visto en su posterior suntuosidad, brillando con la pompa de la Corte. Escogí, pues, fijar mis reales en este departamento.

The walls also had been painted in fresco in the Italian style, but the paintings were nearly obliterated; the windows were in the same shattered state with those of the other chambers. This fanciful suite of rooms terminated in an open gallery with balustrades, running at right angles along another side of the garden. The whole apartment, so delicate and elegant in its decorations, so choice and sequestered in its situation along this retired little garden, and so different in architecture from the neighboring halls, awakened an interest in its history. I found on inquiry that it was an apartment fitted up by Italian artists in the early part of the last century, at the time when Philip V and his second wife, the beautiful Elizabetta of Farnese, daughter of the Duke of Parma, were expected at the Alhambra. It was destined for the queen and the ladies of her train. One of the loftiest chambers had been her sleeping room. A narrow staircase, now walled up, led up to a delightful belvidere, originally a mirador of the Moorish sultanas, communicating with the harem; but which was fitted up as a boudoir for the fair Elizabetta, and still retains the name of el tocador de la Reyna, or the queen's toilette. One window of the royal sleeping-room commanded a prospect of the Generalife and its embowered terraces, another looked out into the the alabaster fountain of the garden of Lindaraxa. This garden conveyed my thoughts to the ancient times of the reign of beauty: a day of sultanas and odalisques.

Centuries have gone by, and yet much remains of this unique but fragile beauty. The garden of Lindaraxa still bloomed so I was delighted; the fountain still presented the crystal; the alabaster, it is true, had lost its whiteness; the basin beneath, overrun with weeds, had become the lurking-place of the lizard, but there was something in the very decay that enhanced the interest of the scene, speaking as it did of that mutability, the irrevocable lot of man and all his works. The desolation too of these chambers, once the abode of the proud and elegant Elizabetta, had a more touching charm for me than if I had beheld them in their pristine splendor, glittering with the pageantry of a court. I chose then to set my lodging in such chambers.

Mi determinación causó gran asombro a la familia, que no podía imaginar ningún atractivo racional para haber escogido un sitio tan apartado, solitario y abandonado. La buena de doña Antonia creyó esto altamente peligroso.

—La vecindad —decía— está llena de perdidos; las cuevas de los cercanos montes son nidos de gitanos; el Palacio está ruinoso y es de fácil acceso por muchas partes. Por otro lado, el rumor de un extranjero alojado solo, en tal lugar, lejos de la defensa de los restantes individuos de la casa, podría despertar la codicia de algunos de los mismos entrantes y salientes, sobre todo durante la noche, porque a los extranjeros se les supone siempre con una bolsa bien provista.

Dolores, por su parte, me hizo pensar en la espantosa soledad del Palacio a tales horas, sin más que murciélagos y mochuelos dando vueltas alrededor de él, diciéndome, además, que había una zorra y un gato garduño que andaban por las bóvedas y merodeaban durante la noche.

Sin embargo, no desistí de mi propósito, por lo cual llamé a un carpintero y al siempre servicial Mateo Jiménez, los que me pusieron las puertas y ventanas en un estado regular de seguridad. A pesar de todas estas precauciones, confieso que la primera noche que pasé en estos alojamientos fue inexplicablemente triste. Me acompañó hasta mi cuarto toda la familia; y cuando se despidieron de mí, volviéndose por las extensas antecámaras y resonantes galerías, me acordé de aquellas fantásticas historias en que el héroe es abandonado para llevar a cabo la aventura en algún castillo encantado.

Hasta los recuerdos de la hermosa Isabel y las bellezas de su corte, que en otros tiempos adornaron aquellas estancias, les añadían entonces, por una morbosidad tal vez del gusto, cierto hermoso matiz melancólico. Este fue el teatro de su transitoria alegría y hermosura, y allí estaban las huellas de su elegancia y regocijo. ¿Qué ha sido de ellos y dónde están? ¡Polvo y cenizas!... ¡Habitantes de las tumbas!... ¡Fantasmas del pasado!...

I proposed the change to Dame Antonia and her family, and it occasioned vast surprise. They could not conceive any rational inducement for the choice of an apartment so forlorn, remote and solitary.

The neighborhood was infested by vagrants; gipsies swarmed in the caverns of the adjacent hills; the palace was ruinous and easy to be entered in many places; the rumor of a stranger quartered alone in one of the remote and ruined apartments, out of the hearing of the rest of the inhabitants, might tempt unwelcome visitors in the night, especially as foreigners were always supposed to be well stocked with money.

Dolores exclaimed at its frightful loneliness; nothing but bats and owls flitting about—and then a fox and wild-cat, kept in the vaults of the neighboring baths, roamed about at night. The good Tia had more reasonable objections.

I was not to be diverted from my humor, however, and my will was law with these good people. So, calling in the assistance of a carpenter, and the ever officious Mateo Ximenes, the doors and windows were soon placed in a state of tolerable security. With all the hardihood I had assumed and all the precautions I had taken, I must confess the first night passed in these quarters was inexpressibly dreary. The whole family escorted me to my chamber, and took leave of me as of one engaged on a perilous enterprise; and when I heard their retreating steps die away along the waste antechambers and echoing galleries; and turned the key of my door, I was reminded of those hobgoblin stories, where the hero is left to accomplish the adventure of an enchanted house.

Even the thoughts of the fair Elizabetta and the beauties of her court, who had once graced these chambers, now, by a perversion of fancy, added to the gloom. Here was the scene of their transient gayety and loveliness; here were the very traces of their elegance and enjoyment; but what and where were they?—Dust and ashes! tenants of the tomb! phantoms of the memory!

Un vago e inexpresable terror se adueñó de mí, tal vez a consecuencia de la conversación nocturna de los ladrones, incluso admitiendo que todo era vana ilusión y absurdo. Es decir, que sentí revivir en mi imaginación las olvidadas impresiones terroríficas de la nodriza; con tal poder recurrieron en ella. Todas las cosas, los objetos todos, tomaban el ser y forma que les daban mi quimérica fantasía: el rumor del siniestro gemido; los árboles que veía en el *Jardín de Lindaraja* me presentaban un aspecto amenazador, y la espesura, confusas y horribles formas. Me apresuré a cerrar la ventana de mi alcoba, pero en todas partes veía las imágenes fantasmagóricas: un murciélago se metió dentro de mi aposento y velozmente revoloteaba a mi alrededor y en torno de mi lámpara, en tanto que los grotescos mascarones tallados en el artesonado de cedro parecía que me miraban riéndose de mí.

Levantándome, pues, y casi sonriéndome por esta debilidad momentánea, resolví hacer frente al peligro, y, lámpara en mano, salí a hacer un reconocimiento por el antiguo Palacio. Pero, a pesar de todo el poder y esfuerzos de mi razón, la empresa se me antojó arriesgada. Los resplandores de mi lámpara no se extendían más que a una limitada distancia a mi alrededor, caminaba como en una aureola de luz, y fuera de ella todo era oscuridad. Los embovedados corredores semejaban cavernas, y las bóvedas de los salones se perdían en las tinieblas: ¿qué invisible enemigo me estaría acechando por un lado o por otro? Mi propia sombra, dibujándose en las paredes de mi entorno, y el eco de mis propias pisadas me hacían castañear de miedo.

En este estado de ansiedad, y conforme iba atravesando el *Salón de Embajadores,* escuché murmullos verdaderos que no eran ya imaginaria ilusión mía. Sordos quejidos y confusas articulaciones parecían salir como de debajo de mis pies. Me paré y escuché. Entonces me figuré que resonaban por fuera de la torre. Unas veces semejaban aullidos de un animal; otras, gritos ahogados mezclados con sofocados ruidos. El mágico efecto de estos gemidos a tal hora y en sitio tan extraño, destruyeron todo deseo de seguir mi solitario paseo.

A vague and indescribable awe was creeping over me. I would fain have ascribed it to the thoughts of robbers awakened by the evening's conversation, but I felt it was something more unreal and absurd. The long-buried superstitions of the nursery were reviving, and asserting their power over my imagination. Every thing began to be affected by the working of my mind. The whispering of the wind, among the citron-trees beneath my window, had something sinister. I cast my eyes into the garden of Lindaraxa; the groves presented a gulf of shadows; the thickets, indistinct and ghastly shapes. I was glad to close the window, but my chamber itself became infected. There was a slight rustling noise overhead; a bat suddenly emerged from a broken panel of the ceiling, flitting about the room and athwart my solitary lamp; and as the fateful bird almost flouted my face with his noiseless wing, the grotesque faces carved in high relief in the cedar ceiling, whence he had emerged, seemed to mope and mow at me.

Rousing myself, and half smiling at this temporary weakness, I resolved to brave it out in the true spirit of the hero of the enchanted house; so, taking lamp in hand, I sallied forth to make a tour of the palace. Notwithstanding every mental exertion the task was a severe one. I had to traverse waste halls and mysterious galleries, where the rays of the lamp extended but a short distance around me. I walked, as it were, in a mere halo of light, walled in by impenetrable darkness. The vaulted corridors were as caverns; the ceilings of the halls were lost in gloom. I recalled all that had been said of the danger from interlopers in these remote and ruined apartments. Might not some vagrant foe be lurking before or behind me, in the outer darkness? My own shadow, cast upon the wall, began to disturb me. The echoes of my own footsteps along the corridors made me pause and look round.

Soon, however, my ear was assailed by sounds too fearfully real to be the work of fancy. As I was crossing the Hall of Ambassadors, low moans and broken ejaculations rose, as it were, from beneath my feet. I paused and listened. They then appeared to be outside of the tower—then again within. Then broke forth howlings as of an animal—then stifled shrieks and inarticulate ravings. Heard in that dead hour and singular place, the effect was thrilling. I had no desire for further perambulation.

Volví a mi cuarto más rápidamente que había salido, y respiré con más libertad cuando me vi dentro de sus paredes, cerrando la puerta detrás de mí. Cuando desperté por la mañana y percibí los resplandores del sol en mi ventana e iluminado todo el edificio con sus alegres y vívidos rayos, empecé a recordar las sombras e ilusiones conjuradas en la oscuridad de la pasada noche, y me parecía imposible que aquellos objetos que me rodeaban y que entonces veía en su sencilla realidad pudieran haber estado velados con tan fantásticos horrores.

Sea como fuere, los lastimeros quejidos y sollozos que había oído no fueron imaginarios, pues pronto tuve de ellos explicación con el relato que me hizo mi ayuda de cámara Dolores. Eran los gritos de un pobre maniático, hermano de su tía, que padecía de violentos ataques, durante los cuales lo encerraban en un cuarto abovedado que se encontraba debajo del *Salón de Embajadores.*

LA ALHAMBRA A LA LUZ DE LA LUNA

Ya he descrito mi departamento cuando tomé posesión de él por primera vez, pero unas cuantas noches más me trastornaron por completo el lugar de mis sueños. La luna, que había estado invisible hasta entonces, fue apareciendo poco a poco por la noche y después refulgía con todo su esplendor sobre las torres, derramando torrentes de suave luz en los patios y salones. El jardín de debajo de mi ventana se iluminó dulcemente; los naranjos y limoneros se bañaron del color de la plata, y la fuente reflejó en sus aguas los pálidos rayos de la luna, haciéndose casi perceptible el carmín de la rosa.

Me pasaba largas horas en mi ventana aspirando los aromas del jardín y meditando en la adversa fortuna de todos aquellos cuya historia está débilmente retratada en los elegantes testimonios que me rodeaban. Algunas veces salía a medianoche, cuando todo permanecía en silencio, y daba paseos por todo el edificio. ¿Quién se figurará tal como es una noche al resplandor de la luna en este clima y en este sitio? La temperatura de una noche de verano en Andalucía es enteramente vaporosa.

Returned to my chamber with infinitely more alacrity than I had sallied forth, and drew my breath more freely when once more within its walls and the door bolted behind me. When I awoke in the morning, with the sun shining in at my window and lighting up every part of the building with his cheerful and truth-telling beams, I could scarcely recall the shadows and fancies conjured up by the gloom of the preceding night; or believe that the scenes around me, so naked and apparent, could have been clothed with such imaginary horrors.

Still, the dismal howlings and ejaculations I had heard were not ideal; they were soon accounted for, however, by my handmaid Dolores: being the ravings of a poor maniac, a brother of her aunt, who was subject to violent paroxysms, during which he was confined in a vaulted room beneath the Hall of Ambassadors.

The Alhambra under the moonlight

I have already explained my chambers and the first experiences in such quartiers, but in the course of a few evenings a thorough change took place in the scene and its associations. The moon, which when I took possession of my new apartments was invisible, gradually gained each evening upon the darkness of the night, and at length rolled in full splendor above the towers, pouring a flood of tempered light into every court and hall. The garden beneath my window, before wrapped in gloom, was gently lighted up, the orange and citron trees were tipped with silver; the fountain sparkled in the moonbeams, and even the blush of the rose was faintly visible.

On such heavenly nights I would sit for hours at my window inhaling the sweetness of the garden, and musing on the checkered fortunes of those whose history was dimly shadowed out in the elegant memorials around. Sometimes, when all was quiet, I have sallied out on another tour and wandered over the whole building; Who can do justice to a moonlight night in such a climate and such a place? The temperature of a summer midnight in Andalusia is perfectly ethereal.

Me creía elevado a una atmósfera más pura; se siente tal serenidad de espíritu, tal ligereza de ánimo y tal agilidad de cuerpo, que la existencia es un puro placer. Además, el efecto del resplandor de la luna en la Alhambra tiene cierto mágico hechizo. Todas las injurias del tiempo, todas las tintas apagadas y todas las manchas de las aguas desaparecen por completo; el mármol recobra su primitiva blancura; las largas filas de columnas brillan a la luz del astro de la noche; los salones se bañan de una suave claridad, y todo el edificio semeja un encantado palacio de los cuentos orientales.

En una de estas noches subí al pabelloncito conocido como el *Tocador de la Reina* para gozar del extenso y variado panorama. A la derecha se observaban los nevados picos de la Sierra Nevada, que brillaban como nubes plateadas sobre el firmamento oscuro, percibiéndose, delicadamente delineado, el perfil de la montaña. ¡Qué delicia tan inefable sentía apoyado sobre aquel murallón del *Tocador*, contemplando abajo la hermosa Granada, extendida como un plano bajo mis pies, sumida en profundo reposo y viendo el efecto que hacían a la blanca luz de la luna sus blancos palacios y conventos!

Ya escuché el ruido de castañuelas de los que bailaban y se esparcían en la alameda en las noches de verano; otras veces llegaban hasta mí los débiles acordes de una guitarra y la voz de algún trovador que cantaba en una calle solitaria, y me imaginaba que era un gentil caballero que daba una serenata bajo la reja de su dama; gallarda costumbre de los tiempos antiguos, en la actualidad desgraciadamente en desuso, salvo en las remotas ciudades y aldeas de la poética España. Con tales fantasías me entretenía largas horas vagando por los patios o asomado a los balcones de la fortaleza, y gozando esa mezcla de ensueños y sensaciones que enervan la existencia en los países del Mediodía, sorprendiéndome muchas veces la primera mañana antes de haberme retirado a mi lecho, plácidamente adormecido con el susurro del agua de la fuente de Lindaraja.

We seem lifted up into a purer atmosphere; we feel a serenity of soul, a buoyancy of spirits, an elasticity of frame, which render mere existence happiness. But when moonlight is added to all this, the effect is like enchantment. Under its plastic sway the Alhambra seems to regain its pristine glories. Every rent and chasm of time; every mouldering tint and weather-stain is gone; the marble resumes its original whiteness; the long colonnades brighten in the moonbeams; the halls are illuminated with a softened radiance—we tread the enchanted palace of an Arabian tale!

One of these delightful evenings, I ascended to the little airy pavilion of the queen's toilet (el tocador de la Reyna), and gazed from its light arcades upon the moonlight prospect! To the right, the swelling mountains of the *Sierra Nevada*, robbed of their ruggedness and softened into a fairy land, with their snowy summits gleaming like silver clouds against the deep blue sky. And then to lean over the parapet of the Tocador and gaze down upon the white palaces and convents sleeping in the moonshine.

Sometimes the faint click of castanets rises from the Alameda, where people were dancing away the summer night. Sometimes the dubious tones of a guitar and the notes of an amorous voice, tell perchance the whereabout of some moon-struck lover serenading his lady's window, gallant tradition of ancient times, today unfortunately obsolete, except in remote poetic towns and villages of Spain. Such is a faint picture of the moonlight nights I have passed loitering about the courts and halls and balconies of this most suggestive pile, and enjoying that mixture of reverie and sensation which steal away existence in a southern climate; so that it has been almost morning before I have retired to bed, and been lulled to sleep by the falling waters of the fountain of Lindaraxa.

Habitantes de la Alhambra

He comprobado que, en general, cuanto más ricos han sido los habitantes de un edificio en los días de su apogeo, tanto más pobres y humildes son los que viven en los de su decadencia, y que los palacios de los reyes terminan con frecuencia sirviendo de refugio a los mendigos.

La Alhambra se encontraba en ese triste estado de decadencia. Cuando alguna torre empezaba a desmoronarse, venía a instalarse en ella alguna andrajosa familia, que se hacía la propietaria de sus dorados salones en compañía de los murciélagos y búhos, y colgaban sus andrajos, emblema de la pobreza, en las ventanas tragaluces.

Me quedaba asombrado viendo los variados tipos que habían tomado por asalto las antiguas moradas de los califas, pues parecía que se habían asentado allí, ofreciendo un terrible desenlace al drama del orgullo humano. Uno de estos habitantes era una viejecita llamada María Antonia Sabonea, que tenía el apodo de la *Reina Coquina;* tan diminuta, que parecía una hada, y debía de serlo, según pude deducir, pues nadie conocía su origen. Su habitación era una especie de desván debajo de la escalera primera del Palacio, y se sentaba en las frías piedras del corredor, manejando la aguja y cantando desde por la mañana hasta la noche, y bromeando con todos los que pasaban, pues, aunque muy pobre, era la vieja más alegre del mundo. Su principal mérito consistía en contar cuentos, teniendo, según creo, tantas historias a su disposición como la inagotable Scheherazada, la de *Las mil y una noches,* y alguno de los cuales le escuché relatar en las tertulias nocturnas de doña Antonia, a las que era asistente asiduo. La extraordinaria suerte de esta misteriosa vieja ponía de manifiesto que debía tener poderes de hadas, pues, a pesar de ser muy pequeña, muy fea y muy pobre, había tenido cinco maridos y medio —según contaba—, refiriéndose a un soldado que murió cuando la cortejaba. El rival de esta pequeña reina hada era un orgulloso viejo de nariz chata, que iba vestido con un traje andrajoso y un sombrero mugriento con una escarapela roja.

Inhabitants of the Alhambra

I have often observed that the more proudly a mansion has been tenanted in the day of its prosperity, the humbler are its inhabitants in the day of its decline, and that the palace of a king commonly ends in being the nestling-place of the beggar.

The Alhambra is in a rapid state of similar transition. Whenever a tower falls to decay, it is seized upon by some tatterdemalion family, who become joint-tenants, with the bats and owls, of its gilded halls, and hang their rags, those standards of poverty, out of its windows and loopholes.

I have amused myself with remarking some of the motley characters that have thus usurped the ancient abode of royalty, and who seem as if placed here to give a farcical termination to the drama of human pride. One of these even bears the mockery of a regal title. It is a little old woman named Maria Antonia Sabonea, but who goes by the appellation of la Reyna Coquina, or the Cockle-queen. She is small enough to be a fairy, and a fairy she may be for aught I can find out, for no one seems to know her origin. Her habitation is in a kind of closet under the outer staircase of the palace, and she sits in the cool stone corridor, plying her needle and singing from morning till night, with a ready joke for every one that passes; for though one of the poorest, she is one of the merriest little women breathing. Her great merit is a gift for story-telling, having, I verily believe, as many stories at her command, as the inexhaustible Scheherezade of the thousand and one nights. Some of these I have heard her relate in the evening tertulias of Dame Antonia, at which she is occasionally a humble attendant. That there must be some fairy gift about this mysterious little old woman, would appear from her extraordinary luck, since, notwithstanding her being very little, very ugly, and very poor, she has had, according to her own account, five husbands and a half, reckoning as a half one a young dragoon, who died during courtship. A rival personage to this little fairy queen is a portly old fellow with a bottle-nose, who goes about in a rusty garb with a cocked hat of oil-skin and a red cockade.

Era hijo legítimo de la Alhambra y vivía allí toda su vida, desempeñando varios oficios, tales como alguacil, sacristán de la iglesia parroquial y marcador de un juego de pelota que había al pie de una de las torres. Era tan pobre como las ratas y tan orgulloso como desharrapado, alardeando de su alcurnia, pues decía ser de la ilustre casa de Aguilar, de donde salió el Gran Capitán Gonzalo de Córdoba. En efecto, era portador del nombre de Alonso de Aguilar, tan famoso en la historia de la Reconquista, aunque la gente maleante de la fortaleza le puso por apodo. *El Santo Padre,* nombre usual del Papa, que creí demasiado sagrado a los ojos de los verdaderos católicos para ser puesto como apodo. Era un verdadero sarcasmo de la fortuna el presentar bajo la grotesca persona de este harapiento un tocayo y descendiente del valeroso Alonso de Aguilar, espejo de la caballería andaluza, arrastrando una existencia miserable por la que fue en otro tiempo arrogante fortaleza, y que ayudó a tomar su antecesor; sin embargo, ¡tal hubiera sido la suerte de los descendientes de Agamenón y Aquiles si hubiesen permanecido dentro de las ruinas de Troya!

En esta abigarrada compañía la familia de mi escudero charlatán Mateo Jiménez formaba —al menos por su número— un papel relevante. Su orgullo por ser hijo de la Alhambra no era infundado, pues su familia habitaba en la fortaleza, sin interrupción, desde el tiempo de la Reconquista, legándose una pobreza hereditaria de padres a hijos, y sin que se sepa que haya tenido ninguno de ellos jamás un maravedí. Su padre era de oficio tejedor de cintas, y sucedió al histórico sastre como cabeza de la familia, tenía a la sazón cerca de setenta años de edad y vivía en una casilla de caña y barro hecha por él mismo encima de la *Puerta de hierro.* Sus muebles consistían en una destartalada cama, una mesa y dos o tres sillas. Una arca de madera guardaba su ropa, y el archivo de familia, es a saber: unos cuantos papeles que trataban de pleitos ancestrales, que él no podía descifrar; pero el orgullo de su casa consistía en el escudo de nobleza de su familia, orgullosamente pintado, y colgado de un marco en la pared; demostrando claramente por sus cuarteles las varias casas nobles de que descendía esta familia.

He is one of the legitimate sons of the Alhambra, and has lived here all his life, filling various offices, such as deputy *alguacil*, sexton of the parochial church, and marker of a fives-court established at the foot of one of the towers. He is as poor as a rat, but as proud as he is ragged, boasting of his descent from the illustrious house of Aguilar, from which sprang Gonzalo of Cordova, the grand captain. Nay, he actually bears the name of Alonso de Aguilar, so renowned in the history of the conquest; though the graceless wags of the fortress have given him the title of *el padre santo*, or the holy father, the usual appellation of the Pope, which I had thought too sacred in the eyes of true Catholics to be thus ludicrously applied. It is a whimsical caprice of fortune to present, in the grotesque person of this tatterdemalion, a namesake and descendant of the proud Alonzo de Aguilar, the mirror of Andalusian chivalry, leading an almost mendicant existence about this once haughty fortress, which his ancestor aided to reduce; yet, such might have been the lot of the descendants of Agamemnon and Achilles, had they lingered about the ruins of Troy!

Of this motley community, I find the family of my gossiping squire, Mateo Ximenes, to form, from their numbers at least, a very important part. His boast of being a son of the Alhambra, is not unfounded. His family has inhabited the fortress ever since the time of the conquest, handing down an hereditary poverty from father to son; not one of them having ever been known to be worth a maravedi. His father, by trade a ribbon-weaver, and who succeeded the historical tailor as the head of the family, is now near seventy years of age, and lives in a hovel of reeds and plaster, built by his own hands, just above the iron gate. The furniture consists of a crazy bed, a table, and two or three chairs; a wooden chest, containing, besides his scanty clothing, the "archives of the family." These are nothing more nor less than the papers of various lawsuits sustained by different generations;. The pride of the hovel is an escutcheon suspended against the wall, in which are emblazoned quarterings of the arms of various noble houses, with which this brood claim affinity.

El propio Mateo hizo todo lo posible por perpetuar la rama genealógica, teniendo una esposa y una numerosa prole que habitaban un desmantelado rincón de la casilla. Cómo se las arreglaban para vivir, únicamente lo sabía aquel que profundiza todos los misterios; la vida de una familia de esta clase en España fue siempre un misterio para mí; y, sin embargo, viven, y, lo que es más extraño, gozan al parecer de una existencia feliz. La mujer bajaba los domingos al paseo de Granada con un chiquillo en brazos y media decena detrás, y la hija mayor, que había entrado en la adolescencia, se adornaba el cabello con flores y bailaba alegremente tocando las castañuelas.

Hay dos clases de gente para quienes la vida es un continuo día de fiesta: los muy ricos y los muy pobres; unos porque no carecen de nada, y los otros porque no tienen nada que hacer; pero no hay nadie que entienda mejor el arte de no hacer nada y vivir sobre el país que los pobres de España, pues el clima les concede la mitad y su temperamento el resto. Dele usted a un español sombra en el verano y sol en el invierno, un poco de pan, ajos, aceite, garbanzos, una capa de paño pardo y una guitarra, y ande el mundo como quiera. ¡Hable usted de pobreza!... A él no le hace efecto; vive en ella tan espléndidamente: él lleva su capa andrajosa, pero se tiene siempre por un hidalgo, incluso con sus harapos.

Los hijos de la Alhambra son una demostración palpable de esta filosofía práctica. Creen, como los moros, que el paraíso terrenal está en esta tierra favorecida, y me inclino a presumir que hay todavía vestigios de la edad de oro entre sus paupérrimos habitantes. Nada tienen, nada hacen, nada les preocupa. Sin embargo, al parecer no hacen nada durante la semana, son fieles guardadores de todas las festividades y días santos, como el más trabajador artesano. Celebran los días festivos bailando en Granada y sus contornos y encendiendo hogueras en los cerros la víspera de San Juan, y suelen pasarse bailando las noches de luna cuando recogen la cosecha del pequeñísimo *secano* que poseen en el recinto de la fortaleza, que no produce más que unos cuantos celemines de trigo.

As to Mateo himself, who is now about thirty-five years of age, he has done his utmost to perpetuate his line and continue the poverty of the family, having a wife and a numerous progeny, who inhabit an almost dismantled hovel in the hamlet. How they manage to subsist, he only who sees into all mysteries can tell; the subsistence of a Spanish family of the kind, is always a riddle to me; yet they do subsist, and what is more, appear to enjoy their existence. The wife takes her holiday stroll on the Paseo of Granada, with a child in her arms and half a dozen at her heels; and the eldest daughter, now verging into womanhood, dresses her hair with flowers, and dances gayly to the castanets.

There are two classes of people to whom life seems one long holiday, the very rich, and the very poor; one because they need do nothing, the other because they have nothing to do; but there are none who understand the art of doing nothing and living upon nothing, better than the poor classes of Spain. Climate does one half, and temperament the rest. Give a Spaniard the shade in summer, and the sun in winter; a little bread, garlic, oil, and garbances, an old brown cloak and a guitar, and let the world roll on as it pleases. Talk of poverty! with him it has no disgrace. It sits upon him with a grandiose style, like his ragged cloak. He is a *hidalgo*, even when in rags.

The "sons of the Alhambra" are an eminent illustration of this practical philosophy. As the Moors imagined that the celestial paradise hung over this favored spot, so I am inclined at times to fancy, that a gleam of the golden age still lingers about this ragged community. They possess nothing, they do nothing, they care for nothing. Yet, though apparently idle all the week, they are as observant of all holy days and saints' days as the most laborious artisan. They attend all fetes and dancings in Granada and its vicinity, light bonfires on the hills on St. John's eve, and dance away the moonlight nights on the harvest-home of a small field within the precincts of the fortress, which yields a few bushels of wheat.

Antes de concluir estos apuntes mencionaré uno de los entretenimientos de este lugar que más me asombraron. Había reparado repetidas veces que un largo y flacucho individuo, subido en lo alto de una de las torres, movía dos o tres cañas como si tratara de pescar las estrellas. Me quedé atónito un buen rato, contemplando las contorsiones de este pescador aéreo, y creció mi estupor cuando vi a otros ocupados en la misma faena en diferentes sitios de las murallas y baluartes, y no pude resolver este misterio hasta que consulté a Mateo Jiménez.

Parece que la pura y ventilada situación de esta fortaleza la ha hecho —como el castillo de Macbeth— un prolífico criadero de golondrinas y vencejos, que revoloteaban a millares alrededor de sus torres, con la alegría de un travieso mozuelo en día de fiesta, cuando le dejan salir de la escuela. El atrapar estos pájaros en sus vertiginosas vueltas por medio de anzuelos ensebados con moscas es la diversión favorita de los desharrapados *hijos de la Alhambra,* que en su talento de hombres desocupados han inventado el arte de *pescar en el firmamento.*

El Patio de los Leones

Este viejo y fantástico Palacio posee una magia singular, un poder sobrenatural para hacer recordar sueños y escenas del pasado, y para presentarnos desnudas realidades con las ilusiones de la memoria y de la imaginación. Sentía yo, pues, una inefable complacencia paseándome entre aquellas "difusas sombras", buscando los lugares de la Alhambra que más se prestaban a estas fantasmagorías de la imaginación; y nada era tan adecuado para el caso como el *Patio de los Leones* y sus salones colindantes. Aquí la mano del tiempo ha sido más benigna: los adornos moriscos, elegantes y primorosos, se conservan casi en su primitiva brillantez. Los terremotos han sacudido los cimientos de esta fortaleza y agrietado sus más fuertes muros; sin embargo, ¡observad!, ni una de estas delgadas columnas se ha desplazado, ni se ha venido abajo ningún arco de ese ligero y frágil templete; toda la obra de hadas de estas cúpulas, tan delgadas —semejantes— a como los delicados cristales de la mañana de escarcha, se conserva, después de un período de siglos, en tan perfecto estado como si acabase de salir de la mano del artista musulmán.

Before concluding these remarks, I must mention one of the amusements of the place which has particularly struck me. I had repeatedly observed a long lean fellow perched on the top of one of the towers, manoeuvring two or three fishing-rods, as though he were angling for the stars. I was for some time perplexed by the evolutions of this aerial fisherman, and my perplexity increased on observing others employed in like manner on different parts of the battlements and bastions; it was not until I consulted Mateo Ximenes, that I solved the mystery.

It seems that the pure and airy situation of this fortress has rendered it, like the castle of Macbeth, a prolific breeding-place for swallows and martlets, who sport about its towers in myriads, with the holiday glee of urchins just let loose from school. To entrap these birds in their giddy circlings, with hooks baited with flies, is one of the favorite amusements of the ragged "sons of the Alhambra," who, with the good-for-nothing ingenuity of arrant idlers, have thus invented the art of angling in the sky.

The court of Lions

The peculiar charm of this dreamy old palace is its power of calling up vague reveries and picturings of the past, and thus clothing naked realities with the illusions of the memory and the imagination. As I delight to walk in these "vain shadows," I am prone to seek those parts of the Alhambra which are most favorable to this phantasmagoria of the mind; and none are more so than the Court of Lions, and its surrounding halls. Here the hand of time has fallen the lightest, and the traces of Moorish elegance and splendor exist in almost their original brilliancy. Earthquakes have shaken the foundations of this pile, and rent its rudest towers; yet see! not one of those slender columns has been displaced, not an arch of that light and fragile colonnade given way, and all the fairy fretwork of these domes, apparently as unsubstantial as the crystal fabrics of a morning's frost, exist after the lapse of centuries, almost as fresh as if from the hand of the Moslem artist.

Escribía yo en medio de estos recuerdos del pasado, en las plácidas horas de la mañana y en el fatal *Salón de los Abencerrajes;* la fuente manchada de sangre, monumento testimonio de la degollación de aquellos nobles, estaba delante de mí, y el elevado surtidor de ella salpicaba sus gotas sobre mi escrito. ¡Cuán difícil se hacía el armonizar la antigua tradición de sangre y de violencia con la dulce y apacible escena que me envolvía! Todo parecía preparado a priori para inspirar buenos y dulces sentimientos, porque todo era allí delicado y bello: la luz se filtraba plácidamente por lo alto, a través de las ventanas de una cúpula pintada y decorada como de mano de hadas; por el amplio y labrado arco del pórtico contemplaba el *Patio de los Leones* iluminado por el sol, que enviaba sus rayos a lo largo del peristilo, reverberando en las aguas de la fuente; la alegre golondrinilla revoloteaba en torno al patio y después se elevaba y partía trinando dulcemente por encima de los tejados; la trabajadora abeja libaba zumbando por los jardines, y las pintadas mariposas giraban de flor en flor, jugando unas con otras en el perfumado ambiente. No se necesitaba más que un débil esfuerzo de la imaginación para figurarse alguna pensativa beldad de harén paseándose por aquella apartada mansión de la sensualidad oriental.

Sin embargo, el que quiera contemplar este lugar bajo un aspecto más adecuado con sus avatares, tienen que visitarlo cuando las sombras de la noche roban su luz a aquel hermoso patio y echan también un velo a los salones contiguos. Entonces nada hay tan dulcemente triste ni tan en armonía con la historia de su pasada grandeza.

A esas horas del crepúsculo visité en cierto día la *Sala de la Justicia,* cuyas soberbias y oscurecidas arcadas se abren a un extremo del patio. En tal sitio se celebró ante Fernando e Isabel y su triunfante comitiva la solemne ceremonia de una misa de acción de gracias al tomar posesión de la Alhambra. La cruz puede todavía contemplarse en el punto donde se levantó el altar y en el que ofició el gran cardenal de España y otros dignatarios eclesiásticos del país.

I write in the midst of these mementos of the past, in the fresh hour of early morning, in the fated Hall of the Abencerrages. The blood-stained fountain, the legendary monument of their massacre, is before me; the lofty jet almost casts its dew upon my paper. How difficult to reconcile the ancient tale of violence and blood with the gentle and peaceful scene around! Everything here appears calculated to inspire kind and happy feelings, for everything is delicate and beautiful. The very light falls tenderly from above, through the lantern of a dome tinted and wrought as if by fairy hands. Through the ample and fretted arch of the portal I behold the Court of Lions, with brilliant sunshine gleaming along its colonnades, and sparkling in its fountains. The lively swallow dives into the court and, rising with a surge, darts away twittering over the roofs; the busy bee toils humming among the flower beds, and painted butterflies hover from plant to plant, and flutter up and sport with each other in the sunny air. It needs but a slight exertion of the fancy to picture some pensive beauty of the harem, loitering in these secluded haunts of Oriental luxury.

He, however, who would behold this scene under an aspect more in unison with its fortunes, let him come when the shadows of evening temper the brightness of the court, and throw a gloom into surrounding halls. Then nothing can be more serenely melancholy, or more in harmony with the tale of departed grandeur.

At such times I am apt to seek the Hall of Justice, whose deep shadowy arcades extend across the upper end of the court. Here was performed, in presence of Ferdinand and Isabella, and their triumphant court, the pompous ceremonial of high mass, on taking possession of the Alhambra. The very cross is still to be seen upon the wall, where the altar was erected, and where officiated the Grand Cardinal of Spain, and others of the highest religious dignitaries of the land.

Me imaginaba yo entonces la escena que se desarrollaría en esta regia estancia cuando se vio ocupada por los orgullosos conquistadores; la mezcla de obispos mitrados y frailes tonsurados, caballeros cubiertos de acero y cortesanos vestidos de seda, de cómo cruces y báculos y estandartes religiosos se confundirían con los arrogantes pendones y banderas de los altos personajes de Aragón y de Castilla, desplegados en señal de victoria en los salones moriscos. Me figuraba también a Colón, al futuro descubridor del Nuevo Mundo, humilde y olvidado espectador de la fiesta, ocupando un modesto sitio en un apartado rincón; y veía, por último, allá en mi imaginación, a los Soberanos Católicos postrándose delante del altar elevando un himno en acción de gracias por su triunfo, y resonando en las bóvedas los acordes sagrados y la grave entonación del *Te Deum.*

Pero la pasajera ilusión, el efímero fantasma de la imaginación huyó, como los desventurados musulmanes sobre quienes habían vencido. El salón donde se celebró la victoria se encontraba tan derruido y solitario, no oyéndose sino el aleteo del murciélago en las oscuras bóvedas o la lechuza arrojando sus siniestros gritos desde la vecina *Torre de Comares.*

Al entrar en el *Patio de los Leones* uno de los días siguientes me sorprendí grandemente viendo un moro cubierto con su turbante, pacíficamente sentado junto a la fuente. Creí de repente ver tornada en realidad alguna de las supersticiones de aquel lugar y que algún antiguo habitante de la Alhambra habría roto el manto de los siglos volviéndose visible. Pero no tardé en darme cuenta que era un simple mortal, un tetuaní de Berbería, que poseía una tienda en el Zacatín de Granada, donde vendía ruibarbo, quincalla y perfumes. Hablaba correctamente el español, y conversé con él, pareciéndome despejado e inteligente. Me dijo que subía la cuesta con frecuencia en el verano para pasar una parte del día en la Alhambra, en donde recordaba los antiguos palacios de Berbería construidos y adornados de un modo parecido, aunque nunca con tanta magnificencia.

Mientras paseábamos por el Palacio, me atrajo él la atención sobre algunas inscripciones arábigas, que encerraban una gran belleza poética.

I picture to myself the scene when this place was filled with the conquering host, that mixture of mitred prelate and shaven monk, and steel-clad knight and silken courtier; when crosses and crosiers and religious standards were mingled with proud armorial ensigns and the banners of haughty chiefs of Spain, and flaunted in triumph through these Moslem halls. I picture to myself Columbus, the future discoverer of a world, taking his modest stand in a remote corner, the humble and neglected spectator of the pageant. I see in imagination the Catholic sovereigns prostrating themselves before the altar, and pouring forth thanks for their victory; while the vaults resound with sacred minstrelsy, and the deep-toned Te Deum.

The transient illusion is over—the pageant melts from the fancy—monarch, priest, and warrior, return into oblivion, with the Moslems over whom they exulted. The hall of their triumph is waste and desolate. The bat flits about its twilight vault, and the owl hoots from the neighboring Tower of Comares.

Entering the Court of the Lions a few evenings since, I was almost startled at beholding a turbaned Moor quietly seated near the fountain. For a moment one of the fictions of the place seemed realized: an enchanted Moor had broken the spell of centuries, and become visible. He proved, however, to be a mere ordinary mortal; a native of Tetuan in Barbary, who had a shop in the Zacatin of Granada, where he sold rhubarb, trinkets, and perfumes. As he spoke Spanish fluently, I was enabled to hold conversation with him, and found him shrewd and intelligent. He told me that he came up the hill occasionally in the summer, to pass a part of the day in the Alhambra, which reminded him of the old palaces in Barbary, being built and adorned in similar style, though with more magnificence.

As we walked about the palace, he pointed out several of the Arabic inscriptions, as possessing much poetic beauty.

—¡Ah, señor! —exclamó—. Cuando los moros dominaban en Granada eran una gente más alegre que en la actualidad. No se cuidaban más que del amor, de la música y de la poesía. Componían versos con asombrosa facilidad, y los cantaban al compás de la música. Los que hacían mejores estrofas y los que tenían mejor voz podían estar seguros de obtener favor y preferencia. En aquellos tiempos, si alguno pedía pan, se le contestaba que compusiese una canción, y el más pobre mendigo, si pedía limosna en verso, era recompensado con frecuencia con una moneda de oro.

—Y esa afición popular a la poesía —le pregunté—, ¿se ha perdido completamente entre ustedes?

—De ningún modo, señor; la gente de Berbería, incluso los de las clases más bajas, componen todavía canciones bastante aceptables, como en otros tiempos, pero no se recompensa en la actualidad el talento como entonces; el rico prefiere en la actualidad el sonido del oro al de la poesía y la música.

Se encontraba hablando de esta manera cuando se fijó en una de las inscripciones que profetizaban el poderío y la imperecedera gloria de los monarcas musulmanes, señores de esa fortaleza. Movió su cabeza, se encogió de hombros y la tradujo al español.

—Así hubiera sucedido —sucedió—, y los musulmanes reinarían todavía en la Alhambra, si Boabdil no hubiese sido un traidor y no hubiera entregado la ciudad a los cristianos, pues los católicos monarcas no habrían podido jamás conquistarla por la fuerza.

Traté de vindicar la memoria del desgraciado Boabdil contra esa calumnia, y demostrar que las disensiones que acarrearon la caída del trono musulmán fueron a consecuencia de la crueldad de su padre, que tenía el corazón de un tigre; pero el moro no admitió esta disculpa.

—Muley Hassan —dijo— pudo ser cruel; pero fue bravo, activo y patriota. Si le hubieran ayudado, Granada sería todavía nuestra; pero su hijo Boabdil desbarató sus planes, quebrantó su poder y sembró la traición en su Palacio y la discordia en sus huestes. ¡La maldición de Dios caiga sobre él por su traición!

Dichas estas palabras, el moro se marchó de la Alhambra.

"*Ah, señor,*" said he, "when the Moors held Granada, they were a gayer people than they are nowadays. They thought only of love, music, and poetry. They made stanzas upon every occasion, and set them all to music. He who could make the best verses, and she who had the most tuneful voice, might be sure of favor and preferment. In those days, if anyone asked for bread, the reply was, make me a couplet; and the poorest beggar, if he begged in rhyme, would often be rewarded with a piece of gold."

"And is the popular feeling for poetry," said I, "entirely lost among you?"

"By no means, *señor*; the people of Barbary, even those of lower classes, still make couplets, and good ones too, as in old times, but talent is not rewarded as it was then; the rich prefer the jingle of their gold to the sound of poetry or music."

As he was talking, his eye caught one of the inscriptions which foretold perpetuity to the power and glory of the Moslem monarchs, the masters of this pile. He shook his head, and shrugged his shoulders, as he interpreted it. "Such might have been the case," said he; "the Moslems might still have been reigning in the Alhambra, had not Boabdil been a traitor, and given up his capital to the Christians. The Spanish monarchs would never have been able to conquer it by open force."

I endeavored to vindicate the memory of the unlucky Boabdil from this aspersion, and to show that the dissensions which led to the downfall of the Moorish throne, originated in the cruelty of his tiger-hearted father; but the Moor would admit of no palliation.

"Muley Abul Hassan," said he, "might have been cruel; but he was brave, vigilant, and patriotic. Had he been properly seconded, Granada would still have been ours; but his son Boabdil thwarted his plans, crippled his power, sowed treason in his palace, and dissension in his camp. May the curse of God light upon him for his treachery!" With these words the Moor left the Alhambra.

La indignación de mi compañero el del turbante venía a colación con la siguiente anécdota que me contó un amigo mío, y fue: "que durante un viaje por Berbería tuvo una entrevista con el Pachá de Tetuán. El gobernador morisco le reveló un interés particular en sus preguntas sobre este país, y en especial lo que concernía a las hermosas provincias de Andalucía, a las delicias de Granada y a los restos de la regia Alhambra. Las respuestas de mi amigo despertaron en él todos esos recuerdos, tan profundamente adorados por los moros, del poder y esplendor de su antiguo imperio en España; y, volviéndose a sus servidores musulmanes, el Pachá se mesó la barba y exhaló tristes y apasionados gemidos porque centro tan poderoso se hubiera escapado de las manos de los verdaderos creyentes. Se consoló, sin embargo, cuando le dijeron que el poder y prosperidad de la nación española estaban en decadencia, creyendo que vendría un tiempo en que los moros reconquistarían sus perdidos dominios, no hallándose quizá muy lejano el día en que los ritos de Mahoma se celebrarían en la Mezquita de Córdoba, y en que algún príncipe mahometano tuviera de nuevo su trono en la Alhambra.

Tal es el anhelo y la creencia general de los moros de Berbería. Ellos consideran a España, y en espacial a Andalucía, como su legítimo patrimonio, del cual fueron despojados por traición y violencia. Estas ideas se confirman y perpetúan entre los descendientes de los moros proscritos de Granada esparcidos por las ciudades de Berbería. Algunos de ellos viven en Tetuán, conservando sus antiguos apellidos, tales como Páez y Medina, y uniéndose en matrimonio con familias que esgrimen ser del mismo elevado origen. Su mesurado linaje es mirado con cierta popular deferencia, rara vez demostrada entre las familias mahometanas por ningún trazo hereditario, excepto por la familia real.

Los vástagos de estas estirpes —según se dice— continúan suspirando por el paraíso terrestre de sus antecesores, y entonan preces en sus mezquitas todos los viernes, implorando de Allah que llegue el tiempo en que Granada vuelva a ser restituida a los fieles, suceso que esperan con tanta avidez y confianza como tenían los cruzados cristianos en recobrar el Santo Sepulcro. Añadamos todavía que algunos de ellos conservan los antiguos planos y escrituras de las posesiones y jardines de sus antepasados de Granada, e incluso tienen las llaves de sus casas, enseñándolas como testimonio de su derecho hereditario, para presentarlas en el día soñado de la restauración.

The indignation of my turbaned companion agrees with an anecdote related by a friend, who, in the course of a tour in Barbary, had an interview with the Pacha of Tetuan. The Moorish governor was particular in his inquiries about Spain and especially concerning the favored region of Andalusia, the delights of Granada, and the remains of its royal palace. The replies awakened all those fond recollections, so deeply cherished by the Moors, of the power and splendor of their ancient empire in Spain. Turning to his Moslem attendants, the Pacha stroked his beard, and broke forth in passionate lamentations, that such a sceptre should have fallen from the sway of true believers. He consoled himself, however, with the persuasion, that the power and prosperity of the Spanish nation were on the decline; that a time would come when the Moors would reconquer their rightful domains; and that the day was perhaps not far distant, when Mohammedan worship would again be offered up in the Mosque of Cordova, and a Mohammedan prince sit on his throne in the Alhambra.

Such is the general aspiration and belief among the Moors of Barbary, who consider Spain, or Andaluz, as it was anciently called, their rightful heritage, of which they have been despoiled by treachery and violence. These ideas are fostered and perpetuated by the descendants of the exiled Moors of Granada, scattered among the cities of Barbary. Several of these reside in Tetuan, preserving their ancient names, such as Paez and Medina, and refraining from intermarriage with any families who cannot claim the same high origin. Their vaunted lineage is regarded with a degree of popular deference, rarely shown in Mohammedan communities to any hereditary distinction, excepting in the royal line.

The descendants of these families, it is said, continue to sigh after the terrestrial paradise of their ancestors, and to put up prayers in their mosques on Fridays, imploring Allah to hasten the time when Granada shall be restored to the faithful: an event to which they look forward as fondly and confidently as did the Christian crusaders to the recovery of the Holy Sepulchre. Nay, it is added, that some of them retain the ancient maps and deeds of the estates and gardens of their ancestors at Granada, and even the keys of the houses, holding them as evidences of their hereditary claims, to be produced at the anticipated day of restoration.

El *Patio de los Leones* tiene también su elenco de maravillosas leyendas. Ya he mencionado la popular creencia en los lúgubres ecos y ruidos de cadenas producidos de noche por los espíritus de los degollados Abencerrajes. En una de las reuniones nocturnas en la casa de doña Antonia contó Mateo Jiménez un hecho que ocurrió en tiempos de su abuelo, el famoso sastre:

"Había un soldado inválido que estaba encargado de enseñar la Alhambra a los extranjeros. Cierta noche, entre dos luces, al pasar por el *Patio de los Leones,* oyó pasos en la *Sala de los Abencerrajes."*

"Pensando que se encontraba dentro algún curioso, se llegó para acompañarle, cuando vio con gran estupor cuatro moros ricamente vestidos, con brillantes corazas y cimitarras y puñales cuajados de piedras preciosas. Se desplazaban de un lado a otro con paso grave y solemne, de pronto se pararon y le hicieron señas para que se acercase; pero el viejo militar echó a correr, y nadie pudo hacer que volviera a entrar nunca más en la Alhambra." De esta forma los hombres vuelven algunas veces la espalda a la fortuna, pues —según la firme opinión de Mateo— los moros querían revelarle el lugar donde se hallaban escondidos sus tesoros. "Un descendiente del inválido fue más avisado que él; vino a la Alhambra, pobre; y, al cabo de un año, se fue a Málaga, compró casas, echó carruaje, y todavía vive allí, siendo uno de los hombres más respetados y poderosos de aquella ciudad." Todo lo cual —según sospechaba sabiamente Mateo— fue por el resultado de haber encontrado el tesoro de los fabulosos moros aparecidos.

Boabdil el Chico

Mi conversación con el moro en el *Patio de los Leones* me hizo reflexionar sobre el singular destino de Boabdil. No ha habido apodo más bien aplicado que el "Zogoibi" o *el desgraciado,* que le pusieron sus súbditos. Sus desventuras empezaron casi desde su cuna. Durante su tierna infancia fue reducido a prisión y amenazado de muerte por un padre inhumano, de lo que pudo huir por la estratagema de una madre.

The Court of Lions is part of wonderful legends. I have already mentioned the popular belief that there were sounds of stifled voices and clanking chains made by the spirits of the murdered Abencerrages. In one of our evening meetings at doña Antonia's home, Mateo Ximes told a story he heard from his grandfather the famous taylor.

There was once an invalid soldier, who had charge of the Alhambra to show it to strangers: as he was one evening, about twilight, passing through the Court of Lions, he heard footsteps on the Hall of the Abencerrages; supposing some strangers to be lingering there, he advanced to attend upon them, when to his astonishment he beheld four Moors richly dressed, with gilded cuirasses and cimeters, and poniards glittering with precious stones. They were walking to and fro, with solemn pace, but paused and beckoned to him. The old soldier, however, took to flight, and could never afterwards be prevailed upon to enter the Alhambra. Thus it is that men sometimes turn their backs upon fortune; for it is the firm opinion of Mateo, that the Moors intended to reveal the place where their treasures lay buried. A successor to the invalid soldier was more knowing; he came to the Alhambra poor; but at the end of a year went off to Malaga, bought houses, set up a carriage, and still lives there one of the richest as well as oldest men of the place; all which, Mateo sagely surmised, was in consequence of his finding out the golden secret of these phantom Moors.

BOABDIL, THE KID

My conversation with the Moor set me to musing on the fate of Boabdil. Never was surname more applicable than that bestowed upon him by his subjects of *El Zogoybi*, or the Unlucky. His misfortunes began almost in his cradle. During his infancy he was imprisoned and his cruel father threatened his life, however due to a contrivance plotted by his mother, they were able to escape.

Pasados algunos años, su vida estuvo amargada y repetidas veces puesta en peligro por las hostilidades de un tío usurpador; su reino se vio turbado por invasiones extranjeras y por las luchas internas; él fue el enemigo, el prisionero, el amigo y casi la víctima de Fernando, hasta que se vio sometido y destronado por aquel sagaz soberano. Desterrado de su país natal, se acogió a uno de los príncipes del África, y murió oscuramente en el campo de batalla, defendiendo por la causa de un extranjero. Sus desgracias no se detuvieron con su muerte; si Boabdil abrigaba el deseo de dejar un nombre honroso en las páginas de la Historia, ¡cuán cruelmente han sido engañadas sus esperanzas! ¿Quién ha fijado su atención en la romántica historia de la dominación musulmana en España sin encolerizarse por las barbaridades atribuidas a Boabdil? ¿Quién no se ha sentido conmovido ante las penas de la hermosa y gentil reina, sometida a juicio de vida o muerte por una falsa acusación de infidelidad? ¿Quién no se ha horrorizado ante el asesinato que se le atribuye, y cuyas víctimas fueron su hermana y sus dos hijos, en un arrebato de furor? ¿Y quién no ha sentido hervir la sangre por la bárbara matanza de los gentiles Abencerrajes en número de treinta y seis, y que según se afirma, él mandó que fueran degollados en el *Patio de los Leones?* Todas estas inculpaciones han sido repetidas por varios conductos; se han puesto en baladas, dramas y romances, y hasta han pasado al dominio público de tal forma que no pueden ya desprenderse. No hay extranjero ilustrado que visite la Alhambra que no pregunte por la fuente en que fueron decapitados los Abencerrajes, y mire con terror la enrejada galería donde se dice que fue encerrada la reina; no hay campesino de la vega o de la sierra que no cante esta historia en amargas canciones, acompañadas de su guitarra, mientras que sus oyentes aprenden a odiar el nombre de Boabdil.

No ha habido, ciertamente, nombre más injustamente calumniado. He examinado todas las crónicas y cartas auténticas escritas por los autores españoles contemporáneos de Boabdil, algunos de los cuales gozaron la confianza de los Reyes Católicos y estuvieron presentes en el campo de batalla durante la guerra; he examinado también todas las fuentes árabes que pude hallar a mano ya traducidas, y no he encontrado nada que avale tan negras y repulsivas acusaciones.

After a few years have passed, his life was full of bitter and repeated hostilities that were direct threats from his usurper uncle. His kingdom was disturbed by foreign invasions and internal battles. He was an enemy, a prisoner, a friend, and almost victim of Fernando, until he was impeached and dethroned by the Spaniard monarchy. Banished from his own country, he was welcomed by one of the African princes, and died in obscure circumstances battling for a foreign cause. His misfortunes didn't cease not even with his death. If Boabdil ever cherished the desire of leaving an honorable name on the historic page, how cruelly has he been defrauded of his hopes! Who is there that has turned the least attention to the romantic history of the Moorish domination in Spain, without kindling with indignation at the alleged atrocities of Boabdil? Who has not been touched with the woes of his lovely and gentle queen, subjected by him to a trial of life and death, on a false charge of infidelity? Who has not been shocked by his alleged murder of his sister and her two children, in a transport of passion? Who has not felt his blood boil, at the inhuman massacre of the gallant Abencerrages, thirty-six of whom, it is affirmed, he ordered to be beheaded in the Court of Lions? All these charges have been reiterated in various forms; they have passed into ballads, dramas, and romances, until they have taken too thorough possession of the public mind to be eradicated. There is not a foreigner of education that visits the Alhambra but asks for the fountain where the Abencerrages were beheaded, and gazes with horror at the grated gallery where the queen is said to have been confined; not a peasant of the Vega or the Sierra, but sings the story in rude couplets, to the accompaniment of his guitar, while his hearers learn to execrate the very name of Boabdil.

Never, however, was name more foully and unjustly slandered. I have examined all the authentic chronicles and letters written by Spanish authors, contemporary with Boabdil, some of whom were in the confidence of the Catholic sovereigns, and actually present in the camp throughout the war. I have examined all the Arabian authorities I could get access to, through the medium of translation, and have found nothing to justify these dark and hateful accusations.

El origen de tales invenciones parte de una obra muy popular, *Las guerras civiles de Granada,* que contiene la presunta historia de las rivalidades entre los Zegríes y los Abencerrajes durante la última lucha del reino morisco. Este trabajo apareció finalmente en español, indicando ser traducción del árabe, por un tal Ginés Pérez de Hita, vecino de Murcia; después fue vertido a varias lenguas, y Florián valió mucho de él para la fabulada biografía de *Gonzalo de Córdoba;* de esta forma se ha desautorizado en gran parte la verdadera historia, siendo aquel libro tenido como cierto por el pueblo y más en especial por la gente inculta de Granada. Sin embargo, el contenido de este es un entramado de falsedades hilvanadas con algunos acontecimientos auténticos que le dan al todo cierto carácter de veracidad. Lleva en sí mismo, además, el sello interno de su falsedad; los usos y costumbres de los moros están descritos de un modo extravagante; las escenas que presenta son del todo incompatibles con sus hábitos y religión, y no es posible que puedan ser de tal manera contados por ningún escritor islámico.

Creo con sinceridad que hay un fondo criminal en los premeditados embustes de la obra: es indudable que la ficción novelesca admite amplias licencias; pero estas poseen sus límites, los cuales no se pueden franquear, y los nombres de los difuntos distinguidos que pertenecen a la Historia no deben calumniarse, como se hace, por desgracia, con los contemporáneos. ¡Demasiado pagó el desventurado Boabdil su justificable hostilidad con los españoles, siendo desterrado de su reino, quedando su nombre injustamente deshonrado, llevado de acá para allá y tenido por el vulgo como un modelo de infamia, y esto en su propio país natal y en el mismo palacio de sus padres!

No se pretenda por esto inferir que las inculpaciones que se hacen a Boabdil carezcan del todo de fundamento histórico; pero, tal como están formuladas, parece que deben dirigirse con más razón a los actos de su padre, Aben Hassan, a quien representan —según los cronistas árabes y cristianos— dotado de un carácter cruel y feroz. Él fue quien dio muerte a los caballeros del ilustre linaje de los Abencerrajes, por sospechas de que estaban comprometidos en una conspiración para echarle del trono.

The most of these tales may be traced to a work commonly called The Civil Wars of Granada, containing a pretended history of the feuds of the Zegries and Abencerrages, during the last struggle of the Moorish empire. The work appeared originally in Spanish, and professed to be translated from the Arabic by one Gines Perez de Hita, an inhabitant of Murcia. It has since passed into various languages, and Florian has taken from it much of the fable of his Gonsalvo of Cordova; it has thus, in a great measure, usurped the authority of real history, and is currently believed by the people, and especially the peasantry of Granada. The whole of it, however, is a mass of fiction, mingled with a few disfigured truths, which give it an air of veracity. It bears internal evidence of its falsity; the manners and customs of the Moors being extravagantly misrepresented in it, and scenes depicted totally incompatible with their habits and their faith, and which never could have been recorded by a Mahometan writer.

I confess there seems to me something almost criminal, in the wilful perversions of this work: great latitude is undoubtedly to be allowed to romantic fiction, but there are limits which it must not pass; and the names of the distinguished dead, which belong to history, are no more to be calumniated than those of the illustrious living. One would have thought, too, that the unfortunate Boabdil had suffered enough for his justifiable hostility to the Spaniards, by being stripped of his kingdom, without having his name thus wantonly traduced, and rendered a by-word and a theme of infamy in his native land, and in the very mansion of his fathers!

The following facts, gleaned from what appear to be authentic sources, may serve to exculpate the unfortunate Boabdil from the perfidious massacre of that illustrious line so shamelessly charged to him. However, this will also serve to throw a proper light upon the alleged accusation against his father Aben Hassan who is conveyed by arab and christan chroniclers, as endowed with a cruel and vicious type. He was the one who killed the knights of the Abencerrages line,since he suspected they were conspiring to dethrone him.

La historia de la acusación de la madre de Boabdil y de su prisión en una torre también puede explicarse como uno de los incidentes de la vida de su sanguinario padre. Aben Hassan, en su madurez, se casó con su bella cautiva cristiana de noble linaje, y que tomó el nombre morisco de Zoraya, de la cual tuvo dos hijos. Estaba dotada de un espíritu codicioso, y ambicionaba el que éstos heredasen la corona. Con este objeto envenenó el corazón del desconfiado rey, provocando los celos contra los hijos de las otras esposas y concubinas, a quienes acusó de conspirar contra su trono y su vida. Algunos de ellos fueron muertos por su brutal padre. Ayxa la Horra, la virtuosa madre de Boabdil, que había sido en otro tiempo la adorada favorita de aquel tirano, fue también blanco de sus sospechas. La encerró con su hijo en la *Torre de Comares*, y hubiera sacrificado en su cólera a Boabdil si su madre no le hubiera descolgado de la Torre cierta noche, valiéndose de su ceñidor y de los de sus esclavas, con lo que quedó en condiciones de poder refugiarse en Guadix.

Este es el único fundamento que he podido encontrar para la historia de la acusada y reina cautiva, y de ella se infiere que Boabdil fue perseguido, en vez de perseguidor.

En medio de su breve, turbulento y desastroso reinado Boabdil revela un carácter tierno y amable. Desde un principio se ganó el cariño de su pueblo por sus afables y dulces maneras; fue siempre clemente y nunca impuso severos castigos a aquellos que se le rebelaban a cada momento. Era esforzado físicamente, pero carecía de valor moral, y en los momentos de dificultad e incertidumbre se mostraba vacilante e irresoluto. Esta debilidad de espíritu apresuró su caída y lo despojó al mismo tiempo de aquel heroísmo que le hubiera engrandecido y honrado, haciéndole merecedor de finalizar el brillante drama de la dominación musulmana de España.

The accusation story involving Boabdil's mother and her imprisonment in the tower can also be explained as one of the life events of the bloodthirsty father. Muley Abul Hassan, at an advanced age took a young and beautiful Christian captive; better known by her Moorish appellation of Zoraya; by her he had also two sons. Zoraya had a greedy disposition and was anxious to secure for her children the succession to the throne. She poisoned the heart of his suspicious husband, causing jealousy against the children of his other wives and concubines, whom he accused of conspiring against his throne and his life. Some of them were executed under his father's orders. Ayxa, the virtuous mother of Boabdil, who had been the favourite of this tyrant at a certain point in time, was also the target of such suspicions. He confined her and her son in the Tower of Comares, and in his rage he would have executed Boabdil if it weren't for his mother who lowered her son from a window of the tower by the scarfs of herself and her female attendants; and some of her adherents, so her son could hide in Guadix.

No other shadow of a ground exists for it, and here we find the tyrant jailer was his father, and the captive sultana, his mother, and from this we could infer that Boabdil was sought after, rather than being a persecutor.

Throughout the whole of his brief, turbulent, and disastrous reign, he gives evidence of a mild and amiable character. He, in the first instance, won the hearts of his people by his affable and gracious manners; he was always placable, and never inflicted any severity of punishment upon those who occasionally rebelled against him. He was personally brave; but wanted moral courage; and, in times of difficulty and perplexity, was wavering and irresolute. This feebleness of spirit hastened his downfall, while it deprived him of that heroic grace which would have given grandeur and dignity to his fate, and rendered him worthy of closing the splendid drama of the Moslem domination in Spain.

RECUERDOS DE BOABDIL

Desazonada mi imaginación con la historia del desventurado Boabdil, me puse a ordenar los recuerdos referentes a su historia, y que existen todavía en esta mansión de su regio poder y de sus infortunios. En la Galería de cuadros del *Palacio de Generalife* está colgado su retrato; su semblante es dulce, hermoso y algo triste, de color sonrosado y rubios cabellos. Si el retrato tiene verdadero parecido, pudo ser ciertamente inconstante y voluble, pero de ningún modo cruel ni sanguinario.

Después visité la prisión donde fue encerrado en los días de su niñez, cuando su cruel padre meditaba su muerte. Es un cuarto abovedado, en la *Torre de Comares,* debajo del *Salón de Embajadores;* una habitación parecida y separada por un estrecho pasadizo fue la prisión de su madre, la virtuosa Ayxa la Horra. Las paredes tienen un grueso espesor y las ventanas están aseguradas con barras de hierro. Una estrecha galería de piedra con un pequeño parapeto se extiende por dos lados de la torre, debajo de las ventanas, pero a respetable altura de la tierra. Desde esta galería cuentan que la reina descolgó a su hijo con los ceñidores de ella y los de las fieles mujeres de su servidumbre, al amparo de la oscuridad de la noche, por el lado de la colina, al pie de la cual aguardaba un criado con un caballo, veloz en la carrera, para huir rápidamente con el príncipe a las montañas.

Mientras me paseaba por esta galería me figuraba estar viendo en aquel momento a la inquieta y angustiada sultana echada sobre el parapeto, escuchando con las ansias de su dolorido corazón de madre los últimos ecos de las herraduras del caballo en que huía su hijo a lo largo del estrecho valle del Darro.

Luego dirigí mis investigaciones en busca de la puerta por donde salió Boabdil de la Alhambra, poco antes de entregar la ciudad. Con el triste acento de un espíritu derrotado, dicen que rogó el infortunado príncipe a los Monarcas Católicos que no se permitiera a nadie, en adelante, pasar por esta puerta. Su ruego —según las antiguas crónicas— fue respetado, por la mediación de Isabel, y aquella se tapió.

MEMENTOS OF BOABDIL

While my mind was still warm with the subject of the unfortunate Boabdil, I set forth to trace the mementos of him still existing in this scene of his sovereignty and misfortunes. In the gallery of paintings of the Generalife there is his portrait, a sweet, handsome and melancholic countenance, with a rosy colour and golden hair. If the portraithas a real resemblance to him, he could certainly have been unstable and fickle, but in no way cruel and bloodthirsty

After I visited what are said to have been the prison of his childhood, while his cruel father pondered upon his death. In the Tower of Comares, immediately under the Hall of Ambassadors, there are two vaulted rooms, separated by a narrow passage, one of these are said to have been the prisons of his mother, the virtuous Ayxa la Horra. The external walls of these chambers are of prodigious thickness, pierced with small windows secured by iron bars. A narrow stone gallery, with a low parapet, extends along three sides of the tower just below the windows, but at a considerable height from the ground. From this gallery, it is presumed, the queen lowered her son with the scarfs of herself and her female attendants during the darkness of the night to the hillside, where some of his faithful adherents waited with fleet steeds to bear him to the mountains.

As I paced the gallery, my imagination pictured the anxious queen leaning over the parapet; listening, with the throbbings of a mother's heart, to the last echoes of the horses' hoofs as her son scoured along the narrow valley of the Darro.

I next sought the gate by which Boabdil made his last exit from the Alhambra, when about to surrender his capital and kingdom. With the melancholy caprice of a broken spirit, or perhaps with some superstitious feeling, he requested of the Catholic monarchs that no one afterwards might be permitted to pass through it. His prayer, according to ancient chronicles, was complied with, through the sympathy of Isabella, and the gate was walled up.

Por algún tiempo anduve preguntando, sin resultado, por ella, hasta que, por último, Mateo, mi humilde guía, oyó decir a los habitantes más viejos de la fortaleza que existía todavía un portillo, por el cual —según la tradición— salió el rey moro de la ciudadela, pero que no recordaban que hubiera estado jamás viable.

Me condujo después al indicado lugar de la referida famosa puerta, la cual se encuentra en el centro de la que fue en otra época una inmensa torre llamada *La Torre de los Siete Suelos,* sitio afamado de las historias supersticiosas de la vecindad, de extrañas apariciones y moriscos encantamientos. Esta torre, inexpugnable en otro tiempo, es hoy un montón de ruinas, por haber sido volada por los franceses cuando abandonaron la fortaleza. Grandes bloques de muralla derrumbados se encuentran allí enterrados entre la frondosa hierba, y cubiertos de vides e higueras. El arco de la puerta existe todavía, aunque agrietado por la voladura; sin embargo, el último deseo del desgraciado Boabdil ha sido respetado, aunque no de intento, pues la puerta se encuentra cegada con los escombros de piedras formados por las ruinas y completamente intransitables. Siguiendo el camino del monarca musulmán, tal como se indica en las crónicas, crucé a caballo el *Campo de los Mártires,* pasando a lo largo de la huerta del convento del mismo nombre, y bajando desde allí por un agrio barranco rodeado de cuevas y chozas pobladas de gitanos. Este fue el camino que escogió Boabdil para evitar el cruzar por la ciudad. La bajada es tan brutal y escabrosa que tuve necesidad de apearme del caballo y llevarlo de la brida.

Saliendo del barranco, y pasando por la *Puerta de los Molinos,* entré en el paseo público llamado el *Prado* y, siguiendo el curso del Genil, llegué a una pequeña mezquita morisca, convertida ahora en *Ermita de San Sebastián.* Una lápida incrustada en la pared observa que Boabdil entregó en aquel sitio las llaves de Granada a los reyes castellanos. Desde allí crucé sin prisas la vega, y llegué a un pueblecito donde la familia y la servidumbre del infeliz monarca lo esperaron, y adonde las había enviado con antelación la noche de la víspera, desde la Alhambra, para que su madre y su esposa no participaran de su propia humillación ni estuvieran expuestas a las miradas de los conquistadores.

I inquired for some time in vain for such a portal; at length my humble attendant, Mateo Ximenes, said it must be one closed up with stones, which, according to what he had heard from his father and grandfather, was the gateway by which the Moor King had left the fortress. He didn't remember if it had been used in years.

He conducted me to the spot. The gateway is in the centre of what was once an immense pile, called the Tower of the Seven Floors (*la Torre de los Siete Suelos*). It is famous in the neighborhood as the scene of strange apparitions and Moorish enchantments. The once redoubtable Tower of the Seven Floors is now a mere wreck, having been blown up with gunpowder by the French, when they abandoned the fortress. According to Swinburne the traveller, it was originally the great gate of entrance. Great masses of the wall lie scattered about, buried in luxuriant herbage, or overshadowed by vines and fig-trees. The arch of the gateway, though rent by the shock, still remains; but the last wish of poor Boabdil has again, though unintentionally, been fulfilled, for the portal has been closed up by loose stones gathered from the ruins, and remains impassable. Mounting my horse, I followed up the route of the Moslem monarch from this place of his exit. Crossing the hill of Los Martyros, and keeping along the garden wall of a convent bearing the same name, I descended a rugged ravine beset by caves and hovels swarming with gipsies. The descent was so steep and broken that I was fain to alight and lead my horse.

Emerging from this rough ravine, so full of melancholy associations, and passing by the *puerta de los molinos* (the gate of the mills), I issued forth upon the public promenade called the *Prado*, and pursuing the course of the Xenil, arrived at a small chapel, once a mosque, now the Hermitage of San Sebastian. Here, according to the encription written on a stone embedded in the wall, Boabdil surrendered the keys of Granada to King Ferdinand. I rode slowly thence across the Vega to a village where the family and household of the unhappy king awaited him, for he had sent them forward on the preceding night from the Alhambra, that his mother and wife might not participate in his personal humiliation, or be exposed to the gaze of the conquerors.

Siguiendo adelante el camino del triste cortejo de la real familia destronada alcancé el extremo de una cadena de áridos y tristes cerros que forman la base de las montañas de la Alpujarra. Desde la cumbre de uno de éstos el infortunado Boabdil contempló por penúltima vez Granada, por lo que lleva el expresivo nombre de su tristeza: la *Cuesta de las Lágrimas.* Más allá de esta sigue un camino arenoso: escabrosa y árida llanura doblemente triste para el desdichado monarca, puesto que representaba el camino de su destierro.

Guie, finalmente, mi caballo hacia la cima de una roca, desde la cual Boabdil lanzó su última exclamación, volviendo los ojos para mirar por vez postrera a Granada; todavía se llama este paraje *El último suspiro del Moro*. ¿Quién se extrañará de la inmensidad de su dolor, saliendo expulsado de tal reino y de tal morada? Con la Alhambra perdió todos los honores de su estirpe y toda la gloria y delicia de la vida.

Aquí también fue donde su lamentación se agudizó con los reproches de su madre Ayxa, que tantas veces le animó en los momentos del peligro, y que inútilmente quiso inculcarle su firmeza de ánimo. "Llora —le dijo— como mujer el reino que no has sabido defender como hombre". Frase que participaba más del orgullo de soberana que de la ternura de madre.

Cuando el obispo Guevara refirió esta anécdota al emperador Carlos V, este añadió a aquella expresión de desprecio lanzada a la debilidad del irresoluto Boabdil: "Si yo hubiese sido él o él hubiese sido yo antes habría hecho de la Alhambra mi sepulcro que vivir sin reino en la Alpujarra."

¡Cuán fácil resulta para los que gozan de poder y prosperidad predicar el heroísmo a los vencidos! ¡No comprenden que la vida es más estimada del ser desventurado cuando no le queda ya otra cosa sino ella en el mundo!

Following on in the route of the melancholy band of royal exiles, I arrived at the foot of a chain of barren and dreary heights, forming the skirt of the Alpuxarra mountains. From the summit of one of these the unfortunate Boabdil took his last look at Granada; it bears a name expressive of his sorrows, *la Cuesta de las Lagrimas* (the Hill of Tears). Beyond it, a sandy road winds across a rugged cheerless waste, doubly dismal to the unhappy monarch, as it led to exile.

I spurred my horse to the summit of a rock, where Boabdil uttered his last sorrowful exclamation, as he turned his eyes from taking their farewell gaze; it is still denominated *el ultimo suspiro del Moro* (the last sigh of the Moor). Who can wonder at his anguish at being expelled from such a kingdom and such an abode? With the Alhambra he seemed to be yielding up all the honors of his line, and all the glories and delights of life.

It was here, too, that his affliction was embittered by the reproach of his mother, Ayxa, who had so often assisted him in times of peril, and had vainly sought to instil into him her own resolute spirit. "You do well," said she, "to weep as a woman over what you could not defend as a man"; a speech savoring more of the pride of the princess than the tenderness of the mother.

When this anecdote was related to Charles V by Bishop Guevara, the emperor joined in the expression of scorn at the weakness of the wavering Boabdil. "Had I been he, or he been I," said the haughty potentate, "I would rather have made this Alhambra my sepulchre than have lived without a kingdom in the Alpuxarra."

How easy it is for those in power and prosperity to preach heroism to the vanquished! how little can they understand that life itself may rise in value with the unfortunate, when nought but life remains!

EL BALCÓN

En el hueco central del *Salón de Embajadores* existe un balcón, que antes he mencionado, el cual semeja en la pared de la torre como una jaula suspendida en el vacío y por encima de las copas de los árboles que crecen en la acantilada ladera de la colina. Utilizada este ajimez como una especie de observatorio, en donde acostumbraba a sentarme a contemplar ya el cielo por arriba y la tierra por debajo. Además del espléndido paisaje que se ofrecía ante mis ojos, montaña, valle y vega, contemplaba un cuadro, en pequeño, de la vida humana dibujado ante mi vista, constantemente debajo. Al pie de la colina existe una alameda o paseo público, que, aunque no tan de moda como el moderno y espléndido del Genil, atrae, sin embargo, una colorida concurrencia. Aquí acude la gente de los barrios, y los curas y frailes que pasean para abrir el apetito o para hacer la digestión, majos y majas (los guapos y guapas de las clases bajas, vestidos con trajes andaluces), orgullosos contrabandistas, y tal vez algún tapado y misterioso personaje de alta alcurnia, que acude a alguna cita secreta.

Esto presenta una viva pintura de la vida y del carácter español, que me complacía en estudiar; y como el naturalista posee su microscopio para ayudarse en sus investigaciones, así yo tenía un anteojo de bolsillo, que me aproximaba los rostros de los abigarrados grupos tan de cerca, que me creía algunas veces hasta adivinar su conversación por el fuego y la expresión de sus facciones. Con lo cual era yo un invisible observador que, sin dejar mi retiro, me encontraba a la vez y en el acto en medio de la sociedad, ventaja rara para el que tiene carácter tímido y observa el drama de la vida sin desempeñar el papel de actor en la escena.

Hay una extensa barriada debajo de la Alhambra, que comprende la estrecha garganta del valle y se extiende por el opuesto cerro del *Albaicín*. Muchas de estas casas están construidas al estilo morisco, con patios alegres abiertos a cielo raso y fuentes en medio que les prestan frescura; y como los habitantes se pasan la mayor parte del día viviendo en estos patios o subidos en los terrados durante la estación del verano, sucede que se pueden observar muchos detalles de su vida doméstica por un espectador aéreo como era yo, que podía observarlos desde las nubes.

The Balcony

I have spoken of a balcony of the central window of the Hall of Ambassadors. It served as a kind of observatory, where I used often to take my seat, and consider not merely the heaven above but the earth beneath. Besides the magnificent prospect which it commanded of mountain, valley, and vega, there was a little busy scene of human life laid open to inspection immediately below. At the foot of the hill was an alameda, or public walk, which, though not so fashionable as the more modern and splendid paseo of the Xenil, still boasted a varied and picturesque concourse. Hither resorted the small gentry of the suburbs, together with priests and friars, who walked for appetite and digestion; *majos* and *majas*, the beaux and belles of the lower classes, in their Andalusian dresses; swaggering *contrabandistas*, and sometimes half-muffled and mysterious loungers of the higher ranks, on some secret assignation.

It was a moving picture of Spanish life and character, which I delighted to study; and as the astronomer has his grand telescope with which to sweep the skies, and, as it were, bring the stars nearer for his inspection, so I had a smaller one, of pocket size, for the use of my observatory, with which I could sweep the regions below, and bring the countenances of the motley groups so close as almost, at times, to make me think I could divine their conversation by the play and expression of their features. I was thus, in a manner, an invisible observer, and, without quitting my solitude, could throw myself in an instant into the midst of society—a rare advantage to one of somewhat shy and quiet habits, and fond, like myself, of observing the drama of life without becoming an actor in the scene.

There was a considerable suburb lying below the Alhambra, filling the narrow gorge of the valley, and extending up the opposite hill of the Albaycin. Many of the houses were built in the Moorish style, round patios, or courts, cooled by fountains and open to the sky; and as the inhabitants passed much of their time in these courts, and on the terraced roofs during the summer season, it follows that many a glance at their domestic life might be obtained by an aerial spectator like myself, who could look down on them from the clouds.

Disfrutaba yo profundamente las ventajas de aquel estudiante de la famosa y antigua novela española que presentaba todo Madrid sin tejados abierto a su vista; y mi locuaz escudero Mateo Jiménez hacía el papel de Asmodeo con gran frecuencia, contándome anécdotas de las diferentes casas y de sus moradores.

Sin embargo, prefería formarme yo mismo hipotéticas historias, y de este modo me distraía sentado horas enteras, deduciendo de incidentes banales e indicaciones que pasaban ante mis ojos un completo tejido de proyectos, intrigas y ocupaciones de los afamados mortales de debajo. Difícilmente había bello rostro o gentil figura que yo observara más de un día, acerca de la cual no montase poco a poco alguna historia dramática; hasta que alguno de los personajes hacía de repente algo en directa oposición con el papel que le había yo asignado y me desconcertaba todo el drama. Uno de estos días en que me hallaba mirando con mi anteojo las calles del *Albaicín* contemplé la procesión de una novicia que iba a tomar el hábito, y noté varios pormenores que me despertaron una gran simpatía por la suerte de la tierna joven que iba a ser enterrada viva en una tumba. Averigüé a mi satisfacción que era bella, y que, a juzgar por la palidez de sus mejillas, era una víctima más bien que profesa voluntaria. Iba adornada con vestidos de novia y ceñida la cabeza con una guirnalda de flores, pero resultaba evidente que se resistía de su desposorio espiritual y se apartaba con tristeza de sus amores terrenales. Un hombre alto y de fruncido ceño iba junto a la novicia en la procesión; era sin duda el tiránico padre, que por fanatismo o morbosa avaricia la había compelido a este sacrificio. En medio de la multitud había un joven moreno y de buen aspecto, que parecía dirigirle miradas desesperadas. Éste debía ser, sin duda alguna, el secreto amante de quien la separaban para siempre. Mi indignación aumentó en gran manera cuando noté la perversa expresión pintada en los rostros de los frailes y monjas que la acompañaban. La procesión llegó a la iglesia del convento; el sol vertía sus pálidos reflejos por última vez sobre la guirnalda de la pobre novicia, la cual cruzó el fatal atrio, desapareciendo dentro del edificio. La multitud entró detrás del estandarte, la cruz y el coro; pero el amante se detuvo un momento en la puerta.

I enjoyed, in some degree, the advantages of the student in the famous old Spanish story, who beheld all Madrid unroofed for his inspection; and my gossiping squire, Mateo Ximenes, officiated occasionally as my Asmodeus, to give me anecdotes of the different mansions and their inhabitants.

I preferred, however, to form conjectural histories for myself, and thus would sit for hours, weaving, from casual incidents and indications passing under my eye, a whole tissue of schemes, intrigues, and occupations of the busy mortals below. There was scarce a pretty face or a striking figure that I daily saw, about which I had not thus gradually framed a dramatic story, though some of my characters would occasionally act in direct opposition to the part assigned them, and disconcert the whole drama. Reconnoitering one day with my glass the streets of the Albaycin, I beheld the procession of a novice about to take the veil; and remarked several circumstances which excited the strongest sympathy in the fate of the youthful being thus about to be consigned to a living tomb. I ascertained to my satisfaction that she was beautiful; and, from the paleness of her cheek, that she was a victim, rather than a votary. She was arrayed in bridal garments, and decked with a chaplet of white flowers, but her heart evidently revolted at this mockery of a spiritual union, and yearned after its earthly loves. A tall, stern-looking man walked near her in the procession; it was, of course, the tyrannical father, who, from some bigoted or sordid motive, had compelled this sacrifice. Amid the crowd was a dark handsome youth, in Andalusian garb, who seemed to fix on her an eye of agony. It was doubtless the secret lover from whom she was for ever to be separated. My indignation rose as I noted the malignant expression painted on the countenances of the attendant monks and friars. The procession arrived at the chapel of the convent; the sun gleamed for the last time upon the chaplet of the poor novice, as she crossed the fatal threshold, and disappeared within the building. The throng poured in with cowl, and cross, and minstrelsy; the lover paused for a moment at the door.

Adiviné la oleada de ideas que le asaltaron; pero se dominó al cabo y entró. Pasó un largo intervalo, durante el cual me imaginé lo que ocurría dentro: la pobre novicia fue despojada de sus galas transitorias y vestida con los hábitos conventuales; la guirnalda de novia arrancada de su frente, y su hermosa cabeza despojada de sus largas y sedosas trenzas; la oí murmurar el irrevocable voto; la vi tendida en el féretro cubierta con el paño mortuorio; vi hacer sus funerales, que la proclamaban muerta para el mundo, y sentí ahogarse sus sollozos con el grave sonido del órgano y con el plañidero *Réquiem* de las monjas; todo lo cual presenció el padre sin inmutarse y sin derramar una sola lágrima. El amante…, ¡no!, mi imaginación no quiso figurarse la agonía del desventurado, aquí la pintura se desvaneció.

Acto seguido la multitud salía otra vez, dispersándose en todas direcciones para gozar de los rayos del sol y mezclarse en las bulliciosas escenas de la vida; pero la víctima, la de la guirnalda de novia, no estaba ya allí. La puerta del convento que la separaba del mundo se le había cerrado para siempre.

Contemplé al padre y al amante que se retiraban sosteniendo una animada charla. Este último hablaba con pasión, y estuve aguardando de un momento a otro algún fin desagradable del drama; pero un ángulo del edificio se interpuso, y terminó la escena. Desde entonces volvía los ojos frecuentemente hacia aquel convento con cierto angustiado interés, y noté a deshora de la noche una solitaria luz que fulguraba en la apartada celosía de una de sus torres. Allí —pensé— la desdichada monja estará sentada en su celda, llorando, mientras, su amante paseará por la calle contigua entregado a un terrible sufrimiento.

El oficioso Mateo interrumpió mis meditaciones y destruyó en un segundo la tela de araña tejida en mi fantasía. Con su acostumbrado entusiasmo, había recopilado todos los datos que atañían a este episodio, echando por tierra mis fantasías. La heroína de mi novela no era joven ni bella, ni mucho menos tenía amante; había entrado en el convento voluntariamente, buscando un asilo con garantías, y era una de las más felices que había dentro de sus paredes.

Pasó largo tiempo para que yo pudiera perdonar a la monja el chasco que me había dado, viviendo perfectamente dichosa en su celda, en contradicción con todas las reglas de la novela.

I could divine the tumult of his feelings; but he mastered them, and entered. There was a long interval—I pictured to myself the scene passing within; the poor novice despoiled of her transient finery, and clothed in the conventual garb; the bridal chaplet taken from her brow, and her beautiful head shorn of its long silken tresses. I heard her murmur the irrevocable vow. I saw her extended on a bier: the death-pall spread over her, the funeral service performed that proclaimed her dead to the world; her sighs were drowned in the deep tones of the organ, and the plaintive requiem of the nuns; the father looked on, unmoved, without a tear; the lover—no—my imagination refused to portray the anguish of the lover—there the picture remained a blank.

After a time the throng again poured forth, and dispersed various ways, to enjoy the light of the sun and mingle with the stirring scenes of life; but the victim, with her bridal chaplet, was no longer there. The door of the convent closed that severed her from the world for ever.

I saw the father and the lover issue forth; they were in earnest conversation. The latter was vehement in his gesticulations; I expected some violent termination to my drama; but an angle of a building interfered and closed the scene. My eye afterwards was frequently turned to that convent with painful interest. I remarked late at night a solitary light twinkling from a remote lattice of one of its towers. "There," said I, "the unhappy nun sits weeping in her cell, while perhaps her lover paces the street below in unavailing anguish."

The officious Mateo interrupted my meditations and destroyed in an instant the cobweb tissue of my fancy. With his usual zeal he had gathered facts concerning the scene, which put my fictions all to flight. The heroine of my romance was neither young nor handsome; she had no lover; she had entered the convent of her own free will, as a respectable asylum, and was one of the most cheerful residents within its walls.

It was some little while before I could forgive the wrong done me by the nun in being thus happy in her cell, in contradiction to all the rules of romance.

Pero pronto calmé mi disgusto, observando uno o dos días las graciosas coqueterías de una morena de ojos negros que, desde un balcón cubierto de flores y oculto por una cortina de seda, sostenía misteriosa correspondencia con un gentil mancebo con patillas, que paseaba frecuentemente por la calle debajo de su ventana. Unas veces lo veía rondando muy de mañana temprano, embozado hasta los ojos en una manta; otras se escondía en una esquina, con diferentes disfraces, esperando —al parecer— alguna señal discreta para entrar en la casa. Después se escuchaba el sonido de una guitarra por la noche, y un farol que cambiaba a cada instante de sitio en el balcón, imaginé que sería alguna intriga como la de Almaviva; pero me quedé desconcertado otra vez en todas mis suposiciones cuando me informaron que el imaginado amante era el marido de la joven, y un famoso contrabandista; y que todas aquellas misteriosas señales y movimientos obedecían, sin duda, a algún plan ya prefijado.

Me distraía también observando desde mi balcón los cambios graduales que se sucedían en la vida de aquel vecindario según las diferentes horas del día.

Todavía no había teñido el cielo la purpurina aurora, ni se había oído el canto de los madrugadores gallos de las casas del vecindario, cuando ya por aquellos alrededores se empezaban a dar señales de vida, pues las frescas horas del amanecer son muy placenteras en el verano en los climas cálidos. Todos deseaban levantarse antes de salir el sol para desenvolver las labores cotidianas. El arriero hacía salir su cargada recua para iniciar su camino; el viajero colocaba su escopeta detrás de la silla, y montaba a caballo en la puerta de la posada; el tostado campesino arreaba sus perezosas bestias cargadas de apetitosas frutas y frescas legumbres, mientras que su trabajadora mujer iba ya camino del mercado.

El sol salía y brillaba en el valle, atravesando el transparente follaje de los árboles; las campanas resonaban con melodía al toque del alba en la pura y fresca atmósfera, anunciando la hora del rezo; el trajinero detenía su cargado ganado delante de alguna ermita, metía su vara por detrás de la faja y entraba, sombrero en mano, arreglándose su cabellera negra como el ébano, a oír misa y a rezar una plegaria para que su viaje fuese feliz por el corazón de la sierra.

I diverted my spleen, however, by watching, for a day or two, the pretty coquetries of a dark-eyed brunette, who, from the covert of a balcony shrouded with flowering shrubs and a silken awning, was carrying on a mysterious correspondence with a handsome, dark, well-whiskered cavalier, who lurked frequently in the street beneath her window. Sometimes I saw him at an early hour, stealing forth wrapped to the eyes in a mantle. Sometimes he loitered at a corner, in various disguises, apparently waiting for a private signal to slip into the house. Then there was the tinkling of a guitar at night, and a lantern shifted from place to place in the balcony. I imagined another intrigue like that of Almaviva; but was again disconcerted in all my suppositions. The supposed lover turned out to be the husband of the lady, and a noted *contrabandista*; and all his mysterious signs and movements had doubtless some smuggling scheme in view.

I occasionally amused myself with noting from this balcony the gradual changes of the scenes below, according to the different stages of the day.

Scarce has the gray dawn streaked the sky, and the earliest cock crowed from the cottages of the hill-side, when the suburbs give sign of reviving animation; for the fresh hours of dawning are precious in the summer season in a sultry climate. All are anxious to get the start of the sun, in the business of the day. The muleteer drives forth his loaded train for the journey; the traveller slings his carbine behind his saddle, and mounts his steed at the gate of the hostel; the brown peasant from the country urges forward his loitering beasts, laden with panniers of sunny fruit and fresh dewy vegetables: for already the thrifty housewives are hastening to the market.

The sun is up and sparkles along the valley, tipping the transparent foliage of the groves. The matin bells resound melodiously through the pure bright air, announcing the hour of devotion. The muleteer halts his burdened animals before the chapel, thrusts his staff through his belt behind, and enters with hat in hand, smoothing his coal-black hair, to hear a mass, and put up a prayer for a prosperous wayfaring across the sierra.

Después salía una señora, con lindos pies de hada, vestida de preciosa basquiña y con el nervioso abanico en la mano, con unos ojos de azabache que refulgían por debajo de su mantilla coquetamente plegada; iba en dirección de una iglesia bien concurrida para rezar sus oraciones matinales; pero, ¡ay!, el gracioso y ajustado vestido, el bien calzado pie, con medias como la tela de la araña, sus negras trenzas elegantemente peinadas, la fresca rosa cogida hacía un momento y que lucía entre sus cabellos, revelaban que la tierra compartía con el cielo la posesión de sus pensamientos. ¡Ojo alerta, celosa madre, solterona tía, vigilante dueña, o quienquiera que seas tú, la que va detrás de la linda dama!

A medida que avanzaba la mañana aumentaba por todos lados el ruido del trabajo; las calles se llenaban de gente, caballos y bestias de carga, y se notaba un clamor o murmullo como el de las olas del mar. Cuando el sol estaba sobre el meridiano este rumoroso movimiento iba menguando, y al mediodía todo quedaba quieto. La cansada ciudad se entregaba al descanso, y durante algunas horas había un espacio de siesta general; se cerraban las ventanas, se corrían las cortinas, los habitantes se retiraban a las habitaciones más frescas de sus casas. El rollizo fraile roncaba en su celda, el robusto mozo de cordel se acostaba en el suelo junto a la carga, el campesino y el labrador dormían debajo de los árboles del paseo arrullados por el monótono chirrido de la cigarra, las calles quedaban desiertas, transitando sólo por ellas los aguadores, que voceaban las excelencias de su agua cristalina *"más fresca que la nieve de la Sierra"*. Cuando el sol declinaba la animación retornaba, pareciendo como que al lento toque de la creación de nuevo se regocijaba la Naturaleza porque había desaparecido el tirano del día. Entonces principiaba el bullicio y la alegría, y los habitantes de la ciudad salían a respirar la brisa de la tarde y a esparcirse en el breve rato que duraba el crepúsculo en los paseos y jardines del Darro y del Genil.

Cuando la noche alcanzaba su apogeo, las caprichosas escenas tomaban nuevas formas. Una luz tras otra iba centelleando poco a poco; aquí un farol en el balcón; más allá una votiva lámpara alumbrando la imagen de algún santo. Así, por grados, salía la ciudad de su lúgubre negrura y brillaba salpicada de luces como el estrellado firmamento.

And now steals forth on fairy foot the gentle *señora*, in trim basquina, with restless fan in hand, and dark eye flashing from beneath the gracefully folded *mantilla*; she seeks some well-frequented church to offer up her morning orisons; but the nicely-adjusted dress, the dainty shoe and cobweb stocking, the raven tresses exquisitely braided, the fresh plucked rose, gleaming among them like a gem, show that earth divides with Heaven the empire of her thoughts. Keep an eye upon her, careful mother, or virgin aunt, or vigilant *dueña*, whichever you be, that walk behind!

As the morning advances, the din of labor augments on every side; the streets are thronged with man, and steed, and beast of burden, and there is a hum and murmur, like the surges of the ocean. As the sun ascends to his meridian the hum and bustle gradually decline; at the height of noon there is a pause. The panting city sinks into lassitude, and for several hours there is a general repose. The windows are closed, the curtains drawn; the inhabitants retired into the coolest recesses of their mansions; the full-fed monk snores in his dormitory; the brawny porter lies stretched on the pavement beside his burden; the peasant and the laborer sleep beneath the trees of the Alameda, lulled by the sultry chirping of the locust. The streets are deserted, except by the water-carrier, who refreshes the ear by proclaiming the merits of his sparkling beverage, "colder than the mountain snow (*más fresca que la nieve de la Sierra*)." As the sun declines, there is again a gradual reviving, and when the vesper bell rings out his sinking knell, all nature seems to rejoice that the tyrant of the day has fallen. Now begins the bustle of enjoyment, when the citizens pour forth to breathe the evening air, and revel away the brief twilight in the walks and gardens of the Darro and Xenil.

As night closes, the capricious scene assumes new features. Light after light gradually twinkles forth; here a taper from a balcony; there a votive lamp before the image of a Saint. Thus, by degrees, the city emerges from the pervading gloom, and sparkles with scattered lights, like the starry firmament.

Entonces se oían en los patios y jardines, calles y callejuelas, el sonido de innumerables guitarras y el ruido de castañuelas, mezclándose en esta gran altura en un imperceptible pero general concierto. *"¡Disfrutar un rato!"* Tal es la doctrina del alegre y enamorado andaluz, y nunca lo practica con mayor devoción que en las tranquilas noches de verano, cortejando a su amada en el baile con coplas amorosas y con apasionadas serenatas.

Una de las noches en que me encontraba sentado en el balcón, disfrutando de la suave brisa que venía de la colina por entre las copas de los árboles, mi inefable historiógrafo Mateo, que estaba a mi lado, me señaló una espaciosa casa en una oscura calle del *Albaicín*, acerca de la cual me relató —con poca diferencia de como yo la recuerdo— la siguiente leyenda.

LA AVENTURA DEL ALBAÑIL

Vivió en otro tiempo un humilde albañil en Granada, que guardaba los días de los santos y los festivos —incluyendo a *San Lunes*—, y el cual, a pesar de toda su devoción, se encontraba cada vez más pobre y a duras penas ganaba el pan para su numerosa familia. Una noche despertó de su primer sueño por un aldabonazo que dieron en su puerta. Abrió, y se encontró con un clérigo alto, delgado y de tétrico rostro.

—¡Oye, buen amigo! —le dijo el desconocido—, he observado que eres un buen cristiano y que se puede confiar en ti. ¿Quieres hacerme un mandado esta misma noche?

—Con toda mi alma, reverendo padre, con tal de que se me recompense con justicia.

—Serás bien pagado; pero tienes que permitir que se te venden los ojos.

El albañil no se opuso; por lo cual, después de taparle los ojos, lo llevó el cura por unas estrechas callejuelas y tortuosos callejones, hasta que se detuvieron en el portal de una casa. El cura, haciendo uso de una llave, descorrió la oxidada cerradura de una enorme puerta. Después de entrar, echó los cerrojos y llevó al albañil por un silencioso corredor, y luego por un espacioso salón en el interior del edificio.

Now break forth from court and garden, and street and lane, the tinkling of innumerable guitars, and the clicking of castanets; blending, at this lofty height, in a faint but general concert. "Enjoy the moment," is the creed of the gay and amorous Andalusian, and at no time does he practise it more zealously than in the balmy nights of summer, wooing his mistress with the dance, the love ditty, and the passionate serenade.

I was one evening seated in the balcony, enjoying the light breeze that came rustling along the side of the hill, among the tree-tops, when my humble historiographer Mateo, who was at my elbow, pointed out a spacious house, in an obscure street of the Albaycin, about which he related, as nearly as I can recollect, the following anecdote.

THE ADVENTURE OF THE MASON

There was once upon a time a poor mason, or bricklayer, in Granada, who kept all the saints' days and holidays, and Saint Monday into the bargain, and yet, with all his devotion, he grew poorer and poorer, and could scarcely earn bread for his numerous family. One night he was roused from his first sleep by a knocking at his door. He opened it, and beheld before him a tall, meagre, cadaverous-looking priest.

"Hark ye, honest friend!" said the stranger; "I have observed that you are a good Christian, and one to be trusted; will you undertake a job this very night?"

"With all my heart, *Señor Padre,* on condition that I am paid accordingly."

"That you shall be; but you must suffer yourself to be blindfolded."

To this the mason made no objection; so, being hoodwinked, he was led by the priest through various rough lanes and winding passages, until they stopped before the portal of a house. The priest then applied a key, turned a creaking lock, and opened what sounded like a ponderous door. They entered, the door was closed and bolted, and the mason was conducted through an echoing corridor, and a spacious hall, to an interior part of the building.

Allí le quitó la venda de los ojos y lo pasó a un patio débilmente alumbrado por una solitaria lámpara. En el centro del mismo se encontraba una taza sin agua de una antigua fuente morisca, bajo la cual le ordenó el cura que construyese una pequeña bóveda, poniendo a su disposición, para este objeto, ladrillos y mezcla. Trabajó el albañil toda la noche, pero no pudo concluir la obra. Un poco antes de romper el día el cura le puso una moneda de oro en la mano y, vendándole de nuevo los ojos, le condujo otra vez a su casa.

—¿Estás de acuerdo —le dijo— en volver a finalizar tu trabajo?

—Con mucho gusto, padre mío, con tal de que se me pague bien.

—Bueno; pues, entonces, mañana a medianoche iré a buscarte.

Lo hizo así, y se concluyó la obra.

—Ahora —dijo el cura— me vas a ayudar a traer los cuerpos que se han de enterrar en esta bóveda.

Al oír estas palabras al pobre albañil se le erizó el cabello; siguió al cura con paso vacilante hasta una apartada habitación de la casa, esperando ver alguna espantosa visión de muerte; pero se tranquilizó al ver tres o cuatro grandes vasijas arrimadas a un rincón. Estaban repletas —al parecer— de dinero, y con gran trabajo consiguieron entre él y el clérigo sacarlas y ponerlas en su tumba. Entonces se cerró la bóveda, se arregló el pavimento y cuidó que no quedara el menor indicio de haberse trabajado allí. El albañil fue vendado de nuevo y sacado fuera por un lugar distinto de aquel por donde había sido introducido anteriormente. Después de haber caminado mucho tiempo por un confuso laberinto de callejas y revueltas, se detuvieron. El cura le entregó dos monedas de oro, diciéndole:

—Aguarda aquí hasta que oigas las campanas de la catedral tocar a maitines; si tratas de quitarte la venda de los ojos antes de tiempo te ocurrirá una tremenda desventura.

Y esto diciendo, se marchó. El albañil esperó fielmente, contentándose con tener entre sus manos las monedas de oro y con hacerlas sonar una con otra. En cuanto las campanas de la catedral dieron el toque matinal se descubrió los ojos y se encontró en la ribera del Genil, desde donde se fue a su casa lo más rápido que pudo, pasándolo alegremente con su familia por espacio de medio mes con las ganancias de las dos noches de trabajo, y volviendo después a quedar tan mísero como antes.

Here the bandage was removed from his eyes, and he found himself in a patio, or court, dimly lighted by a single lamp. In the centre was the dry basin of an old Moorish fountain, under which the priest requested him to form a small vault, bricks and mortar being at hand for the purpose. He accordingly worked all night, but without finishing the job. Just before daybreak the priest put a piece of gold into his hand, and having again blindfolded him, conducted him back to his dwelling.

"Are you willing," said he, "to return and complete your work?"

"Gladly, *Señor Padre*, provided I am so well paid."

"Well, then, tomorrow at midnight I will call again."

He did so, and the vault was completed.

"Now," said the priest, "you must help me to bring forth the bodies that are to be buried in this vault."

The poor mason's hair rose on his head at these words: he followed the priest, with trembling steps, into a retired chamber of the mansion, expecting to behold some ghastly spectacle of death, but was relieved on perceiving three or four portly jars standing in one corner. They were evidently full of money, and it was with great labor that he and the priest carried them forth and consigned them to their tomb. The vault was then closed, the pavement replaced, and all traces of the work were obliterated. The mason was again hoodwinked and led forth by a route different from that by which he had come.

After they had wandered for a long time through a perplexed maze of lanes and alleys, they halted. The priest then put two pieces of gold into his hand. "Wait here," said he, "until you hear the cathedral bell toll for matins. If you presume to uncover your eyes before that time, evil will befall you." So saying, he departed.

The mason waited faithfully, amusing himself by weighing the gold pieces in his hand, and clinking them against each other. The moment the cathedral bell rang its matin peal, he uncovered his eyes, and found himself on the banks of the Xenil; whence he made the best of his way home, and revelled with his family for a whole fortnight on the profits of his two nights' work; after which, he was as poor as ever.

Continuó trabajando poco y rezando mucho, y guardando los días de los santos y festivos de año en año, mientras su familia, flaca, desharrapada y consumida de miseria, parecía una tribu de gitanos. Se encontraba cierta noche sentado en la puerta de su casucha, cuando he aquí que se le acerca un rico y viejo avariento, muy conocido por ser dueño de numerosas fincas y por su conducta ruin como arrendatario. El acaudalado dueño quedó mirando fijamente a nuestro alarife por un breve rato y, frunciendo el entrecejo, le dijo:

—Me han asegurado, amigo, que te atosiga la pobreza.

—No hay por qué negarlo, señor, pues bien claro se revela.

—Creo, entonces, que te convendrá hacerme una chapuza, y que me trabajarás barato.

—Más barato, mi amo, que cualquier albañil de Granada.

—Pues eso es lo que yo deseo; poseo una casucha vieja que se está derrumbando, y que más me cuesta que me da beneficio, pues a cada momento tengo que repararla, y luego nadie quiere habitar en ella; por lo cual me propongo remendarla del modo más económico y lo indispensablemente necesario para que no se venga abajo.

Llevó, en efecto, al albañil a un caserón viejo y solitario que parecía iba a derrumbarse. Después de atravesar varios salones y habitaciones desiertas, entró nuestro albañil en un patio interior, donde vio una vieja fuente morisca, en cuyo lugar se detuvo un momento, pues le vino a la memoria como un recuerdo vago del mismo.

—Perdone usted señor. ¿Quién habitó esta casa antiguamente?

—¡Los demonios se lo lleven! —respondió el dueño—, un viejo y miserable clérigo, que no se cuidaba de nadie más que de sí mismo. Se decía que era inmensamente rico, y, no teniendo parientes, se creyó que dejaría toda su fortuna a la Iglesia. Murió de repente, y los curas y frailes vinieron en masa a tomar posesión de sus riquezas, pero no encontraron más que unos cuantos ducados en una bolsa de cuero.

He continued to work a little, and pray a good deal, and keep saints' days and holidays, from year to year, while his family grew up as gaunt and ragged as a crew of gipsies. As he was seated one evening at the door of his hovel, he was accosted by a rich old curmudgeon, who was noted for owning many houses, and being a griping landlord. The man of money eyed him for a moment from beneath a pair of anxious shagged eyebrows.

"I am told, friend, that you are very poor."

"There is no denying the fact, *señor*—it speaks for itself"

"I presume then, that you will be glad of a job, and will work cheap."

"As cheap, my master, as any mason in Granada."

"That's what I want. I have an old house fallen into decay, which costs me more money than it is worth to keep it in repair, for nobody will live in it; so I must contrive to patch it up and keep it together at as small expense as possible."

The mason was accordingly conducted to a large deserted house that seemed going to ruin. Passing through several empty halls and chambers, he entered an inner court, where his eye was caught by an old Moorish fountain. He paused for a moment, for a dreaming recollection of the place came over him.

"Pray," said he, "who occupied this house formerly?"

"A pest upon him!" cried the landlord, "it was an old miserly priest, who cared for nobody but himself. He was said to be very rich, and, having no relations, it was thought he would leave all his treasures to the church. He died suddenly, and the priests and friars thronged to take possession of his wealth; but nothing could they find but a few ducats in a purse.

Desde su muerte me ha acompañado la suerte más adversa del mundo, pues el viejo continúa habitando mi casa sin pagar renta, y no hay medio de aplicarle la ley a un difunto. La gente afirma que se oyen todas las noches sonidos de monedas en el cuarto donde dormía el viejo clérigo, como si estuviera contando su dinero, y, algunas veces, gemidos y lamentos por el patio. Sean verdad o mentira estas habladurías, lo cierto es que ha tomado mala fama mi casa, y que no hay nadie que quiera habitarla.

—Entonces —dijo el albañil con resolución— déjeme usted vivir en su casa hasta que se presente algún inquilino mejor, y yo me comprometo a repararla y a calmar al conturbado espíritu que la envuelve. Soy buen cristiano y pobre; y no me da miedo el mismo diablo en persona, aunque se me presentara en la forma de un saco relleno de oro.

El ofrecimiento del honrado albañil fue aceptado con satisfacción; se trasladó con su familia a la casa y cumplió todos sus compromisos. Poco a poco la volvió a su antiguo estado, y no se oyó más de noche el sonido del oro en el cuarto del cura difunto; pero empezó a oírse de día en el bolsillo del albañil vivo. En una palabra: que se enriqueció rápidamente, con gran estupor de todos sus vecinos, llegando a ser uno de los hombres más acaudalados de Granada; que dio grandes sumas a la Iglesia, quizá para tranquilizar su conciencia, y que jamás reveló a su hijo y heredero el secreto de la bóveda hasta que se halló en su lecho de muerte.

Un paseo por las colinas

A la caída de la tarde, en cuyas horas el calor es menos intenso, me distraía con frecuencia dando largos paseos alrededor de los cerros vecinos y profundos y umbrosos valles, acompañado de mi historiógrafo escudero Mateo, al cual daba amplio permiso para que charlase cuanto deseara; con lo que apenas existía roca, ruina, rota fuente o valle solitario acerca del cual no me refiriese alguna historia fantástica; y, sobre todo, algún insólito cuento de tesoros, pues nunca hubo un pobre diablo tan espléndido en inventar tesoros escondidos.

The worst luck has fallen on me, for, since his death, the old fellow continues to occupy my house without paying rent, and there is no taking the law of a dead man. The people pretend to hear the clinking of gold all night in the chamber where the old priest slept, as if he were counting over his money, and sometimes a groaning and moaning about the court. Whether true or false, these stories have brought a bad name on my house, and not a tenant will remain in it."

"Enough," said the mason sturdily, "let me live in your house rent-free until some better tenant present, and I will engage to put it in repair, and to quiet the troubled spirit that disturbs it. I am a good Christian and a poor man, and am not to be daunted by the Devil himself, even though he should come in the shape of a big bag of money!"

The offer of the honest mason was gladly accepted; he moved with his family into the house, and fulfilled all his engagements. By little and little he restored it to its former state; the clinking of gold was no more heard at night in the chamber of the defunct priest, but began to be heard by day in the pocket of the living mason. In a word, he increased rapidly in wealth, to the admiration of all his neighbors, and became one of the richest men in Granada: he gave large sums to the church, by way, no doubt, of satisfying his conscience, and never revealed the secret of the vault until on his deathbed to his son and heir.

A Ramble Among the Hills

I used frequently to amuse myself towards the close of the day, when the heat had subsided, with taking long rambles about the neighboring hills and the deep umbrageous valleys, accompanied by my historiographic squire, Mateo, to whose passion for gossiping I on such occasions gave the most unbounded license; and there was scarce a rock, or ruin, or broken fountain, or lonely glen, about which he had not some marvellous story; or, above all, some golden legend; for never was poor devil so munificent in dispensing hidden treasures.

Una noche en la que dábamos uno de esos largos paseos de costumbre se reveló Mateo más hablador que de ordinario. Cerca del crepúsculo vespertino habíamos salido por la gran *Puerta de la Justicia* y subíamos por lo alto de una alameda, cuando de pronto se detuvo Mateo delante de un grupo de higueras y granados, al pie de un enorme torreón en ruinas denominado *La Torre de los Siete Suelos*, y, señalándome una bóveda subterránea debajo de los cimientos de la torre, me dijo que allí se ocultaba un monstruoso vestigio o fantasma que, según se contaba, habitaba en aquella torre desde el tiempo de los moros, y que guardaba los tesoros de cierto soberano musulmán. Me añadió también que algunas veces salía a medianoche y recorría las alamedas de la Alhambra y las calles de Granada bajo la forma de un caballo sin cabeza perseguido por seis perros que lanzaban terribles alaridos y aullidos horribles.

—¿Se lo ha encontrado usted alguna vez en sus excursiones? —le dije.

—No, señor, ¡a Dios gracias!; pero mi abuelo el sastre conoció muchas personas que lo vieron, pues entonces salía con más asiduidad que ahora, y ya bajo una forma, ya bajo otra. Todo el mundo en Granada ha oído hablar de *El Velludo*, y las viejas y las nodrizas asustan a los niños invocándolo cuando lloran. Se dice que es el alma en pena de un cruel rey moro que mató a sus seis hijos y los enterró bajo estas bóvedas; en venganza de lo cual éstos le persiguen todas las noches.

Me abstengo de ser minucioso en contar los fantásticos detalles que me dio el crédulo Mateo acerca de este terrible fantasma, que en tiempos pasados servía de tema favorito para los cuentos de viejos, y que pasó a la categoría de leyenda popular en Granada, acerca de la cual un antiguo e ilustrado historiador, topógrafo de este sitio, ha hecho honrosa mención. Yo le haré presente tan sólo al lector que en esta torre está la puerta por donde el infortunado Boabdil salió a entregar su ciudad a los Reyes Católicos. Dejando este famoso baluarte, seguimos nuestro paseo, dando la vuelta a los frondosos jardines del *Generalife,* en los cuales dos o tres ruiseñores lanzaban al aire sus melodiosos trinos.

In the course of one of these strolls Mateo was more than usually communicative. It was toward sunset that we sallied forth from the great Gate of Justice, and ascended an alley of trees until we came to a clump of figs and pomegranates at the foot of the Tower of the Seven Floors (*de los Siete Suelos*), the identical tower whence Boabdil is said to have issued, when he surrendered his capital. Here, pointing to a low archway in the foundation, Mateo informed me of a monstrous sprite or hobgoblin, said to infest this tower, ever since the time of the Moors, and to guard the treasures of a Moslem king. Sometimes it issues forth in the dead of the night, and scours the avenues of the Alhambra, and the streets of Granada, in the shape of a headless horse, pursued by six dogs with terrible yells and howlings.

"But have you ever met with it yourself, Mateo, in any of your rambles?" demanded I.

"No, *señor*, God be thanked! but my grandfather, the tailor, knew several persons that had seen it, for it went about much oftener in his time than at present; sometimes in one shape, sometimes in another. Every body in Granada has heard of the Belludo, for the old women and the nurses frighten the children with it when they cry. Some say it is the spirit of a cruel Moorish king, who killed his six sons and buried them in these vaults, and that they hunt him at nights in revenge."

I forbear to dwell upon the marvellous details given by the simple-minded Mateo about this redoubtable phantom, which has, in fact, been time out of mind a favorite theme of nursery tales and popular tradition in Granada, and of which honorable mention is made by an ancient and learned historian and topographer of the place. I will only mention to the reader that in this tower is the infamous door which was used by the unfortunate Boabdil to surrender his city to the Catholic monarchy. Leaving this eventful pile, we continued our course, skirting the fruitful orchards of the *Generalife*, in which two or three nightingales were pouring forth a rich strain of melody.

Atravesando por estos jardines contemplamos gran número de cisternas moriscas y una puerta tallada en el corazón de la roca, pero obstruida en la actualidad. Estos aljibes —según me informó mi guía— eran los baños favoritos suyos y de sus amigos en la niñez, hasta que se asustaron con la historia de un horroroso moro que solía salir por la puerta abierta en la roca para atrapar a los incautos bañistas.

Dejando estos encantados aljibes detrás de nosotros, seguimos nuestra excursión por un solitario camino de herradura que va dando la vuelta a la colina, y nos encontramos al poco tiempo en unas tristes y melancólicas montañas desnudas de árboles y salpicadas de escaso verdor. Todo lo que se contemplaba se encontraba desértico y estéril, y parecía casi imposible pensar el que a corta distancia de donde nos encontrábamos estuviese el *Generalife* con sus floridos huertos y hermosos jardines; que nos hallásemos en los contornos de la fértil Granada, la ciudad de la vegetación y de las fuentes. Tal es el clima de España; el desierto y el jardín se encuentran siempre el uno al lado del otro.

El estrecho barranco por el cual pasábamos se conocía —al decir del buen Mateo— como el *Barranco de la Tinaja,* porque allí se encontró en tiempos pasados una repleta de monedas de oro morunas. En el cerebro del bueno de Mateo no cabían más altos pensamientos que los de estas doradas leyendas.

—¿Qué significa aquella cruz que diviso allí a lo lejos, sobre un montón de piedras, hacia la angostura del barranco?

—¡Ah! Eso no es nada: un arriero que mataron allí hace algunos años.

—Según eso, amigo mío, ¿hay bandoleros y asesinos casi en las puertas de la Alhambra?

—Ahora no, señor; eso era antiguamente, cuando multitud de mendigos vagabundeaban por los alrededores de la fortaleza, pero hoy se ha limpiado el terreno de esa mala gente. No digo yo que los gitanos moradores de las cuevas de las faldas de la colina, fuera de la fortaleza, no sean capaces alguna vez de cualquier cosa; pero no hemos tenido ninguna muerte por aquí desde hace mucho tiempo. Al que asesinó al arriero lo colgaron en la fortaleza.

Behind these orchards we passed a number of Moorish tanks, with a door cut into the rocky bosom of the hill, but closed up. These tanks, Mateo informed me, were favorite bathing-places of himself and his comrades in boyhood, until frightened away by a story of a hideous Moor, who used to issue forth from the door in the rock to entrap unwary bathers.

Leaving these haunted tanks behind us, we pursued our ramble up a solitary mule-path winding among the hills, and soon found ourselves amidst wild and melancholy mountains, destitute of trees, and here and there tinted with scanty verdure. Every thing within sight was severe and sterile, and it was scarcely possible to realize the idea that but a short distance behind us was the *Generalife*, with its blooming orchards and terraced gardens, and that we were in the vicinity of delicious Granada, that city of groves and fountains. But such is the nature of Spain; wild and stern the moment it escapes from cultivation; the desert and the garden are ever side by side.

The narrow defile up which we were passing is called, according to Mateo, *el Barranco de la tinaja*, or the ravine of the jar, because a jar full of Moorish gold was found here in old times. The brain of poor Mateo was continually running upon these golden legends.

"But what is the meaning of the cross I see yonder upon a heap of stones, in that narrow part of the ravine?"

"Oh, that's nothing—a muleteer was murdered there some years since."

"So then, Mateo, you have robbers and murderers even at the gates of the Alhambra?"

"Not at present, *señor*; that was formerly, when there used to be many loose fellows about the fortress; but they've all been weeded out. Not but that the gipsies who live in caves in the hillsides, just out of the fortress, are many of them fit for any thing; but we have had no murder about here for a long time past. The man who murdered the muleteer was hanged in the fortress."

Seguimos nuestro camino por el barranco arriba, dejando a la izquierda una altura pedregosa llamada la *Silla del Moro,* por la tradición ya citada de haber huido el infortunado Boabdil a aquel sitio durante una revuelta popular, y haberse estado muchos días sentado en la peñascosa meseta contemplando tristemente a su insurrecta ciudad.

Llegamos, finalmente, a la parte más elevada de la montaña, donde se domina a la perfección Granada, al *Cerro del Sol.* La noche se nos venía encima; el sol poniente doraba los elevados picos de la montaña; por doquier se veía algún solitario pastor que lentamente conducía su rebaño por las vertientes para encerrarlo en el establo durante la noche; o bien a algún arriero con sus bestias exhaustas acelerando su caminata por la montaña, para llegar a las puertas de la ciudad antes del anochecer.

Súbitamente el grave sonido de la campana de la catedral vino ondulando por los desfiladeros arriba, amenizando la hora de la *Oración.* El toque fue contestado por los campanarios de todas las iglesias y por los dulces esquilones de los conventos, que se oían desde la montaña. El pastor se paraba en la falda de la colina, el arriero en medio del camino, y, quitándose los sombreros, permanecían inmóviles un momento rezando la oración de la tarde. Existe cierta ternura y solemnidad en esta costumbre religiosa: a una señal melodiosa, todos los hombres del circuito de un país se unen en el mismo instante para tributar gracias a Dios por las mercedes del día. Parece que se esparce cierta santidad momentánea sobre la tierra, añadiendo el espectáculo del sol, al hundirse majestuosamente en el horizonte, contribuyendo a la solemnidad de este cuadro.

En aquella ocasión el efecto resultaba más extraordinario por el agreste y solitario aspecto del lugar. Nos encontrábamos en una desnuda y escabrosa meseta del famoso *Cerro del Sol,* cuyos ruinosos aljibes y cisternas, junto con los desmoronados cimientos de extensos edificios, hablaban de la antigua población que allí se levantaba, ahora todo silencio y soledad.

Our path continued up the barranco, with a bold, rugged height to our left, called the *Silla del Moro*, or Chair of the Moor, from the tradition already alluded to, that the unfortunate Boabdil fled thither during a popular insurrection, and remained all day seated on the rocky summit, looking mournfully down on his factious city.

We at length arrived on the highest part of the promontory above Granada, called the mountain of the sun. The evening was approaching; the setting sun just gilded the loftiest heights. Here and there a solitary shepherd might be descried driving his flock down the declivities, to be folded for the night; or a muleteer and his lagging animals, threading some mountain path, to arrive at the city gates before nightfall.

Presently the deep tones of the cathedral bell came swelling up the defiles, proclaiming the hour of "oration" or prayer. The note was responded to from the belfry of every church, and from the sweet bells of the convents among the mountains. The shepherd paused on the fold of the hill, the muleteer in the midst of the road, each took off his hat and remained motionless for a time, murmuring his evening prayer. There is always something pleasingly solemn in this custom, by which, at a melodious signal, every human being throughout the land unites at the same moment in a tribute of thanks to God for the mercies of the day. It spreads a transient sanctity over the land, and the sight of the sun sinking in all his glory, adds not a little to the solemnity of the scene.

In the present instance the effect was heightened by the wild and lonely nature of the place. We were on the naked and broken summit of the haunted mountain of the sun, where ruined tanks and cisterns, and the mouldering foundations of extensive buildings, spoke of former populousness, but where all was now silent and desolate.

Mientras nos deslizábamos por entre los restos de los pasados siglos, Mateo me indicó un agujero circular que parecía penetrar en el corazón de la montaña. Se trataba, sin duda, de una profunda cisterna, abierta por los incansables moros para sacar y conservar su favorito elemento en el más perfecto estado de pureza. Mateo, sea como fuere, me contó una historia de las suyas, según costumbre. Siguiendo su tradición, aquella era la entrada a las cavernas subterráneas de la montaña en donde Boabdil y su corte se encontraban encantados, y desde donde salían a ciertas horas de la noche a visitar sus antiguas residencias.

El crepúsculo en este clima es de muy breve duración, y ya nos advertía que debíamos abandonar aquel suelo encantado. Cuando descendimos por las vertientes de las montañas ya no se veía ni arriero ni pastor, ni se oía otra cosa que nuestros propios pasos y el monótono chirrido del grillo. Las sombras del valle se hicieron cada vez más espesas, hasta que todo se oscureció en torno de nosotros. La elevada cumbre de Sierra Nevada conservaba tan sólo el difuso resplandor de la luz del día; sus nevados picos brillaban sobre el azul del firmamento, y parecía que estaban junto a nosotros, por la extremada virginidad de la atmósfera.

—¡Qué cerca se ve la Sierra este atardecer! —exclamó Mateo—. ¡Parece que se puede tocar con la mano, y, sin embargo, se encuentra a algunas leguas de aquí!

Mientras pronunciaba estas palabras apareció una estrella sobre el nevado pico de la montaña, la única que se veía en el cielo, y tan pura, grande, brillante y hermosa, que hizo exclamar en un transporte de alegría al bueno de Mateo: *"¡Qué clara y qué limpia es! ¡No puede haber otra más reluciente!"*

He notado en ocasiones esta sensibilidad de la clase baja de España por los encantos de las cosas naturales. La lucidez de una estrella, la hermosura y fragancia de una flor, la cristalina corriente de una fuente, todo les inspira una especie de alegría poética; y entonces, ¡qué frases más bonitas exclaman en su magnífico lenguaje para expresar sus transportes de alegría!

As we were wandering about among these traces of old times, we came to a circular pit, penetrating deep into the bosom of the mountain; which Mateo pointed out as one of the wonders and mysteries of the place. I supposed it to be a well dug by the indefatigable Moors, to obtain their favorite element in its greatest purity. Mateo, however, had a different story, and one much more to his humor. According to a tradition, in which his father and grandfather firmly believed, this was an entrance to the subterranean caverns of the mountain, in which Boabdil and his court lay bound in magic spell; and whence they sallied forth at night, at allotted times, to revisit their ancient abodes.

The deepening twilight, which, in this climate, is of short duration, admonished us to leave this haunted ground. As we descended the mountain defile, there was no longer herdsman nor muleteer to be seen, nor any thing to be heard but our own footsteps and the lonely chirping of the cricket. The shadows of the valley grew deeper and deeper, until all was dark around us. The lofty summit of the *Sierra Nevada* alone retained a lingering gleam of daylight; its snowy peaks glaring against the dark blue firmament, and seeming close to us, from the extreme purity of the atmosphere.

"How near the Sierra looks this evening!" said Mateo; "it seems as if you could touch it with your hand; and yet it is many long leagues off." While he was speaking, a star appeared over the snowy summit of the mountain, the only one yet visible in the heavens, and so pure, so large, so bright and beautiful, as to call forth ejaculations of delight from honest Mateo.

"*Qué estrella hermosa! qué clara y limpia es!—No puede haber estrella más brillante!*" ("What a beautiful star! how clear and lucid—a star could not be more brilliant!")

I have often remarked this sensibility of the common people of Spain to the charms of natural objects. The lustre of a star, the beauty or fragrance of a flower, the crystal purity of a fountain, will inspire them with a kind of poetical delight; and then, what euphonious words their magnificent language affords, with which to give utterance to their transports!

—¿Pero qué luces son aquellas, Mateo, que veo brillar en la Sierra Nevada sobre los hielos semejantes a estrellas si no fueran rojas y no brillasen sobre la falda de la montaña?

—Aquellas, señor, son las hogueras que encienden los neveros que abastecen de hielo a Granada. Suben a la sierra todas las tardes con mulos y pollinos, y se turnan, descansando unos, calentándose con lumbres, mientras que otros llenan los serones de nieve. Después bajan de la sierra y llegan a la puertas de Granada antes de la salida del sol. Esa Sierra Nevada, señor, es un monte de hielo puesto en medio de Andalucía para tenerla fresca todo el verano.

Ya era noche cerrada y volvíamos a pasar por el barranco donde se encontraba la cruz del arriero asesinado, cuando percibimos a alguna distancia muchas luces que se movían y que parecía ascender por el barranco. Cuando estuvieron más cerca resultaron ser antorchas llevadas por un cortejo de figuras extrañas vestidas de negro. A otra hora hubiera parecido una procesión terriblemente lúgubre, aunque entonces lo era bastante más por lo agreste y solitario del lugar.

Mateo se me acercó, susurrándome que aquello era un entierro: que llevaban un cadáver al cementerio emplazado en aquella montaña.

Al pasar la procesión, los lúgubres reflejos de las antorchas iluminaron las tétricas facciones y fúnebres vestidos de los acompañantes, presentando un efecto sobrenatural; pero este efecto era todavía más terrorífico cuando se bañó de luz el rostro del cadáver, que, según costumbre de España, iba descubierto. Permanecí un buen rato siguiendo con la vista el cortejo que serpenteaba por la montaña, y me vino a la cabeza aquella antigua conseja de una procesión de demonios que se llevó el cuerpo de un pecador al cráter del Stromboli.

—¡Ah, señor! —exclamó Mateo—, yo le podría contar la historia de una procesión que se vio una vez en estas montañas; pero usted se mofaría de mí y pensaría que es uno de los cuentos heredados de mi abuelo el sastre.

—No, a fe mía; refiera usted, pues nada hay que tanto me entretenga y halague como tus historias maravillosas.

"But what lights are those, Mateo, which I see twinkling along the *Sierra Nevada*, just below the snowy region, and which might be taken for stars, only that they are ruddy, and against the dark side of the mountain?"

"Those, *señor*, are fires, made by the men who gather snow and ice for the supply of Granada. They go up every afternoon with mules and asses, and take turns, some to rest and warm themselves by the fires, while others fill the panniers with ice. They then set off down the mountains, so as to reach the gates of Granada before sunrise. That *Sierra Nevada*, *señor*, is a lump of ice in the middle of Andalusia, to keep it all cool in summer."

It was now completely dark; we were passing through the barranco, where stood the cross of the murdered muleteer; when I beheld a number of lights moving at a distance, and apparently advancing up the ravine. On nearer approach, they proved to be torches borne by a train of uncouth figures arrayed in black: it would have been a procession dreary enough at any time, but was peculiarly so in this wild and solitary place.

Mateo drew near, and told me, in a low voice, that it was a funeral train bearing a corpse to the burying-ground among the hills.

As the procession passed by, the lugubrious light of the torches, falling on the rugged features and funeral-weeds of the attendants, had the most fantastic effect, but was perfectly ghastly, as it revealed the countenance of the corpse, which, according to the Spanish custom, was borne uncovered on an open bier. I remained for some time gazing after the dreary train as it wound up the dark defile of the mountain. It put me in mind of the old story of a procession of demons bearing the body of a sinner up the crater of Stromboli.

"Ah! *señor*," cried Mateo, "I could tell you a story of a procession once seen among these mountains, but then you'd laugh at me, and say it was one of the legacies of my grandfather the tailor."

"By no means, Mateo. There is nothing I relish more than a marvellous tale."

—Pues, señor: el protagonista de mi cuento era uno de esos hombres de que hablábamos hace poco; era un nevero de Sierra Nevada. Sabrá usted que hace muchos años, en tiempos de mi abuelo, vivía un viejo llamado el *Tío Nicolás,* el cual con los serones de su acémila cargados de nieve, volvía de la sierra. Cuando empezó a sentirse con sueño se montó en el mulo y se quedó dormido al poco tiempo; el hombre iba dando cabezadas y vacilando de un lado a otro, mientras su segura acémila marchaba por el borde de los precipicios, bajando pendientes y escabrosos barrancos, tan firme y diligente como si trotara por el llano. Al cabo de algún tiempo el Tío Nicolás se despertó, miró a su alrededor y se quedó asombrado y atónito… ¡Y verdaderamente había causa para ello! Pues a la preciosa luz de la luna, que alumbraba como si fuera de día, vio la ciudad por debajo tan perfectamente como una taza de plata a la luz del astro de la noche, pero ¡por Dios, señor, que no se parecía en nada a la ciudad que él había dejado unas cuantas horas antes! En vez de la catedral con su gran cúpula y sus torrecillas, las iglesias con sus campanarios y los conventos con sus chapiteles, todos coronados con la sagrada cruz, no vio sino mezquitas moriscas, minaretes y cúpulas terminadas en relucientes medias lunas, tal cual se ven en las banderas berberiscas. Ahora bien, señor: como ya le he indicado, el Tío Nicolás se quedó estupefacto al ver aquello; pero he aquí que, mientras estaba sorprendido mirando hacia la ciudad, un grandioso ejército ascendía la montaña, girando en torno del barranco, viéndosele unas veces a la luz de la luna, y ocultándose otras en la oscuridad. Cuando ya estuvo más cerca, distinguió a la perfección que eran soldados de infantería y de caballería armados a la usanza morisca. El Tío Nicolás intentó salirse del camino, pero su viejo mulo se mantuvo terco y se resistía a dar un paso, estremeciéndose al mismo tiempo, como la hoja en el árbol, pues los animales, señor, se asustan tanto de estas cosas como las mismas personas racionales. El fantástico ejército no tardó en pasar junto a ellos; entre aquellos guerreros iban unos —al parecer— tocando trompetas, y otros, tambores y címbalos; y, sin embargo, no se percibía ningún sonido; antes al contrario, iban todos marchando sin hacer el menor ruido —del mismo modo que los ejércitos pintados que he visto muchas veces desfilar en el escenario del teatro de Granada—, y sus rostros eran pálidos como la muerte.

"Well, *señor*, it is about one of those very men we have been talking of, who gather snow on the *Sierra Nevada*. You must know, that a great many years since, in my grandfather's time, there was an old fellow, *Tío Nicolas* (Uncle Nicholas) by name, who had filled the panniers of his mule with snow and ice, and was returning down the mountain. Being very drowsy, he mounted upon the mule, and soon falling asleep, went with his head nodding and bobbing about from side to side, while his surefooted old mule stepped along the edge of precipices, and down steep and broken barrancos, just as safe and steady as if it had been on plain ground. At length, *Tío Nicolas* awoke, and gazed about him, and rubbed his eyes—and, in good truth, he had reason. The moon shone almost as bright as day, and he saw the city below him, as plain as your hand, and shining with its white buildings, like a silver platter in the moonshine; but, Lord! *señor*, it was nothing like the city he had left a few hours before! Instead of the cathedral, with its great dome and turrets, and the churches with their spires, and the convents with their pinnacles, all surmounted with the blessed cross, he saw nothing but Moorish mosques, and minarets, and cupolas, all topped off with glittering crescents, such as you see on the Barbary flags.

"Well, *señor*, as you may suppose, *Tío Nicolas* was mightily puzzled at all this, but while he was gazing down upon the city, a great army came marching up the mountains, winding along the ravines, sometimes in the moonshine sometimes in the shade. As it drew nigh, he saw that there were horse and foot all in Moorish armor. *Tío Nicolas* tried to scramble out of their way, but his old mule stood stock still, and refused to budge, trembling, at the same time, like a leaf—for dumb beasts, *señor*, are just as much frightened at such things as human beings. Well, *señor*, the hobgoblin army came marching by; there were men that seemed to blow trumpets, and others to beat drums and strike cymbals, yet never a sound did they make; they all moved on without the least noise, just as I have seen painted armies move across the stage in the theatre of Granada, and all looked as pale as death.

A la retaguardia del ejército, y entre dos negros moros a caballo, cabalgaba el gran inquisidor de Granada en una mula blanca como la nieve. El Tío Nicolás se quedó sorprendido de verlo en semejante compañía, pues el inquisidor era famoso por su odio a los moros y a toda clase de infieles, judíos o herejes, y acostumbraba perseguirlos a sangre y fuego. Sin embargo, el Tío Nicolás se creyó a salvo teniendo a mano un sacerdote de tanta santidad; por lo que, haciendo la señal de la cruz, le pidió a voces su bendición, cuando, ¡hombre!, le propinaron un porrazo tremendo en la cabeza, y él y su mulo vinieron a parar a lo más profundo de un barranco, rodando unas veces de cabeza y otras de pie. El Tío Nicolás no dio cuenta de su persona hasta después de salir el sol, mientras se encontraba en aquella profunda sima con el mulo paciendo a su lado y la nieve de los serones derretida por completo. Se arrastró a duras penas hasta Granada, con el cuerpo dolorido y magullado; pero ¡cuál no fue su contento al encontrar la ciudad como siempre, con las iglesias cristianas coronadas de cruces!

Cuando contó la historia de su aventura nocturna todos se mofaban de él: unos le decían que aquello sería un sueño que habría tenido mientras dormitaba en su mulo; otros que eran invenciones suyas; ¡pero lo más extraño, señor, lo que más dio en qué pensar a las gentes en este negocio, fue que el gran inquisidor falleció aquel mismo año! He oído también decir con frecuencia a mi abuelo el sastre, que aquello de llevarse el ejército fantástico la contrafigura del clérigo tenía un significado mucho mayor que lo que la gente se creía.

—Entonces, ¿querrá usted decir, amigo Mateo, que aquí hay una especie de Limbo o Purgatorio morisco en el interior de estas montañas, al cual fue arrebatado el padre inquisidor?

—¡No quiera Dios, señor! No sé nada de esto. Yo solamente cuento lo que oí a mi abuelo.

Al propio tiempo que Mateo concluía esta historia —que he procurado relatar con brevedad, y que él ilustró con muchos comentarios y detalles minuciosos—, nos encontrábamos de regreso en las puertas de la Alhambra.

At last, in the rear of the army, between two black Moorish horsemen, rode the Grand Inquisitor of Granada, on a mule as white as snow. *Tío Nicolas* wondered to see him in such company, for the Inquisitor was famous for his hatred of Moors, and indeed, of all kinds of Infidels, Jews, and Heretics, and used to hunt them out with fire and scourge. "However, *Tío Nicolas* felt himself safe, now that there was a priest of such sanctity at hand. So making the sign of the cross, he called out for his benediction, when hombre! he received a blow that sent him and his old mule over the edge of a steep bank, down which they rolled, head over heels, to the bottom! *Tío Nicolas* did not come to his senses until long after sunrise, when he found himself at the bottom of a deep ravine, his mule grazing beside him, and his panniers of snow completely melted. He crawled back to Granada sorely bruised and battered, but was glad to find the city looking as usual, with Christian churches and crosses.

"When he told the story of his night's adventure, every one laughed at him; some said he had dreamed it all, as he dozed on his mule; others thought it all a fabrication of his own—but what was strange, *señor*, and made people afterwards think more seriously of the matter, was, that the Grand Inquisitor died within the year. I have often heard my grandfather, the tailor, say that there was more meant by that hobgoblin army bearing off the resemblance of the priest, than folks dared to surmise."

"Then you would insinuate, friend Mateo, that there is a kind of Moorish limbo, or purgatory, in the bowels of these mountains, to which the padre Inquisitor was borne off."

"God forbid, *señor*! I know nothing of the matter. I only relate what I heard from my grandfather."

By the time Mateo had finished the tale which I have more succinctly related, and which was interlarded with many comments, and spun out with minute details, we reached the gate of the Alhambra.

Tradiciones locales

El pueblo español posee pasión oriental por contar cuentos; es por todo extremo amante de lo fantástico. Reunidos en el atrio o umbral de la puerta de la casa en las noches del verano, o alrededor de las grandes y soberbias campanas de las chimeneas de las ventas en el invierno, escuchan con insaciable placer las leyendas milagrosas de santos, las peligrosas aventuras de viajeros y las temerarias empresas de bandoleros y contrabandistas. El salvaje y solitario aspecto del país, la imperfecta difusión de la enseñanza, la escasez de temas generales de conversación y la vida novelesca y aventurera de un país en que los viajes se hacen como en los tiempos primitivos, hace que produzca una fuerte impresión lo extravagante e inverosímil. No hay, en verdad, ningún asunto más repetido y popular que el de los tesoros enterrados por los moros, y que esté tan enraizado en todas las comarcas. Atravesando las agrestes tierras, teatro de antiguas acciones de guerra y hechos notables, se contemplan atalayas moriscas levantadas sobre peñascos o dominando algún pueblecillo; y, si preguntáis a vuestro arriero lo que allí ocurrió, dejará en el acto de chupar su cigarro para contaros alguna historia de tesoros moriscos enterrados bajo sus cimientos, y no habrá ningún ruinoso alcázar en cualquier ciudad que no tenga una dorada tradición, transmitida de generación en generación por la gente humilde de la vecindad.

Estas, lo mismo que la mayor parte de las ficciones populares, poseen algún fundamento histórico. Durante las guerras entre moros y cristianos, que arruinaron este país por espacio de algunos siglos, las ciudades y los castillos se encontraban expuestos a cambiar súbitamente de dueño, y sus habitantes, mientras duraban los bloqueos y los asaltos, se veían precisados a esconder su dinero y sus alhajas en las entrañas de la tierra, a ocultarlo en las bóvedas y pozos, tal como se realiza en la actualidad en los despóticos y bárbaros países de Oriente. Cuando la expulsión de los moriscos, muchos de ellos escondieron también sus más preciosos objetos, creyendo que su destierro sería solamente temporal y que regresarían y recuperarían sus tesoros en el futuro.

Local Traditions

The common people of Spain have an Oriental passion for story-telling, and are fond of the marvellous. They will gather round the doors of their cottages in summer evenings, or in the great cavernous chimney-corners of the ventas in the winter, and listen with insatiable delight to miraculous legends of saints, perilous adventures of travellers, and daring exploits of robbers and *contrabandistas*. The wild and solitary character of the country, the imperfect diffusion of knowledge, the scarceness of general topics of conversation, and the romantic adventurous life that every one leads in a land where travelling is yet in its primitive state, all contribute to cherish this love of oral narration, and to produce a strong infusion of the extravagant and incredible. There is no theme, however, more prevalent and popular than that of treasures buried by the Moors; it pervades the whole country. In traversing the wild sierras, the scenes of ancient foray and exploit, you cannot see a Moorish atalaya, or watchtower, perched among the cliffs, or beetling above its rock-built village, but your muleteer, on being closely questioned, will suspend the smoking of his cigarillo to tell some tale of Moslem gold buried beneath its foundations; nor is there a ruined alcazar in a city but has its golden tradition, handed down from generation to generation among the poor people of the neighborhood.

These, like most popular fictions, have sprung from some scanty groundwork of fact. During the wars between Moor and Christian which distracted this country for centuries, towns and castles were liable frequently and suddenly to change owners, and the inhabitants, during sieges and assaults, were fain to bury their money and jewels in the earth, or hide them in vaults and wells, as is often done at the present day in the despotic and belligerent countries of the East. At the time of the expulsion of the Moors also, many of them concealed their most precious effects, hoping that their exile would be but temporary, and that they would be enabled to return and retrieve their treasures at some future day.

Se ha descubierto casualmente algún que otro dinero, después de pasados algunos siglos, entre las ruinas de fortalezas y casas moriscas, habiendo bastado unos cuantos sucesos aislados de esta clase para dar pie a un incontable número de narraciones fabulosas sobre tesoros escondidos.

Las historias que de aquí se inspiran, poseen por lo general, cierto matiz oriental, y participan de esa mezcla de árabe y cristiano que parece característica en las cosas de España, especialmente en las provincias del Mediodía. Las riquezas escondidas han de encontrarse por lo general bajo la influencia mágica, o guardadas por encantamientos y talismanes, y, algunas veces, defendidas por terroríficos monstruos o fieros dragones, o bien por moros embrujados que se hallan fabulosamente vestidos, con sus férreas armaduras y desnudas las espadas, pero quietos como estatuas y haciendo una desvelada guardia durante muchos siglos.

La Alhambra, por sus singulares circunstancias históricas, es un rico manantial de ficciones populares de este género, y han contribuido a aumentarlo los mil hallazgos que se han desenterrado de vez en cuando. En cierta ocasión se encontró un gran jarrón de barro que contenía monedas moriscas y el esqueleto de un gallo, el cual —según la opinión de algunos inteligentes que lo vieron— debió ser enterrado vivo. Otra vez se descubrió otro jarrón que contenía un enorme escarabajo de arcilla cocida, cubierto con inscripciones arábigas, y del cual se dijo que era un prodigioso talismán de escondidas virtudes. De esta forma los cerebros de la escuálida muchedumbre moradora de la Alhambra se dieron a forjar ilusiones con tal ardor, que no hay salón, torre o bóveda en la vieja fortaleza que no se haya hecho el escenario de alguna tradición fabulosa.

Sin duda, el lector —con la lectura de las anteriores páginas— se nos habrá familiarizado con los sitios de la Alhambra, por lo cual me ocuparé ya con preferencia, a partir de este momento, de las maravillosas leyendas relacionadas con ella, y a las cuales he dado minuciosa forma cuidadosamente, sacándolas de los diversos apuntes y notas que recogí en el transcurso de mis excursiones, de idéntica manera que el anticuario redacta un ordenado documento histórico sobre unas cuantas letras casi borradas y no inteligibles.

It is certain that from time to time hoards of gold and silver coin have been accidentally digged up, after a lapse of centuries, from among the ruins of Moorish fortresses and habitations; and it requires but a few facts of the kind to give birth to a thousand fictions.

The stories thus originating have generally something of an Oriental tinge, and are marked with that mixture of the Arabic and the Gothic which seems to me to characterize every thing in Spain, and especially in its southern provinces. The hidden wealth is always laid under magic spell, and secured by charm and talisman. Sometimes it is guarded by uncouth monsters or fiery dragons, sometimes by enchanted Moors, who sit by it in armor, with drawn swords, but motionless as statues, maintaining a sleepless watch for ages.

The Alhambra of course, from the peculiar circumstances of its history, is a strong-hold for popular fictions of the kind; and various relics, digged up from time to time, have contributed to strengthen them. At one time an earthen vessel was found containing Moorish coins and the skeleton of a cock, which, according to the opinion of certain shrewd inspectors, must have been buried alive. At another time a vessel was dug up containing a great scarabaeus or beetle of baked clay, covered with Arabic inscriptions, which was pronounced a prodigious amulet of occult virtues. In this way the wits of the ragged brood who inhabit the Alhambra have been set wool-gathering, until there is not a hall, nor tower, nor vault, of the old fortress, that has not been made the scene of some marvellous tradition.

Having, I trust, in the preceding papers made the reader in some degree familiar with the localities of the Alhambra, I shall now launch out more largely into the wonderful legends connected with it, and which I have diligently wrought into shape and form, from various legendary scraps and hints picked up in the course of my perambulations; in the same manner, that an antiquary works out a regular historical document from a few scattered letters of an almost defaced inscription.

Si el meticuloso lector encuentra algo que lastime su credulidad, sea benévolo recordando la naturaleza especial de aquellos lugares, pues no ha lugar que sean exigidas allí las leyes de la probabilidad que rigen las cosas comunes de la vida, debiendo sólo tenerse en cuenta que la mayor parte de los acontecimientos suceden en los salones de un palacio encantado; que todo es posible y pasa sobre un suelo fabuloso.

La casa del Gallo de Viento

En la cima de la elevada colina del Albaicín, que es la parte más alta de la ciudad de Granada, se contemplan los restos de lo que era antes un palacio real, levantado poco después de la conquista de España por los árabes, y convertido en la actualidad en humilde fábrica. Esta regia mansión ha caído en tal olvido, que me costó gran trabajo descubrirla, a pesar de la ayuda del sagaz y sabelotodo de Mateo Jiménez. Este edificio conserva todavía el nombre especial con que se viene conociendo durante muchos siglos, de *La Casa del Gallo de Viento.* Se denominó así por una figura de bronce que representaba un guerrero a caballo armado de lanza y adarga, sobre una de sus torres, y girando en forma de veleta hacia donde soplaba el viento, con una leyenda en árabe, que vertida en romance castellano rezaba de esta forma:

Dice el sabio Aben-Habuz.
Que así se defiende el Andaluz.

Este Aben-Habuz —según las crónicas moriscas— fue un capitán del ejército invasor de Tarik, a quien dejó aquel de alcaide de Granada. Se cree que emplazó aquella figura guerrera para recordar permanentemente a los habitantes musulmanes que se encontraban rodeados de enemigos, y que su salvación dependía únicamente de vivir siempre prevenidos para su defensa y prestos a salir al campo de batalla.

If any thing in these legends should shock the faith of the over-scrupulous reader, he must remember the nature of the place, and make due allowances. He must not expect here the same laws of probability that govern commonplace scenes and everyday life; he must remember that he treads the halls of an enchanted palace, and that all is "haunted ground."

The House of the Weathercock

On the brow of the lofty hill of the Albaycin, the highest part of Granada, and which rises from the narrow valley of the Darro, directly opposite to the Alhambra, stands all that is left of what was once a royal palace of the Moors. it has, in fact, fallen into such obscurity, that it cost me much trouble to find it; though aided in my researches, by the sagacious and all-knowing Mateo Ximenes. This edifice has borne for centuries the name of "The House of the Weathercock" (*La Casa del Gallo de Viento*), from a bronze figure on one of its turrets, in ancient times, of a warrior on horseback, and turning with every breeze. This weathercock was considered by the Moslems of Granada a portentous talisman. According to some traditions, it bore the following Arabic inscription:

Calet et Bedici Aben Habuz, Quidat ehahet Lindabuz.
Which has been rendered into Spanish:
Dice el sabio Aben Habuz, Que así se defiende el Andaluz.
And into English:
In this way, says, Aben Habuz the wise, Andaluz guards against surprise.

This Aben Habuz, according to some of the old Moorish chronicles, was a captain in the invading army of Taric, one of the conquerors of Spain, who left him as Alcayde of Granada. He is supposed to have intended this effigy as a perpetual warning to the Moslems of Andaluz, that, surrounded by foes, their safety depended upon their being always on their guard and ready for the field.

Aunque las tradiciones cuentan, una historia bastante distinta acerca de este Aben-Habuz y de su palacio, y afirman que la figura de bronce era antiguamente un amuleto de gran virtud, aunque en época posterior perdió sus propiedades mágicas, convirtiéndose en una simple veleta.

La siguiente leyenda explica el origen de *La Casa del Gallo de Viento.*

Leyenda del astrólogo árabe

En tiempos antiguos, hace ya muchos siglos, había un rey moro llamado Aben-Habuz, que gobernaba el reino de Granada. Era un guerrero ya retirado, puesto que, habiendo llevado en sus días juveniles una vida entregada sin descanso al pillaje y a la pelea, por haberse hecho débil y achacoso, anhelaba ya tan sólo la tranquilidad y deseaba a toda costa vivir en paz con sus enemigos, durmiendo sobre los laureles y gozando sin preocupaciones de la posesión de los Estados que había usurpado a sus vecinos.

Sin embargo, ocurrió que este razonable, pacífico y viejo soberano tuvo, a pesar suyo, que luchar con algunos jóvenes príncipes, ansiosos de pelear y alcanzar fama, y dispuestos por completo a pedirle estrecha cuenta de sus usurpaciones. Ciertos territorios lejanos del reino, a los cuales trató cruelmente en los días de su mayor apogeo, se sintieron fuertes y con ánimos para sublevarse cuando le vieron achacoso, amenazando con atacarle dentro de su propia capital. Se vio, pues, rodeado de descontentos, y con el grave inconveniente de la posición topográfica de Granada, circundada de agrestes y escabrosas montañas que ocultan la aproximación de los enemigos, el infortunado Aben-Habuz vivió constante alarma y vigilante, sin saber por qué lado se romperían las hostilidades.

Although tradition says a rather different story about this Aben Habuz and his palace. They affirm that, a long time ago, the bronze talisman had great virtues, but had lost its magic powers and remained being a simple weathercock.

I now proceed to relate still more interesting tale that explains the origin of the House of the weathercock.

LEGEND OF THE ARABIAN ASTROLOGER

In old times, many hundred years ago, there was a Moorish king named Aben Habuz, who reigned over the kingdom of Granada. He was a retired conqueror, that is to say, one who having in his more youthful days led a life of constant foray and depredation, now that he was grown feeble and superannuated, "languished for repose," and desired nothing more than to live at peace with all the world, to husband his laurels, and to enjoy in quiet the possessions he had wrested from his neighbors.

It so happened, however, that this most reasonable and pacific old monarch had young rivals to deal with; princes full of his early passion for fame and fighting, and who were disposed to call him to account for the scores he had run up with their fathers. Certain distant districts of his own territories, also, which during the days of his vigor he had treated with a high hand, were prone, now that he languished for repose, to rise in rebellion and threaten to invest him in his capital. Thus he had foes on every side; and as Granada is surrounded by wild and craggy mountains, which hide the approach of an enemy, the unfortunate Aben Habuz was kept in a constant state of vigilance and alarm, not knowing in what quarter hostilities might break out.

De nada sirvió el que levantase atalayas en las montañas y situara guardias en todos los pasos, con órdenes terminantes de encender hogueras de noche y levantar humaredas de día si veían acercarse algún enemigo; pues sus astutos contrarios, burlando todas estas precauciones, acostumbraban a asomarse por algún oculto desfiladero, y devastaban el país en las mismas barbas del soberano, retirándose acto seguido, cargados de prisioneros y de botín a las montañas. ¿Hubo alguna vez conquistador ya retirado y pacífico que se viese como él reducido a tan penosa condición?

Cuando Aben-Habuz se encontraba con tristeza por estos tormentos y molestias llegó a su corte un antiguo médico árabe, cuya nevada barba le alcanzaba la cintura; pero el cual, a pesar de sus señales evidentes de larga longevidad, había ido peregrinando a pie desde Egipto hasta Granada, sin otra ayuda que su cayado cubierto de jeroglíficos. Venía precedido de la aureola de la fama: se llamaba Ibrahim Eben Abu Ajib y se le creía contemporáneo de Mahoma, pues era hijo de Abu Ajib, el último compañero del Profeta. Cuando niño, siguió al ejército conquistador de Amrou a Egipto, y en aquel país vivió durante muchos años, estudiando las ciencias ocultas, y en especial la magia, con los sacerdotes egipcios.

Se decía también que había encontrado el secreto de prolongar la vida, y que por este medio había llegado a la larga edad de más de dos siglos; pero como no descubrió este secreto hasta muy entrado en años, únicamente logró perpetuar sus canas y sus arrugas.

Este fabuloso anciano fue bien recibido por el monarca, quien, como la mayor parte de los reyes octogenarios, comenzó a hacer a los médicos sus favoritos. Quiso instalarlo en su palacio, pero el astrólogo prefirió una cueva que había en la falda de la colina que dominaba a Granada, y que es la misma sobre la cual se alza la Alhambra. Ordenó ensanchar la caverna de tal manera que formaba un espacioso y vasto salón, con un agujero circular en el techo, que parecía un pozo, por el cual miraba el firmamento y observaba las estrellas, incluso en medio del día. También cubrió las paredes del salón con jeroglíficos egipcios, símbolos cabalísticos y figuras de estrellas con sus constelaciones, y llenó su vivienda de instrumentos fabricados bajo su dirección por los más hábiles artistas de Granada, pero cuyas ocultas propiedades eran de él solamente conocidas.

It was in vain that he built watchtowers on the mountains, and stationed guards at every pass with orders to make fires by night and smoke by day, on the approach of an enemy. His alert foes, baffling every precaution, would break out of some unthought-of defile, ravage his lands beneath his very nose, and then make off with prisoners and booty to the mountains. Was ever peaceable and retired conqueror in a more uncomfortable predicament?

While Aben Habuz was harassed by these perplexities and molestations, an ancient Arabian physician arrived at his court. His gray beard descended to his girdle, and he had every mark of extreme age, yet he had travelled almost the whole way from Egypt on foot, with no other aid than a staff, marked with hieroglyphics. His fame had preceded him. His name was Ibrahim Ebn Abu Ayub, he was said to have lived ever since the days of Mahomet, and to be son of Abu Ayub, the last of the companions of the Prophet. He had, when a child, followed the conquering army of Amru into Egypt, where he had remained many years studying the dark sciences, and particularly magic, among the Egyptian priests.

It was, moreover, said that he had found out the secret of prolonging life, by means of which he had arrived to the great age of upwards of two centuries, though, as he did not discover the secret until well stricken in years, he could only perpetuate his gray hairs and wrinkles.

This wonderful old man was honorably entertained by the king, who, like most superannuated monarchs, began to take physicians into great favor. He would have assigned him an apartment in his palace, but the astrologer preferred a cave in the side of the hill which rises above the city of Granada, being the same on which the Alhambra has since been built. He caused the cave to be enlarged so as to form a spacious and lofty hall, with a circular hole at the top, through which, as through a well, he could see the heavens and behold the stars even at mid-day. The walls of this hall were covered with Egyptian hieroglyphics, with cabalistic symbols, and with the figures of the stars in their signs. This hall he furnished with many implements, fabricated under his directions by cunning artificers of Granada, but the occult properties of which were known only to himself.

En muy poco tiempo el sabio Ibrahim se convirtió en el consejero favorito del rey, quien le consultaba cuando se veía en algún problema. Hallándose una vez Aben-Habuz lamentando la injusticia de sus convecinos y quejándose de la perpetua vigilancia que se veía obligado a observar para guardarse de sus correrías, el astrólogo, después que aquel finalizó de hablar, permaneció un rato en silencio, y le dijo a continuación:

—Sabed, ¡oh rey!, que cuando yo estaba en Egipto contemplé una gran maravilla inventada por una sacerdotisa pagana de la antigüedad. En una montaña que domina la ciudad de Borsa, y dominando al gran valle del Nilo, había una figura que representaba un carnero y encima de él un gallo, ambos fundidos en bronce y dispuestos de manera que giraban sobre un eje. Cuando el país estaba amenazado por alguna invasión, el carnero señalaba en dirección del enemigo y el gallo cantaba, y de esta forma presentían el peligro los habitantes de la ciudad y conocían la dirección de donde venía, pudiendo prepararse con tiempo para la defensa.

—¡Por Alá! —exclamó el atribulado Aben-Habuz—. ¡Qué tesoro sería para mí un carnero semejante, que me ejecutase la misma señal en medio de esas montañas que me rodean, y un gallo como aquel que cantase cuando se acercara el peligro! ¡Allah Akbar! ¡Y qué tranquilo dormiría en mi palacio con tales centinelas en lo alto de mi torre!

El astrólogo aguardó por un momento a que finalizase sus exclamaciones el rey, y continuó:

—Después que el virtuoso Amrou (¡cuyos restos descansen en paz!), finalizó la conquista de Egipto, permanecí algún tiempo entre los ancianos sacerdotes de aquel país, estudiando los ritos y ceremonias de aquellos idólatras, procurando instruirme en las ciencias ocultas, por cuyo conocimiento alcanzaron aquellos tanta fama. Estando sentado cierto día a orillas del Nilo conversando con un venerable sacerdote, me señaló las enormes pirámides que se levantan como montañas en medio del desierto: "Todo lo que te podemos enseñar —me dijo— no es nada comparado con la ciencia que se encierra en esas maravillosas edificaciones.

In a little while the sage Ibrahim became the bosom counsellor of the king, who applied to him for advice in every emergency. Aben Habuz was once inveighing against the injustice of his neighbors, and bewailing the restless vigilance he had to observe to guard himself against their invasions; when he had finished, the astrologer remained silent for a moment, and then replied, "Know, O King, that when I was in Egypt I beheld a great marvel devised by a pagan priestess of old. On a mountain, above the city of Borsa, and overlooking the great valley of the Nile, was a figure of a ram, and above it a figure of a cock, both of molten brass, and turning upon a pivot. Whenever the country was threatened with invasion, the ram would turn in the direction of the enemy, and the cock would crow; upon this the inhabitants of the city knew of the danger, and of the quarter from which it was approaching, and could take timely means to guard against it."

"God is great!" exclaimed the pacific Aben Habuz, "what a treasure would be such a ram to keep an eye upon these mountains around me; and then such a cock, to crow in time of danger! Allah Akbar! how securely I might sleep in my palace with such sentinels on the top!"

The astrologer waited until the ecstasies of the king had subsided, and then proceeded:

"After the victorious Amru (may he rest in peace!) had finished his conquest of Egypt, I remained among the priests of the land, studying the rites and ceremonies of their idolatrous faith, and seeking to make myself master of the hidden knowledge for which they are renowned. I was one day seated on the banks of the Nile, conversing with an ancient priest, when he pointed to the mighty pyramids which rose like mountains out of the neighboring desert. 'All that we can teach thee,' said he, 'is nothing to the knowledge locked up in those mighty piles.

En el centro de la pirámide que está en medio existe una cámara mortuoria en la que se conserva la momia del Gran Sacerdote que contribuyó a levantar esta maravillosa construcción, y con él está enterrado el fabuloso *Libro de la Sabiduría*, que contiene todos los secretos del arte mágico. Este libro le fue dado a Adán después de su caída, y se ha ido transmitiendo de generación en generación hasta el sabio rey Salomón, quien, con su ayuda, construyó el templo de Jerusalén. Como vino a poder del que construyó las pirámides, solamente lo sabe Aquel para quien no existen secretos." Cuando escuché estas palabras de labios del sacerdote egipcio, mi corazón ardió en deseos de poseer tal libro. Como disponía de un gran número de soldados de nuestro ejército conquistador y de bastantes egipcios, comencé a agujerear la sólida masa de la pirámide, hasta que, después de mucho esfuerzo, encontré uno de sus pasadizos interiores, siguiendo el cual, e internándome en un intrincado laberinto, alcancé el corazón de la pirámide y a la misma cámara sepulcral donde yacía desde hacía muchos siglos la momia del Gran Sacerdote. Rompí la caja exterior que lo guardaba, deslié sus muchas fajas y vendajes, y por fin encontré en su interior el precioso libro. Lo cogí con mano temblorosa y salí presuroso de la pirámide, dejando la momia en su oscuro y lúgubre sepulcro, aguardando allí el día de la resurrección y juicio final.

—¡Hijo de Abu Ajib! —exclamó Aben-Habuz—, tú eres un gran viajero y has visto cosas maravillosas; pero ¿de qué me sirve, ¡triste de mí!, el *Libro de la Sabiduría* del sabio Salomón?

—Vas a saberlo, ¡oh rey! Con el estudio que realicé de este libro me instruí en todas las artes mágicas, y cuento con la ayuda de un genio para llevar a cabo mis proyectos. El misterio del amuleto de Borsa me es tan conocido, que puedo hacer uno como aquel, e incluso con mayores cualidades.

—¡Oh sabio hijo de Abu Ajib! —prorrumpió Aben-Habuz—. Más falta me hace ese amuleto que todas las atalayas de las montañas y los centinelas de las fronteras. Dame tal defensa y dispón de todas las riquezas de mi tesorería.

In the centre of the central pyramid is a sepulchral chamber, in which is inclosed the mummy of the high-priest, who aided in rearing that stupendous pile; and with him is buried a wondrous book of knowledge containing all the secrets of magic and art. This book was given to Adam after his fall, and was handed down from generation to generation to King Solomon the wise, and by its aid he built the temple of Jerusalem. How it came into the possession of the builder of the pyramids, is known to him alone who knows all things.' When I heard these words of the Egyptian priest, my heart burned to get possession of that book. I could command the services of many of the soldiers of our conquering army, and of a number of the native Egyptians: with these I set to work, and pierced the solid mass of the pyramid, until, after great toil, I came upon one of its interior and hidden passages. Following this up, and threading a fearful labyrinth, I penetrated into the very heart of the pyramid, even to the sepulchral chamber, where the mummy of the high-priest had lain for ages. I broke through the outer cases of the mummy, unfolded its many wrappers and bandages, and at length found the precious volume on its bosom. I seized it with a trembling hand, and groped my way out of the pyramid, leaving the mummy in its dark and silent sepulchre, there to await the final day of resurrection and judgment."

"Son of Abu Ayub," exclaimed Aben Habuz, "thou hast been a great traveller, and seen marvellous things; but of what avail to me is the secret of the pyramid, and the volume of knowledge of the wise Solomon?"

"This it is, O king! By the study of that book I am instructed in all magic arts, and can command the assistance of genii to accomplish my plans. The mystery of the Talisman of Borsa is therefore familiar to me, and such a talisman can I make; nay, one of greater virtues."

"O wise son of Abu Ayub," cried Aben Habuz, "better were such a talisman, than all the watchtowers on the hills, and sentinels upon the borders. Give me a safeguard, and the riches of my treasury are at thy command."

El astrólogo se puso enseguida a trabajar para satisfacer por completo los deseos del monarca. Levantó una gran torre en lo más alto del palacio real que estaba entonces situado en la colina del Albaicín, construida con piedras del Egipto, y extraídas —según se dice— de una de las pirámides. En lo alto de la torre había una sala circular con ventanas que miraban a todos los puntos del cuadrante, y delante de cada una de estas colocó unas mesas sobre las cuales se encontraban formados, lo mismo que en un tablero de ajedrez, pequeños ejércitos de caballería e infantería tallados en madera, con la figura del soberano que gobernaba en aquella dirección. En cada una de estas mesas había una pequeña lanza del tamaño de un punzón, y en ellas, grabados, ciertos caracteres caldeos. Este salón estaba siempre cerrado con una puerta de bronce, cuya cerradura era de acero, y la llave la guardaba permanentemente el rey.

En la parte más elevada de la torre colocó una figura de bronce representando a un moro a caballo que giraba sobre un eje, con su escudo en el brazo y su lanza en posición perpendicular. La cara de este jinete miraba hacia la ciudad, como si la estuviese guardando; pero, si se aproximaba algún enemigo, la figura señalaba en aquella dirección y blandía la lanza en ademán de combate.

Cuando el gran amuleto estuvo concluido del todo, Aben-Habuz se impacientaba por experimentar sus virtudes, y deseaba tanto una invasión como antes suspiraba por el sosiego. Sus deseos se vieron satisfechos bien pronto, pues cierta mañana temprano el centinela que guardaba la torre trajo la noticia de que el jinete de bronce señalaba hacia la Sierra de Elvira y que su lanza apuntaba directamente hacia el Paso de Lope.

—¡Que las tropas y tambores toquen a las armas y que toda Granada se ponga en acción de defensa! —dijo Aben-Habuz.

—¡Oh rey! —le respondió el astrólogo—. No alarmes a tu ciudad ni pongas a tus guerreros sobre las armas, pues no necesito de ninguna fuerza para librarte de tus enemigos. Manda que se retiren tus servidores y subamos solos al salón secreto de la torre.

The astrologer immediately set to work to gratify the wishes of the monarch. He caused a great tower to be erected upon the top of the royal palace, which stood on the brow of the hill of the Albaycin. The tower was built of stones brought from Egypt, and taken, it is said, from one of the pyramids. In the upper part of the tower was a circular hall, with windows looking towards every point of the compass, and before each window was a table, on which was arranged, as on a chess-board, a mimic army of horse and foot, with the effigy of the potentate that ruled in that direction, all carved of wood. To each of these tables there was a small lance, no bigger than a bodkin, on which were engraved certain Chaldaic characters. This hall was kept constantly closed, by a gate of brass, with a great lock of steel, the key of which was in possession of the king.

On the top of the tower was a bronze figure of a Moorish horseman, fixed on a pivot, with a shield on one arm, and his lance elevated perpendicularly. The face of this horseman was towards the city, as if keeping guard over it; but if any foe were at hand, the figure would turn in that direction, and would level the lance as if for action.

When this talisman was finished, Aben Habuz was all impatient to try its virtues; and longed as ardently for an invasion as he had ever sighed after repose. His desire was soon gratified. Tidings were brought, early one morning, by the sentinel appointed to watch the tower, that the face of the bronze horseman was turned towards the mountains of Elvira, and that his lance pointed directly against the Pass of Lope.

"Let the drums and trumpets sound to arms, and all Granada be put on the alert," said Aben Habuz.

"O king," said the astrologer, "Let not your city be disquieted, nor your warriors called to arms; we need no aid of force to deliver you from your enemies. Dismiss your attendants, and let us proceed alone to the secret hall of the tower."

El anciano Aben-Habuz subió la escalera con ayuda del brazo del centenario Ibrahim Eben Abu Ajib, y abriendo la puerta de bronce penetraron dentro. La ventana que miraba hacia el Paso de Lope estaba abierta.

—Hacia aquella dirección —comentó el astrólogo— está la amenaza; aproxímate, ¡oh rey!, y observa el misterio de la mesa.

El rey Aben-Habuz se aproximó a lo que parecía un tablero de ajedrez con figuras de madera, y con gran asombro suyo descubrió que todas ellas se hallaban en movimiento: los caballos se espantaban y encabritaban, los guerreros blandían sus armas, y se escuchaba el débil sonido de tambores y trompetas, el choque de armas y el relincho de corceles, pero todo tan apenas perceptible como el zumbido de las abejas o el ruido de los mosquitos al oído del que duerme en el estío tendido a la sombra de un árbol en las horas de calor.

—He aquí, ¡oh rey! —explicó el astrólogo—, la prueba de que tus enemigos están todavía en el campo. Deben estar atravesando aquellas montañas por el Paso de Lope. Si quieres llevar el pánico y la confusión entre ellos y obligarlos a que se retiren sin efusión de sangre, golpea estas figuras con el asta de esta lanza mágica; pero si quieres que haya sangre y carnicería, hiéreles con la punta.

El rostro del pacífico Aben-Habuz se cubrió con un tinte pálido, y, tomando la pequeña lanza con mano trémula, se aproximó vacilando a la mesa, mostrando con su barba temblorosa su estado de exaltación:

—¡Hijo de Abu Ajib! —exclamó—, ¡creo que va a haber alguna sangre!

Así diciendo, hirió con la lanza mágica algunas de las diminutas figuras y tocó a otras con el asta, con lo cual unas cayeron como muertas sobre la mesa, y las demás, volviéndose las unas contra las otras, se enzarzaron en una confusa pelea, cuyo resultado fue igual por ambas partes.

Costó no poco trabajo al astrólogo el contener la mano de aquel monarca pacífico y oponerse a que exterminase por completo a sus enemigos; finalmente, pudo lograr el que se retirase de la torre y que enviase avanzadas por el Paso de Lope.

The ancient Aben Habuz mounted the staircase of the tower, leaning on the arm of the still more ancient Ibrahim Ebn Abu Ayub. They unlocked the brazen door and entered. The window that looked towards the Pass of Lope was open.

"In this direction," said the astrologer, "lies the danger; approach, O king, and behold the mystery of the table."

King Aben Habuz approached the seeming chess-board, on which were arranged the small wooden effigies, when, to his surprise, he perceived that they were all in motion. The horses pranced and curveted, the warriors brandished their weapons, and there was a faint sound of drums and trumpets, and the clang of arms, and neighing of steeds; but all no louder, nor more distinct, than the hum of the bee, or the summer-fly, in the drowsy ear of him who lies at noontide in the shade.

"Behold, O king," said the astrologer, "a proof that thy enemies are even now in the field. They must be advancing through yonder mountains, by the Pass of Lope. Would you produce a panic and confusion amongst them, and cause them to retreat without loss of life, strike these effigies with the but-end of this magic lance; would you cause bloody feud and carnage, strike with the point."

A livid streak passed across the countenance of Aben Habuz; he seized the lance with trembling eagerness; his gray beard wagged with exultation as he tottered toward the table: "Son of Abu Ayub," exclaimed he, in chuckling tone, "I think we will have a little blood!"

So saying, he thrust the magic lance into some of the pigmy effigies, and belabored others with the but-end, upon which the former fell as dead upon the board, and the rest turning upon each other began, pell-mell, a chance-medley fight.

It was with difficulty the astrologer could stay the hand of the most pacific of monarchs, and prevent him from absolutely exterminating his foes; at length he prevailed upon him to leave the tower, and to send out scouts to the mountains by the Pass of Lope.

Volvieron aquellas con la noticia de que un ejército cristiano se había internado por el corazón de la sierra casi hasta Granada, y que había habido entre ellos una discordia, volviendo de repente sus armas unos contra otros, hasta que, después de una gran carnicería, se retiraron a sus fronteras.

Aben-Habuz enloqueció de alegría al ver la eficacia de su amuleto.

—Al fin —dijo— podré gozar de una vida sosegada, y tendré a todos mis enemigos bajo mi poder. ¡Oh sabio hijo de Abu Ajib! ¿Qué podré otorgarte en premio de una cosa tan fantástica?

—Las necesidades de un anciano y un filósofo, ¡oh rey! son escasas y bien sencillas; solamente deseo que me proporciones los medios, y con esto sólo me contento, para que pueda hacer habitable mi cueva.

—¡Cuán noble es la templanza del verdadero sabio! —exclamó Aben-Habuz, alegrándose interiormente por tan pequeña recompensa.

Llamó, pues, a su tesorero, y le dio orden de entregar a Ibrahim las cantidades necesarias para arreglar y amueblar su cueva.

El astrólogo mandó que abriesen otras varias habitaciones en la roca viva, de forma que constituyeran piezas contiguas con el salón astrológico, y las decoró y amuebló después con lujosas otomanas y divanes, haciendo cubrir las paredes con espléndidos tapices de seda de Damasco.

—Yo soy viejo —afirmaba—, y no puedo por más tiempo dormir en un lecho de piedra, y estas paredes húmedas necesitan el que se tapicen.

También se hizo instalar baños, con toda clase de perfumes y aceites aromáticos.

—El baño —añadía— es necesario para contrarrestar la rigidez de la edad y devolver al organismo la frescura y flexibilidad que perdió con el estudio.

Ordenó colgar por todas las habitaciones numerosas lámparas de plata y cristal, en las que ardía cierto aceite odorífero preparado con una receta que también encontró en los sepulcros de Egipto. Este aceite era constante y esparcía un resplandor tan dulce como la templada luz del día.

“Los rayos del sol —pensaba el astrólogo— son demasiado abrasadores y fuertes para los ojos de un anciano, y la luz de una lámpara es más a propósito para los estudios de un filósofo.”

They returned with the intelligence, that a Christian army had advanced through the heart of the Sierra, almost within sight of Granada, where a dissension had broken out among them; they had turned their weapons against each other, and after much slaughter had retreated over the border.

Aben Habuz was transported with joy on thus proving the efficacy of the talisman. "At length," said he, "I shall lead a life of tranquillity, and have all my enemies in my power. O wise son of Abu Ayub, what can I bestow on thee in reward for such a blessing?"

"The wants of an old man and a philosopher, O king, are few and simple; grant me but the means of fitting up my cave as a suitable hermitage, and I am content."

"How noble is the moderation of the truly wise!" exclaimed Aben Habuz, secretly pleased at the cheapness of the recompense. He summoned his treasurer, and bade him dispense whatever sums might be required by Ibrahim to complete and furnish his hermitage.

The astrologer now gave orders to have various chambers hewn out of the solid rock, so as to form ranges of apartments connected with his astrological hall; these he caused to be furnished with luxurious ottomans and divans, and the walls to be hung with the richest silks of Damascus. "I am an old man," said he, "and can no longer rest my bones on stone couches, and these damp walls require covering."

He had baths too constructed, and provided with all kinds of perfumes and aromatic oils: "For a bath," said he, "is necessary to counteract the rigidity of age, and to restore freshness and suppleness to the frame withered by study."

He caused the apartments to be hung with innumerable silver and crystal lamps, which he filled with a fragrant oil, prepared according to a receipt discovered by him in the tombs of Egypt. This oil was perpetual in its nature, and diffused a soft radiance like the tempered light of day. "The light of the sun," said he, "is too garish and violent for the eyes of an old man, and the light of the lamp is more congenial to the studies of a philosopher."

El tesorero del rey Aben-Habuz se lamentaba de las grandes cantidades que se le solicitaban diariamente para amueblar aquella vivienda, y, finalmente, elevó al rey sus quejas; pero como la palabra real estaba empeñada, se encogió el monarca de hombros, y le dijo:

—No hay más que tener paciencia; este viejo tiene el capricho de habitar en un retiro filosófico como el interior de las pirámides y las vastas ruinas de Egipto; pero todo tiene su fin en el mundo, y también lo tendrá la decoración de su vivienda.

El rey tenía razón: la vivienda quedó por fin concluida, constituyendo un lujosísimo palacio subterráneo.

—Ya estoy contento —dijo Ibrahim Eben Abu Ajib al tesorero—; ahora voy a encerrarme en mi celda para consagrar todo el tiempo al estudio. No deseo ya nada más que una pequeña fruslería para distraerme en los intermedios del trabajo mental.

—¡Oh sabio Ibrahim! Pide lo que quieras, pues tengo orden de proveerte de todo lo que necesites en tu soledad.

—Me agradaría tener —comentó el filósofo— algunas bailarinas.

—¡Bailarinas!… —exclamó asombrado el tesorero.

—Sí, bailarinas —replicó con seriedad el sabio—; con unas pocas hay bastante, porque soy viejo, filósofo de costumbres sencillas y hombre contentadizo; pero que sean jóvenes y hermosas, para que pueda recrearme en ellas, pues mirando la juventud y la hermosura se reanima la vejez.

Mientras el filósofo Ibrahim Eben Abu Ajib pasaba la vida hecho un sabio en su vivienda, el pacífico Aben-Habuz libraba prodigiosas campañas simuladas desde su torre. Era muy cómodo para el pacífico anciano el guerrear sin salir de su palacio, entreteniéndose en destruir ejércitos como si fueran enjambres de moscas.

Durante mucho tiempo dio rienda suelta a su distracción e incluso escarneció e insultó muchas veces a sus enemigos para obligarles a que le atacasen; pero aquellos se hicieron poco a poco prudentes por las continuas derrotas que sufrían, hasta que al fin ninguno se aventuraba a invadir sus territorios. Por espacio de muchos meses permaneció la figura ecuestre de bronce indicando paz y con su lanza levantada por los aires, tanto que el buen anciano monarca comenzó a echar de menos su juego favorito, amargándose su carácter con la tranquilidad monótona.

The treasurer of King Aben Habuz groaned at the sums daily demanded to fit up this hermitage, and he carried his complaints to the king. The royal word, however, had been given; Aben Habuz shrugged his shoulders: "We must have patience," said he, "this old man has taken his idea of a philosophic retreat from the interior of the pyramids, and of the vast ruins of Egypt; but all things have an end, and so will the furnishing of his cavern."

The king was in the right; the hermitage was at length complete, and formed a sumptuous subterranean palace. The astrologer expressed himself perfectly content, and, shutting himself up, remained for three whole days buried in study. At the end of that time he appeared again before the treasurer. "One thing more is necessary," said he, "one trifling solace for the intervals of mental labor."

"O wise Ibrahim, I am bound to furnish every thing necessary for thy solitude; what more dost thou require?"

"I would fain have a few dancing women."

"Dancing women!" echoed the treasurer, with surprise.

"Dancing women," replied the sage, gravely; "and let them be young and fair to look upon; for the sight of youth and beauty is refreshing. A few will suffice, for I am a philosopher of simple habits and easily satisfied."

While the philosophic Ibrahim Ebn Abu Ayub passed his time thus sagely in his hermitage, the pacific Aben Habuz carried on furious campaigns in effigy in his tower. It was a glorious thing for an old man, like himself, of quiet habits, to have war made easy, and to be enabled to amuse himself in his chamber by brushing away whole armies like so many swarms of flies.

For a time he rioted in the indulgence of his humors, and even taunted and insulted his neighbors, to induce them to make incursions; but by degrees they grew wary from repeated disasters, until no one ventured to invade his territories. For many months the bronze horseman remained on the peace establishment with his lance elevated in the air, and the worthy old monarch began to repine at the want of his accustomed sport, and to grow peevish at his monotonous tranquillity.

Finalmente, cierto día el guerrero mágico giró de súbito, y, bajando su lanza, señaló hacia las montañas de Guadix. Aben-Habuz subió precipitadamente a su torre, pero la mesa mágica, que estaba en aquella dirección, permanecía quieta y no se movía ni un solo guerrero. Sorprendido por este proceder, envió un destacamento de caballería a recorrer las montañas y registrarlas minuciosamente, de cuya misión volvieron los exploradores a los tres días.

—Hemos registrado todos los pasos de las montañas —le manifestaron—, pero no hemos encontrado ni lanzas ni corazas. Todo lo que hemos encontrado durante nuestra exploración ha sido una joven cristiana de singular hermosura, que dormía a la caída de la tarde junto a una fuente, y a la que hemos traído cautiva.

—¡Una joven de singular hermosura! —exclamó Aben-Habuz con los ojos chispeantes de gozo—. ¡Qué la traigan a mi presencia!

La hermosa joven le fue presentada; iba ataviada con el lujo y adorno que se usaba entre los hispano-góticos en la época de las conquistas de los árabes; las negras trenzas de sus cabellos estaban entrelazadas con sartas de riquísimas perlas, luciendo en su frente joyas que avivaban con la hermosura de sus ojos, pendiendo de su cuello una cadena de oro que terminaba en una lira de plata.

El fulgor de sus negros y brillantes ojos fueron chispas de fuego para el viejo Aben-Habuz, cuyo corazón era aún susceptible de enardecerse. La gentileza de aquel talle le hizo perder el seso, y, frenético y fuera de sí, le preguntó:

—¡Oh hermosísima mujer! ¿Quién eres? ¿Cómo te llamas?

—Soy hija de un príncipe cristiano, dueño y señor ayer de su reino y hoy reducido a cautiverio después de haber sido sus ejércitos aniquilados como por arte mágico.

—Cuidado, ¡oh rey! —dijo interrumpiéndola Ibrahim Eben Abu Ajib—, que esta joven tiene aspecto de ser una de esas hechiceras del Norte, de que todos tenemos noticias, que suelen tomar formas seductoras para engañar a los incautos. Me parece que adivino sus embrujos en los ojos y en sus ademanes; este es, sin duda, el enemigo que indicaba el amuleto.

At length, one day, the talismanic horseman veered suddenly round, and lowering his lance, made a dead point towards the mountains of Guadix. Aben Habuz hastened to his tower, but the magic table in that direction remained quiet; not a single warrior was in motion. Perplexed at the circumstance, he sent forth a troop of horse to scour the mountains and reconnoitre. They returned after three days' absence.

"We have searched every mountain pass," said they, "but not a helm nor spear was stirring. All that we have found in the course of our foray, was a Christian damsel of surpassing beauty, sleeping at noontide beside a fountain, whom we have brought away captive."

"A damsel of surpassing beauty!" exclaimed Aben Habuz, his eyes gleaming with animation; "let her be conducted into my presence."

The beautiful damsel was accordingly conducted into his presence. She was arrayed with all the luxury of ornament that had prevailed among the Gothic Spaniards at the time of the Arabian conquest. Pearls of dazzling whiteness were entwined with her raven tresses; and jewels sparkled on her forehead, rivalling the lustre of her eyes. Around her neck was a golden chain, to which was suspended a silver lyre, which hung by her side.

The flashes of her dark refulgent eye were like sparks of fire on the withered, yet combustible, heart of Aben Habuz; the swimming voluptuousness of her gait made his senses reel. "Fairest of women," cried he, with rapture, "who and what art thou?"

"The daughter of one of the Christian princes, who but lately ruled over this land. The armies of my father have been destroyed, as if by magic, among these mountains; he has been driven into exile, and his daughter is a captive."

"Beware, O king!" whispered Ibrahim Ebn Abu Ayub, "this may be one of these northern sorceresses of whom we have heard, who assume the most seductive forms to beguile the unwary. Methinks I read witchcraft in her eye, and sorcery in every movement. Doubtless this is the enemy pointed out by the talisman."

—¡Hijo de Abu Ajib —replicó el rey—, tú serás muy sabio y muy previsor en todo lo que me ocurra; no lo niego; pero no eres muy experto en negocios de mujeres! En esa ciencia me las apuesto con todo el mundo, aun con el sapientísimo rey Salomón con todas sus mujeres y concubinas. Respecto a esta joven, no veo en ella nada perverso: es hermosa en verdad y mis ojos encuentran sumo placer recreándose en sus encantos.

—Escucha, ¡oh rey! —le dijo el astrólogo—: te he proporcionado muchas victorias por medio de mi mágico amuleto, pero nunca he participado del botín; dame, pues, en buena hora esa cautiva para que me distraiga en mi soledad pulsando la lira de plata. Si es una bruja, yo le proporcionaré un brebaje contra sus hechizos.

—¡Cómo!... ¿Más mujeres? —le contestó Aben-Habuz—. ¿No tienes ya suficientes bailarinas para que te entretengan?

—Sí; tengo suficientes bailarinas, es cierto; pero no tengo ninguna cantora. Me agradaría tener mis ratos de música, que me alegrasen e hiciesen descansar mi imaginación cuando está cansada por el estudio.

—¡Vete al infierno con tus peticiones! —exclamó el rey, agotada ya su paciencia—. Esta joven la tengo destinada para mí. Siento tanto placer con ella como David, padre del sabio Salomón, con la compañía de Abisag la sulamita.

Los insistentes ruegos e insistencias del astrólogo agudizaron más la terminante negativa del monarca, separándose ambos muy enojados. El sabio se retiró a su cueva para devorar el desplante, no sin que antes de irse le aconsejara repetidas veces al rey que no se fiase de su peligrosa cautiva; pero ¿dónde se ha visto viejo enamorado que oiga consejos? Aben-Habuz dio rienda suelta a su pasión, y todos sus desvelos consistían en hacerse amable a los ojos de la hermosura gótica; y, aunque no tenía juventud que le hiciese atractivo, era poderoso, y los amantes viejos son generalmente generosos. Revolvió el Zacatín de Granada adquiriendo los más preciados productos orientales: sedas, alhajas, piedras preciosas, exquisitos perfumes, cuanto el Asia y el África producen de espléndido y rico, otro tanto le regaló a la hermosa cautiva.

"Son of Abu Ayub," replied the king, "thou art a wise man, I grant, a conjuror for aught I know; but thou art little versed in the ways of woman. In that knowledge will I yield to no man; no, not to the wise Solomon himself, notwithstanding the number of his wives and concubines. As to this damsel, I see no harm in her; she is fair to look upon, and finds favor in my eyes."

"Hearken, O king!" replied the astrologer. "I have given thee many victories by means of my talisman, but have never shared any of the spoil. Give me then this stray captive, to solace me in my solitude with her silver lyre. If she be indeed a sorceress, I have counter spells that set her charms at defiance."

"What! more women!" cried Aben Habuz. "Hast thou not already dancing women enough to solace thee?"

"Dancing women have I, it is true, but no singing women. I would fain have a little minstrelsy to refresh my mind when weary with the toils of study."

"A truce with thy hermit cravings," said the king, impatiently. "This damsel have I marked for my own. I see much comfort in her; even such comfort as David, the father of Solomon the wise, found in the society of Abishag the Shunammite."

Further solicitations and remonstrances of the astrologer only provoked a more peremptory reply from the monarch, and they parted in high displeasure. The sage shut himself up in his hermitage to brood over his disappointment; ere he departed, however, he gave the king one more warning to beware of his dangerous captive. But where is the old man in love that will listen to council? Aben Habuz resigned himself to the full sway of his passion. His only study was how to render himself amiable in the eyes of the Gothic beauty. He had not youth to recommend him, it is true, but then he had riches; and when a lover is old, he is generally generous. The Zacatin of Granada was ransacked for the most precious merchandise of the East; silks, jewels, precious gems, exquisite perfumes, all that Asia and Africa yielded of rich and rare, were lavished upon the princess.

También inventó mil clases de espectáculos y festines para divertirla: conciertos, bailes, torneos, corridas de toros; Granada en aquella época ofrecía una perpetua diversión. La princesa cristiana miraba todo este esplendor sin inmutarse, como si estuviese acostumbrada a la pompa y esplendor, y recibía todos los obsequios como un homenaje debido a su rango, o más bien a su belleza, pues estaba más prendada de su belleza que de su elevada alcurnia. Había más: parecía complacerse con diversas intenciones en incitar al monarca a que hiciese dispendios que mermasen su tesoro, estimando su extravagante generosidad como la cosa más banal del mundo. A pesar de la constancia y esplendidez del viejo amante, nunca pudo este vanagloriarse de haber interesado su corazón; y si bien ella nunca le puso carácter, tampoco le sonreía, y cuando él le declaraba su amorosa pasión, ella le correspondía tocando su lira de plata. Había, sin duda alguna, cierta magia en los acordes de aquel instrumento, pues instantáneamente producían un efecto mortal en el anciano; un sopor irresistible se empezaba a apoderar de él, y concluía por quedar sumido en él profundamente; pero cuando despertaba, se encontraba extraordinariamente ágil y curado para tiempo de sus amores. Esto le contrariaba sobremanera, aunque sus letargos iban acompañados de sueños gratificantes, pues sus sentidos se iban embotando, y, por otro lado, mientras el regio amante pasaba todos los días en este estado de estupor e imbecilidad, en Granada se censuraban sus caprichos, creciendo cada día más el descontento y rumores del pueblo por las prodigalidades y despilfarros que le costaban las fatales canciones de aquella favorita.

Entre tanto, los peligros arreciaban, y contra ellos el famoso amuleto acabó siendo ineficaz. Estalló una revuelta en la propia capital; el palacio de Aben-Habuz fue asediado por la muchedumbre armada, resuelta a atentar contra su vida y contra la de la funesta cristiana favorecida. El apagado espíritu guerrero renació súbitamente en el pecho del monarca, y poniéndose a la cabeza de sus guardias, hizo una salida y dispersó valerosamente a los insurrectos, con lo que ahogó la sublevación en su origen.

Cuando se restableció la calma, buscó al astrólogo, que todavía continuaba oculto en su cueva, devorando el amargo recuerdo de su negativa.

All kinds of spectacles and festivities were devised for her entertainment; minstrelsy, dancing, tournaments, bull-fights—Granada for a time was a scene of perpetual pageant. The Gothic princess regarded all this splendor with the air of one accustomed to magnificence. She received every thing as a homage due to her rank, or rather to her beauty; for beauty is more lofty in its exactions even than rank. Nay, she seemed to take a secret pleasure in exciting the monarch to expenses that made his treasury shrink; and then treating his extravagant generosity as a mere matter of course. With all his assiduity and munificence, also, the venerable lover could not flatter himself that he had made any impression on her heart. She never frowned on him, it is true, but then she never smiled. Whenever he began to plead his passion, she struck her silver lyre. There was a mystic charm in the sound. In an instant the monarch began to nod; a drowsiness stole over him, and he gradually sank into a sleep, from which he awoke wonderfully refreshed, but perfectly cooled for the time of his passion. This was very baffling to his suit; but then these slumbers were accompanied by agreeable dreams, which completely inthralled the senses of the drowsy lover, so he continued to dream on, while all Granada scoffed at his infatuation, and groaned at the treasures lavished for a song.

At length a danger burst on the head of Aben Habuz, against which his talisman yielded him no warning. An insurrection broke out in his very capital: his palace was surrounded by an armed rabble, who menaced his life and the life of his Christian paramour. A spark of his ancient warlike spirit was awakened in the breast of the monarch. At the head of a handful of his guards he sallied forth, put the rebels to flight, and crushed the insurrection in the bud.

When quiet was again restored, he sought the astrologer, who still remained shut up in his hermitage, chewing the bitter cud of resentment.

Aben-Habuz se le acercó en tono amistoso y le dijo:

—¡Oh sabio hijo de Abu Ajib! Bien me anunciaste los peligros de la bella cautiva; dime, tú que evitas el peligro con tanta facilidad, qué debo hacer para librarme de él en adelante.

—Abandona ya a la joven infiel, que es la causa de todo.

—¡Antes renunciaría a mi reino! —dijo con firmeza Aben-Habuz.

—Estás en peligro de perder lo uno y lo otro —le contestó el astrólogo.

—No seas duro y desconfiado, ¡oh profundísimo filósofo! Considera la doble aflicción de un monarca y un amante, y encuentra algún medio para librarme de los desastres que me amenazan. Nada me importa ya la grandeza ni el poder; solamente deseo el descanso, y quisiera encontrar algún retiro tranquilo donde huir del mundo, de los cuidados, de las pompas y desengaños, y donde dedicara mis últimos días al sosiego y al amor.

El astrólogo lo miró por unos instantes, frunciendo sus tupidas cejas.

—¿Y qué me darías si te proporcionara el retiro al que anhelas?

—Tú mismo escogerás la recompensa, y, si está en mi mano, la tienes concedida por quién soy.

—¿Has oído, ¡oh rey!, hablar alguna vez del jardín del Irán admiración de la Arabia Feliz?

—He oído hablar de ese jardín, que se cita en el *Corán* en el capítulo titulado "*La aurora del día*". He oído también contar cosas fabulosas, de ese jardín a los peregrinos que vienen de la Meca; pero las creo fantasiosas como muchas de las que cuentan los viajeros que han visitado lejanos países.

—No minusvalores, ¡oh rey!, las narraciones de los viajeros —dijo con seriedad el astrólogo—, porque encierran preciosos conocimientos traídos desde los confines de la tierra. Todo cuanto se dice del palacio y del jardín del Irán es cierto; yo mismo lo he visto con mis propios ojos. Escucha lo que a mí me ocurrió, que en ello encontrarás cosa semejante a la que tú deseas.

Aben Habuz approached him with a conciliatory tone. "O wise son of Abu Ayub," said he, "well didst thou predict dangers to me from this captive beauty: tell me then, thou who art so quick at foreseeing peril, what I should do to avert it."

"Put from thee the infidel damsel who is the cause."

"Sooner would I part with my kingdom," cried Aben Habuz.

"Thou art in danger of losing both," replied the astrologer.

"Be not harsh and angry, O most profound of philosophers; consider the double distress of a monarch and a lover, and devise some means of protecting me from the evils by which I am menaced. I care not for grandeur, I care not for power, I languish only for repose; would that I had some quiet retreat where I might take refuge from the world, and all its cares, and pomps, and troubles, and devote the remainder of my days to tranquillity and love."

The astrologer regarded him for a moment, from under his bushy eyebrows.

"And what wouldst thou give, if I could provide thee such a retreat?"

"Thou shouldst name thy own reward, and whatever it might be, if within the scope of my power, as my soul liveth, it should be thine."

"Thou hast heard, O king, of the garden of Irem, one of the prodigies of Arabia the happy."

"I have heard of that garden; it is recorded in the Koran, even in the chapter entitled 'The Dawn of Day.' I have, moreover, heard marvellous things related of it by pilgrims who had been to Mecca; but I considered them wild fables, such as travellers are wont to tell who have visited remote countries."

"Discredit not, O king, the tales of travellers," rejoined the astrologer, gravely, "for they contain precious rarities of knowledge brought from the ends of the earth. As to the palace and garden of Irem, what is generally told of them is true; I have seen them with mine own eyes—listen to my adventure; for it has a bearing upon the object of your request.

En mi juventud, cuando yo no era más que un pobre árabe nómada del desierto, cuidaba de los camellos de mi padre. Atravesando cierto día el desierto de Aden, uno de ellos se me separó de la caravana y se perdió. Yo lo busqué durante algunos días, pero todo fue en vano, hasta que, ya cansado, me tendí una tarde bajo una palmera, junto a un pozo ya casi del todo seco. Cuando desperté me encontré a las puertas de una ciudad; entré en ella y comprobé que había suntuosas calles, plazas y mercados; pero todo en silencio y sin gentes. Anduve perdido hasta que descubrí un suntuoso palacio, y en él un jardín adornado de fuentes y estanques, alamedas y flores, y árboles cargados de delicadas frutas; pero no se veía allí alma viviente. Asustado por tanta soledad, me apresuré a salir, y, cuando iba por la puerta de la ciudad, volví la vista hacia el mismo sitio, pero ya no divisé nada más que el silencioso desierto que se extendía ante mi vista.

Por aquellos contornos me encontré con un anciano derviche, muy experto en las tradiciones y secretos de aquel país, y le conté extensamente cuanto me había ocurrido. "Ese es —me dijo— el famoso jardín del Irán, una de las portentosas maravillas del desierto. Sólo aparece raras veces a algún que otro viajero como tú, maravillándole con el panorama de sus torres, palacios y cercas de jardines poblados de árboles cargados de exquisitas frutas que desaparecen después, no quedando otra cosa que el solitario desierto. El origen de este jardín fue que en tiempos pasados, cuando este país estuvo habitado por los Additas, el rey Sheddad, hijo de Ad y bisnieto de Noé, fundó aquí una opulenta ciudad. Cuando estuvo concluida y vio su esplendor, se enorgulleció su corazón, y determinó construir un palacio con jardines que compitiesen con los del paraíso celestial que describe el *Corán*; pero la maldición de Allah cayó sobre él por su orgullo. Él y sus vasallos fueron aniquilados, y su espléndida ciudad con el palacio y los jardines quedaron encantados para siempre y ocultos a la vista de los humanos, a excepción de alguna que otra vez en que suelen aparecer, para que quede eterno recuerdo a los hombres de su pecado."

"In my younger days, when a mere Arab of the desert, I tended my father's camels. In traversing the desert of Aden, one of them strayed from the rest, and was lost. I searched after it for several days, but in vain, until, wearied and faint, I laid myself down at noontide, and slept under a palm-tree by the side of a scanty well. When I awoke, I found myself at the gate of a city. I entered, and beheld noble streets, and squares, and market-places; but all were silent and without an inhabitant. I wandered on until I came to a sumptuous palace with a garden adorned with fountains and fishponds, and groves and flowers, and orchards laden with delicious fruit; but still no one was to be seen. Upon which, appalled at this loneliness, I hastened to depart; and, after issuing forth at the gate of the city, I turned to look upon the place, but it was no longer to be seen; nothing but the silent desert extended before my eyes.

"In the neighborhood I met with an aged dervise, learned in the traditions and secrets of the land, and related to him what had befallen me. 'This,' said he, 'is the far-famed garden of Irem, one of the wonders of the desert. It only appears at times to some wanderer like thyself, gladdening him with the sight of towers and palaces and garden walls overhung with richly-laden fruit-trees, and then vanishes, leaving nothing but a lonely desert. And this is the story of it. In old times, when this country was inhabited by the Addites, King Sheddad, the son of Ad, the great grandson of Noah, founded here a splendid city. When it was finished, and he saw its grandeur, his heart was puffed up with pride and arrogance, and he determined to build a royal palace, with gardens which should rival all related in the Koran of the celestial paradise. But the curse of heaven fell upon him for his presumption. He and his subjects were swept from the earth, and his splendid city, and palace, and gardens, were laid under a perpetual spell, which hides them from human sight, excepting that they are seen at intervals, by way of keeping his sin in perpetual remembrance.'

Esta historia, ¡oh rey!, y las maravillas que vi, quedaron tan grabadas en mi imaginación, que, cuando estuve en Egipto algunos años más tarde y poseía el libro del sabio Salomón, deseé volver a visitar el jardín del Irán. Lo encontré, en efecto, con ayuda de mi ciencia, y tomé posesión del palacio de Sheddad, permaneciendo algunos días en aquella especie de paraíso. El genio que guardaba aquellos lugares, obediente a mi mágico poder, me reveló los secretos con cuya ayuda se construyó aquel jardín, qué poder se había conjurado contra su existencia y por qué había quedado invisible. Un palacio y un jardín como este, ¡oh rey!, puedo levantar aquí mismo, en la montaña que domina la ciudad. ¿No conozco todos los secretos de la magia? ¿No poseo el *Libro de la Sabiduría* del sabio Salomón?

—¡Oh sabio hijo de Abu Ajib! —exclamó Aben-Habuz, loco de ansiedad—. ¡Tú eres un gran viajero que ha visto y estudiado cosas maravillosas! Hazme un palacio como ése y pídeme lo que quieras, aunque sea la mitad de mi reino.

—¡Bah!... —respondió el astrólogo—; ya sabes que soy un viejo filósofo que me contento con poca cosa. La única recompensa que te pido es: que me regales la primera bestia, con su correspondiente carga, que entre por el mágico pórtico del palacio.

El monarca aceptó con alegría tan modesta condición, y el astrólogo comenzó su obra. En la cumbre de la colina, y por encima precisamente de su cueva subterránea, hizo construir un gran atrio o barbacana, en el centro de una torre inexpugnable.

Había primero un vestíbulo o porche exterior, y dentro el atrio, guardado con puertas macizas. Sobre la clave del portal esculpió el astrólogo con su propia mano una gran llave; y en la otra clave del arco exterior del vestíbulo, que es más alto que el del portal, grabó una gigantesca mano. Estos signos eran poderosos amuletos, ante los cuales pronunció ciertas palabras en una lengua desconocida.

Cuando esta obra estuvo concluida del todo se encerró por dos días en su salón astrológico, ocupándose en secretos mágicos, y al tercero subió a la colina, pasando el día en ella. A horas bastante avanzadas de la noche se retiró de allí y se presentó a Aben-Habuz, diciéndole:

"This story, O king, and the wonders I had seen, ever dwelt in my mind; and in after years, when I had been in Egypt, and was possessed of the book of knowledge of Solomon the wise, I determined to return and revisit the garden of Irem. I did so, and found it revealed to my instructed sight. I took possession of the palace of Sheddad, and passed several days in his mock paradise. The genii who watch over the place, were obedient to my magic power, and revealed to me the spells by which the whole garden had been, as it were, conjured into existence, and by which it was rendered invisible. Such a palace and garden, O king, can I make for thee, even here, on the mountain above thy city. Do I not know all the secret spells? and am I not in possession of the book of knowledge of Solomon the wise?"

"O wise son of Abu Ayub!" exclaimed Aben Habuz, trembling with eagerness, "thou art a traveller indeed, and hast seen and learned marvellous things! Contrive me such a paradise, and ask any reward, even to the half of my kingdom."

"Alas!" replied the other, "thou knowest I am an old man, and a philosopher, and easily satisfied; all the reward I ask is the first beast of burden, with its load, which shall enter the magic portal of the palace."

The monarch gladly agreed to so moderate a stipulation, and the astrologer began his work. On the summit of the hill, immediately above his subterranean hermitage, he caused a great gateway or barbican to be erected, opening through the centre of a strong tower.

There was an outer vestibule or porch, with a lofty arch, and within it a portal secured by massive gates. On the key-stone of the portal the astrologer, with his own hand, wrought the figure of a huge key; and on the key-stone of the outer arch of the vestibule, which was loftier than that of the portal, he carved a gigantic hand. These were potent talismans, over which he repeated many sentences in an unknown tongue.

When this gateway was finished he shut himself up for two days in his astrological hall, engaged in secret incantations; on the third he ascended the hill, and passed the whole day on its summit. At a late hour of the night he came down, and presented himself before Aben Habuz.

—Al fin, ¡oh rey!, he terminado mi obra. En lo alto de la colina hay el palacio más delicioso que jamás pudo concebir la mente humana ni desear el corazón del hombre. Está formado de suntuosos salones y galerías, de deliciosos jardines, frescas fuentes y baños perfumados; en una palabra, toda la montaña se ha convertido en un paraíso. Está protegido, como el jardín del Irán, por poderosos hechizos que lo ocultan a la vista y pesquisas de los mortales, excepto a la de aquellos que poseen el secreto de su talismán.

—¡Basta! —exclamó Aben-Habuz loco de contento—. Mañana al amanecer subiremos a tomar posesión.

El afortunado soberano descansó muy poco aquella noche. Apenas los primeros rayos del sol empezaron a iluminar los nevados picos de Sierra Nevada cuando montó a caballo, acompañado de algunos fieles servidores, y subió el estrecho y pendiente camino que llevaba a lo alto de la colina. A su lado, y en un blanco palafrén, cabalgaba la princesa hispano-goda, refulgente su vestido de pedrería y pendiente de su cuello la lira de plata. El astrólogo caminaba a pie al otro lado del rey, apoyándose en su bastón cuajado de jeroglíficos, pues nunca montaba ninguna cabalgadura.

Aben-Habuz deseó contemplar las torres del palacio brillando por encima del mismo, y los abovedados terrados de los jardines extendiéndose por las alturas, pero no divisaba nada.

—Este es el misterio y la defensa del palacio —dijo el astrólogo—; nada se percibe hasta que se pasa el umbral del vestíbulo encantado y se entra dentro de él.

Cuando llegaron a la barbacana el astrólogo se detuvo y señaló al rey la mano mágica y la llave grabada sobre el portal y sobre el arco.

—Estos son —le dijo— los talismanes que guardan la entrada de este paraíso. Hasta que aquella mano se baje y coja la llave no habrá poder mortal ni mágico artificio que pueda causar perjuicio al señor de estas montañas.

Aben-Habuz se encontraba atontado y absorto de admiración ante aquellos talismanes mágicos, cuando el palafrén de la princesa se adelantó algunos pasos y penetró en el vestíbulo hasta el mismo centro de la barbacana.

"At length, O king," said he, "my labor is accomplished. On the summit of the hill stands one of the most delectable palaces that ever the head of man devised, or the heart of man desired. It contains sumptuous halls and galleries, delicious gardens, cool fountains, and fragrant baths; in a word, the whole mountain is converted into a paradise. Like the garden of Irem, it is protected by a mighty charm, which hides it from the view and search of mortals, excepting such as possess the secret of its talismans."

"Enough!" cried Aben Habuz, joyfully, "to-morrow morning with the first light we will ascend and take possession."

The happy monarch slept but little that night. Scarcely had the rays of the sun begun to play about the snowy summit of the *Sierra Nevada*, when he mounted his steed, and, accompanied only by a few chosen attendants, ascended a steep and narrow road leading up the hill. Beside him, on a white palfrey, rode the Gothic princess, her whole dress sparkling with jewels, while round her neck was suspended her silver lyre. The astrologer walked on the other side of the king, assisting his steps with his hieroglyphic staff, for he never mounted steed of any kind.

Aben Habuz looked to see the towers of the palace brightening above him, and the imbowered terraces of its gardens stretching along the heights; but as yet nothing of the kind was to be descried. "That is the mystery and safeguard of the place," said the astrologer, "nothing can be discerned until you have passed the spell-bound gateway, and been put in possession of the place."

As they approached the gateway, the astrologer paused, and pointed out to the king the mystic hand and key carved upon the portal of the arch. "These," said he, "are the talismans which guard the entrance to this paradise. Until yonder hand shall reach down and seize that key, neither mortal power nor magic artifice can prevail against the lord of this mountain."

While Aben Habuz was gazing, with open mouth and silent wonder, at these mystic talismans, the palfrey of the princess proceeded, and bore her in at the portal, to the very centre of the barbican.

—He aquí —gritó el astrólogo— la recompensa que me prometiste: la primera bestia con su carga que entrase por la puerta mágica.

Aben-Habuz se sonrió, creyendo que hablaba en broma el viejo astrólogo; pero, cuando comprendió que lo decía de manera muy formal, tembló de cólera su barba blanca.

—¡Hijo de Abu Ajib! —le replicó airado— ¿qué patraña es esta? Bien sabes el significado de mi promesa: la primera bestia con su carga que entre en este portal. Toma la mula más resistente de mis caballerizas, cárgala con los objetos preciosos de mi tesoro, y es tuya; pero no pretendas llevarte a esa cautiva, alegría de mi corazón.

—¿Para qué quiero las riquezas? —le contestó el astrólogo con desdén—; ¿no poseo el *Libro de la Sabiduría* del sabio Salomón, y por medio de él puedo disponer de los tesoros secretos de la tierra? La princesa me pertenece por derecho; la palabra real está empeñada, y yo exijo la joven como cosa mía.

La princesa observaba con menosprecio desde el palafrén, sonriéndose al ver la disputa de aquellos dos vejetes sobre la posesión de su juventud y hermosura. La cólera del monarca pudo más que su discreción, y le dijo:

—¡Miserable hijo del desierto! Tú serás sabio en todas las artes, pero es menester que me reconozcas por tu señor, y no pretendas jugar con tu rey.

—¡Mi señor!... ¡Mi señor!... —añadió en grandes carcajadas el astrólogo—. ¡El monarca de un montecillo de tierra pretende dictar leyes al que posee los secretos de Salomón! Pásalo bien, Aben-Habuz; gobierna tus estadillos y disfruta en ese paraíso de locos, que yo, entre tanto, me reiré a tu costa en mi filosófico retiro.

Diciendo esto, cogió la brida del palafrén, y, dando un golpe la tierra con su báculo, se hundió con la hermosa princesa en el centro de la barbacana. La tierra, se cerró acto seguido, no quedando huella de la abertura por donde habían desaparecido.

Aben-Habuz permaneció mudo de asombro durante un gran rato; pero, volviendo en sí después, ordenó que cavasen mil trabajadores con picos y azadones en el sitio por donde había desaparecido el astrólogo.

"Behold," cried the astrologer, "my promised reward; the first animal with its burden which should enter the magic gateway."

Aben Habuz smiled at what he considered a pleasantry of the ancient man; but when he found him to be in earnest, his gray beard trembled with indignation.

"Son of Abu Ayub," said he, sternly, "what equivocation is this? Thou knowest the meaning of my promise: the first beast of burden, with its load, that should enter this portal. Take the strongest mule in my stables, load it with the most precious things of my treasury, and it is thine; but dare not raise thy thoughts to her who is the delight of my heart."

"What need I of wealth," cried the astrologer, scornfully; "have I not the book of knowledge of Solomon the wise, and through it the command of the secret treasures of the earth? The princess is mine by right; thy royal word is pledged: I claim her as my own."

The princess looked down haughtily from her palfrey, and a light smile of scorn curled her rosy lip at this dispute between two gray-beards, for the possession of youth and beauty. The wrath of the monarch got the better of his discretion. "Base son of the desert," cried he, "thou may'st be master of many arts, but know me for thy master, and presume not to juggle with thy king."

"My master! my king!" echoed the astrologer. "The monarch of a molehill to claim sway over him who possesses the talismans of Solomon! Farewell, Aben Habuz; reign over thy petty kingdom, and revel in thy paradise of fools; for me, I will laugh at thee in my philosophic retirement."

So saying he seized the bridle of the palfrey, smote the earth with his staff, and sank with the Gothic princess through the centre of the barbican. The earth closed over them, and no trace remained of the opening by which they had descended.

Aben Habuz was struck dumb for a time with astonishment. Recovering himself, he ordered a thousand workmen to dig, with pickaxe and spade, into the ground where the astrologer had disappeared.

Pero por más que pretendían cavar todo era inútil, el seno de la montaña se resistía a sus esfuerzos, y cuando profundizaban un poco, la tierra se cerraba otra vez. Inútilmente también buscó la entrada de la cueva que conducía al palacio subterráneo del astrólogo, al pie de la colina, pues nada se encontró. Donde antes había una caverna no se veía ya sino la sólida superficie de una dura roca; al desaparecer Ibrahim Eben Abu Ajib concluyó la virtud de su amuleto: el jinete de bronce quedó fijo con la cara vuelta a la colina y señalando con su lanza el sitio por donde el astrólogo desapareció, como si se escondiese allí algún enemigo mortal de Aben-Habuz.

De vez en cuando se percibía débilmente el sonido de un instrumento y los acentos de una voz femenina en las entrañas de la tierra. Cierto día un campesino trajo noticia al rey de que en la noche anterior había encontrado un agujero en la roca, por el cual se metió hasta confluir en un salón subterráneo, donde vio al astrólogo recostado en un magnífico diván, dormitando a los acordes de la lira plateada de la princesa, que parecía ejercer un influjo mágico sobre sus sentidos.

Aben-Habuz buscó el agujero de la roca, pero ya se había cerrado. Intentó por segunda vez desenterrar a su rival, pero todo fue inútil, pues el encantamiento de la mano y la llave era poderosísimo para que los hombres pudiesen contrarrestarlo. En cuanto a la cumbre de la montaña, permaneció en adelante yermo y escabroso el sitio que debió ocupar el palacio y el jardín, y el prometido paraíso quedó oculto a la mirada de los mortales por arte mágico, o fue una fábula del astrólogo. La gente opta crédulamente por esto último, y unos lo llaman "La locura del rey" y otros "El paraíso de los locos".

Para colmo de las desventuras de Aben-Habuz, los enemigos circunvecinos a quienes había provocado e insultado a su gusto mientras poseyó el secreto del amuleto mágico, al saber que ya no estaba protegido por ninguna influencia mágica, invadieron su territorio por todas partes, y el resto de su vida lo pasó el desventurado soberano atormentado por alborotos y revueltas.

They digged and digged, but in vain; the flinty bosom of the hill resisted their implements; or if they did penetrate a little way, the earth filled in again as fast as they threw it out. Aben Habuz sought the mouth of the cavern at the foot of the hill, leading to the subterranean palace of the astrologer; but it was nowhere to be found. Where once had been an entrance, was now a solid surface of primeval rock. With the disappearance of Ibrahim Ebn Abu Ayub ceased the benefit of his talismans. The bronze horseman remained fixed, with his face turned toward the hill, and his spear pointed to the spot where the astrologer had descended, as if there still lurked the deadliest foe of Aben Habuz.

From time to time the sound of music, and the tones of a female voice, could be faintly heard from the bosom of the hill; and a peasant one day brought word to the king, that in the preceding night he had found a fissure in the rock, by which he had crept in, until he looked down into a subterranean hall, in which sat the astrologer, on a magnificent divan, slumbering and nodding to the silver lyre of the princess, which seemed to hold a magic sway over his senses.

Aben Habuz sought the fissure in the rock, but it was again closed. He renewed the attempt to unearth his rival, but all in vain. The spell of the hand and key was too potent to be counteracted by human power. As to the summit of the mountain, the site of the promised palace and garden, it remained a naked waste; either the boasted elysium was hidden from sight by enchantment, or was a mere fable of the astrologer. The world charitably supposed the latter, and some used to call the place "The King's Folly," while others named it "The Fool's Paradise."

To add to the chagrin of Aben Habuz, the neighbors whom he had defied and taunted, and cut up at his leisure while master of the talismanic horseman, finding him no longer protected by magic spell, made inroads into his territories from all sides, and the remainder of the life of the most pacific of monarchs was a tissue of turmoils.

En fin: Aben-Habuz murió, y lo enterraron hace ya varios siglos. La Alhambra se construyó después sobre esta famosa colina, realizándose en gran parte los portentos fabulosos del jardín del Irán. La encantada barbacana existe todavía, protegida, sin duda, por la mágica mano y por la llave, constituyendo en la actualidad la Puerta de la Justicia, que constituye la entrada principal de la fortaleza. Bajo esta puerta —según se cuenta— permanece todavía el anciano astrólogo en su salón subterráneo, dormitando en su diván, arrullado por los acordes de la lira de plata de la encantadora princesa.

Los centinelas inválidos que hacen la guardia en la puerta suelen escuchar en las noches de estío el eco de una música, e, influidos por su soporífico poder, se quedan dormidos sosegadamente en sus puestos; y es más: se hace en aquel lugar tan fuertemente irresistible el sueño, que aun aquellos que vigilan de día se quedan dulcemente dormidos en los bancos, siendo, en suma, aquel lugar la fortaleza militar de toda la cristiandad en que más se duerme. Todo lo cual —según cuentan las antiguas leyendas— seguirá ocurriendo en los siglos venideros, y la princesa seguirá cautiva en poder del astrólogo, y este, asimismo, permanecerá en su sueño mágico hasta el día del juicio final, a menos que la histórica mano empuñe la llave y deshaga el hechizo de esta colina.

La Torre de las Infantas

Una tarde, ascendiendo el estrecho barranco repleto de higueras, granadas y mirtos que divide la jurisdicción de la fortaleza de la del Generalife, quedé maravillado ante la poética vista de una torre morisca que se alzaba en el recinto exterior de la Alhambra, encima de las copas de los árboles, y recibía los rojos reflejos del sol poniente. Un solitario ajimez a gran altura permitía ver el panorama del valle, y cuando estaba mirándolo se asomó una joven con la cabeza adornaba de flores. Era, sin duda, alguna persona más distinguida que las gentes que habitan en las viejas torres de la fortaleza, y esta súbita y repentina aparición me hizo recordar las descripciones de las hermosas cautivas de los cuentos de hadas.

At length Aben Habuz died, and was buried. Ages have since rolled away. The Alhambra has been built on the eventful mountain, and in some measure realizes the fabled delights of the garden of Irem. The spell-bound gateway still exists entire, protected no doubt by the mystic hand and key, and now forms the Gate of Justice, the grand entrance to the fortress. Under that gateway, it is said, the old astrologer remains in his subterranean hall, nodding on his divan, lulled by the silver lyre of the princess.

The old invalid sentinels who mount guard at the gate hear the strains occasionally in the summer nights; and, yielding to their soporific power, doze quietly at their posts. Nay, so drowsy an influence pervades the place, that even those who watch by day may generally be seen nodding on the stone benches of the barbican, or sleeping under the neighboring trees, so that in fact it is the drowsiest military post in all Christendom. All this, say the ancient legends, will endure from age to age. The princess will remain captive to the astrologer; and the astrologer, bound up in magic slumber by the princess, until the last day, unless the mystic hand shall grasp the fated key, and dispel the whole charm of this enchanted mountain.

The Tower of Las Infantas

In an evening's stroll up a narrow glen, overshadowed by fig trees, pomegranates, and myrtles, which divides the lands of the fortress from those of the *Generalife*, I was struck with the romantic appearance of a Moorish tower in the outer wall of the Alhambra, rising high above the tree-tops, and catching the ruddy rays of the setting sun. A solitary window at a great height commanded a view of the glen; and as I was regarding it, a young female looked out, with her head adorned with flowers. She was evidently superior to the usual class of people inhabiting the old towers of the fortress; and this sudden and picturesque glimpse of her reminded me of the descriptions of captive beauties in fairy tales.

Estas caprichosas inspiraciones crecieron a propósito cuando me explicó mi cicerone Mateo que aquella era la *Torre de las Infantas,* llamada así —según la tradición— por haber sido la morada de las hijas de los reyes moros. Visité después esta torre, que no se muestra generalmente a los extranjeros, aunque es digna de toda atención, pues su interior es semejante a cualquier departamento del Palacio. La elegancia de su salón central, con su fuente de mármol, sus elevados arcos y sus cupulinos primorosamente esculpidos, y los arabescos y vaciados en estuco de sus reducidas y bien proporcionadas habitaciones, aunque mal conservadas por el tiempo y el abandono, todo concuerda con la historia, que la presenta como la antigua vivienda de la belleza real.

La viejecita reina Coquina, que residía debajo de la escalera de la Alhambra y que asistía a las tertulias nocturnas de doña Antonia, relató una fantástica tradición sobre tres princesas moriscas que estuvieron encerradas cierta vez en esta torre por su padre, que era un despótico rey de Granada y que únicamente les permitía pasear a caballo de noche por las montañas, prohibiendo, bajo pena de muerte, que nadie les saliese al camino.

Todavía , según la viejecita, se puede topar con ellas de vez en cuando durante la luna llena, cabalgando en las montañas por parajes solitarios, en palafrenes ricamente enjaezados y refulgentes de joyas, pero desaparecen cuando se les dirige la palabra.

Pero, antes de que narre algo sobre estas princesas, el lector estará impaciente por saber quién era la hermosa habitante de la torre, la de la cabeza adornada de flores que miraba hacia el valle desde el elevado ajimez. Supe que era una recién casada con el digno ayudante mayor de los inválidos, el cual, aunque bien entrado en años, había tenido el valor de compartir su hogar con una joven y vivaracha andaluza. ¡Quiera Dios que el bueno y anciano caballero haya sido feliz en su elección, y que haya encontrado en la *Torre de las Infantas* un refugio más seguro que lo fue para la hermosura femenina que habitaba en tiempo de los moros, si hemos de dar crédito a la siguiente leyenda!

These fanciful associations were increased on being informed by my attendant Mateo, that this was the Tower of the Princesses (*la Torre de las Infantas*); so called, from having been, according to tradition, the residence of the daughters of the Moorish kings. I have since visited the tower. It is not generally shown to strangers, though well worthy attention, for the interior is equal, for beauty of architecture, and delicacy of ornament, to any part of the palace. The elegance of the central hall, with its marble fountain, its lofty arches, and richly fretted dome; the arabesques and stucco-work of the small but well-proportioned chambers, though injured by time and neglect, all accord with the story of its being anciently the abode of royal beauty.

The little old fairy queen who lives under the staircase of the Alhambra, and frequents the evening tertulias of Dame Antonia, tells some fanciful traditions about three Moorish princesses, who were once shut up in this tower by their father, a tyrant king of Granada, and were only permitted to ride out at night about the hills, when no one was permitted to come in their way under pain of death. They still, according to her account, may be seen occasionally when the moon is in the full, riding in lonely places along the mountain side, on palfreys richly caparisoned and sparkling with jewels, but they vanish on being spoken to.

But before I relate any thing further respecting these princesses, the reader may be anxious to know something about the fair inhabitant of the tower with her head dressed with flowers, who looked out from the lofty window. She proved to be the newly-married spouse of the worthy adjutant of invalids; who, though well stricken in years, had had the courage to take to his bosom a young and buxom Andalusian damsel. May the good old cavalier be happy in his choice, and find the Tower of the Princesses a more secure residence for female beauty than it seems to have proved in the time of the Moslems, if we may believe the following legend!

Leyenda de las tres hermosas princesas

En tiempos antiguos reinaba en Granada un príncipe moro llamado Mohamed, al cual sus vasallos le daban el sobrenombre de *El Haygari,* esto es, *El Zurdo.* Se dice que le apellidaron de este modo por ser realmente más diestro en el uso de la mano izquierda que de la derecha; otros afirman que se lo aplicaron porque solía hacer "al revés" todo aquello en que ponía mano; o más claro: porque solía echar a perder todos los asuntos en que intervenía. Lo cierto es que, ya por desgracia o por falta de tacto, estaba continuamente sufriendo mil contratiempos. Tres veces le destronaron, y en una de ellas pudo huir milagrosamente al África, salvándose de una muerte segura, disfrazado de pescador. Sin embargo, era tan valiente como descabellado, y, aunque zurdo, blandía su cimitarra con maravillosa habilidad, por lo que consiguió recuperar su trono a fuerza de luchar. Pero en vez de aprender a ser prudente en la adversidad, se hizo obstinado y endureció su brazo izquierdo en sus continuas obstinaciones. Las calamidades públicas que atrajo sobre sí y sobre su reino pueden conocerse leyendo los anales arábigos de Granada, pues la presente leyenda no trata más que de su vida privada.

Paseando a caballo cierto día Mohamed, con gran séquito de sus cortesanos, por la falda de Sierra Elvira, tropezó con un piquete de caballería que regresaba de hacer una escaramuza en el país de los cristianos. Conducían una larga fila de mulas cargadas con botín y multitud de cautivos de ambos sexos. Entre las cautivas venía una cuya presencia causó profunda sensación en el ánimo del sultán; era esta una hermosa joven, ricamente vestida, que iba gimiendo sobre un pequeño palafrén, sin que fuera suficiente para consolarla las frases que le dirigía una dueña que la acompañaba.

Se prendó el monarca de su hermosura, e interrogado acerca de ella el jefe de la fuerza, supo el rey que era la hija del alcaide de una fortaleza fronteriza que habían sorprendido y saqueado durante la algarada. Mohamed pidió la bella cautiva como la parte que le correspondía de aquel botín, y la llevó a su harén de la Alhambra. Se inventaron mil diversiones para distraerla y aliviarla de su tristeza; por último, el monarca, cada vez más enamorado de ella, resolvió hacerla su reina. La joven española rechazó en un principio sus proposiciones, era enemigo de su país, y lo que era peor, ¡qué estaba bastante entrado en años!

Legend of the Three Beautiful Princesses

In old times there reigned a Moorish king in Granada, whose name was Mohamed, to which his subjects added the appellation of El Hayzari, or "The Left-handed." Some say he was so called on account of his being really more expert with his sinister than his dexter hand; others, because he was prone to take every thing by the wrong end; or in other words, to mar wherever he meddled. Certain it is, either through misfortune or mismanagement, he was continually in trouble: thrice was he driven from his throne, and, on one occasion, barely escaped to Africa with his life, in the disguise of a fisherman. Still he was as brave as he was blundering; and though left-handed, wielded his cimeter to such purpose, that he each time re-established himself upon his throne by dint of hard fighting. Instead, however, of learning wisdom from adversity, he hardened his neck, and stiffened his left arm in wilfulness. The evils of a public nature which he thus brought upon himself and his kingdom may be learned by those who will delve into the Arabian annals of Granada; the present legend deals but with his domestic policy.

As this Mohamed was one day riding forth with a train of his courtiers, by the foot of the mountain of Elvira, he met a band of horsemen returning from a foray into the land of the Christians. They were conducting a long string of mules laden with spoil, and many captives of both sexes, among whom the monarch was struck with the appearance of a beautiful damsel, richly attired, who sat weeping on a low palfrey, and heeded not the consoling words of a *dueña* who rode beside her.

The monarch was struck with her beauty, and, on inquiring of the captain of the troop, found that she was the daughter of the alcayde of a frontier fortress, that had been surprised and sacked in the course of the foray. Mohamed claimed her as his royal share of the booty, and had her conveyed to his harem in the Alhambra. There every thing was devised to soothe her melancholy; and the monarch, more and more enamored, sought to make her his queen. The Spanish maid at first repulsed his addresses—he was an infidel—he was the open foe of her country—what was worse, he was stricken in years!

Dándose cuenta Mohamed que su constancia no le era muy útil, determinó atraerse a la dueña que venía prisionera con la joven cristiana. Era aquella andaluza de nacimiento y no se conoce su nombre cristiano: sólo se sabe que en las leyendas moriscas se la menciona *La discreta Kadiga* —¡y en verdad que era discreta, según resulta de su historia!—. Apenas el rey moro se puso al habla con ella, cuando comprobó su astucia para persuadir, y le confió el emprender la conquista de su joven señora, Kadiga comenzó su tarea de este modo:

—¡Venga ya!... —decía a su señora—. ¿A qué viene este llanto y esa tristeza? ¿No es mejor ser sultana de este bello Palacio adornado de jardines y fuentes, que vivir encerrada en la vieja torre fronteriza de vuestro padre? ¿Qué importa que Mohamed sea pagano? Os casáis con él, no con su religión; y si es un poquito viejo, más pronto os quedaréis viuda y dueña de vuestra libertad; y, puesto que de todas formas tenéis que estar en su poder, más vale ser princesa que esclava. Cuando uno cae en manos de un ladrón, mejor es venderle las mercancías a buen precio que no dar oportunidad a que las arrebate por fuerza.

Los argumentos de la discreta Kadiga hicieron su efecto. La joven española enjugó sus lágrimas y accedió al fin a ser esposa de Mohamed el Zurdo, adoptando, al parecer, la religión de su real esposo, así como la sagaz dueña simuló haberse hecho fervorosa partidaria de la religión mahometana; entonces precisamente fue cuando tomó el nombre árabe de Kadiga y se le permitió permanecer como persona de confianza al lado de su señora.

Con el tiempo, el rey moro fue padre de tres hermosísimas princesas, habidas en un mismo parto; y, aunque él hubiera deseado que nacieran varones, se consoló con la idea de que sus tres preciosas niñas eran suficientemente hermosas para un hombre de su edad, y por añadidura zurdo.

Siguiendo la usanza de los califas musulmanes, convocó a sus astrólogos para consultarles sobre tan grande acontecimiento. Realizado por los sabios el horóscopo de las tres princesas, dijeron al rey, moviendo la cabeza: "Las hijas, ¡oh rey!, fueron siempre propiedad poco segura; pero estas necesitarán mucho más de tu vigilancia cuando estén en edad de casarse. Al llegar ese tiempo, abrígalas bajo tus alas y no las confíes a persona alguna."

The monarch, finding his assiduities of no avail, determined to enlist in his favor the *dueña*, who had been captured with the lady. She was an Andalusian by birth, whose Christian name is forgotten, being mentioned in Moorish legends by no other appellation than that of the discreet Kadiga—and discreet in truth she was, as her whole history makes evident. No sooner had the Moorish king held a little private conversation with her, than she saw at once the cogency of his reasoning, and undertook his cause with her young mistress.

"Go to, now!" cried she; "what is there in all this to weep and wail about? Is it not better to be mistress of this beautiful palace, with all its gardens and fountains, than to be shut up within your father's old frontier tower? As to this Mohamed being an infidel, what is that to the purpose? You marry him, not his religion: and if he is waxing a little old, the sooner will you be a widow, and mistress of yourself; at any rate, you are in his power, and must either be a queen or a slave. When in the hands of a robber, it is better to sell one's merchandise for a fair price, than to have it taken by main force."

The arguments of the discreet Kadiga prevailed. The Spanish lady dried her tears, and became the spouse of Mohamed the Left-handed; she even conformed, in appearance, to the faith of her royal husband; and her discreet *dueña* immediately became a zealous convert to the Moslem doctrines: it was then the latter received the Arabian name of Kadiga, and was permitted to remain in the confidential employ of her mistress.

In due process of time the Moorish king was made the proud and happy father of three lovely daughters, all born at a birth: he could have wished they had been sons, but consoled himself with the idea that three daughters at a birth were pretty well for a man somewhat stricken in years, and left-handed!

As usual with all Moslem monarchs, he summoned his astrologers on this happy event. They cast the nativities of the three princesses, and shook their heads. "Daughters, O king!" said they, "are always precarious property; but these will most need your watchfulness when they arrive at a marriageable age; at that time gather them under your wings, and trust them to no other guardianship."

Mohamed el Zurdo era considerado entre los cortesanos por ser un rey sabio, y, a decir verdad, tal se consideraba él mismo. La predicación de los astrólogos no le causó más que un ligero nerviosismo, y confió en su ingenio para guardar sus hijas y contrariar la fuerza del destino.

El triple nacimiento fue el último premio conyugal del monarca, pues la reina no dio a luz más hijos, y falleció pocos años después, dejando confiadas sus tiernas niñas al amor y fidelidad de la discreta Kadiga.

Muchos años tenían que pasar para que las princesas llegasen a la edad del peligro: a la edad de casarse. "Es bueno, con todo, precaverse con tiempo", dijo el perspicaz soberano; y, para ello, resolvió encerrarlas en el castillo real de Salobreña. Era este un suntuoso palacio incrustado en una inexpugnable fortaleza morisca situada en la cima de una montaña, desde la que se dominaba el mar Mediterráneo, sirviendo de regio retiro, donde los monarcas musulmanes encerraban a los parientes que les molestaban, permitiéndoles, fuera de la libertad, toda clase de comodidades y diversiones, en medio de las cuales pasaban sus días en voluptuosa pereza.

Allí vivieron las princesas, separadas del mundo pero rodeadas de comodidades y servidas por esclavos que les adivinaban todos sus deseos. Tenían para su recreo deliciosos jardines llenos de las frutas y flores más exóticas, con arboledas aromáticas y perfumados baños. Por tres lados daba vistas el castillo a un delicioso valle, hermoso y alegre por su rica y variada vegetación, y limitado por las altas montañas de la Alpujarra; y por el otro lado dominaba el ancho y refulgente mar.

En esta deliciosa morada, gozando de un clima plácido y bajo un cielo despejado, las tres princesas crecieron con maravillosa belleza; y, aunque todas se educaron del mismo modo, daban señales prematuras de su diversidad de carácter. Se llamaban Zayda, Zorayda y Zorahayda, y este era su orden por edades, pues habían tenido tres minutos de espacio al nacer.

Zayda, la mayor, era de espíritu arrojado, y siempre se ponía al frente de sus hermanas para todo: lo mismo que hizo al nacer. Era curiosa y preguntona, y amiga de profundizar el porqué de todas las cosas.

Mohamed the Left-handed was acknowledged to be a wise king by his courtiers, and was certainly so considered by himself. The prediction of the astrologers caused him but little disquiet, trusting to his ingenuity to guard his daughters and outwit the Fates.

The three-fold birth was the last matrimonial trophy of the monarch; his queen bore him no more children, and died within a few years, bequeathing her infant daughters to his love, and to the fidelity of the discreet Kadiga.

Many years had yet to elapse before the princesses would arrive at that period of danger—the marriageable age: "It is good, however, to be cautious in time," said the shrewd monarch; so he determined to have them reared in the royal castle of Salobrena. This was a sumptuous palace, incrusted, as it were, in a powerful Moorish fortress on the summit of a hill overlooking the Mediterranean sea. It was a royal retreat, in which the Moslem monarchs shut up such of their relatives, as might endanger their safety; allowing them all kinds of luxuries and amusements, in the midst of which they passed their lives in voluptuous indolence.

Here the princesses remained, immured from the world, but surrounded by enjoyment, and attended by female slaves who anticipated their wishes. They had delightful gardens for their recreation, filled with the rarest fruits and flowers, with aromatic groves and perfumed baths. On three sides the castle looked down upon a rich valley, enamelled with all kinds of culture, and bounded by the lofted Alpuxarra mountains; on the other side it overlooked the broad sunny sea.

In this delicious abode, in a propitious climate, and under a cloudless sky, the three princesses grew up into wondrous beauty; but, though all reared alike, they gave early tokens of diversity of character. Their names were Zayda, Zorayda, and Zorahayda; and such was their order of seniority, for there had been precisely three minutes between their births.

Zayda, the eldest, was of an intrepid spirit, and took the lead of her sisters in every thing, as she had done in entering into the world. She was curious and inquisitive, and fond of getting at the bottom of things.

Zorayda era apasionada de la belleza, por cuya razón, sin duda, se deleitaba contemplando su propia imagen en un espejo o en las cristalinas aguas de una fuente, y tenía locura por las flores, por las joyas, por todos aquellos adornos que realzan la hermosura.

En cuanto a Zorahayda, la más pequeña, era dulce, tímida y extremadamente delicada, derramando siempre ternura, como se podía apreciar a primera vista, por las innumerables flores, pájaros y otros animalitos domésticos que cuidaba con el más entrañable esmero. Sus diversiones eran sencillas, mezcladas con meditaciones y fantasía; se sentaba horas enteras en un ajimez, fija la mirada en las brillantes estrellas de una noche de verano o en el mar plateado por la luna; y entonces la canción de un pescador, débilmente oída desde la playa, o los acordes de una flauta morisca desde alguna barca que cruzaba, le bastaba para extasiar su ánimo. Sin embargo, era suficiente para acobardarla el que se conjurasen los elementos, y la hacían caer desmayada el estampido del trueno.

Así pasaron los años tranquila y dulcemente. La discreta Kadiga, a quien las princesas estaban confiadas, cumplía fielmente su custodia y las servía con porfiado cuidado.

El castillo de Salobreña, como ya expusimos, estaba construido en la cúspide de una colina a orillas del Mediterráneo. Una de las murallas exteriores se extendía por la base de una colina hasta llegar a una roca saliente que dominaba al mar, y con una estrecha playa arenosa al pie, bañada por las rizadas olas. La pequeña atalaya que se levantaba sobre esta roca se había convertido en una especie de pabellón, desde cuyos ajimeces, cubiertos con celosías, se podía aspirar la brisa del mar. En aquel sitio pasaban las princesas las calurosas horas del mediodía.

En cierta ocasión se encontraba sentada la curiosa Zayda en una de las ventanas del pabellón, mientras que sus hermanas dormían la siesta recostadas en otomanas, se fijó en una galera que venía costeando a acompasados golpes de remo. Cuando se fue aproximado, observó que venía repleta de hombres armados. La galera ancló al pie de la torre, y un pelotón de soldados moriscos desembarcó en la estrecha playa conduciendo varios prisioneros cristianos. La curiosa Zayda despertó inmediatamente a sus hermanas, y las tres se pusieron a observar con precaución por la espesa celosía de la ventana, que las liberaba de ser vistas.

Zorayda had a great feeling for beauty, which was the reason, no doubt, of her delighting to regard her own image in a mirror or a fountain, and of her fondness for flowers, and jewels, and other tasteful ornaments.

As to Zorahayda, the youngest, she was soft and timid, and extremely sensitive, with a vast deal of disposable tenderness, as was evident from her number of pet-flowers, and pet-birds, and pet-animals, all of which she cherished with the fondest care. Her amusements, too, were of a gentle nature, and mixed up with musing and reverie. She would sit for hours in a balcony, gazing on the sparkling stars of a summer's night, or on the sea when lit up by the moon; and at such times, the song of a fisherman, faintly heard from the beach, or the notes of a Moorish flute from some gliding bark, sufficed to elevate her feelings into ecstasy. The least uproar of the elements, however, filled her with dismay; and a clap of thunder was enough to throw her into a swoon.

Years rolled on smoothly and serenely; the discreet Kadiga, to whom the princesses were confided, was faithful to her trust, and attended them with unremitting care.

The castle of Salobrena, as has been said, was built upon a hill on the seacoast. One of the exterior walls straggled down the profile of the hill, until it reached a jutting rock overhanging the sea, with a narrow sandy beach at its foot, laved by the rippling billows. A small watchtower on this rock had been fitted up as a pavilion, with latticed windows to admit the sea-breeze. Here the princesses used to pass the sultry hours of mid-day.

The curious Zayda was one day seated at a window of the pavilion, as her sisters, reclining on ottomans, were taking the *siesta* or noontide slumber. Her attention was attracted to a galley which came coasting along, with measured strokes of the oar. As it drew near, she observed that it was filled with armed men. The galley anchored at the foot of the tower: a number of Moorish soldiers landed on the narrow beach, conducting several Christian prisoners. The curious Zayda awakened her sisters, and all three peeped cautiously through the close jalousies of the lattice which screened them from sight.

Entre los prisioneros venían tres caballeros españoles ricamente vestidos; estaban en la flor de su juventud y eran de noble porte; además, la arrogante altivez con que caminaban, aunque cargados de cadenas y rodeados de enemigos, manifestaba la grandeza de su espíritu. Las princesas miraban con profundo y anhelante interés; y si se tiene en cuenta que vivían encerradas en aquel castillo, rodeadas de siervas y no viendo más hombres que los esclavos negros y rudos pescadores, No es de extrañarnos que produjera una gran conmoción en sus corazones la presencia de aquellos tres apuestos caballeros radiantes de juventud y de varonil belleza.

—¿Habrá en la tierra ser con porte más noble que aquel caballero vestido de carmesí? —dijo Zayda, la mayor de las tres hermanas—. ¡Mirad qué arrogante va, como si todos los que le rodean fuesen sus esclavos!

—¡Fijaos en aquel otro, vestido de verde! —exclamó Zorayda—. ¡Qué hermosura! ¡Qué elegancia! ¡Qué prestancia!

La gentil Zorahayda nada dijo; pero prefirió en su interior al caballero vestido de azul.

Las princesas continuaron observando hasta que perdieron de vista a los prisioneros; entonces, suspirando melancólicamente se volvieron, mirándose un momento unas a otras, sentándose, meditabundas y pensativas, en sus otomanas.

La discreta Kadiga las encontró en tal actitud. Ellas le explicaron lo que habían visto, e incluso el apagado corazón de la dueña se sintió también conmovido.

—¡Pobres jóvenes! —exclamó—. ¡Apostaría que su cautiverio deja presa del más profundo dolor el corazón de algunas damas principales de su país! ¡Ah, hijas mías! No tienen ni remota idea de la vida que llevan estos caballeros en su patria. ¡Qué justas y torneos! ¡Qué respeto a sus damas! ¡Qué modo de enamorar y de dar serenatas!

La curiosidad de Zayda aumentó en extremo, y no se cansaba de preguntar ni de oír de los labios de la dueña la animada pintura de los episodios de sus días juveniles allá en su país. La hermosa Zorayda se reprimía y se miraba disimuladamente en un espejo cuando la conversación recayó sobre los encantos de las damas españolas; en tanto que Zorahayda ahogaba sus lamentos cuando escuchaba relatar lo de la serenata a la luz de la luna.

Among the prisoners were three Spanish cavaliers, richly dressed. They were in the flower of youth, and of noble presence; and the lofty manner in which they carried themselves, though loaded with chains and surrounded with enemies, bespoke the grandeur of their souls. The princesses gazed with intense and breathless interest. Cooped up as they had been in this castle among female attendants, seeing nothing of the male sex but black slaves, or the rude fishermen of the sea-coast, it is not to be wondered at that the appearance of three gallant cavaliers, in the pride of youth and manly beauty, should produce some commotion in their bosom.

"Did ever nobler being tread the earth than that cavalier in crimson?" cried Zayda, the eldest of the sisters. "See how proudly he bears himself, as though all around him were his slaves!"

"But notice that one in green!" exclaimed Zorayda. "What grace! what elegance! what spirit!"

The gentle Zorahayda said nothing, but she secretly gave preference to the cavalier in blue.

The princesses remained gazing until the prisoners were out of sight; then heaving long-drawn sighs, they turned round, looked at each other for a moment, and sat down, musing and pensive, on their ottomans.

The discreet Kadiga found them in this situation; they related what they had seen, and even the withered heart of the *dueña* was warmed. "Poor youths!" exclaimed she, "I'll warrant their captivity makes many a fair and high-born lady's heart ache in their native land! Ah my children, you have little idea of the life these cavaliers lead in their own country. Such prankling at tournaments! such devotion to the ladies! such courting and serenading!"

The curiosity of Zayda was fully aroused; she was insatiable in her inquiries, and drew from the *dueña* the most animated pictures of the scenes of her youthful days and native land. The beautiful Zorayda bridled up, and slyly regarded herself in a mirror, when the theme turned upon the charms of the Spanish ladies; while Zorahayda suppressed a struggling sigh at the mention of moonlight serenades.

Todos los días renovaba sus preguntas la curiosa Zayda, y todos los días repetía sus historias la dueña madura, siendo escuchada por su bello auditorio con profundo interés y entrecortados suspiros.

Finalmente la astuta vieja cayó en la cuenta del daño que quizás estaba ocasionando; ella se había acostumbrado a tratar a las princesas como niñas, sin considerar que sin darse cuenta habían ido creciendo y que tenía ya delante de sí tres hermosísimas jóvenes casaderas. "Ya es tiempo —pensó la dueña— de avisar al rey".

Se encontraba sentado cierta mañana Mohamed el Zurdo sobre un amplio diván en uno de los frescos salones de la Alhambra cuando llegó un esclavo de la fortaleza de Salobreña con un mensaje de la prudente Kadiga felicitándole en el cumpleaños del natalicio de sus hijas. Al mismo tiempo le presentó el esclavo una delicada cestita adornada de flores, y en la cual, sobre pámpanos y hojas de higuera, venían un melocotón, un albaricoque y un albérchigo, cuya frescura, color y madurez tentaban el apetito. El monarca, experto en el lenguaje oriental de las flores y las frutas, adivinó al punto el significado de esta simbólica ofrenda.

—Ya ha llegado —pensó— el período crítico señalado por los astrólogos: mis hijas están en la edad de casarse. ¿Qué haré? Están ocultas a las miradas de los hombres y bajo la custodia de la discreta Kadiga: todo marcha bien; pero no están bajo mi vigilancia, como me aconsejaron los astrólogos; debo, pues, recogerlas bajo mis alas y no confiarlas a nadie.

Con estos pensamientos, ordenó que prepararan una de las torres de la Alhambra para que les sirviese de vivienda y partió a la cabeza de sus guardias hacia la fortaleza de Salobreña, para traerlas él mismo en persona.

Habían pasado tres años desde que Mohamed había visto por última vez a sus hijas, y no daba crédito a sus ojos contemplando el maravilloso cambio que se había producido en ellas en tan corto espacio de tiempo; como que en este intervalo habían traspasado las infantas esa asombrosa línea divisoria de la vida de la mujer que separa a la imperfecta, informe y desdibujada niña de la exuberante, ruborosa y pensativa adolescente —que es lo mismo que pasar de los áridos desiertos Llanos de la Mancha, a los voluptuosos valles y florecientes montañas de Andalucía.

Every day the curious Zayda renewed her inquiries, and every day the sage *dueña* repeated her stories, which were listened to with profound interest, though with frequent sighs, by her gentle auditors.

The discreet old woman awoke at length to the mischief she might be doing. She had been accustomed to think of the princesses only as children; but they had imperceptibly ripened beneath her eye, and now bloomed before her three lovely damsels of the marriageable age. It is time, thought the *dueña*, to give notice to the king.

Mohamed the Left-handed was seated one morning on a divan in a cool hall of the Alhambra, when a slave arrived from the fortress of Salobrena, with a message from the sage Kadiga, congratulating him on the anniversary of his daughters' birth-day. The slave at the same time presented a delicate little basket decorated with flowers, within which, on a couch of vine and fig-leaves, lay a peach, an apricot, and a nectarine, with their bloom and down and dewy sweetness upon them, and all in the early stage of tempting ripeness. The monarch was versed in the Oriental language of fruits and flowers, and rapidly divined the meaning of this emblematical offering.

"So," said he, "the critical period pointed out by the astrologers is arrived: my daughters are at a marriageable age. What is to be done? They are shut up from the eyes of men; they are under the eyes of the discreet Kadiga—all very good—but still they are not under my own eye, as was prescribed by the astrologers: I must gather them under my wing, and trust to no other guardianship."

So saying, he ordered that a tower of the Alhambra should be prepared for their reception, and departed at the head of his guards for the fortress of Salobrena, to conduct them home in person.

About three years had elapsed since Mohamed had beheld his daughters, and he could scarcely credit his eyes at the wonderful change which that small space of time had made in their appearance. During the interval, they had passed that wondrous boundary line in female life which separates the crude, unformed, and thoughtless girl from the blooming, blushing, meditative woman. It is like passing from the flat, bleak, uninteresting plains of La Mancha to the voluptuous valleys and swelling hills of Andalusia.

Zayda era alta y bien constituida, de arrogante presencia y ojo sagaz. Entró con majestuosidad e hizo una profunda reverencia a Mohamed, tratándolo más bien como soberano que como padre. Zorayda era de regular estatura, mirada interesante, carácter agradable y sorprendente hermosura, realzada con la perfección de su tocado. Se acercó a su padre sonriendo, besándole la mano, y le saludó con varias estancias de cierto poeta árabe popular, de lo cual quedó muy satisfecho el soberano. Zorahayda era reservada y tímida, menos esbelta, en verdad que sus hermanas; pero poseía esa hermosura tierna y suplicante que busca cariño y protección. No tenía condiciones de mando como su hermana mayor, ni deslumbraba como la segunda, sino que había nacido para alimentar en su pecho el cariño de un amante, para dejarlo anidar en él, y vivir con ello feliz. Se acercó a su padre con paso tímido y casi vacilante, en ademán de coger su mano para besarla, pero al mirar el rostro de Mohamed resplandeciendo con la sonrisa paternal, dio rienda suelta a su innata ternura y se arrojó a su cuello amorosamente.

Mohamed el Zurdo contempló a sus hijas con cierta mezcla de orgullo y asombro, y mientras se complacía en sus encantos recordaba la predicción de los astrólogos.

—¡Tres hijas! ¡Tres hijas! —murmuró varias veces—. ¡Y las tres casaderas! ¡He aquí una fruta apetitosa y tentadora del jardín de las Hespérides que necesitan un dragón para guardarlas!

Preparó su regreso a Granada, enviando a la descubierta mensajeros y ordenando que nadie transitase por el camino por donde tenía que pasar, y que todas las puertas y ventanas estuviesen cerradas al aproximarse las princesas. Prevenido todo, se puso en marcha escoltado por un escuadrón de caballería de soldados negros y de terrorífico aspecto. Vestidos con una brillante armadura.

Las princesas cabalgaban junto al rey, tapadas con tupidos velos, en hermosos palafrenes blancos, con arreos de terciopelo bordados en oro que arrastraban hasta el suelo; los bocados y estribos eran también de oro, y las bridas de seda, recamadas de perlas y piedras preciosas. Los palafrenes estaban cubiertos de campanillas de plata, que producían una música muy placentera cuando iban andando. Pero ¡ay del desgraciado mortal que estuviese en el camino cuando se oyese el sonido de estas campanillas! Los guardias tenían orden de darle muerte sin compasión.

Zayda was tall and finely formed, with a lofty demeanor and a penetrating eye. She entered with a stately and decided step, and made a profound reverence to Mohamed, treating him more as her sovereign than her father. Zorayda was of the middle height, with an alluring look and swimming gait, and a sparkling beauty, heightened by the assistance of the toilette. She approached her father with a smile, kissed his hand, and saluted him with several stanzas from a popular Arabian poet, with which the monarch was delighted. Zorahayda was shy and timid, smaller than her sisters, and with a beauty of that tender beseeching kind which looks for fondness and protection. She was little fitted to command, like her elder sister, or to dazzle like the second, but was rather formed to creep to the bosom of manly affection, to nestle within it, and be content. She drew near to her father, with a timid and almost faltering step, and would have taken his hand to kiss, but on looking up into his face, and seeing it beaming with a paternal smile, the tenderness of her nature broke forth, and she threw herself upon his neck.

Mohamed the Left-handed surveyed his blooming daughters with mingled pride and perplexity; for while he exulted in their charms, he bethought himself of the prediction of the astrologers. "Three daughters! three daughters!" muttered he repeatedly to himself, "and all of a marriageable age! Here's tempting Hesperian fruit, that requires a dragon watch!"

He prepared for his return to Granada, by sending heralds before him, commanding every one to keep out of the road by which he was to pass, and that all doors and windows should be closed at the approach of the princesses. This done, he set forth, escorted by a troop of black horsemen of hideous aspect, and clad in shining armor.

The princesses rode beside the king, closely veiled, on beautiful white palfreys, with velvet caparisons, embroidered with gold, and sweeping the ground; the bits and stirrups were of gold, and the silken bridles adorned with pearls and precious stones. The palfreys were covered with little silver bells, which made the most musical tinkling as they ambled gently along. Woe to the unlucky wight, however, who lingered in the way when he heard the tinkling of these bells!—the guards were ordered to cut him down without mercy.

Ya se acercaba la cabalgata a Granada cuando se vio en uno de los bancos de la ribera del Genil un pequeño cuerpo de soldados, que conducían un convoy de prisioneros. Y era demasiado tarde para que se apartaran aquellos hombres del camino; por lo cual se echaron los soldados al suelo con los rostros vueltos a tierra, y ordenaron a los cautivos que hicieran lo propio. Entre los prisioneros se hallaban aquellos tres apuestos caballeros que las princesas habían visto desde el pabellón. Ya porque no hubieran comprendido la orden, ya porque fueran demasiado orgullosos para obedecerla, lo cierto es que permanecieron en pie, contemplando la cabalgata que se aproximaba.

Se encendió el monarca de cólera viendo que no se cumplían sus órdenes, y desenvainando su cimitarra y adelantándose hacia ellos, iba a esgrimirla con su brazo zurdo, golpe que hubiera sido irreversible por lo menos para uno de los prisioneros, cuando las princesas le rodearon e imploraron piedad para los prisioneros; y hasta la tímida Zorahayda olvidó su reserva y se volvió elocuente en su favor. Mohamed se detuvo con la cimitarra levantada, cuando el capitán de guardia le suplicó arrojándose a sus pies:

—No ejecute vuestra majestad una acción que escandalizaría a todo el reino. Estos son tres bravos y nobles caballeros españoles, que han caído prisioneros en el campo de batalla, batiéndose como leones; son de alta alcurnia y pueden ser rescatados a buen precio.

—¡Basta! —dijo el rey—. Les perdonaré la vida, pero castigaré su osadía; que los lleven a las Torres Bermejas y que los envíen a los trabajos más duros y penosos.

Mohamed estaba cometiendo uno de sus acostumbrados desatinos *zurdos,* pues con el tumulto y agitación de esta borrascosa escena dio lugar a que se levantaran los velos las tres princesas, dejando a la vista su esplendorosa belleza; y con alargar el rey la reunión, proporcionó ocasión para que la hermosura produjera sus estragos. En aquellos tiempos la gente se enamoraba más repentinamente que ahora, como demuestran antiguas historias; por consiguiente, no debe chocarnos que los corazones de los tres caballeros quedasen completamente cautivados, sobre todo cuando la gratitud se unía a la admiración.

The cavalcade was drawing near to Granada, when it overtook on the banks of the river Xenil, a small body of Moorish soldiers with a convoy of prisoners. It was too late for the soldiers to get out of the way, so they threw themselves on their faces on the earth, ordering their captives to do the like. Among the prisoners were the three identical cavaliers whom the princesses had seen from the pavilion. They either did not understand, or were too haughty to obey the order, and remained standing and gazing upon the cavalcade as it approached.

The ire of the monarch was kindled at this flagrant defiance of his orders. Drawing his cimeter, and pressing forward, he was about to deal a left-handed blow that might have been fatal to, at least, one of the gazers, when the princesses crowded round him, and implored mercy for the prisoners; even the timid Zorahayda forgot her shyness, and became eloquent in their behalf. Mohamed paused, with uplifted cimeter, when the captain of the guard threw himself at his feet. "Let not your highness," said he, "do a deed that may cause great scandal throughout the kingdom. These are three brave and noble Spanish knights, who have been taken in battle, fighting like lions; they are of high birth, and may bring great ransoms."

"Enough!" said the king. "I will spare their lives, but punish their audacity—let them be taken to the Vermilion Towers, and put to hard labor."

Mohamed was making one of his usual left-handed blunders. In the tumult and agitation of this blustering scene, the veils of the three princesses had been thrown back, and the radiance of their beauty revealed; and in prolonging the parley, the king had given that beauty time to have its full effect. In those days people fell in love much more suddenly than at present, as all ancient stories make manifest: it is not a matter of wonder, therefore, that the hearts of the three cavaliers were completely captured; especially as gratitude was added to their admiration.

Es, sin embargo, bastante curioso, aunque no menos cierto, que cada uno de ellos se enamoró precisamente de la joven que respectivamente le correspondía. En cuanto a las princesas, se admiraron más que nunca del noble porte de los cautivos, regocijándose interiormente de cuanto habían oído acerca de su valor y noble estirpe.

La regia comitiva prosiguió su marcha; las tres princesas caminaban ensimismadas en sus soberbios palafrenes, y de vez en cuando dirigían una disimulada mirada hacia atrás, para ver a los cristianos cautivos, mientras éstos eran conducidos a la prisión que se les había destinado en las Torres Bermejas.

La residencia preparada para las infantas era de lo más esmerado y primoroso que podía imaginar la fantasía: una torre apartada del palacio principal de la Alhambra, aunque comunicaba con él por la muralla que rodeaba la cumbre de la colina. Por un lado ofrecía vistas al interior de la fortaleza, y al pie tenía un pequeño jardín compuesto por las flores más exóticas. Por otro lado dominaba a una honda y abovedada cañada que separaba los terrenos de la Alhambra de los del Generalife. El interior de esta torre estaba dividido en pequeños y lindos departamentos, lujosamente decorados en elegante estilo árabe, y rodeando a un gran salón cuyo techo se elevaba casi hasta lo alto de la torre. Las paredes y artesonados se encontraban adornados con calados y arabescos que deslumbraban con sus doradas y brillantes pinturas. En el centro del pavimento de mármol se situaban una fuente de alabastro rodeada de flores, y de hierbas aromáticas, y de la cual brotaba un surtidor de agua que refrescaba todo el edificio, produciendo un murmullo arrullador. Alrededor del salón se veían suspendidas algunas jaulas formadas con alambres de oro y plata, y encerrados en ellas pajarillos de preciosísimo plumaje, que despedían gorjeos y armoniosos trinos.

Las princesas se habían conducido con el genio alegre en el castillo de Salobreña, por lo cual el rey esperaba verlas felices en la Alhambra. Pero, con gran sorpresa suya, empezaron a languidecer y a volverse melancólicas, no manifestándose nunca satisfechas en nada. No les deleitaba la fragancia de las flores; el canto de los ruiseñores les turbaba el sueño por la noche; y, por último, no podían soportar con paciencia el continuo murmullo de la fuente de alabastro desde la mañana hasta la noche, y desde la noche hasta la mañana.

It is a little singular, however, though no less certain, that each of them was enraptured with a several beauty. As to the princesses, they were more than ever struck with the noble demeanor of the captives, and cherished in their breasts all that they had heard of their valor and noble lineage.

The cavalcade resumed its march; the three princesses rode pensively along on their tinkling palfreys, now and then stealing a glance behind in search of the Christian captives, and the latter were conducted to their allotted prison in the Vermilion Towers.

The residence provided for the princesses was one of the most dainty that fancy could devise. It was in a tower somewhat apart from the main palace of the Alhambra, though connected with it by the wall which encircled the whole summit of the hill. On one side it looked into the interior of the fortress, and had, at its foot, a small garden filled with the rarest flowers. On the other side it overlooked a deep embowered ravine separating the grounds of the Alhambra from those of the *Generalife*. The interior of the tower was divided into small fairy apartments, beautifully ornamented in the light Arabian style, surrounding a lofty hall, the vaulted roof of which rose almost to the summit of the tower. The walls and the ceilings of the hall were adorned with arabesque and fretwork, sparkling with gold and with brilliant pencilling. In the centre of the marble pavement was an alabaster fountain, set round with aromatic shrubs and flowers, and throwing up a jet of water that cooled the whole edifice and had a lulling sound. Round the hall were suspended cages of gold and silver wire, containing singing-birds of the finest plumage or sweetest note.

The princesses had been represented as always cheerful when in the castle of the Salobrena; the king had expected to see them enraptured with the Alhambra. To his surprise, however, they began to pine, and grow melancholy, and dissatisfied with every thing around them. The flowers yielded them no fragrance, the song of the nightingale disturbed their night's rest, and they were out of all patience with the alabaster fountain with its eternal drop-drop and splash-splash, from morning till night, and from night till morning.

El rey, que era de carácter susceptible y tiránico por temperamento, se irritaba por esto los primeros días; pero reflexionó después que sus hijas habían entrado ya en la edad en que el espíritu de la mujer se ensancha y se aumentan sus deseos. "Ya no son niñas —se dijo—; ya son mujeres formadas y necesitan objetos que les llamen la atención." Llamó, por tanto, a las modistas, los joyeros y los artistas en oro y plata del Zacatín de Granada, y abrumó a las princesas con vestidos de seda, de tisú y brocados, chales de Cachemira, collares de perlas y diamantes, anillos, brazaletes y con toda clase de objetos preciosos.

A pesar de todo esto, nada dio resultado; las princesas continuaron pálidas y tristes en medio de tanto lujo y suntuosidad, y parecían tres capullos marchitos agotándose en un mismo tallo. El rey no sabía cómo obrar, y como tenía gran seguridad en su propia manera de pensar, nunca pedía a nadie consejo.

"Los antojos y caprichos de tres doncellas casaderas son en verdad cosa harto suficiente —se decía a sí mismo— para poner en un aprieto al hombre más precario." Así, pues, por primera vez en su vida, pidió que le iluminaran con un consejo. La persona a quien se dirigió, para ello, fue la experimentada dueña.

—Kadiga —manifestó el rey—, creo que eres una de las mujeres más prudentes del mundo entero, y también que me eres fiel; por lo cual te he tenido siempre al lado de mis hijas. Los padres no deben ser reservados con aquellos en quienes depositan su confianza; deseo, por tanto, que averigües la enfermedad secreta que se ha apoderado de las princesas y que descubras los procedimientos para devolverles la salud y la alegría.

Kadiga, en términos explícitos, le prometió que cumpliría sus deseos. Ella conocía mejor que las infantas mismas la enfermedad que padecían; y encerrándose con ellas, procuró ganar su confianza.

—Mis queridas niñas: ¿qué razón hay para que os mostréis tristes y apesadumbradas en un sitio tan delicioso como este, y donde tenéis todo cuanto el espíritu pueda desear?

Las princesas miraron tristemente alrededor del salón y lanzaron un suspiro.

The king, who was somewhat of a testy, tyrannical disposition, took this at first in high dudgeon; but he reflected that his daughters had arrived at an age when the female mind expands and its desires augment. "They are no longer children," said he to himself, "they are women grown, and require suitable objects to interest them." He put in requisition, therefore, all the dressmakers, and the jewellers, and the artificers in gold and silver throughout the Zacatin of Granada, and the princesses were overwhelmed with robes of silk, and tissue, and brocade, and cashmere shawls, and necklaces of pearls and diamonds, and rings, and bracelets, and anklets, and all manner of precious things.

All, however, was of no avail; the princesses continued pale and languid in the midst of their finery, and looked like three blighted rose-buds, drooping from one stalk. The king was at his wits' end. He had in general a laudable confidence in his own judgment, and never took advice. "The whims and caprices of three marriageable damsels, however, are sufficient," said he, "to puzzle the shrewdest head." So for once in his life he called in the aid of counsel.

The person to whom he applied was the experienced *dueña*.

"Kadiga," said the king, "I know you to be one of the most discreet women in the whole world, as well as one of the most trustworthy; for these reasons I have always continued you about the persons of my daughters. Fathers cannot be too wary in whom they repose such confidence; I now wish you to find out the secret malady that is preying upon the princesses, and to devise some means of restoring them to health and cheerfulness."

Kadiga promised implicit obedience. In fact she knew more of the malady of the princesses than they did themselves. Shutting herself up with them, however, she endeavored to insinuate herself into their confidence.

"My dear children, what is the reason you are so dismal and downcast in so beautiful a place, where you have every thing that heart can wish?"

The princesses looked vacantly round the apartment, and sighed.

—¿Qué más queréis? ¿Acaso quisierais que os trajera el admirable loro que habla todas las lenguas y que hace las delicias de Granada?

—¡No! ¡No! —exclamó la princesa Zayda—. Ese es un pájaro horrible y chillón que charla sin tener idea de lo que dice; es preciso no tener sentido común para soportar tal malestar.

—¿Os hago traer un mono del Peñón de Gibraltar para que os divierta con sus muecas?

—¡Un mono! ¡Ah!.... —exclamó Zorayda—. ¡La detestable imitación del hombre! Odio a ese asqueroso animal.

—Entonces haré venir al famoso cantor negro Casem, del harén real de Marruecos. Dicen que posee una voz tan delicada como la de una jovencita.

—Me da miedo el mirar los esclavos negros —dijo la dulce Zorahayda—; además he perdido la afición a la música.

—¡Ay, hija mía! No dirías eso —dijo la anciana con picardía— si hubieras oído la música que yo oí anoche a los tres caballeros españoles que tropezamos en nuestro viaje. Pero, ¡noramala de mí!, ¿por qué os ponéis, niñas, tan subidas de calor y en tal estado de azoramiento?

—¡No es nada, no es nada, buena madre! Seguid, os lo pedimos.

—Pues bien; cuando pasé ayer noche por las Torres Bermejas, vi a los tres caballeros descansando del duro trabajo del día. ¡Uno de ellos estaba tocando la guitarra con tanta gallardía… mientras los otros cantaban, alternando, con tal estilo, que los mismos guardias parecían estatuas u hombres encantados! ¡Allah me perdone, pero al escuchar las canciones de mi país natal, me sentí conmovida! Y después, ¡ver tres jóvenes tan nobles y gentiles cargados de cadenas y en la esclavitud!

Al llegar aquí no pudo contener la buena anciana las lágrimas que se le agrupaban en los ojos.

—¿Y no pudierais madre, procurarnos el que viésemos a esos nobles caballeros? —preguntó Zayda.

—Yo creo —añadió Zorayda— que un poco de música nos reanimaría muchísimo.

La tímida Zorahayda no dijo nada, pero echó los brazos al cuello de Kadiga.

"What more, then, would you have? Shall I get you the wonderful parrot that talks all languages, and is the delight of Granada?"

"No! No!" exclaimed the princess Zayda. "A horrid, screaming bird, that chatters words without ideas: one must be without brains to tolerate such a pest."

"Shall I send for a monkey from the rock of Gibraltar, to divert you with his antics?"

"A monkey! faugh!" cried Zorayda; "the detestable mimic of man. I hate the nauseous animal."

"What say you to the famous black singer Casem, from the royal harem, in Morocco? They say he has a voice as fine as a woman's."

"I am terrified at the sight of these black slaves," said the delicate Zorahayda; "besides, I have lost all relish for music."

"Ah! my child, you would not say so," replied the old woman, slyly, "had you heard the music I heard last evening, from the three Spanish cavaliers, whom we met on our journey. But, bless me, children! what is the matter that you blush so, and are in such a flutter?"

"Nothing, nothing, good mother; pray proceed."

"Well; as I was passing by the Vermilion Towers last evening, I saw the three cavaliers resting after their day's labor. One was playing on the guitar, so gracefully, and the others sang by turns; and they did it in such style, that the very guards seemed like statues, or men enchanted. Allah forgive me! I could not help being moved at hearing the songs of my native country. And then to see three such noble and handsome youths in chains and slavery!"

Here the kind-hearted old woman could not restrain her tears.

"Perhaps, mother, you could manage to procure us a sight of these cavaliers," said Zayda.

"I think," said Zorayda, "a little music would be quite reviving."

The timid Zorahayda said nothing, but threw her arms round the neck of Kadiga.

—¡Infeliz de mí! —exclamó la prudente anciana—. ¿Qué estáis diciendo, hijas mías? Vuestro padre nos quitaría la vida a todas si luego lo supiese. Además, aunque estos caballeros son bien educados y nobles, ¿qué importa? Al fin y al cabo son enemigos de nuestra fe, y no debéis pensar en ellos más que para odiarles.

Hay una admirable osadía en los deseos de la mujer, especialmente cuando está en la edad de casarse, que la hace no acobardarse ante los peligros ni las negativas. Las princesas rodearon a la dueña rogándole y suplicándole, y asegurándole por último que su obstinada negativa les desgarraría el corazón.

¿Cómo obraría? Aunque era, ciertamente, la mujer más discreta del mundo entero y la servidora más fiel del rey, con todo, ¿tendría valor para destrozar el corazón de aquellas tres hermosas criaturas por el simple rasgueo de una guitarra? Además, aunque estaba tanto tiempo entre moros y había cambiado de religión, haciendo lo propio que su antigua señora, como fiel servidora suya, al fin era española de nacimiento y tenía el cristianismo en el fondo de su corazón; por lo cual se propuso buscar el modo de complacer a las princesas.

Los cautivos cristianos, presos en las Torres Bermejas, estaban a cargo de un barbudo renegado de anchas espaldas, llamado Hussein Baba, que tenía fama de ser algo aficionado a dejarse sobornar. Fue a verlo en privado, y, poniéndole en la mano una moneda, de oro de bastante peso, le dijo:

—Hussein Baba: mis señoritas, las tres princesas que están encerradas en la torre, aburridas y faltas de distracción, quieren escuchar los primores musicales de los tres caballeros españoles y tener una prueba de su rara habilidad. Estoy segura de que sois bondadoso y no me negaréis un capricho tan inocente.

—¡Cómo! ¿Para que luego pongan mi cabeza a hacer muecas sobre la puerta de mi torre? ¡Ah! No lo pongan en duda: ese sería el premio que me daría el rey si llegara después a enterarse.

"Mercy on me!" exclaimed the discreet old woman; "what are you talking of, my children? Your father would be the death of us all if he heard of such a thing. To be sure, these cavaliers are evidently well-bred, and high-minded youths; but what of that? they are the enemies of our faith, and you must not even think of them but with abhorrence."

There is an admirable intrepidity in the female will, particularly when about the marriageable age, which is not to be deterred by dangers and prohibitions. The princesses hung round their old *dueña*, and coaxed, and entreated, and declared that a refusal would break their hearts.

What could she do? She was certainly the most discreet old woman in the whole world, and one of the most faithful servants to the king; but was she to see three beautiful princesses break their hearts for the mere tinkling of a guitar? Besides, though she had been so long among the Moors, and changed her faith in imitation of her mistress, like a trusty follower, yet she was a Spaniard born, and had the lingerings of Christianity in her heart. So she set about to contrive how the wish of the princesses might be gratified.

The Christian captives, confined in the Vermilion Towers, were under the charge of a big-whiskered, broad-shouldered renegado, called Hussein Baba, who was reputed to have a most itching palm. She went to him privately, and slipping a broad piece of gold into his hand, "Hussein Baba," said she; "My mistresses, the three princesses, who are shut up in the tower, and in sad want of amusement, have heard of the musical talents of the three Spanish cavaliers, and are desirous of hearing a specimen of their skill. I am sure you are too kind-hearted to refuse them so innocent a gratification."

"What! and to have my head set grinning over the gate of my own tower! for that would be the reward, if the king should discover it."

—No debéis temer que ocurra tal cosa, pues podemos arreglar el asunto de modo que complazcamos a las princesas sin que su padre se entere de nada. Bien conocéis la honda cañada que pasa precisamente por el pie de la torre; poned a los tres cristianos para que trabajen allí, y en los intermedios del trabajo dejadlos cantar y tocar como si fuera para su propio divertimento. De esta forma podrán escucharlos las princesas desde los ajimeces de la torre, y estad seguro de que se os pagará bien vuestra complacencia.

La buena anciana concluyó su entrevista, apretando la ruda mano del renegado y dejándole en ella otra moneda de oro.

Su persuasión fue irresistible: al día siguiente los tres caballeros cautivos fueron llevados a trabajar al valle, junto a la misma Torre de las Infantas; y durante las horas bochornosas del mediodía, mientras que sus compañeros de trabajo dormían la siesta a la sombra, y los centinelas, amodorrados, daban cabezadas en sus puestos, se sentaron nuestros tres caballeros sobre la hierba al pie del baluarte y comenzaron a cantar trovas españolas al melodioso rasgueo de sus guitarras.

Aunque el valle era profundo y muy elevada la torre, sus voces se elevaban claras y dulcísimas en medio del silencio de aquellas plomizas horas del estío. Las princesas escuchaban desde el ajimez, y como su aya les había enseñado la lengua castellana, se deleitaban sobremanera escuchando las tiernas alegrías de sus gallardos trovadores. La juiciosa Kadiga, por el contrario, afectaba estar dada a los mismos diablos.

—¡Allah nos proteja! —exclamó—. ¡Ya están esos señores cantando trovas amorosas dirigidas a vosotras! ¿Se habrá visto osadía tal? ¡Voy a ver ahora mismo al capataz de los esclavos, para que los apaleen sin miramientos!

—¡Cómo! ¿Apalear a tan galantes caballeros porque cantan con tan singular destreza y dulzura?

Las bellas princesas se horrorizaban ante semejante cruel idea. La honesta indignación de la buena dueña, mujer a la postre y de condición y genio tranquilo, se calmó fácilmente. Por otro lado, parecía que la música había producido un efecto benéfico en sus señoritas, pues sus mejillas se iban sonrosando poco a poco y sus lindos ojos volvían a despedir fúlgida luz radiante. No expresó, por tanto, más observaciones sobre las amorosas estrofas de los caballeros.

"No danger of any thing of the kind; the affair may be managed so that the whim of the princesses may be gratified, and their father be never the wiser. You know the deep ravine outside of the walls which passes immediately below the tower. Put the three Christians to work there, and at the intervals of their labor, let them play and sing, as if for their own recreation. In this way the princesses will be able to hear them from the windows of the tower, and you may be sure of their paying well for your compliance."

As the good old woman concluded her harangue, she kindly pressed the rough hand of the *renegado*, and left within it another piece of gold.

Her eloquence was irresistible. The very next day the three cavaliers were put to work in the ravine. During the noontide heat, when their fellow-laborers were sleeping in the shade, and the guard nodding drowsily at his post, they seated themselves among the herbage at the foot of the tower, and sang a Spanish roundelay to the accompaniment of the guitar.

The glen was deep, the tower was high, but their voices rose distinctly in the stillness of the summer noon. The princesses listened from their balcony, they had been taught the Spanish language by their *dueña*, and were moved by the tenderness of the song. The discreet Kadiga, on the contrary, was terribly shocked. "Allah preserve us!" cried she, "they are singing a love-ditty, addressed to yourselves. Did ever mortal hear of such audacity? I will run to the slave-master, and have them soundly bastinadoed."

"What! bastinado such gallant cavaliers, and for singing so charmingly!" The three beautiful princesses were filled with horror at the idea. With all her virtuous indignation, the good old woman was of a placable nature, and easily appeased. Besides, the music seemed to have a beneficial effect upon her young mistresses. A rosy bloom had already come to their cheeks, and their eyes began to sparkle. She made no further objection, therefore, to the amorous ditty of the cavaliers.

Cuando terminaron éstos de cantar, las princesas quedaron silenciosas por un breve instante; pero acto seguido Zorayda cogió su laúd, y con voz trémula y emocionada, entonó un ligero aire árabe, cuya letra decía así:

En su lecho de verdor
crece la rosa escondida,
escuchando complacida
los trinos del ruiseñor.

Desde entonces los caballeros eran destinados casi todos los días a los trabajos de la cañada. El deferente Hussein Baba se fue haciendo cada vez más complaciente, y cada día manifestaba mayor inclinación a quedarse dormido en su puesto. Así, pues, se estableció una misteriosa correspondencia entre los caballeros y las enamoradas princesas por medio de romanzas y canciones, ajustadas a los sentimientos de unos y otras en cuanto era posible. Aunque con timidez, las princesas se atrevieron a asomarse al ajimez, sorteando la vigilancia de los guardias, y a conversar con sus caballeros enamorados por medio de flores, cuyo simbólico lenguaje era conocido por ambas partes, aumentando las mismas dificultades de sus correspondencias el placer maravilloso de sus amores, el fuego encendido de sus corazones; pues es conocido que el amor se enardece en luchar con la resistencia, y que crece con más fuerza en el terreno que parece más árido e infructuoso.

El cambio operado en los rostros, en las miradas y en el carácter de las princesas con esta secreta correspondencia sorprendió y contentó al zurdo monarca; pero nadie se mostraba de ello tan alegre como la discreta Kadiga, pues lo achacaba todo a su exquisito tacto.

Mas he aquí, que esta correspondencia se cortó durante unos días, pues no volvieron a aparecer los caballeros cristianos en el valle. En balde las tres hermosas prisioneras miraban desde lo alto de la torre; en balde asomaban sus gargantas de nieve por el ajimez; en balde cantaban como ruiseñores presos en sus jaulas: sus galantes caballeros no aparecían ni contestaban a sus cantos desde la alameda.

When it was finished, the princesses remained silent for a time; at length Zorayda took up a lute, and with a sweet, though faint and trembling voice, warbled a little Arabian air, the burden of which was:

The rose is concealed
among her leaves,
but she listens with delight
to the song of the nightingale.

From this time forward the cavaliers worked almost daily in the ravine. The considerate Hussein Baba became more and more indulgent, and daily more prone to sleep at his post. For some time a vague intercourse was kept up by popular songs and romances, which, in some measure, responded to each other, and breathed the feelings of the parties. By degrees the princesses showed themselves at the balcony, when they could do so without being perceived by the guards. They conversed with the cavaliers also, by means of flowers, with the symbolical language of which they were mutually acquainted. The difficulties of their intercourse added to its charms, and strengthened the passion they had so singularly conceived; for love delights to struggle with difficulties, and thrives the most hardily on the scantiest soil.

The change effected in the looks and spirits of the princesses by this secret intercourse, surprised and gratified the left-handed king; but no one was more elated than the discreet Kadiga, who considered it all owing to her able management.

At length there was an interruption in this telegraphic correspondence; for several days the cavaliers ceased to make their appearance in the glen. The princesses looked out from the tower in vain. In vain they stretched their swan-like necks from the balcony; in vain they sang like captive nightingales in their cage: nothing was to be seen of their Christian lovers; not a note responded from the groves.

La discreta Kadiga salió para enterarse de lo que pasaba, y volvió muy en breve con el rostro descompuesto por el desconcierto.

—¡Ay, niñas mías! —gritó—. ¡Ya preveía yo en lo que vendría a parar todo esto; pero así lo desearon ustedes! Ya podéis colgar vuestros laúdes en los sauces, pues los caballeros españoles han sido rescatados por sus familias, y estarán a estas horas en Granada preparándose para regresar a su patria.

Las enamoradas infantas se sumieron en el desconsuelo con tan adversa noticia. La bella Zayda se indignó por la descortesía que habían tenido con ellas marchándose sin dirigirles tan sólo una palabra de despedida. Zorayda se oprimía las manos de desesperación y lloraba, mirándose al espejo; y no bien enjugaba sus lágrimas, cuando se deshacía en un nuevo y amargo llanto. La gentil Zorahayda se apoyaba en el ajimez gimiendo en silencio y regando gota a gota con sus lágrimas las flores de la ladera, en donde habían estado sentados tantas y tantas veces los desleales caballeros.

La buena Kadiga hizo cuanto pudo por menguar su dolor.

—Calmaos, mis queridas niñas —les decía—; esto os parecerá absurdo cuando tengáis mi experiencia de las cosas del mundo. Cuando lleguéis a mi edad ya sabréis perfectamente lo que son los hombres. Juraría que esos caballeros tienen amores con algunas de las bellezas españolas de Córdoba o Sevilla, y pronto les estarán ofreciendo serenatas bajo sus ventanas y se olvidarán, ¡ay!, para siempre de sus hermosas amantes moriscas de la Alhambra. Tranquilizaos, por tanto, niñas mías, y desterradlos de vuestros corazones.

Sin embargo, estas sensatas reflexiones de la discreta Kadiga sólo servían para aumentar el desespero de las bellas princesas, las cuales continuaron inconsolables durante los primeros días. En la mañana del tercero la buena aya entró en sus departamentos revelándose temblorosa de indignación.

—¡Quién hubiera creído capaz de tamaña insolencia a ningún ser humano! —exclamó tan pronto como pudo encontrar palabras para expresarse—. Pero me lo tengo muy bien merecido, por haber colaborado a hacer traición a vuestro bondadoso padre. ¡No me habléis nunca, en la vida, de tales caballeros cristianos!

The discreet Kadiga sallied forth in quest of intelligence, and soon returned with a face full of trouble. "Ah, my children!" cried she, "I saw what all this would come to, but you would have your way; you may now hang up your lutes on the willows. The Spanish cavaliers are ransomed by their families; they are down in Granada, and preparing to return to their native country."

The three beautiful princesses were in despair at the tidings. Zayda was indignant at the slight put upon them, in thus being deserted without a parting word. Zorayda wrung her hands and cried, and looked in the glass, and wiped away her tears, and cried afresh. The gentle Zorahayda leaned over the balcony and wept in silence, and her tears fell drop by drop among the flowers of the bank where the faithless cavaliers had so often been seated.

The discreet Kadiga did all in her power to soothe their sorrow. "Take comfort, my children," said she, "this is nothing when you are used to it. This is the way of the world. Ah! when you are as old as I am, you will know how to value these men. I'll warrant these cavaliers have their loves among the Spanish beauties of Cordova and Seville, and will soon be serenading under their balconies, and thinking no more of the Moorish beauties in the Alhambra. Take comfort, therefore, my children, and drive them from your hearts."

The comforting words of the discreet Kadiga only redoubled the distress of the three princesses, and for two days they continued inconsolable. On the morning of the third, the good old woman entered their apartment, all ruffling with indignation.

"Who would have believed such insolence in mortal man!" exclaimed she, as soon as she could find words to express herself; "but I am rightly served for having connived at this deception of your worthy father. Never talk more to me of your Spanish cavaliers."

—Pero ¿qué ha ocurrido, mi buena Kadiga? —exclamaron las tres princesas con ansia manifiesta.

—¿Que qué ha sucedido? ¡Pues que han hecho traición, o, lo que es lo mismo, que me han propuesto hacer una traición!... ¡A mí a la más fiel de todos los vasallos! ¡A mí, la más digna de confianza de cuantas ayas hay en el mundo! Sí, hijas mías; los caballeros españoles se han atrevido a proponerme que os persuada para que huyáis con ellos a Córdoba, donde os harán sus esposas.

Al llegar aquí, la astuta vieja se cubrió el rostro con sus manos y afectó dar rienda suelta a un violento acceso de pena y de indignación. Las tres bellas princesas tan pronto se ponían coloradas como empalidecidas, temblaban dirigiendo sus ojos al suelo y se miraban de reojo una a otra sin pronunciar palabra, en tanto que la dueña se sentaba agitándose con un movimiento violento, de vez en cuando en estas exclamaciones:

—¡Que haya yo vivido para ser de tal modo deshonrada! ¡Yo! ¡La más fiel servidora de mi señor!

Al fin, la princesa de mayor edad, que era la que poseía más valor y la que siempre se colocaba a la cabeza de sus hermanas, se aproximó a su querida aya y le dijo, poniéndole la mano sobre el hombro:

—Y bien, madre; y si nosotras quisiéramos huir con los caballeros cristianos, ¿sería eso posible?

La buena de la dueña se quedó absorta por un momento; pero después, mirando a la princesa, le respondió:

—¡Posible!... ¡Ya lo creo que es posible! ¿Pues no han sobornado ya los caballeros al renegado capitán de la guardia, Hussein Baba, y concertado con él el plan de fuga? Pero ¡pensar en engañar a vuestro padre, que ha depositado en mí toda su confianza!

Y aquí la buena mujer volvía de nuevo a agitarse trémula, a retorcerse las manos.

—Pero nuestro padre jamás ha puesto su confianza en nosotras —comentó la mayor de las princesas—; por el contrario, se ha fiado más bien de llaves y cerrojos, tratándonos como unas miserables cautivas.

"Why, what has happened, good Kadiga?" exclaimed the princesses in breathless anxiety.

"What has happened?—treason has happened! or what is almost as bad, treason has been proposed; and to me, the most faithful of subjects, the trustiest of *dueñas!* Yes, my children, the Spanish cavaliers have dared to tamper with me, that I should persuade you to fly with them to Cordova, and become their wives!"

Here the excellent old woman covered her face with her hands, and gave way to a violent burst of grief and indignation. The three beautiful princesses turned pale and red, pale and red, and trembled, and looked down, and cast shy looks at each other, but said nothing. Meantime, the old woman sat rocking backward and forward in violent agitation, and now and then breaking out into exclamations, "That ever I should live to be so insulted!—I, the most faithful of servants!"

At length, the eldest princess, who had most spirit and always took the lead, approached her, and laying her hand upon her shoulder, "Well, mother," said she, "supposing we were willing to fly with these Christian cavaliers—is such a thing possible?"

The good old woman paused suddenly in her grief, and looking up, "Possible," echoed she; "to be sure, it is possible. Have not the cavaliers already bribed Hussein Baba, the renegado captain of the guard, and arranged the whole plan? But, then, to think of deceiving your father! your father, who has placed such confidence in me!" Here the worthy woman gave way to a fresh burst of grief, and began to rock backward and forward, and to wring her hands.

"But our father has never placed any confidence in us," said the eldest princess, "but has trusted to bolts and bars, and treated us as captives."

—Eso es cierto —dijo a su vez la dueña, haciendo otro paréntesis en sus lamentaciones—; en verdad que os ha tratado de un modo indigno, encerrándoos aquí para que se marchite vuestra belleza en esta vieja torre, como rosas que se deshojan en un jarrón. Sin embargo, hijas, ¡abandonar vuestro país natal!

—¿Pues acaso la tierra adonde huiríamos no es la patria de nuestra madre, y donde viviríamos en libertad? ¿Y no sería preferible tener cada una un marido joven y cariñoso en vez de un padre viejo y rígido?

—¡Calla, pues es verdad también todo eso! Y hay que confesar que vuestro padre es bastante déspota; pero entonces —volviendo a sus gestos afectuosos— ¿me vais a dejar aquí abandonada, para que sea yo la víctima de su venganza?

—No, desde luego, mi buena Kadiga, ¿pues no podéis escapar también con nosotras?

—Ciertamente que sí, niña mía; y para decir toda la verdad, cuando conversó sobre esto conmigo Hussein Baba, me prometió cuidar de mí si quería acompañaros en vuestra fuga; pero de todos modos, ¡pensadlo muy bien, hijas mías! ¿Habéis de tener valor para renunciar a la religión de vuestro padre?

—La religión de Cristo fue la primera profesada por nuestra madre —afirmó la princesa mayor—; yo estoy dispuesta a convertirme y segura de que mis hermanas seguirán mi ejemplo.

—¡Tienes razón, hija mía! —exclamó la amorosa dueña rebosando de contento—. Esa fue la religión primitiva de vuestra madre, y se lamentó con amargura en su lecho de muerte de haber abjurado de ella. Yo le prometí entonces cuidar de vuestras almas, y ahora me lleno de alegría viéndolos en el camino de salvación. Sí, hijas del alma; yo también nací cristiana, y he seguido siéndolo dentro de mi corazón y estoy decidida a volver a mi antigua fe. He comentado sobre todo esto con Hussein Baba, español de nacimiento y originario de un pueblo no muy lejos del mío natal, y se encuentra el pobre también ansioso de volver a su patria y de reconciliarse con la Iglesia; habiéndole prometido los caballeros que si él y yo estábamos dispuestos a ser marido y mujer cuando volvamos al país que nos vio nacer, ellos se cuidarán de defendernos.

"Why, that is true enough," replied the old woman, again pausing in her grief; "he has indeed treated you most unreasonably, keeping you shut up here, to waste your bloom in a moping old tower, like roses left to wither in a flower-jar. But, then, to fly from your native land!"

"And is not the land we fly to, the native land of our mother, where we shall live in freedom? And shall we not each have a youthful husband in exchange for a severe old father?"

"Why, that again is all very true; and your father, I must confess, is rather tyrannical: but what then," relapsing into her grief, "would you leave me behind to bear the brunt of his vengeance?"

"By no means, my good Kadiga; cannot you fly with us?"

"Very true, my child; and, to tell the truth, when I talked the matter over with Hussein Baba, he promised to take care of me, if I would accompany you in your flight: but then, bethink you, my children, are you willing to renounce the faith of your father?"

"The Christian faith was the original faith of our mother," said the eldest princess; "I am ready to embrace it, and so, I am sure, are my sisters."

"Right again," exclaimed the old woman, brightening up; "it was the original faith of your mother, and bitterly did she lament, on her death-bed, that she had renounced it. I promised her then to take care of your souls, and I rejoice to see that they are now in a fair way to be saved. Yes, my children, I, too, was born a Christian, and have remained a Christian in my heart, and am resolved to return to the faith. I have talked on the subject with Hussein Baba, who is a Spaniard by birth, and comes from a place not far from my native town. He is equally anxious to see his own country, and to be reconciled to the church; and the cavaliers have promised, that, if we are disposed to become man and wife, on returning to our native land, they will provide for us handsomely."

En una palabra: sucedió que la prudente y astuta dueña había celebrado una entrevista con los caballeros y el renegado, y que habían dejado concertado todo el plan de la fuga. La princesa mayor dio inmediatamente su consentimiento para ello, y su ejemplo, como de ordinario, trazó la línea de conducta de sus hermanas; pero, la menor se mostraba vacilante, pues era de alma tan bella como tímida, y su tierno corazón luchaba entre el cariño filial y su pasión juvenil. La hermana mayor ganó la victoria, como siempre, y entre lágrimas y ahogados suspiros se comenzó a preparar al punto la huida.

La quebrada colina sobre la cual estaba edificada la Alhambra se encuentra desde tiempos antiguos minada con pasadizos subterráneos cortados en la roca y que conducen desde la fortaleza a varios sitios de la ciudad y a distantes portillos en las riberas del Darro y del Genil, construidos en épocas diferentes por los reyes moros, como medios de escapar en las repentinas insurrecciones, o para salir secretamente como aventuras particulares. Muchos de estos subterráneos se encuentran hoy completamente ignorados, y otros en parte cegados con escombros y en parte tapiados, sirviéndonos de huellas de las celosas cautelas y trampas bélicas del gobierno musulmán. Por uno de estos pasadizos planeó Hussein Baba sacar a las infantas hasta una salida más allá de las murallas de la ciudad, donde los caballeros se hallarían preparados con ligeros corceles para huir velozmente con ellas hasta la frontera.

Llegó la noche señalada; la torre donde habitaban las princesas fue cerrada como de costumbre, y la Alhambra yacía en el más profundo silencio. A eso de la medianoche la discreta Kadiga escuchó desde el ajimez al renegado Hussein Baba, que ya estaba debajo y daba la señal. La dueña amarró el cabo de una escalera al ajimez y dejó caer esta al jardín, bajándose luego por ella. Las dos infantas mayores la siguieron con el corazón jadeante; pero cuando llegó su turno a la princesa menor, Zorahayda, titubeó y tembló. Ensayó varias veces el apoyar su delicado y menudo pie en la escala y otras tantas lo retiró, palpitando con fuerza tanto más su pobre corazón cuanto más dudaba. Lanzó luego una mirada aflictiva a la habitación tapizada de seda; en ella vivía, es verdad, como el pájaro aprisionado en su jaula, pero al fin allí se encontraba segura.

In a word, it appeared that this extremely discreet and provident old woman had consulted with the cavaliers and the renegado, and had concerted the whole plan of escape. The eldest princess immediately assented to it; and her example, as usual, determined the conduct of her sisters. It is true, the youngest hesitated, for she was gentle and timid of soul, and there was a struggle in her bosom between filial feeling and youthful passion: the latter, however, as usual, gained the victory, and with silent tears, and stifled sighs, she prepared herself for flight.

The rugged hill on which the Alhambra is built was, in old times, perforated with subterranean passages, cut through the rock, and leading from the fortress to various parts of the city, and to distant sally-ports on the banks of the Darro and the Xenil. They had been constructed at different times by the Moorish kings, as means of escape from sudden insurrections, or of secretly issuing forth on private enterprises. Many of them are now entirely lost, while others remain, partly choked with rubbish, and partly walled up; monuments of the jealous precautions and warlike stratagems of the Moorish government. By one of these passages, Hussein Baba had undertaken to conduct the princesses to a sally-port beyond the walls of the city, where the cavaliers were to be ready with fleet steeds, to bear the whole party over the borders.

The appointed night arrived: the tower of the princesses had been locked up as usual, and the Alhambra was buried in deep sleep. Towards midnight, the discreet Kadiga listened from the balcony of a window that looked into the garden. Hussein Baba, the renegado, was already below, and gave the appointed signal. The *dueña* fastened the end of a ladder of ropes to the balcony, lowered it into the garden and descended. The two eldest princesses followed her with beating hearts; but when it came to the turn of the youngest princess, Zorahayda, she hesitated, and trembled. Several times she ventured a delicate little foot upon the ladder, and as often drew it back, while her poor little heart fluttered more and more the longer she delayed. She cast a wistful look back into the silken chamber; she had lived in it, to be sure, like a bird in a cage; but within it she was secure.

¿Quién podría adivinar los peligros que la rodearían cuando se viera lanzada en el piélago del mundo? Pero luego se le presentó la imagen de su galán amante cristiano y puso de nuevo su piececito sobre la escalera; por último se acordó otra vez de su padre y lo volvió a retirar. Es imposible describir la lucha que se daba en el turbio corazón de aquella pobre niña tan enamorada y tierna como tímida e inexperta de las cosas de esta vida.

En vano le animaban sus hermanas, regañaba la dueña y blasfemaba el renegado debajo del ajimez; la gentil princesa mora continuaba con dudas y titubeaba en el momento crucial de la fuga, tentada por las dulzuras de la prohibición, pero aterrada por los peligros inmediatos.

A cada instante era mayor el riesgo de ser descubiertos. Se oyeron pasos lejanos.

—¡Las patrullas vienen haciendo la ronda! —gritó el renegado—. Si nos detenemos un momento más estamos perdidos. ¡Princesa: descended inmediatamente, o, si no, os abandonamos!

La infeliz Zorahayda se sintió presa de una agitación febril, y desatando la escala de cuerda con desesperada resolución, la dejó caer desde el ajimez.

—¡Todo se ha terminado! —exclamó—. ¡No me es posible ya la huida! ¡Allah os guíe y os bendiga, amadas hermanas mías!

Las dos infantas mayores se horrorizaron al pensar que la iban a dejar sola, y ya hubieran preferido quedarse; pero la patrulla se aproximaba, el renegado estaba colérico, y se vieron transportadas atropelladamente hasta el pasadizo subterráneo. Anduvieron a tientas por un espantoso laberinto cortado en el seno de la montaña, logrando llegar sin ser descubiertas a una puerta de hierro que daba fuera del recinto. Los caballeros españoles estaban esperándolas disfrazados de soldados moriscos de la guardia que mandaba el renegado.

El amante de Zorahayda se desesperó cuando supo que aquella se había negado a abandonar la torre; pero no se podía perder tiempo en inútiles lamentos. Las dos princesas fueron colocadas a la grupa con sus amantes, y la discreta Kadiga montó detrás del renegado, partiendo todos aprisa en dirección al Paso de Lope, que conduce por entre montañas a Córdoba.

Who could tell what dangers might beset her, should she flutter forth into the wide world! Now she bethought her of the gallant Christian lover, and her little foot was instantly upon the ladder; and anon she thought of her father, and shrank back. But fruitless is the attempt to describe the conflict in the bosom of one so young and tender and loving, but so timid, and so ignorant of the world.

In vain her sisters implored, the *dueña* scolded, and the renegado blasphemed beneath the balcony; the gentle little Moorish maid stood doubting and wavering on the verge of elopement, tempted by the sweetness of the sin, but terrified at its perils.

Every moment increased the danger of discovery. A distant tramp was heard. "The patrols are walking their rounds," cried the *renegado*; "if we linger, we perish. Princess, descend instantly, or we leave you."

Zorahayda was for a moment in fearful agitation; then loosening the ladder of ropes, with desperate resolution, she flung it from the balcony.

"It is decided!" cried she; "flight is now out of my power! Allah guide and bless ye, my dear sisters!"

The two eldest princesses were shocked at the thoughts of leaving her behind, and would fain have lingered, but the patrol was advancing; the *renegado* was furious, and they were hurried away to the subterraneous passage. They groped their way through a fearful labyrinth, cut through the heart of the mountain, and succeeded in reaching, undiscovered, an iron gate that opened outside of the walls. The Spanish cavaliers were waiting to receive them, disguised as Moorish soldiers of the guard, commanded by the renegado.

The lover of Zorahayda was frantic, when he learned that she had refused to leave the tower; but there was no time to waste in lamentations. The two princesses were placed behind their lovers, the discreet Kadiga mounted behind the renegado, and they all set off at a round pace in the direction of the Pass of Lope, which leads through the mountains towards Cordova.

No se hallaban todavía muy lejos cuando escucharon el ruido de tambores y trompetas en los adarves de la Alhambra.

—¡Nuestra fuga se ha descubierto! —dijo el renegado.

—Poseemos corceles ligeros, la noche es oscura y podemos, burlar la persecución —respondieron los caballeros.

Espolearon sus caballos y escaparon a través de la vega, llegando al pie de Sierra Elvira, que se levanta como un promontorio en medio de la llanura. El renegado se detuvo y escuchó.

—Hasta ahora —dijo— nadie viene en nuestra persecución; creo que podremos huir a las montañas.

Al decir eso brilló una luz reluciente en la torre que servía para señales en la Alhambra.

—¡Maldición! —gritó el renegado—. Esa es la señal de alerta a todos los guardias de los pasos. ¡Adelante! ¡Adelante! ¡Espoleemos con furor, pues no hay tiempo que perder!

Corrían y corrían vertiginosamente, y el choque de las herraduras de sus caballos se repetía de roca en roca, conforme iban salvando el camino que costeaba la pedregosa Sierra Elvira; pero al propio tiempo que galopaban vieron que la luz de la Alhambra era contestada en todas direcciones desde las atalayas de las montañas.

—¡Adelante! ¡Adelante! —gritaba el renegado en medio de sus palabras altisonantes y juramentos—. ¡Al puente, al puente, antes que la alarma haya llegado hasta allí!

Doblaron el promontorio de la montaña y llegaron a la vista del famoso Puente de Pinos, que atraviesa una impetuosa corriente, teñida en mil combates famosos con sangre de moros y cristianos. Para mayor tribulación, en la torre del puente se veían numerosas luces y brillar en ellas las armaduras de los soldados. El renegado se alzó sobre los estribos y miró a su alrededor por un instante; después, haciendo una señal a los caballeros, se salió del camino, costeando el río hasta cierta distancia, y se metió dentro de sus aguas. Los caballeros previnieron a las angustiadas princesas que se sujetaran bien a ellos. Se sentían, en verdad, arrastrados a alguna distancia por la rápida corriente, cuyas rugientes olas bramaban a su alrededor; pero las hermosas princesas se agarraban bien a los caballeros cristianos, e iban sin exhalar un lamento.

They had not proceeded far when they heard the noise of drums and trumpets from the battlements of the Alhambra.

"Our flight is discovered!" said the *renegado*.

"We have fleet steeds, the night is dark, and we may distance all pursuit," replied the cavaliers.

They put spurs to their horses, and scoured across the Vega. They attained the foot of the mountain of Elvira, which stretches like a promontory into the plain. The *renegado* paused and listened. "As yet," said he, "there is no one on our traces, we shall make good our escape to the mountains." While he spoke, a light blaze sprang up on the top of the watchtower of the Alhambra.

"Confusion!" cried the *renegado*, "that bale fire will put all the guards of the passes on the alert. Away! away! Spur like mad—there is no time to be lost."

Away they dashed—the clattering of their horses' hoofs echoed from rock to rock, as they swept along the road that skirts the rocky mountain of Elvira. As they galloped on, the bale fire of the Alhambra was answered in every direction; light after light blazed on the atalayas, or watchtowers of the mountains.

"Forward! forward!" cried the *renegado*, with many an oath, "to the bridge—to the bridge, before the alarm has reached there!"

They doubled the promontory of the mountains, and arrived in sight of the famous Bridge of Pinos, that crosses a rushing stream often dyed with Christian and Moslem blood. To their confusion, the tower on the bridge blazed with lights and glittered with armed men. The *renegado* pulled up his steed, rose in his stirrups and looked about him for a moment; then beckoning to the cavaliers, he struck off from the road, skirted the river for some distance, and dashed into its waters. The cavaliers called upon the princesses to cling to them, and did the same. They were borne for some distance down the rapid current, the surges roared round them, but the beautiful princesses clung to their Christian knights, and never uttered a complaint.

Finalmente, llegaron salvos a la orilla opuesta, y fueron guiados por el renegado a través de escabrosos, y desconocidos pasos y ásperos barrancos por el interior de las montañas, evitando el pasar por los caminos transitados. En una palabra: lograron alcanzar a la antigua ciudad de Córdoba, donde fue celebrada la vuelta de ellos a su país y al seno de sus amigos con grandes festejos, pues nuestros caballeros pertenecían a las familias más señaladas. Las hermosas princesas fueron recibidas en el seno de la Iglesia y, después de haber abrazado la santa fe cristiana, se hicieron esposas y vivieron felicísimas.

En nuestra prisa por ayudar a las princesas a atravesar el río y cruzar las montañas nos hemos olvidado decir qué fue de la discreta Kadiga. Pues se agarró lo mismo que un gato a Hussein Baba durante la carrera a través de la vega, chillando a cada salto y haciendo vomitar sapos y culebras al barbudo renegado; pero cuando este se dispuso a meter su corcel en el río, su miedo no tuvo parangón.

—No me aprietes con tanta fuerza —le decía Hussein Baba—; cógete a mi cinturón y nada temas.

Ella se había agarrado, en efecto, con ambas manos al cinturón de cuero del fornido renegado...; pero cuando se detuvieron los caballeros a tomar aliento en lo alto de la montaña, se dieron cuenta que había desaparecido la dueña.

—¿Qué ha sido de Kadiga? —preguntaron las princesas alarmadas.

—¡Sólo Allah lo sabe! —respondió el renegado—. Mi cinturón se desató en medio del río, y Kadiga fue arrastrada con él por la corriente. ¡Cúmplase la voluntad de Allah! Y en verdad que lo siento, porque era un cinturón bordado muy caro.

No había tiempo que perder para dolerse de aquella pérdida; con todo, lloraron amargamente las princesas la desaparición de su discreta consejera. Aquella excelente anciana, sin embargo, no dejó en la corriente más que la mitad de sus siete vidas, pues un pescador que se hallaba sacando casualmente sus redes a alguna distancia río abajo, la llevó a tierra, quedando estupefacto de su milagrosa pesca. Lo que fue después de la discreta Kadiga no lo cuenta la leyenda, pero sí se sabe que ella acreditó su discreción no poniéndose jamás al alcance de Mohamed el Zurdo.

The cavaliers attained the opposite bank in safety, and were conducted by the *renegado*, by rude and unfrequented paths, and wild *barrancos*, through the heart of the mountains, so as to avoid all the regular passes. In a word, they succeeded in reaching the ancient city of Cordova; where their restoration to their country and friends was celebrated with great rejoicings, for they were of the noblest families. The beautiful princesses were forthwith received into the bosom of the Church, and, after being in all due form made regular Christians, were rendered happy wives.

In our hurry to make good the escape of the princesses across the river, and up the mountains, we forgot to mention the fate of the discreet Kadiga. She had clung like a cat to Hussein Baba in the scamper across the Vega, screaming at every bound, and drawing many an oath from the whiskered *renegado*; but when he prepared to plunge his steed into the river, her terror knew no bounds. "Grasp me not so tightly," cried Hussein Baba; "hold on by my belt and fear nothing." She held firmly with both hands by the leathern belt that girded the broad-backed *renegado*; but when he halted with the cavaliers to take breath on the mountain summit, the *dueña* was no longer to be seen.

"What has become of Kadiga?" cried the princesses in alarm.

"Allah alone knows!" replied the *renegado*; "my belt came loose when in the midst of the river, and Kadiga was swept with it down the stream. The will of Allah be done! but it was an embroidered belt, and of great price."

There was no time to waste in idle regrets; yet bitterly did the princesses bewail the loss of their discreet counsellor. That excellent old woman, however, did not lose more than half of her nine lives in the water: a fisherman, who was drawing his nets some distance down the stream, brought her to land, and was not a little astonished at his miraculous draught. What further became of the discreet Kadiga, the legend does not mention; certain it is that she evinced her discretion in never venturing within the reach of Mohamed the Left-handed.

Tampoco se sabe casi nada acerca de la conducta de aquel astuto monarca cuando descubrió la evasión de sus hijas, y la mala pasada que le jugó la más infiel de sus servidoras. Había sido la única vez en que había pedido consejo; no se sabe si nunca volvió a caer en semejante debilidad. Sin embargo, tuvo buen cuidado de guardar a la hija que le quedaba, a la infeliz que no había tenido ánimos para huir. Se cree también, como cosa muy cierta, que la princesa se arrepintió en su fuero interno de haberse quedado dentro de la torre, y cuentan que de vez en cuando se la veía apoyada en el adarve, mirando tristemente las montañas en dirección a Córdoba, y que otras veces se escuchaban los acordes de su laúd acompañando sentidas canciones, en las cuales se lamentaba de la pérdida de sus hermanas y de su amante, condoliéndose al propio tiempo de su solitaria existencia. Murió joven y, según el sentir popular, fue sepultada en una bóveda debajo de la torre, dando lugar su fin prematuro a más de una leyenda popular.

Visitadores de la Alhambra

Tres meses habrán pasado desde que fijé mi residencia en la Alhambra; durante ese tiempo el transcurso de la estancia produjo los cambios naturales. En los días primaverales en que llegué a la bella Granada todo respiraba la frescura de mayo: el follaje de los árboles se revelaba todavía tierno y transparente; el granado no había todavía abierto sus brillantes flores de escarlata; los jardines de Genil y Darro lucían su flora lujuriosa; la ciudad entera se presentaba rodeada de una rica pradera de rosas, entre las cuales cantaban día y noche incontables ruiseñores.

La llegada del abrasador verano marchitó la rosa e hizo enmudecer al ruiseñor, y la lejana campiña fue tornándose poco a poco árida y marchita; se conservaba, no obstante, alrededor de la ciudad un perpetuo verdor, así como también en los profundo y estrechos valles que se emplazan al pie de las montañas coronadas de nieve.

Almost as little is known of the conduct of that sagacious monarch when he discovered the escape of his daughters, and the deceit practised upon him by the most faithful of servants. It was the only instance in which he had called in the aid of counsel, and he was never afterwards known to be guilty of a similar weakness. He took good care, however, to guard his remaining daughter, who had no disposition to elope: it is thought, indeed, that she secretly repented having remained behind: now and then she was seen leaning on the battlements of the tower, and looking mournfully towards the mountains in the direction of Cordova, and sometimes the notes of her lute were heard accompanying plaintive ditties, in which she was said to lament the loss of her sisters and her lover, and to bewail her solitary life. She died young, and, according to popular rumor, was buried in a vault beneath the tower, and her untimely fate has given rise to more than one traditionary fable.

Visitors to the Alhambra

For nearly three months had I enjoyed undisturbed my dream of sovereignty in the Alhambra: a longer term of quiet than had been the lot of many of my predecessors. During this lapse of time the progress of the season had wrought the usual change. On my arrival I had found every thing in the freshness of May; the foliage of the trees was still tender and transparent; the pomegranate had not yet shed its brilliant crimson blossoms; the orchards of the Xenil and the Darro were in full bloom; the rocks were hung with wild flowers, and Granada seemed completely surrounded by a wilderness of roses; among which innumerable nightingales sang, not merely in the night, but all day long.

Now the advance of summer had withered the rose and silenced the nightingale, and the distant country began to look parched and sunburnt; though a perennial verdure reigned immediately round the city and in the deep narrow valleys at the foot of the snow-capped mountains.

La Alhambra encierra retiros idóneos para el calor, según los diversos grados de temperatura de esta época del año, siendo los más peculiares, las habitaciones casi subterráneas de los *Baños,* hermosos aposentos en que se ven las tristes huellas del tiempo, pero que conservan notablemente su viejo carácter oriental. Tienen su entrada por un pequeño patio, adornado en otras épocas de vistosas flores y constituyendo un salón de regulares dimensiones, aunque de esbelta y graciosa traza, coronado por una pequeña galería sostenida con columnas de mármol y gráciles arcos moriscos. El surtidor de una fuente de alabastro colocada en el centro del pavimento refrescaba la estancia; a ambos lados de la misma se encuentran dos magníficos dormitorios con elevados suelos a manera de lechos, en los cuales, después del baño o las abluciones y reclinados en blandos cojines, se entregaban los musulmanes al sensual descanso, deleitándose con la fragancia del perfumado ambiente y con las notas suaves de la música de la galería. Más allá de este salón se encuentran otras estancias interiores todavía más independientes y aisladas, y donde no penetra sino una tenue claridad por las pequeñas aberturas de los calados que se ven en sus techos abovedados. Este fue el sanctasanctórum del bello sexo, donde las beldades del harén se entregaban a los placeres del baño. En él se conservan todavía los Baños medio destruidos, pero con las señales de su antiguo elegancia. El perpetuo silencio y la oscuridad de este sitio lo han hecho el retiro predilecto de los murciélagos, por lo cual se ocultan en sus oscuros ángulos y rincones durante el día; y, si alguien de sus nidos los espanta, revolotean lúgubremente alrededor de las sombrías cámaras, aumentando en un grado indescriptible su ambiente de dejadez y tristeza.

En este fresco y elegante, aunque deteriorado retiro, que tiene la templanza y tranquilidad de una gruta, acostumbraba yo últimamente a pasarme las calurosas horas del día, saliendo de allí después del ocaso para bañarme, o, mejor dicho, para echarme a nadar, cuando llegaba la noche, en el gran estanque del patio principal. De esta forma intentaba contrarrestar la blanda y debilitadora influencia de aquel ardiente clima.

The Alhambra possesses retreats graduated to the heat of the weather, among which the most peculiar is the almost subterranean apartment of the baths. This still retains its ancient Oriental character, though stamped with the touching traces of decline. At the entrance, opening into a small court formerly adorned with flowers, is a hall, moderate in size, but light and graceful in architecture. It is overlooked by a small gallery supported by marble pillars and Morisco arches. An alabaster fountain in the centre of the pavement still throws up a jet of water to cool the place. On each side are deep alcoves with raised platforms, where the bathers, after their ablutions, reclined on cushions, soothed to voluptuous repose by the fragrance of the perfumed air and the notes of soft music from the gallery. Beyond this hall are the interior chambers, still more retired; the sanctum sanctorum of female privacy; for here the beauties of the Harem indulged in the luxury of the baths. A soft mysterious light reigns through the place, admitted through small apertures (lumbreras) in the vaulted ceiling. The traces of ancient elegance are still to be seen; and the alabaster baths in which the sultanas once reclined. The prevailing obscurity and silence have made these vaults a favorite resort of bats, who nestle during the day in the dark nooks and corners, and on being disturbed, flit mysteriously about the twilight chambers, heightening, in an indescribable degree, their air of desertion and decay.

In this cool and elegant, though dilapidated retreat, which had the freshness and seclusion of a grotto, I passed the sultry hours of the day as summer advanced, emerging towards sunset, and bathing, or rather swimming, at night in the great reservoir of the main court. In this way I was enabled in a measure to counteract the relaxing and enervating influence of the climate.

Cierto día se vieron esfumadas mis ilusiones de completa soberanía con las detonaciones de armas de fuego, que repercutieron entre las torres como si la fortaleza hubiera sido tomada súbitamente. Salí fuera rápidamente, y me encontré con un caballero de avanzada edad, rodeado de criados, que se había instalado en el Salón de Embajadores. Era un viejo conde, que había subido desde su palacio de Granada para pasar una temporada en la Alhambra y respirar aires más puros; quien, debido a su carácter de empedernido cazador, trataba de despertarse el apetito disparando a las golondrinas desde los balcones. Esta diversión era bastante inocente, pues a pesar de la ligereza de sus criados para cargarle las armas, lo que le facilitaba poder sostener un fuego bastante nutrido, no pudimos achacarle la muerte de una sola golondrina; es más: parecía que los pajarillos se divertían mucho con este entretenimiento y que se mofaban de su poca habilidad, girando en círculos junto a los balcones y trinando cuando pasaban por delante de él.

La llegada de este honorable título cambió en parte el estado de las cosas; pero a la vez me sirvió de acicate para muy gratas reflexiones. Compartimos implícitamente el imperio entre los dos, tal como lo hicieron los últimos reyes de Granada, con la diferencia de que nos mantuvimos en la más estrecha alianza. Él imperaba despóticamente en el Patio de los Leones y sus salones contiguos, mientras yo mantenía la posesión pacífica de toda la parte de los Baños y el pequeño Jardín de Lindaraja, comiendo bajo las arcadas del patio, cuyas fuentes refrescaban la atmósfera, y cuyos espumosos arroyuelos corrían por los canalones del marmóreo pavimento.

Durante la noche se reunía en torno de aquel caballero una tertulia familiar a lo que asistía la condesa, que subía de la ciudad acompañada de su hijastra, joven de dieciséis abriles. Concurrían además los empleados del conde, su capellán, su abogado, su secretario, su mayordomo y otros dependientes y administradores de sus extensas posesiones, es decir, una especie de corte doméstica, en la que todos procuraban contribuir a la distracción del conde, sin sacrificar su propio goce ni rebajar su dignidad personal. Sea como fuere, y digan lo que quieran del orgullo español, lo cierto es que no se manifiesta en la vida social íntima.

My dream of absolute sovereignty, however, came at length to an end. I was roused one morning by the report of fire-arms, which reverberated among the towers as if the castle had been taken by surprise. On sallying forth, I found an old cavalier with a number of domestics, in possession of the Hall of Ambassadors. He was an ancient count who had come up from his palace in Granada to pass a short time in the Alhambra for the benefit of purer air, and who, being a veteran and inveterate sportsman, was endeavoring to get an appetite for his breakfast by shooting at swallows from the balconies. It was a harmless amusement; for though, by the alertness of his attendants in loading his pieces, he was enabled to keep up a brisk fire, I could not accuse him of the death of a single swallow. Nay, the birds themselves seemed to enjoy the sport, and to deride his want of skill, skimming in circles close to the balconies, and twittering as they darted by.

The arrival of this old gentleman changed essentially the aspect of affairs, but caused no jealousy nor collision. We tacitly shared the empire between us, like the last kings of Granada, excepting that we maintained a most amicable alliance. He reigned absolute over the Court of the Lions and its adjacent halls, while I maintained peaceful possession of the regions of the baths and the little garden of Lindaraxa. We took our meals together under the arcades of the court, where the fountains cooled the air, and bubbling rills ran along the channels of the marble pavement.

In the evenings a domestic circle would gather about the worthy old cavalier. The countess, his wife by a second marriage, would come up from the city accompanied by her step-daughter still in her girlish years. Then there were always some of his official dependents, his chaplain, his lawyer, his secretary, his steward, and other officers and agents of his extensive possessions, who brought him up the news or gossip of the city, and formed his evening party of tresillo or ombre. Thus he held a kind of domestic court, where each one paid him deference, and sought to contribute to his amusement, without, however, any appearance of servility, or any sacrifice of self-respect. In fact, nothing of the kind was exacted by the demeanor of the count; for whatever may be said of Spanish pride, it rarely chills or constrains the intercourse of social or domestic life.

No hay ningún pueblo donde se vean relaciones más cordiales entre los parientes ni trato más liberal y comunicativo entre los superiores y deudos; permanece, pues, desde este punto de vista, en la vida de las provincias de España, parte de la elogiada sencillez de los tiempos primitivos.

El personaje más interesante de aquella reunión de familia era, en verdad, la hija del conde, la encantadora e infantil Carmencita. Sus formas no habían llegado todavía a la época del desarrollo, pero presentaban ya la delicada simetría y flexible gracia característica del país; sus ojos azules, su blanco cutis y su rubia cabellera —poco comunes en Andalucía— le revelaban cierta dulzura y gentileza, que contrastaban con la vivacidad ordinaria de las jóvenes españolas, guardando perfecta armonía con el candor e inocencia de sus sencillos modales. Tenía, sin embargo, la innata aptitud y desenvoltura de sus encantadores paisanos, pues cantaba, bailaba y tocaba la guitarra y otros instrumentos con asombrosa gracia.

Pocos días después de la estancia del conde en el Palacio de la Alhambra celebró con una fiesta doméstica el día de su santo, reuniendo a todos los miembros de su familia y de su casa, y hasta algunos antiguos deudos que vinieron desde lejanas posesiones a renovarle su amistad y a participar de la alegría común. Estas costumbres patriarcales, que caracterizaron a la nobleza española en los días de su mayor apogeo, han decaído con la disminución de sus fortunas; pero algunos, como el conde, conservan todavía sus bienes hereditarios de familia, guardando, en parte, el antiguo patrimonio, aunque teniendo sus heredades abandonadas y casi devoradas por generaciones de vagos y corruptos administradores. Con arreglo al sistema de la antigua etiqueta y magnificencia española, en que se mezclaban a partes iguales el orgullo de raza y la generosidad, un servidor inválido jamás era despedido, sino que se le seguía manteniendo en su cargo hasta el final de su vida; es más: sus hijos, los hijos de sus hijos, y hasta sus parientes colaterales, iban engrosando poco a poco la familia.

Among no people are the relations between kindred more unreserved and cordial, or between superior and dependent more free from haughtiness on the one side, and obsequiousness on the other. In these respects there still remains in Spanish life, especially in the provinces, much of the vaunted simplicity of the olden time.

The most interesting member of this family group, in my eyes, was the daughter of the count, the lovely little Carmen. Her form had not yet attained full maturity and development, but possessed already the exquisite symmetry and pliant grace so prevalent in this country. Her blue eyes, fair complexion, and light hair, were unusual in Andalusia, and gave a mildness and gentleness to her demeanor in contrast to the usual fire of Spanish beauty, but in unison with the guileless and confiding innocence of her manners. She had at the same time the innate aptness and versatility of her fascinating countrywomen. Whatever she undertook to do she did well and apparently without effort. She sang, played the guitar and other instruments, and danced the picturesque dances of her country to admiration.

The Saint's day of the count, took place during his sojourn in the Alhambra, on which occasion he gave a domestic fete; assembling round him the members of his family and household, while the stewards and old servants from his distant possessions came to pay him reverence and partake of the good cheer, which was sure to be provided. These patriarchal habits of the Spanish nobility have declined with their revenues; though the spirit which prompted them remains, and wars sadly with their altered fortunes. The poorest among them have always some hereditary hangers on, who live at their expense, and make them poorer. Some who, like my neighbor the count, retain a modicum of their once princely possessions, keep up a shadow of the ancient system, and their estates are overrun and the produce consumed by generations of idle retainers. According to magnificent old Spanish usage, in which pride and generosity bore equal parts, a superannuated servant was never turned off, but became a charge for the rest of his days; nay, his children, and his children's children, and often their relatives to the right and left, became gradually entailed upon the family.

De aquí el que los grandes palacios de la nobleza española tuviesen tal aspecto de pobre ostentación por la magnitud de sus dimensiones, comparada con la escasez y mediocridad de su mobiliario; esta ruinosa generosidad en los dorados tiempos de la grandeza española era imperiosamente obligada a causa de los referidos usos patriarcales de los señores, por lo que vinieron a ser en realidad los tales palacios extensos asilos de generaciones parasitarias que engordaban a costa de los nobles españoles. El digno anciano señor conde, cuyas fincas estaban diseminadas en varios puntos del reino, me aseguró que algunas de ellas no producían lo suficiente para mantener las hordas de dependientes que se albergaban allí, y que hasta se consideraban con justos títulos para ser mantenidos gratis, únicamente porque sus antepasados venían viviendo así de generación en generación.

La fiesta doméstica ofrecida por el conde interrumpió la tranquilidad habitual de la Alhambra, y en sus salones, poco antes silenciosos, resonaron música y jolgorio. Se veían grupos de huéspedes solazándose por las galerías y jardines, y sirvientes diligentes andando deprisa por los patios llevando viandas desde la ruinosa cocina.

La fiesta —pues una comida española *de invitados* es ciertamente una fiesta— tuvo lugar en el bello departamento morisco llamado la Sala de las Dos Hermanas; la mesa se mostró con abundancia, y reinaba una jovial concordia en ella, pues aunque los españoles son generalmente austeros, también es gente alegre cuando celebran un banquete. Por mi parte, encontré cierta novedad participando de un festín en los salones de la Alhambra, y preparado por el representante de uno de sus más renombrados conquistadores; pues el venerable señor conde, aunque de carácter poco belicoso, descendía por línea recta del Gran Capitán don Gonzalo de Córdoba, cuya espada guardaba él celosamente en el archivo de su palacio de Granada.

Terminado el banquete pasaron los convidados al Salón de Embajadores, donde cada uno puso su parte para la alegría general, luciendo sus habilidades, cantando, improvisando, narrando cuentos maravillosos o bailando al son de este irresistible talismán de la alegría en España: la guitarra.

Hence the huge palaces of the Spanish nobility which have such an air of empty ostentation from the greatness of their size compared with the mediocrity and scantiness of their furniture, were absolutely required in the golden days of Spain, by the patriarchal habits of their possessors. They were little better than vast barracks for the hereditary generations of hangers on, that battened at the expense of a Spanish noble. The count held estates in various parts of the kingdom, some including whole villages, yet the revenues collected from them were comparatively small; some of them, he assured me, barely fed the hordes of dependents nestled upon them, who seemed to consider themselves entitled to live rent free and be maintained into the bargain, because their forefathers had been so since time immemorial.

The domestic fete, offered by the count, interrupted the usual calmness of the Alhambra, and in its late silent halls now music and laughter resounded through. The guests dispersed themselves about the palace before the hour of dinner, enjoying the luxuries of its courts and fountains, and embosomed gardens, and; while numerous old worn-out servants and pensioners were loitering about the courts and keeping within smell of the kitchen.

The feast, for a set dinner in Spain is literally a feast, was served in the beautiful Morisco Hall of "Las Dos Hermanas." The table was loaded with all the luxuries of the season; there was an almost interminable succession of dishes. A joyous conviviality prevailed round the board; for though Spaniards are generally abstemious, they are complete revellers on occasions like the present, and none more so than the Andalusians. For my part, there was something peculiarly exciting in thus sitting at a feast in the royal halls of the Alhambra, given by one who might claim remote affinity with its Moorish kings, and who was a lineal representative of Gonsalo of Cordova, one of the most distinguished of the Christian conquerors.

The banquet ended, the company adjourned to the Hall of Ambassadors. Here every one endeavored to contribute to the general amusement, singing, improvising, telling wonderful tales, or dancing popular dances to that all-pervading talisman of Spanish pleasure, the guitar.

Pero la vida y el encanto principal de aquella reunión fue la ingeniosa Carmencita: representó dos o tres escenas de comedias españolas, demostrando un talento dramático inigualable; imitó a los más renombrados cantantes italianos con singular y feliz parecido y con hermosa voz; imitó también la jerga, bailes y coplas de los gitanos y de los campesinos de los alrededores de Granada, realizando todo esto con sorprendente habilidad, limpieza, donaire y espontaneidad, dejando prendado, en una palabra, al auditorio.

Mas el gran atractivo que tenía su representación resultaba de ejecutarlas sin ínfulas de ninguna clase y dones de su propio talento; y en verdad que sólo acostumbraba a manifestarlos alguna vez que otra como una niña que era y para sólo divertir a su familia. Su espíritu de observación y su juicio eran notablemente precoces, pues, pasando su vida en el seno de la familia, no pudo ver sino casualmente y de paso los diversos rasgos y caracteres que imitaba sin preparación en momentos de alegría familiar como la que estamos contando. Agradaba el ver el cariño y admiración que le tributaban todos los de la casa; nunca se la llamaba, ni aun por los mismos criados, con otro nombre que el de "la Niña", tratamiento que atesora infinita ternura en el lenguaje español.

Nunca pensaré en la Alhambra sin evocar a la amable Carmencita jugando feliz e inocente en sus salones de mármol, bailando al ruido de las castañuelas moriscas o mezclando las argentinas modulaciones de su voz con el murmullo de las fuentes.

Con motivo de esta fiesta se relataron varias leyendas curiosas y amenas tradiciones, algunas de las cuales ya no conservo en la memoria; pero, a pesar de todo, transcribiré al lector varias de las que con más fuerza me llamaron la atención.

The count's gifted little daughter was as usual the life and delight of the assemblage, and I was more than ever struck with her aptness and wonderful versatility. She took a part in two or three scenes of elegant comedy with some of her companions, and performed them with exquisite point and finished grace; she gave imitations of the popular Italian singers, some serious, some comic, with a rare quality of voice, and with singular fidelity; she imitated the dialects, dances, ballads, and movements and manners of the gipsies, and the peasants of Granada, with equal felicity, but every thing was done with an all-pervading grace and a lady-like tact perfectly fascinating.

The great charm of every thing she did was its freedom from pretension or ambitious display, its happy spontaneity. Every thing sprang from the impulse of the moment; or was in prompt compliance with a request. She seemed unconscious of the rarity and extent of her own talent, and was like a child at home revelling in the buoyancy of its own gay and innocent spirits. Indeed I was told she had never exerted her talents in general society, but only, as at present, in the domestic circle. It was delightful to observe how everyone saw her as the idol of the family, going generally by the child-like, but endearing appellation of la Nina.

Never shall I think of the Alhambra without remembering this lovely little being, sporting in happy and innocent girlhood in its marble halls, dancing to the sound of the Moorish castanets, or mingling the silver warbling of her voice with the music of its fountains.

Throughout the fete many curious and enjoyable legends and traditions were told. Unfortunately, some of them I hold them not in my memories anymore; but in spite of this, I'll try to write for my readers those that I still keep and that caught my attention and interest.

Leyenda del príncipe Ahmed Al Kamel o el Peregrino del Amor

Existió en otros tiempos un rey moro de Granada que sólo tenía un hijo, llamado Ahmed, a quien los cortesanos le pusieron el nombre de Al Kamel o *El Perfecto,* por las evidentes señales de superioridad que percibieron en él desde su tierna infancia. Los astrólogos vaticinaron acerca de él, felices pronósticos, anunciando en su favor toda clase de dones suficientes para que fuese un príncipe feliz y un afortunado soberano. Una sola nube oscurecía su destino, aunque era de color de rosa. ¡Que sería muy dado a los amores y que correría grandes peligros por esta irresistible pasión; pero que, si podía evadir los lazos del amor hasta llegar a la edad madura, quedarían conjurados todos los peligros y su vida sería una sucesión no interrumpida de felices eventos!

Para luchar contra los peligros augurados determinó el rey recluir al príncipe donde no pudiera ver nunca rostro de mujer alguna ni llegar a sus oídos la palabra *"amor"*. Con este objeto hizo construir un bello palacio en la colina que dominaba la Alhambra, rodeado de deliciosos jardines, pero cercado de elevadas murallas —el mismo palacio que se conoce en la actualidad con el nombre de *El Generalife*—. En este palacio encerró el monarca al joven príncipe, confiándolo a la vigilancia e instrucción de Eben Bonabben, filósofo árabe tan sabio como rígido, que había pasado la mayor parte de su vida en Egipto dedicado al estudio de los jeroglíficos y examinando los sepulcros y las pirámides; por lo cual encontraba más encanto en una momia egipcia que en la belleza más tierna y seductora. Se encomendó a este sabio que instruyese al príncipe en toda clase de conocimientos, pero debía ignorar por completo lo que era el amor.

—Utilizad todas las precauciones necesarias para que se cumpla mi voluntad —le dijo el rey—; pero tened presente, ¡oh Eben Bonabben!, que, si mi hijo llega a saber algo de esa ciencia prohibida, os costará bastante caro y pagaréis con vuestra cabeza.

Legend of Prince Ahmed al Kamel, or, The Pilgrim of Love

There was once a Moorish king of Granada who had but one son, whom he named Ahmed, to which his courtiers added the surname of al Kamel, or the perfect, from the indubitable signs of superexcellence which they perceived in him in his very infancy. The astrologers countenanced them in their foresight, predicting every thing in his favor that could make a perfect prince and a prosperous sovereign. One cloud only rested upon his destiny, and even that was of a roseate hue: he would be of an amorous temperament, and run great perils from the tender passion. If, however, he could be kept from the allurements of love until of mature age, these dangers would be averted, and his life thereafter be one uninterrupted course of felicity.

To prevent all danger of the kind, the king wisely determined to rear the prince in a seclusion where he should never see a female face, nor hear even the name of love. For this purpose he built a beautiful palace on the brow of the hill above the Alhambra, in the midst of delightful gardens, but surrounded by lofty walls, being, in fact, the same palace known at the present day by the name of the *Generalife*. In this palace the youthful prince was shut up, and intrusted to the guardianship and instruction of Eben Bonabben, one of the wisest and dryest of Arabian sages, who had passed the greatest part of his life in Egypt, studying hieroglyphics, and making researches among the tombs and pyramids, and who saw more charms in an Egyptian mummy than in the most tempting of living beauties. The sage was ordered to instruct the prince in all kinds of knowledge but one—he was to be kept utterly ignorant of love.

"Use every precaution for the purpose you may think proper," said the king; "but remember, O Eben Bonabben, if my son learns aught of that forbidden knowledge while under your care, your head shall answer for it."

Una desabrida sonrisa se dibujó en el rostro del sabio Bonabben al oír esta amenaza, y respondió al califa:

—Esté vuestra majestad tranquilo por lo que toca a su hijo como yo lo estoy por mi cabeza; ¿seré yo acaso capaz de dar lecciones de esa ardiente pasión?

Creció el príncipe bajo la vigilancia del filósofo, recluido en el palacio y sus jardines. Tenía para su servicio unos esclavos negros; feísimos y mudos que no sabían ni pizca en materias de amores, y, si algo sabían, no poseían don de palabra para trasmitirlo. Su educación intelectual estaba encomendada al cuidado especial de Eben Bonabben, el cual procuraba iniciarlo en las ciencias abstractas del Egipto; pero el príncipe adelantaba poco, dando palpables muestras de que no le atraía la filosofía.

Era, ciertamente, el joven príncipe extremadamente dócil para seguir las indicaciones que le hacían los demás, guiándose siempre del último que le aconsejaba. Ahogaba su aburrimiento y escuchaba con paciencia las largas y profundas lecciones de Eben Bonabben, con las cuales, aprendiendo algo de cada cosa, llegó a poseer dichosamente a los veinte años una extraordinaria sabiduría, pero ignoraba por completo lo que era el amor.

Por este tiempo se efectuó un cambio en la manera de ser de nuestro príncipe. Abandonó totalmente los estudios, y se aficionó a pasear por los jardines y a meditar al lado de las fuentes. Había aprendido, entre otras varias cosas, un poco de música, con la cual se deleitaba la mayor parte del día, así como también gustaba de la poesía. El filósofo Eben Bonabben se alarmó, y trató de contrarrestar estas aficiones explicándole un pesadísimo curso de álgebra; pero en el regio mozo no despertaba el más leve interés esta árida ciencia, o "¡No la puedo soportar! —decía—; ¡la odio! ¡Necesito algo que me hable al corazón!".

El sabio Eben Bonabben movió su venerable cabeza al oír estas palabras. "¡Ya hemos dado al farote con toda la filosofía! —dijo para sí—. ¡El príncipe ya ha descubierto que tiene corazón!". Desde entonces vigiló con ansiedad a su discípulo, y veía que la latente ternura de su naturaleza estaba en actividad y que sólo necesitaba un objeto.

A withered smile came over the dry visage of the wise Bonabben at the menace. "Let your majesty's heart be as easy about your son, as mine is about my head: am I a man likely to give lessons in the idle passion?"

Under the vigilant care of the philosopher, the prince grew up, in the seclusion of the palace and its gardens. He had black slaves to attend upon him—hideous mutes who knew nothing of love, or if they did, had not words to communicate it. His mental endowments were the peculiar care of Eben Bonabben, who sought to initiate him into the abstruse lore of Egypt; but in this the prince made little progress, and it was soon evident that he had no turn for philosophy.

He was, however, amazingly ductile for a youthful prince, ready to follow any advice, and always guided by the last counsellor. He suppressed his yawns, and listened patiently to the long and learned discourses of Eben Bonabben, from which he imbibed a smattering of various kinds of knowledge, and thus happily attained his twentieth year, a miracle of princely wisdom—but totally ignorant of love.

About this time, however, a change came over the conduct of the prince. He completely abandoned his studies, and took to strolling about the gardens, and musing by the side of the fountains. He had been taught a little music among his various accomplishments; it now engrossed a great part of his time, and a turn for poetry became apparent. The sage Eben Bonabben took the alarm, and endeavored to work these idle humors out of him by a severe course of algebra; but the prince turned from it with distaste. "I cannot endure algebra," said he; "it is an abomination to me. I want something that speaks more to the heart."

The sage Eben Bonabben shook his dry head at the words. "Here is an end to philosophy," thought he. "The prince has discovered he has a heart!" He now kept anxious watch upon his pupil, and saw that the latent tenderness of his nature was in activity, and only wanted an object.

Vagaba Ahmed por los jardines del Generalife con cierta exaltación de sentimientos, cuya causa él desconocía. Unas veces se sentaba y se abismaba en deliciosos ensueños; otras pulsaba su laúd, arrancándole las más tiernas melodías, y después lo arrojaba con desagrado y comenzaba a suspirar y a prorrumpir en extraños lamentos.

Poco a poco se fue manifestando su inclinación al amor hasta con los objetos inanimados; tenía flores favoritas a las que acariciaba con tierna dedicación; más tarde mostraba su cariñosa predilección por ciertos árboles, depositando su amorosa ternura en uno de forma graciosa y delicado ramaje, en cuya corteza grabó su nombre y sobre cuyas ramas colgaba guirnaldas, cantando canciones en su elogio acompañadas de los acordes de su laúd.

Eben Bonabben se alarmó ante el estado de excitación de su pupilo, a quien veía en camino de aprender la ciencia prohibida, pues la más pequeña cosa podría revelarle el fatal secreto. Temblando por la salvación del príncipe y por la seguridad de su cabeza, se apresuró a alejarlo de los encantos del jardín y lo encerró en la torre más alta del Generalife. Contenía esta hermosos departamentos que dominaban un horizonte sin límites, si bien se hallaban, por lo elevados, fuera de aquella atmósfera de sensualidad y a distancia de aquellos risueños bosquecillos tan peligrosos para los sentimientos del impresionable Ahmed.

¿Qué hacer para acostumbrarle a esta soledad y para que no se agotara en tan largas horas de fastidio? Ya había al menos ensayado toda clase de conocimientos, y en cuanto al álgebra, no había que hablarle de ella ni por asomo. Por fortuna, Eben Bonabben aprendió, cuando vivió en Egipto, el lenguaje de los pájaros con un rabino judío que lo había recibido a su vez en línea recta del sabio Salomón, cuyo conocimiento aprendió este de la reina de Saba. No bien le indicó ese estudio, cuando los ojos del príncipe se animaron súbitamente, aplicándose a esta ciencia con tal dedicación que muy pronto se hizo en ella tan experto como su maestro.

He wandered about the gardens of the *Generalife* in an intoxication of feelings of which he knew not the cause. Sometimes he would sit plunged in a delicious reverie; then he would seize his lute, and draw from it the most touching notes, and then throw it aside, and break forth into sighs and ejaculations.

By degrees this loving disposition began to extend to inanimate objects; he had his favorite flowers, which he cherished with tender assiduity; then he became attached to various trees, and there was one in particular, of a graceful form and drooping foliage, on which he lavished his amorous devotion, carving his name on its bark, hanging garlands on its branches, and singing couplets in its praise, to the accompaniment of his lute.

Eben Bonabben was alarmed at this excited state of his pupil. He saw him on the very brink of forbidden knowledge—the least hint might reveal to him the fatal secret. Trembling for the safety of the prince and the security of his own head, he hastened to draw him from the seductions of the garden, and shut him up in the highest tower of the *Generalife*. It contained beautiful apartments, and commanded an almost boundless prospect, but was elevated far above that atmosphere of sweets and those witching bowers so dangerous to the feelings of the too susceptible Ahmed.

What was to be done, however, to reconcile him to this restraint and to beguile the tedious hours? He had exhausted almost all kinds of agreeable knowledge; and algebra was not to be mentioned. Fortunately Eben Bonabben had been instructed, when in Egypt, in the language of birds, by a Jewish Rabbin, who had received it in lineal transmission from Solomon the wise, who had been taught it by the queen of Sheba. At the very mention of such a study, the eyes of the prince sparkled with animation, and he applied himself to it with such avidity, that he soon became as great an adept as his master.

La torre del Generalife no fue ya en adelante solitario lugar, pues tenía a mano compañeros con quienes conversar. La primera amistad que realizó fue con un halcón que había fijado su nido en lo alto de las almenas, desde cuya altura se lanzaba en busca de presas. Con todo, el príncipe encontró poco que alabar en su contertulio, pues no era ni más ni menos que un pirata del aire, estúpido y fanfarrón, que sólo hablaba de rapiña, carnicería y de acciones feroces.

Trabó después amistad con un búho, pájaro de aspecto filosófico, cabeza voluminosa y ojos inmóviles, que se pasaba todo el día graznando y dando cabezadas en un agujero de la pared, saliendo únicamente a merodear por la noche. Mostraba altas pretensiones de sabio, hablaba su poquito de astrología y de la luna, conociendo algo de las artes mágicas; pero su principal afición era la metafísica, encontrando el príncipe más insoportable todavía sus elucubraciones que las del mismo sabio Eben Bonabben.

Encontró después un murciélago que pasaba todo el día agarrado con las patas en un tenebroso rincón de la bóveda, y que sólo salía —es un decir— con chinelas y gorro de dormir en cuanto anochecía. No tenía más que conocimientos a medias de todas las cosas, burlándose de lo que no sabía y de lo que apenas conocía, aparentando no hallar gusto en nada.

Había también una golondrina, de la cual quedó prendado el príncipe al poco tiempo. Era muy habladora, pero atolondrada, bulliciosa, y siempre andaba volando y permanecía raras veces el tiempo suficiente para trabar conversación. Comprendió al fin que era muy superficial, que nada profundizaba y que pretendía conocer todo, sin saber absolutamente nada.

Estos eran los plumíferos amigos con quienes el príncipe tenía oportunidad de ejercitar el nuevo lenguaje que había aprendido, pues la torre era demasiado elevada para que otros pájaros pudieran frecuentarla. Pronto se cansó de sus nuevas amistades, cuyos coloquios hablaban tan poco a la cabeza y nada al corazón; con lo cual poco a poco se fue volviendo a su soledad.

The tower of the *Generalife* was no longer a solitude; he had companions at hand with whom he could converse. The first acquaintance he formed was with a hawk, who built his nest in a crevice of the lofty battlements, whence he soared far and wide in quest of prey. The prince, however, found little to like or esteem in him. He was a mere pirate of the air, swaggering and boastful, whose talk was all about rapine and carnage, and desperate exploits.

His next acquaintance was an owl, a mighty wise looking bird, with a huge head and staring eyes, who sat blinking and goggling all day in a hole in the wall, but roamed forth at night. He had great pretensions to wisdom, talked something of astrology and the moon, and hinted at the dark sciences; he was grievously given to metaphysics, and the prince found his prosings even more ponderous than those of the sage Eben Bonabben.

Then there was a bat, that hung all day by his heels in the dark corner of a vault, but sallied out in slipshod style at twilight. He, however, had but twilight ideas on all subjects, derided things of which he had taken but an imperfect view, and seemed to take delight in nothing.

Besides these there was a swallow, with whom the prince was at first much taken. He was a smart talker, but restless, bustling, and for ever on the wing; seldom remaining long enough for any continued conversation. He turned out in the end to be a mere smatterer, who did but skim over the surface of things, pretending to know every thing, but knowing nothing thoroughly.

These were the only feathered associates with whom the prince had any opportunity of exercising his newly acquired language; the tower was too high for any other birds to frequent it. He soon grew weary of his new acquaintances, whose conversation spoke so little to the head, and nothing to the heart; and gradually relapsed into his loneliness.

Pasó el invierno y regresó la primavera con sus galas y su verdor, y con ella el tiempo feliz en que llegaron los pájaros para hacer sus nidos y empollar sus huevos. Súbitamente empezó a oírse en los bosques y jardines del Generalife un concierto general de dulce melodía, que llegó hasta los oídos del príncipe, prisionero todavía en su torre solitaria. Por todas partes se oía el mismo tema universal, ¡amor!, ¡amor!, ¡amor!, cantado y contestado de mil poéticas maneras y con mil diversas armonías y modulaciones. Escuchaba el príncipe silencioso y perplejo, y decía pensativo. "¿Qué será ese amor de que el mundo parece contagiado y del cual yo no sé una palabra?" Trató de informarse de su amigo el cuervo, pero la rústica ave le respondió con desdén: "Debéis dirigiros a los pájaros vulgares y pacíficos de la tierra, que han nacido para ser presa de nosotros los príncipes del aire. Mi ocupación es la guerra y mis placeres el pelear, y, como guerrero, nada sé de eso que llaman amor."

El príncipe se apartó de él disgustado y buscó al búho, que estaba en su retiro. "Esta es un ave —pensó— de costumbres sosegadas, y me dará la solución del enigma." Preguntó, por tanto, al búho qué era ese amor que a la vez cantaban todos los pájaros del bosque. No bien escuchó la pregunta el búho cuando, ofendido y con rostro serio, le respondió: "Yo paso mis noches ocupado en estudiar, madurando de día en mi celda todo lo que he aprendido. Por lo que toca a esos pájaros de que me habláis, ni los oigo ni los entiendo. Gracias a Allah, no sé cantar; soy filósofo y no me ocupo de lo que se atañe al amor."

Entonces el príncipe se fijó en lo alto de la bóveda, donde se hallaba agarrado con las patas su amigo el murciélago, y le hizo la misma pregunta. El murciélago frunció el hocico con aire de despecho, y le dijo malhumorado:

—¿A qué turbáis mis sueños de la mañana para hacerme una pregunta tan necia? Yo no salgo hasta que oscurece, cuando todos los pájaros duermen ya, y nunca me meto en sus negocios. No soy ni ave ni animal terrestre, de lo que doy infinitas gracias a los cielos; he descubierto los defectos de unos y otros, y aborrezco desde el primero hasta el último. Para terminar: soy misántropo, y nada sé de eso que llaman amor.

A winter passed away, spring opened with all its bloom and verdure and breathing sweetness, and the happy time arrived for birds to pair and build their nests. Suddenly, as it were, a universal burst of song and melody broke forth from the groves and gardens of the *Generalife*, and reached the prince in the solitude of his tower. From every side he heard the same universal theme—love—love—love chanted forth, and responded to in every variety of note and tone. The prince listened in silence and perplexity. "What can be this love," thought he, "of which the world seems so full, and of which I know nothing?" He applied for information to his friend the hawk. The ruffian bird answered in a tone of scorn: "You must apply," said he, "to the vulgar peaceable birds of earth, who are made for the prey of us princes of the air. My trade is war, and fighting my delight. I am a warrior, and know nothing of this thing called love."

The prince turned from him with disgust, and sought the owl in his retreat. "This is a bird," said he, "of peaceful habits, and may be able to solve my question." So he asked the owl to tell him what was this love about which all the birds in the groves below were singing.

Upon this, the owl put on a look of offended dignity. "My nights," said he, "are taken up in study and research, and my days in ruminating in my cell upon all that I have learnt. As to these singing birds of whom you talk, I never listen to them—I despise them and their themes. Allah be praised, I cannot sing; I am a philosopher, and know nothing of this thing called love."

The prince now repaired to the vault, where his friend the bat was hanging by the heels, and propounded the same question. The bat wrinkled up his nose into a most snappish expression. "Why do you disturb me in my morning's nap with such an idle question?" said he, peevishly. "I only fly by twilight, when all birds are asleep, and never trouble myself with their concerns. I am neither bird nor beast, and I thank heaven for it. I have found out the villany of the whole of them, and hate them one and all. In a word, I am a misanthrope—and know nothing of this thing called love."

Como último camino se dirigió el príncipe a la golondrina, deteniéndola cuando se hallaba revoloteando y describiendo círculos en lo alto de la torre. La golondrina, como de costumbre, volaba muy deprisa y no tenía tiempo para contestarle:

—Bajo palabra de honor —le dijo—, tengo tantos negocios que atender y tantas ocupaciones que resolver, que me faltan todos los días mil visitas que pagar y cien mil negocios de importancia que examinar, no quedándome un momento libre para semejante fruslería. En resumen: soy un ave de mundo, y no entiendo lo que es el amor.

Y diciendo esto, voló la golondrina hacia el valle, perdiéndose de vista en un instante.

Quedó el príncipe disgustado y perplejo, pero estimulada cada vez más su curiosidad por la misma dificultad que tenía de poder satisfacerla. Encontrándose en esta tesitura, acertó a entrar su guardián en la torre. El príncipe le salió al encuentro con angustia, y le dijo:

—¡Oh Eben Bonabben! Vos me habéis enseñado la mayor parte de la sabiduría de la tierra, pero hay una cosa acerca de la cual estoy en completa ignorancia, y desearía que me la explicaseis.

—Mi príncipe y señor no tiene más que preguntar, pues todo lo que encierra la limitada inteligencia de este su siervo está a su disposición.

—Decidme, pues, inteligentísimo sabio: ¿qué es eso que llaman el amor?

Eben Bonabben se quedó como si hubiese caído un rayo a sus pies. Tembló, se puso blanco y le parecía que la cabeza se le escapaba ya de los hombros.

—¿Qué cosa ha podido sugeriros semejante pregunta, mi querido príncipe? ¿Dónde habéis aprendido esa vacía palabra?

El príncipe le condujo a la ventana de la torre.

—Escuchad, querido maestro —le dijo.

El sabio se volvió todo oídos. Los ruiseñores de la selva cantaban a sus amantes que posaban en los rosales; de los floridos arbolillos y del espeso ramaje salía un himno melodioso y dulce sobre este solo tema: *¡amor!, ¡amor!, ¡amor!*

As a last resort, the prince now sought the swallow, and stopped him just as he was circling about the summit of the tower. The swallow, as usual, was in a prodigious hurry, and had scarce time to make a reply. "Upon my word," said he, "I have so much public business to attend to, and so many pursuits to follow, that I have had no time to think on the subject. I have every day a thousand visits to pay; a thousand affairs of importance to examine into, that leave me not a moment of leisure for these little sing-song matters. In a word, I am a citizen of the world—I know nothing of this thing called love." So saying, the swallow dived into the valley, and was out of sight in a moment.

The prince remained disappointed and perplexed, but with his curiosity still more piqued by the difficulty of gratifying it. While in this mood, his ancient guardian entered the tower. The prince advanced eagerly to meet him. "O Eben Bonabben," cried he, "thou hast revealed to me much of the wisdom of the earth; but there is one thing of which I remain in utter ignorance, and would fain be informed."

"My prince has but to make the inquiry, and every thing within the limited range of his servant's intellect is at his command."

"Tell me then, O most profound of sages, what is the nature of this thing called love?"

Eben Bonabben was struck as with a thunderbolt. He trembled and turned pale, and felt as if his head sat but loosely on his shoulders.

"What could suggest such a question to my prince—where could he have learnt so idle a word?"

The prince led him to the window of the tower. "Listen, O Eben Bonabben," said he. The sage listened. The nightingale sat in a thicket below the tower, singing to his paramour the rose; from every blossomed spray and tufted grove rose a strain of melody; and love—love—love—was still the unvarying strain.

—¡Allah Akbar! (¡Allah es Grande!) —exclamó el filósofo Bonabben—. ¿Quién pretenderá ocultar este secreto al corazón del hombre, cuando hasta los mismos pájaros conspiran por revelarlo? —entonces, volviéndose a Ahmed, le dijo—: Noble príncipe: cerrad vuestros oídos a esos cantos seductores, y no abráis la inteligencia a esos conocimientos peligrosos. Sabed que ese decantado amor es la causa de la mitad de los males que afligen a la desventurada humanidad, el origen de las amarguras y discordias entre amigos y hermanos; él provoca traiciones, asesinatos y guerras asoladoras; trae consigo dolores y tristezas; va acompañado de días de inquietud y noches de insomnio, marchita el alma y amarga la alegría de los pocos años, y lleva consigo las penas y pesares de una vejez prematura. ¡Allah os conserve, príncipe querido, en completa ignorancia de esa pasión que se llama amor!

Se retiró el sabio Eben Bonabben aturdido, dejando al príncipe abismado en la más profunda perplejidad. En vano intentaba este apartar tal idea de su imaginación, pues persistía aquella, sobreponiéndose a todos sus pensamientos, atormentándole y deshaciéndole en vanas conjeturas. "Seguramente —se decía a sí mismo al escuchar los armoniosos gorjeos de los pajarillos— no hay tristeza en estos trinos, sino que, por el contrario, todo es ternura y alegría. Si el amor es la causa de tantas calamidades y odios, ¿por qué estos pájaros no están abatidos en la soledad o despedazándose los unos a los otros, y en lugar de esto se encuentran revoloteando alegremente por entre los árboles y gozando juntos entre las flores?"

Se encontraba cierta mañana recostado el príncipe en su lecho, meditando sobre tan inexorable misterio, abierta la ventana de su cuarto para aspirar la suave brisa de la mañana, que se elevaba saturada con la fragancia de las flores de los naranjos del valle del Darro, dejándose oír débilmente los trinos de los ruiseñores, que seguían cantando sobre el mismo tema. Embebido y suspirando se hallaba nuestro regio cautivo cuando he aquí que oye un revoloteo por el aire; era un hermoso palomo que, perseguido por un gavilán, entró por la ventana y cayó rendido de cansancio al suelo, en tanto que su perseguidor, no pudiendo hacerlo presa, se marchó volando por las montañas.

"Allah Akbar! God is great!" exclaimed the wise Bonabben. "Who shall pretend to keep this secret from the heart of man, when even the birds of the air conspire to betray it?"

Then turning to Ahmed—"O my prince," cried he, "shut thine ears to these seductive strains. Close thy mind against this dangerous knowledge. Know that this love is the cause of half the ills of wretched mortality. It is this which produces bitterness and strife between brethren and friends; which causes treacherous murder and desolating war. Care and sorrow, weary days and sleepless nights, are its attendants. It withers the bloom and blights the joys of youth, and brings on the ills and griefs of premature old age. Allah preserve thee, my prince, in total ignorance of this thing called love!"

The sage Eben Bonabben hastily retired, leaving the prince plunged in still deeper perplexity. It was in vain he attempted to dismiss the subject from his mind; it still continued uppermost in his thoughts, and teased and exhausted him with vain conjectures. Surely, said he to himself, as he listened to the tuneful strains of the birds, there is no sorrow in those notes; every thing seems tenderness and joy. If love be a cause of such wretchedness and strife, why are not these birds drooping in solitude, or tearing each other in pieces, instead of fluttering cheerfully about the groves, or sporting with each other among flowers?

He lay one morning on his couch meditating on this inexplicable matter. The window of his chamber was open to admit the soft morning breeze, which came laden with the perfume of orange blossoms from the valley of the Darro. The voice of the nightingale was faintly heard, still chanting the wonted theme. As the prince was listening and sighing, there was a sudden rushing noise in the air; a beautiful dove, pursued by a hawk, darted in at the window, and fell panting on the floor; while the pursuer, balked of his prey, soared off to the mountains.

Levantó el príncipe al ave fatigada, la mimó y la abrigó en su seno. Luego que la hubo sosegado con sus caricias, lo metió en una jaula de oro, ofreciéndole con sus propias manos hermoso trigo blanco y agua cristalina. El pobre palomo, a pesar de ello, no quería comer y permanecía melancólico y triste, exhalando lastimeros quejidos.

—¿Qué te ocurre? —le dijo Ahmed—. ¿No tienes todo lo que puedes desear?

—¡Ay, no! —le replicó el palomo—. ¡Me veo separado de mi amada compañera, y en la hermosa época de la primavera, época del amor!

—¡Del amor!… —respondió Ahmed—. Ave querida: ¿podrás explicarme tú lo que es el amor?

—¡Desde luego, príncipe mío! El amor es el tormento de uno, la felicidad de dos y la lucha y enemistad de tres; es un encanto que atrae a dos seres y los une por irresistibles simpatías, haciéndolos felices cuando están juntos, pero desgraciados cuando están separados. ¿Acaso no existe un ser con quien tú te encuentres ligado por este vínculo del amor?

—Sí, yo amo a mi anciano maestro Eben Bonabben más que a todos los demás seres; pero suele parecerme con frecuencia plomizo, y me creo más feliz muchas veces sin su compañía.

—No es esa la simpatía a la que me referí. Yo me remito al amor, el gran misterio y principio de la vida; al sueño exaltado de la juventud; a la sombría felicidad de la edad madura. Mira a tu alrededor, ¡oh príncipe!, y verás cómo a esta deliciosa estación toda la Naturaleza está respirando ese tierno amor. Cada ser tiene su compañero: el pájaro más insignificante canta a su pareja; hasta el mismo escarabajo corteja a su amante en el polvo, y aquellas mariposas que ves revoloteando por encima de la torre y jugando en el aire, todos son felices con su amor. ¡Ay, príncipe mío! ¿Has desperdiciado los preciosos días de tu juventud sin saber nada de lo que es el amor? ¿No hay ningún gentil ser del otro sexo, una hermosa princesa, una enamorada dama, que haya cautivado tu corazón, que haya hecho vibrar tu pecho con un suave conjunto de agradables penas y de tiernos anhelos?

—Ya empiezo a comprender —dijo el príncipe gimiendo—; yo he experimentado esa inquietud no pocas veces, pero sin saber el porqué; pero ¿dónde encontraría ese objeto, tal como tú me lo describes, en esta terrible soledad?

The prince took up the gasping bird, smoothed its feathers, and nestled it in his bosom. When he had soothed it by his caresses, he put it in a golden cage, and offered it, with his own hands, the whitest and finest of wheat and the purest of water. The bird, however, refused food, and sat drooping and pining, and uttering piteous moans.

"What aileth thee?" said Ahmed. "Hast thou not every thing thy heart can wish?"

"Alas, no!" replied the dove; "am I not separated from the partner of my heart, and that too in the happy spring-time, the very season of love!"

"Of love!" echoed Ahmed; "I pray thee, my pretty bird, canst thou tell me what is love?"

"Too well can I, my prince. It is the torment of one, the felicity of two, the strife and enmity of three. It is a charm which draws two beings together, and unites them by delicious sympathies, making it happiness to be with each other, but misery to be apart. Is there no being to whom you are drawn by these ties of tender affection?"

"I like my old teacher Eben Bonabben better than any other being; but he is often tedious, and I occasionally feel myself happier without his society."

"That is not the sympathy I mean. I speak of love, the great mystery and principle of life: the intoxicating revel of youth; the sober delight of age. Look forth, my prince, and behold how at this blest season all nature is full of love. Every created being has its mate; the most insignificant bird sings to its paramour; the very beetle woos its lady-beetle in the dust, and yon butterflies which you see fluttering high above the tower, and toying in the air, are happy in each other's loves. Alas, my prince hast thou spent so many of the precious days of youth without knowing any thing of love? Is there no gentle being of another sex—no beautiful princess nor lovely damsel who has ensnared your heart, and filled your bosom with a soft tumult of pleasing pains and tender wishes?"

"I begin to understand," said the prince, sighing; "such a tumult I have more than once experienced, without knowing the cause; and where should I seek for an object such as you describe, in this dismal solitude?"

Se alargó algún rato más esta conversación, con lo que la primera lección del amor que recibió el inexperto monarca fue del todo completa.

—¡Ay! —dijo—. ¡Si el amor es tal delicia y su interrupción tal dolor, no permita Allah que yo perturbe la alegría de los que aman!

Y, abriendo la jaula, sacó al palomo y, después de haberlo besado, lo puso en la ventana con estas palabras:

—Vuela, ave feliz, y regocíjate con tu amada compañera en los días de tu juventud primaveral. ¿Para qué te he de tener prisionera en esta solitaria torre, donde nunca podrá penetrar el amor?

El palomo batió sus alas en señal de contento, describió un círculo en el aire y voló después rápidamente hacia las floridas alamedas del Darro.

Le siguió el príncipe con la vista, quedando después abismado en amargas reflexiones. El canto de los pájaros, que antes le deleitaba, ya le hacía más triste su soledad. *¡Amor!, ¡amor!, ¡amor!* ¡Ah, pobre joven! ¡Entonces conoció lo que significaban estos trinos!

Cuando vio al filósofo Eben Bonabben, sus ojos despedían chispas.

—¿Por qué me habéis tenido en esta perversa ignorancia? —le dijo duramente—. ¿Por qué me habéis ocultado el gran misterio y principio de la vida, cuando lo sabe el más insignificante de los seres? Observad cómo la Naturaleza entera se entrega a estos sueños de felicidad, y cómo todas las criaturas se solazan con su compañera. ¡Este, este es el amor que yo quería conocer! ¿Por qué se me prohíbe gozar de él? ¿Por qué se han consumido los días de mi juventud sin saber nada acerca de tales goces?

El sabio Bonabben comprendió que era inútil toda ocultación pues el príncipe conocía ya la peligrosa ciencia prohibida. Por tanto, le reveló las predicciones de los astrólogos y las precauciones que se habían tomado en su educación para conjurar las desgraciadas premoniciones.

—Y ahora, príncipe mío —añadió—, mi vida está en vuestras manos. En cuanto descubra vuestro severo padre que habéis aprendido al fin lo que es el amor, como estáis bajo mi cargo, sabed que mi cabeza tendrá que responder de vuestra ciencia.

A little further conversation ensued, and the first amatory lesson of the prince was complete.

"Alas!" said he, "if love be indeed such a delight, and its interruption such a misery, Allah forbid that I should mar the joy of any of its votaries." He opened the cage, took out the dove, and having fondly kissed it, carried it to the window. "Go, happy bird," said he, "rejoice with the partner of thy heart in the days of youth and spring-time. Why should I make thee a fellow-prisoner in this dreary tower, where love can never enter?"

The dove flapped its wings in rapture, gave one vault into the air, and then swooped downward on whistling wings to the blooming bowers of the Darro.

The prince followed him with his eyes, and then gave way to bitter repining. The singing of the birds which once delighted him, now added to his bitterness. Love! love! love! Alas, poor youth! he now understood the strain.

His eyes flashed fire when next he beheld the sage Bonabben. "Why hast thou kept me in this abject ignorance?" cried he. "Why has the great mystery and principle of life been withheld from me, in which I find the meanest insect is so learned? Behold all nature is in a revel of delight. Every created being rejoices with its mate. This—this is the love about which I have sought instruction. Why am I alone debarred its enjoyment? Why has so much of my youth been wasted without a knowledge of its raptures?"

The sage Bonabben saw that all further reserve was useless; for the prince had acquired the dangerous and forbidden knowledge. He revealed to him, therefore, the predictions of the astrologers, and the precautions that had been taken in his education to avert the threatened evils. "And now, my prince," added he, "my life is in your hands. Let the king your father discover that you have learned the passion of love while under my guardianship, and my head must answer for it."

El príncipe era tan sensato, a pesar de su juventud, que escuchó las reflexiones de su tutor sin oponer a ellas la más leve objeción. Además, como profesaba verdadero afecto a Eben Bonabben y no conocía todavía el amor más que teóricamente, consintió en enterrar en el fondo de su corazón lo que había aprendido, antes que dar lugar a que peligrase la cabeza del filósofo.

Su discreción, sin embargo, tuvo que sufrir bien pronto una prueba más dura. Pocas mañanas después se encontraba meditando en los adarves de la torre cuando vio que venía cerniéndose por los aires el palomo a quien había dado libertad, y que se le posaba confiadamente en sus hombros.

El príncipe lo acarició contra su pecho y le dirigió estas palabras:

—Ave feliz, que puedes volar con la rapidez con que la luz de la mañana se extiende hasta las más lejanas regiones de la tierra: ¿dónde has estado desde que nos vimos por última vez?

—En una tierra muy lejana, príncipe amado, de la cual te traigo felices nuevas en premio de mi libertad. En mi acompasado vuelo, extendiéndome por llanuras y montañas, y conforme iba cortando el aire, divisé debajo de mí un jardín delicioso, rico en toda clase de flores y frutos. Junto a una verde pradera se precipitaba una límpida y hermosa corriente, y en el centro del jardín se levantaba un majestuoso palacio. Me posé sobre un árbol para descansar de mi cansado vuelo, y vi junto al césped de la ribera y por debajo de mí una bellísima princesa en la flor de su juventud y de su hermosura, rodeada de sus doncellas y sirviente tan jóvenes como ella, que venían ciñendo su frente con guirnaldas y coronas de flores, cuando, ¡ay!, no había flor silvestre ni de jardín que pudiera compararse con su belleza. Oculta en aquel retiro pasaba los días de su vida, pues el jardín se hallaba rodeado de elevadas murallas, no permitiéndosele la entrada en él a ningún mortal humano. Cuando vi a aquella hermosa doncella tan joven, tan pura, tan inocente de las cosas del mundo, musité para mí: "He aquí el ser creado por el cielo para inspirar amor a mi príncipe benefactor."

The prince was as reasonable as most young men of his age, and easily listened to the remonstrances of his tutor, since nothing pleaded against them. Besides, he really was attached to Eben Bonabben, and being as yet but theoretically acquainted with the passion of love, he consented to confine the knowledge of it to his own bosom, rather than endanger the head of the philosopher.

His discretion was doomed, however, to be put to still further proofs. A few mornings afterwards, as he was ruminating on the battlements of the tower, the dove which had been released by him came hovering in the air, and alighted fearlessly upon his shoulder.

The prince fondled it to his heart. "Happy bird," said he, "who can fly, as it were, with the wings of the morning to the uttermost parts of the earth. Where hast thou been since we parted?"

"In a far country, my prince, whence I bring you tidings in reward for my liberty. In the wild compass of my flight, which extends over plain and mountain, as I was soaring in the air, I beheld below me a delightful garden with all kinds of fruits and flowers. It was in a green meadow, on the banks of a wandering stream; and in the centre of the garden was a stately palace. I alighted in one of the bowers to repose after my weary flight. On the green bank below me was a youthful princess, in the very sweetness and bloom of her years. She was surrounded by female attendants, young like herself, who decked her with garlands and coronets of flowers; but no flower of field or garden could compare with her for loveliness. Here, however, she bloomed in secret, for the garden was surrounded by high walls, and no mortal man was permitted to enter. When I beheld this beauteous maid, thus young and innocent and unspotted by the world, I thought, here is the being formed by heaven to inspire my prince with love."

Este relato de la cariñosa ave fue una chispa de fuego que inflamó el corazón del afligido príncipe: como que todo el amor latente hasta entonces en su alma encontraba de pronto su objeto anhelado. Se sintió, pues, el noble príncipe ardientemente enamorado de la princesa, y al punto le escribió una carta redactada en lenguaje apasionadísimo, respirando el más cálido amor y quejándose de la nefasta prisión que le impedía ir en su busca para postrarse rendido a sus pies. Añadió también varias poesías de tiernísima y conmovedora elocuencia, pues era poeta por naturaleza, y aún más entonces, inspirado por el amor. Puso la dirección en su carta de esta manera: *A la bella desconocida, del príncipe cautivo, Ahmed*; y finalmente, después de perfumarla con almizcle y rosas, se la entregó al palomo.

—Marcha, fidelísimo mensajero —le dijo—. Vuela por montañas y valles, ríos y llanuras; no descanses en rama ni te poses sobre la tierra hasta que hayas entregado esta carta a la dueña de mis pensamientos.

El palomo se elevó por los aires y, remontando el vuelo, partió como una flecha en línea recta. El príncipe lo siguió con la vista hasta que no se vio más que un punto negro sobre las nubes, desapareciendo paulatinamente tras las montañas.

Día tras día aguardaba el príncipe el regreso del mensajero de amor, pero todo en vano. Comenzó ya a acusarle de ingratitud, cuando cierta tarde, a la caída del sol, entró volando repentinamente el ave fidelísima en su aposento y expiró, cayendo a sus pies. La flecha de algún malvado cazador había atravesado su pecho. Con todo, había luchado con agonías de la muerte hasta dejar cumplida su misión. Se inclinó el príncipe, angustiado de dolor, sobre aquel venerable mártir de la fidelidad, cuando notó que tenía una cadena de perlas alrededor de su cuello, y pendiente de ella y junto a las alas una miniatura esmaltada que representaba el retrato de una hermosísima princesa en la flor de su juventud. Era, sin duda, la desconocida beldad del jardín; pero ¿quién era y dónde residía? ¿Había recibido la carta y enviaba este retrato en señal de amorosa correspondencia? Por desgracia, la muerte del fiel palomo mensajero dejaba envuelto este percance en el más profundo misterio.

The description was a spark of fire to the combustible heart of Ahmed; all the latent amorousness of his temperament had at once found an object, and he conceived an immeasurable passion for the princess. He wrote a letter, couched in the most impassioned language, breathing his fervent devotion, but bewailing the unhappy thraldom of his person, which prevented him from seeking her out and throwing himself at her feet. He added couplets of the most moving eloquence, for he was a poet by nature, and inspired by love. He addressed his letter—"To the unknown beauty, from the captive Prince Ahmed"; then, perfuming it with musk and roses, he gave it to the dove.

"Away, trustiest of messengers!" said he. "Fly over mountain and valley, and river, and plain; rest not in bower, nor set foot on earth, until thou hast given this letter to the mistress of my heart."

The dove soared high in air, and taking his course darted away in one undeviating direction. The prince followed him with his eye until he was a mere speck on a cloud, and gradually disappeared behind a mountain.

Day after day he watched for the return of the messenger of love, but he watched in vain. He began to accuse him of forgetfulness, when towards sunset one evening the faithful bird fluttered into his apartment, and falling at his feet expired. The arrow of some wanton archer had pierced his breast, yet he had struggled with the lingerings of life to execute his mission. As the prince bent with grief over this gentle martyr to fidelity, he beheld a chain of pearls round his neck, attached to which, beneath his wing, was a small enamelled picture. It represented a lovely princess in the very flower of her years. It was doubtless the unknown beauty of the garden; but who and where was she—how had she received his letter, and was this picture sent as a token of her approval of his passion? Unfortunately the death of the faithful dove left every thing in mystery and doubt.

El príncipe miraba ensimismado el precioso retrato, hasta que sus ojos se llenaron de lágrimas, lo llevaba a sus labios y lo estrechaba contra su pecho, mirándolo sin cesar con melancólica ternura. "¡Hermosa imagen! No eres, ¡ay!, más que una imagen, y, sin embargo, tus tiernos ojos parece que se fijan en mí; tus labios de rosa semejan querer infundirme ánimo. ¡Vanas ilusiones!... ¿No han mirado nunca del mismo modo a otro rival más afortunado que yo? ¿Dónde podré yo encontrar en este mundo el original? ¿Quién sabe cuántos reinos y montañas nos separarán y cuántas desgracias se ciernen sobre nosotros? ¡Acaso en este mismo momento se verá rodeada de solícitos amantes mientras que yo, triste prisionero en esta torre, paso y pasaré mis días adorando una pintura ilusoria..."

El príncipe Ahmed se decidió a tomar una resolución. "Huiré de este palacio —se dijo— que me sirve de odiosa prisión, y, peregrino del amor buscaré a esa desconocida princesa por todo el orbe." Intentar la huida de la torre durante el día, cuando todo el mundo se hallaba despierto, era bastante difícil; pero por la noche el palacio no estaba muy vigilado, pues nadie sospechaba en el príncipe una osadía de esta clase, cuando siempre se había mostrado contento en su cautividad. ¿Y cómo guiarse para huir entre las tinieblas nocturnas, no conociendo el país? Se acordó entonces del búho, que, como salía a volar de noche, debía conocer todos los rincones y pasos ocultos. Fue, pues, a buscarle en su abertura, y le interrogó acerca de su conocimiento sobre el país. Al oír esto, le contestó dándose importancia:

—Habéis de saber, ¡oh príncipe!, que nosotros los búhos somos una familia tan antigua como numerosa; hemos decaído algo, pero poseemos todavía castillos ruinosos y palacios en toda España; no hay torre en la montaña, fortaleza en el llano, ni antigua ciudadela en la población, que no sirva de abrigo a algún hermano, tío o primo nuestro. Habiendo hecho un viaje para visitar mis numerosos parientes, recorrí todos los rincones y escondrijos, enterándome de camino de los sitios secretos del país.

Se alegró el príncipe de haber hallado al búho tan profundamente versado en topografía, y le informó, por último, en confianza, de su tierna pasión y de su proyectada fuga, rogándole al mismo tiempo que le sirviese de consejero.

The prince gazed on the picture till his eyes swam with tears. He pressed it to his lips and to his heart; he sat for hours contemplating it almost in an agony of tenderness. "Beautiful image!" said he, "alas, thou art but an image! Yet thy dewy eyes beam tenderly upon me; those rosy lips look as though they would speak encouragement: vain fancies! Have they not looked the same on some more happy rival? But where in this wide world shall I hope to find the original? Who knows what mountains, what realms may separate us; what adverse chances may intervene? Perhaps now, even now, lovers may be crowding around her, while I sit here a prisoner in a tower, wasting my time in adoration of a painted shadow."

The resolution of Prince Ahmed was taken. "I will fly from this palace," said he, "which has become an odious prison; and, a pilgrim of love, will seek this unknown princess throughout the world." To escape from the tower in the day, when every one was awake, might be a difficult matter; but at night the palace was slightly guarded; for no one apprehended any attempt of the kind from the prince, who had always been so passive in his captivity. How was he to guide himself, however, in his darkling flight, being ignorant of the country?

He bethought him of the owl, who was accustomed to roam at night, and must know every by-lane and secret pass. Seeking him in his hermitage, he questioned him touching his knowledge of the land. Upon this the owl put on a mighty self-important look. "You must know, O prince," said he, "that we owls are of a very ancient and extensive family, though rather fallen to decay, and possess ruinous castles and palaces in all parts of Spain. There is scarcely a tower of the mountains, or a fortress of the plains, or an old citadel of a city, but has some brother or uncle, or cousin, quartered in it; and in going the rounds to visit this my numerous kindred, I have pryed into every nook and corner, and made myself acquainted with every secret of the land."

The prince was overjoyed to find the owl so deeply versed in topography, and now informed him, in confidence, of his tender passion and his intended elopement, urging him to be his companion and counsellor.

—¡Marchad en hora mala! —le contestó el búho, mostrando su enfado—. ¿Acaso soy ave que deba ocuparme en amores?… ¿Yo, que he consagrado mi vida a la meditación y a los astros?

—No os enojéis, honorabilísimo búho —le dijo el príncipe—; dejad por un poco tiempo de meditar en las estrellas y ayudadme en mi fuga, y os daré todo cuanto podáis ambicionar.

—Yo tengo todo cuanto necesito —le replicó el búho—: unos cuantos ratones son suficientes para mi frugal sustento, y este agujero me basta para mis estudios; ¿qué más puede anhelar un filósofo?

—Acordaos, ¡oh sapientísimo búho!, que mientras pasáis la vida vegetando en vuestra celda y observando la luna, todo vuestro talento está perdido para el mundo. Algún día seré soberano, y entonces os colocaré en un puesto de honor y dignidad.

El búho, aunque filósofo abstraído de las necesidades ordinarias de la vida, no estaba libre de codicia, por lo que consintió, al fin, en huir con el príncipe, sirviéndole de guía y consejero en su peregrinación.

Como los amantes ponen por obra sin dilación sus planes de amor, el príncipe reunió sus joyas y las escondió entre sus vestidos, destinándolas para los gastos del viaje, y aquella misma noche se descolgó con su ceñidor por el ajimez de la torre, escalando las murallas exteriores del Generalife, y salvó las montañas antes del amanecer, guiado por el búho.

Deliberó después con su mentor sobre la ruta más adecuada que debían tomar.

—Si valiese mi parecer —le dijo el búho—, yo os recomendaría que fuésemos a Sevilla, pues habéis de saber que viajé allí a visitar, hace ya de esto muchos años, a un búho tío mío, que gozaba de gran dignidad y poderío, el cual habitaba en un ángulo arruinado del Alcázar en aquella ciudad. En mis salidas nocturnas a la población observé con frecuencia una luz que brillaba en una torre solitaria. Me posé entonces sobre el adarve y vi que procedía de la lámpara de un mago árabe a quien observé rodeado de sus libros mágicos, sosteniendo en el hombro a un viejo cuervo, su favorito, que había traído consigo de Egipto. Tengo amistad con ese cuervo y a él le debo gran parte de la ciencia que poseo. El mago murió mucho después; pero el cuervo habita todavía en la torre, pues sabido es que esas aves gozan de larga vida.

"Go to!" said the owl, with a look of displeasure; "am I a bird to engage in a love affair? I whose whole time is devoted to meditation and the moon?"

"Be not offended, most solemn owl," replied the prince; "abstract thyself for a time from meditation and the moon, and aid me in my flight, and thou shalt have whatever heart can wish."

"I have that already," said the owl: "a few mice are sufficient for my frugal table, and this hole in the wall is spacious enough for my studies; and what more does a philosopher like myself desire?"

"Bethink thee, most wise owl, that while moping in thy cell and gazing at the moon, all thy talents are lost to the world. I shall one day be a sovereign prince, and may advance thee to some post of honor and dignity."

The owl, though a philosopher and above the ordinary wants of life, was not above ambition; so he was finally prevailed on to elope with the prince, and be his guide and mentor in his pilgrimage.

The plans of a lover are promptly executed. The prince collected all his jewels, and concealed them about his person as travelling funds. That very night he lowered himself by his scarf from a balcony of the tower, clambered over the outer walls of the *Generalife*, and, guided by the owl, made good his escape before morning to the mountains.

He now held a council with his mentor as to his future course.

"Might I advise," said the owl, "I would recommend you to repair to Seville. You must know that many years since I was on a visit to an uncle, an owl of great dignity and power, who lived in a ruined wing of the Alcazar of that place. In my hoverings at night over the city I frequently remarked a light burning in a lonely tower. At length I alighted on the battlements, and found it to proceed from the lamp of an Arabian magician: he was surrounded by his magic books, and on his shoulder was perched his familiar, an ancient raven who had come with him from Egypt. I am acquainted with that raven, and owe to him a great part of the knowledge I possess. The magician is since dead, but the raven still inhabits the tower, for these birds are of wonderful long life.

Yo os aconsejo, ¡oh príncipe!, que busquemos al cuervo, porque es un gran zahorí y hechicero y conoce perfectamente la magia negra, por la que son tan famosos todos los cuervos, en especial los de Egipto.

Permaneció el príncipe maravillado de la sabiduría que encerraba este consejo, y tomó, por tanto, la dirección hacia Sevilla. Caminaba solamente de noche, para complacer a su compañero, descansando de día en alguna tenebrosa caverna o derruida torre, pues el búho conocía todos los escondrijos y guaridas, tenía auténtica pasión de anticuario por las ruinas.

Por fin, una mañana, al llegar el alba, alcanzaron a Sevilla, donde el búho, que detestaba el resplandor y el ruido de las calles, hizo alto fuera de las puertas de la ciudad sentando sus reales en el hueco de un árbol.

Atravesó el príncipe la puerta, y encontró al poco tiempo la torre mágica, que sobresale por encima de las casas de la ciudad, del mismo modo que la palomera se eleva sobre las hierbas del desierto; era, en resumen, la misma torre que existe actualmente conocida con el nombre de *La Giralda,* renombrada torre morisca de Sevilla.

El príncipe subió por una gran escalera de caracol a lo alto de la torre, donde encontró el cabalístico cuervo, ave misteriosa con la cabeza encanecida y casi sin plumas y con una nube en un ojo que le hacía parecer un fantasma; mirando con el ojo que le quedaba un diagrama dibujado sobre el pavimento.

Se acercó el príncipe a él con el respeto y reverencia que inspiraban su venerable aspecto y sobrenatural sabiduría, y le dijo:

—Perdonad. ¡oh venerable y sabio cuervo mágico!, si interrumpo por un momento vuestros estudios, admiración del mundo entero. Aquí tenéis delante a un peregrino del amor, que desea pediros consejo para lograr el objeto de su pasión.

—Decidme claramente —le dijo el cuervo dirigiéndole una mirada significativa— si es que queréis consultar mi ciencia adivinatoria; si es eso, mostradme vuestra mano y dejadme descifrar las misteriosas líneas de la fortuna.

—Dispensad —le dijo el príncipe—. No vengo para conocer los decretos del destino, ocultos por Allah a la vista de los mortales, sino que, peregrino del amor, deseo solamente conocer la respuesta para encontrar el objeto de mi peregrinaje.

I would advise you, O prince, to seek that raven, for he is a soothsayer and a conjurer, and deals in the black art, for which all ravens, and especially those of Egypt, are renowned."

The prince was struck with the wisdom of this advice, and accordingly bent his course towards Seville. He travelled only in the night, to accommodate his companion, and lay by during the day in some dark cavern or mouldering watchtower, for the owl knew every hiding hole of the kind, and had a most antiquarian taste for ruins.

At length one morning at daybreak they reached the city of Seville, where the owl, who hated the glare and bustle of crowded streets, halted without the gate, and took up his quarters in a hollow tree.

The prince entered the gate, and readily found the magic tower, which rose above the houses of the city, as a palm-tree rises above the shrubs of the desert; it was in fact the same tower standing at the present day, and known as the *Giralda*, the famous Moorish tower of Seville.

The prince ascended by a great winding staircase to the summit of the tower, where he found the cabalistic raven, an old, mysterious, gray-headed bird, ragged in feather, with a film over one eye that gave him the glare of a spectre. He was perched on one leg, with his head turned on one side, poring with his remaining eye on a diagram described on the pavement.

The prince approached him with the awe and reverence naturally inspired by his venerable appearance and supernatural wisdom. "Pardon me, most ancient and darkly wise raven," exclaimed he, "if for a moment I interrupt those studies which are the wonder of the world. You behold before you a votary of love, who would fain seek your counsel how to obtain the object of his passion."

"In other words," said the raven, with a significant look, "you seek to try my skill in palmistry. Come, show me your hand, and let me decipher the mysterious lines of fortune."

"Excuse me," said the prince, "I come not to pry into the decrees of fate, which are hidden by Allah from the eyes of mortals; I am a pilgrim of love, and seek but to find a clue to the object of my pilgrimage."

—¿Con que se os presentan obstáculos para encontrar el objeto de vuestra pasión en la seductora Andalucía? —le dijo el viejo cuervo escudriñándole con el único ojo que le quedaba—. Pero ¿cómo demonios os halláis perplejo en una Sevilla, donde bailan la zambra mil bellezas de ojos negros bajo las capas de los naranjos?

Se sonrojó el príncipe oyendo hablar tan libremente al cínico cuervo, y le dijo con gravedad:

—Creedme, amigo mío; yo no persigo empresa tan inútil y deshonroso como me insinúas. Las beldades de ojos negros de Andalucía que bailan bajo los naranjos del Guadalquivir no tienen que ver nada con mi aventura; yo busco a una doncella purísima, al original de este retrato. Así, pues, os ruego, ¡oh poderosísimo cuervo!, que me digáis si está al alcance de vuestra ciencia, de vuestra inteligencia o de vuestro arte el decirme dónde podré hallarla.

El viejo cuervo se sintió confundido ante la severa gravedad del príncipe.

—¿Qué he de saber yo —le dijo con aspereza— de juventud ni de belleza? Yo solamente visito a los viejos y a los decrépitos, no a los frescos y jóvenes. Yo soy el anunciador del destino, y mi misión es cantar los presagios de la muerte desde lo alto de las chimeneas, batiendo mis alas junto a las ventanas de los enfermos. Podéis ir, por tanto, a otra parte en busca de esas noticias relativas a vuestra bella desconocida.

—¿Y dónde ir a buscarla sino entre los hijos de la sabiduría, versados en el *Libro del Destino*? Debéis de saber que soy un augusto príncipe influido por las estrellas, y que me encuentro destinado a llevar a cabo una misión misteriosa de la cual depende la suerte de imperios.

Cuando el cuervo conoció que era un asunto de trascendencia en el cual influían las estrellas, cambió de tono y ademanes y escuchó con profundo interés la historia del príncipe. Después que este concluyó su relato, le dijo:

—Por lo que toca a esa princesa, no puedo informaros, pues yo no acostumbro a volar por los jardines ni por las cámaras frecuentadas por las damas; pero dirigid vuestros pasos a Córdoba, buscad la palmera del gran Abderramán, que está en el patio de la mezquita principal, y al pie de ella encontraréis un gran viajero que ha visitado todas las cortes y países y que ha sido favorito de reinas y princesas. Éste os facilitará cuantas noticias desean sobre el objeto de vuestros impedimentos de sueño.

"And can you be at any loss for an object in amorous Andalusia?" said the old raven, leering upon him with his single eye; "above all, can you be at a loss in wanton Seville, where black-eyed damsels dance the zambra under every orange grove?"

The prince blushed, and was somewhat shocked at hearing an old bird with one foot in the grave talk thus loosely. "Believe me," said he, gravely, "I am on none such light and vagrant errand as thou dost insinuate. The black-eyed damsels of Andalusia who dance among the orange groves of the Guadalquivir are as naught to me. I seek one unknown but immaculate beauty, the original of this picture; and I beseech thee, most potent raven, if it be within the scope of thy knowledge or the reach of thy art, inform me where she may be found."

The gray-headed raven was rebuked by the gravity of the prince.

"What know I," replied he, dryly, "of youth and beauty? my visits are to the old and withered, not the fresh and fair: the harbinger of fate am I; who croak bodings of death from the chimney top, and flap my wings at the sick man's window. You must seek elsewhere for tidings of your unknown beauty."

"And where can I seek if not among the sons of wisdom, versed in the book of destiny? Know that I am a royal prince, fated by the stars, and sent on a mysterious enterprise on which may hang the destiny of empires."

When the raven heard that it was a matter of vast moment, in which the stars took interest, he changed his tone and manner, and listened with profound attention to the story of the prince. When it was concluded, he replied, "Touching this princess, I can give thee no information of myself, for my flight is not among gardens, or around ladies' bowers; but hie thee to Cordova, seek the palm-tree of the great Abderahman, which stands in the court of the principal mosque: at the foot of it thou wilt find a great traveller who has visited all countries and courts, and been a favorite with queens and princesses. He will give thee tidings of the object of thy search."

—Mil gracias por dato tan precioso —respondió el príncipe—. ¡Pasadlo bien, venerabilísimo hechicero!

—Adiós, peregrino del amor —le dijo el cuervo con brusquedad; y volvió a entregarse de nuevo al estudio de su diagrama.

Salió el príncipe de Sevilla, se reunió con su compañero de viaje, el búho, que aún dormitaba en el árbol, y ambos se dirigieron hacia Córdoba.

Fueron aproximándose poco a poco a esta ciudad, cruzando los jardines y los bosques de naranjos y limoneros que dominaba el hermoso valle del Guadalquivir. Cuando llegaron a las puertas de Córdoba el búho voló a un oscuro agujero que había en la muralla, y el príncipe prosiguió su camino en busca de la palmera plantada en los antiguos tiempos por la mano del gran Abderramán, la cual se alzaba lozana en medio del patio de la mezquita, por encima de los naranjos y cipreses. Algunos derviches y alfaquíes se hallaban sentados en grupos bajo las galerías del patio, y multitud de fieles hacían sus abluciones en la fuente que se encontraba a la entrada de la mezquita.

Al pie de la palmera había un numeroso concurso escuchando las palabras de uno que parecía hablar con extraordinaria vivacidad. "Ese debe ser —pensó el príncipe— el gran viajero que me ha de dar noticias de mi desconocida princesa." Se agregó a la multitud, y se quedó grandemente sorprendido cuando vio que aquel a quien todos escuchaban era un papagayo de brillante plumaje verde, mirada insolente, y penacho característico, el cual parecía mostrarse muy orgulloso de sí mismo.

—¿Cómo es —dijo el príncipe a uno de sus acompañantes— que tantas personas de buen sentido se complazcan en la charla incoherente de ese volátil parlanchín?

—Bien se conoce que no sabéis de quién estáis hablando —le respondió el interrogado—. Ese papagayo es descendiente de aquel otro famoso de Persia, tan famoso por su habilidad para contar cuentos: tiene toda la sabiduría del Oriente, en la punta de la lengua, y recita versos tan deprisa y corriendo como se habla. Ha sido huésped de diferentes cortes extranjeras, en las que ha sido considerado como un oráculo de erudición, teniendo principalmente gran predicamento entre el bello sexo que admira mucho a los papagayos que saben recitar poesías.

"Many thanks for this precious information," said the prince. "Farewell, most venerable conjurer."

"Farewell, pilgrim of love," said the raven, dryly, and again fell to pondering on the diagram.

The prince sallied forth from Seville, sought his fellow-traveller the owl, who was still dozing in the hollow tree, and set off for Cordova.

He approached it along hanging gardens, and orange and citron groves, overlooking the fair valley of the Guadalquivir. When arrived at its gates the owl flew up to a dark hole in the wall, and the prince proceeded in quest of the palm-tree planted in days of yore by the great Abderahman. It stood in the midst of the great court of the mosque, towering from amidst orange and cypress trees. Dervises and Faquirs were seated in groups under the cloisters of the court, and many of the faithful were performing their ablutions at the fountains before entering the mosque.

At the foot of the palm-tree was a crowd listening to the words of one who appeared to be talking with great volubility. "This," said the prince to himself, "must be the great traveller who is to give me tidings of the unknown princess." He mingled in the crowd, but was astonished to perceive that they were all listening to a parrot, who with his bright green coat, pragmatical eye, and consequential top-knot, had the air of a bird on excellent terms with himself.

"How is this," said the prince to one of the bystanders, "that so many grave persons can be delighted with the garrulity of a chattering bird?"

"You know not whom you speak of," said the other; "this parrot is a descendant of the famous parrot of Persia, renowned for his story-telling talent. He has all the learning of the East at the tip of his tongue, and can quote poetry as fast as he can talk. He has visited various foreign courts, where he has been considered an oracle of erudition. He has been a universal favorite also with the fair sex, who have a vast admiration for erudite parrots that can quote poetry."

—¡Basta! —dijo el príncipe—. Desearía hablar en privado con este distinguido viajero.

Solicitó, pues, una entrevista a solas, y en ella le expuso el objeto de su peregrinación. No bien hubo concluido de hablar, cuando se echó a reír a carcajadas el papagayo, hasta el punto que parecía iba a estallar de risa.

—Perdonad mi alegría —le dijo—, pero la sola palabra *amor* me hace soltar la carcajada.

El príncipe quedó perplejo por aquella risa extemporánea, y le dijo:

—Pues qué, ¿no es el amor el gran misterio de la Naturaleza, el principio secreto de la vida, el vínculo universal de la simpatía?…

—¡Un cuerno! —le interrumpió el papagayo—. Decidme: ¿dónde demonios habéis aprendido toda esa jerga sentimental? Creedme: ya se pasó la moda del amor, y no se oye hablar nunca de él entre personas inteligentes ni entre gente de elevada alcurnia.

El príncipe suspiró, acordándose de la diferencia de tal lenguaje al delicado de su amigo el palomo.

"Como este papagayo —discurría en su interior— ha pasado la vida en la corte, quiere aparecer persona de talento y elevado caballero, afectando que no sabe nada de eso que se llama amor."

Queriendo, pues, evitar el que aquel continuara ridiculizando la pasión que devoraba su alma le dirigió directamente la pregunta objeto de su visita.

—Decidme, inigualable papagayo: vos que habéis sido recibido en los aposentos secretos de las beldades, ¿habéis tropezado alguna vez, en el curso de vuestros viajes, con el original de este retrato?

El papagayo tomó la miniatura con una de sus garras, movió la cabeza y la examinó atentamente con ambos ojos, exclamando por fin:

—Palabra de honor que es una cara muy hermosa, muy hermosa, muy hermosa; pero he visto tantas caras hermosas durante mis viajes, que apenas puede uno… Pero no, esperad; voy a mirarla de nuevo; esta es, con seguridad, la princesa Aldegunda. ¿Cómo no había de conocer a una de mis mejores amigas?

—¡La princesa Aldegunda! —repitió el príncipe—. ¿Y dónde la podré encontrar?

"Enough," said the prince, "I will have some private talk with this distinguished traveller."

He sought a private interview, and expounded the nature of his errand. He had scarcely mentioned it when the parrot burst into a fit of dry rickety laughter that absolutely brought tears in his eyes. "Excuse my merriment," said he, "but the mere mention of love always sets me laughing."

The prince was shocked at this ill-timed mirth. "Is not love," said he, "the great mystery of nature, the secret principle of life, the universal bond of sympathy?"

"A fig's end!" cried the parrot, interrupting him; "prithee where hast thou learned this sentimental jargon? trust me, love is quite out of vogue; one never hears of it in the company of wits and people of refinement."

The prince sighed as he recalled the different language of his friend the dove. But this parrot, thought he, has lived about the court, he affects the wit and the fine gentleman, he knows nothing of the thing called love. Unwilling to provoke any more ridicule of the sentiment which filled his heart, he now directed his inquiries to the immediate purport of his visit.

"Tell me," said he, "Most accomplished parrot, thou who hast every where been admitted to the most secret bowers of beauty, hast thou in the course of thy travels met with the original of this portrait?"

The parrot took the picture in his claw, turned his head from side to side, and examined it curiously with either eye. "Upon my honor," said he, "a very pretty face; very pretty: but then one sees so many pretty women in one's travels that one can hardly—but hold—bless me! now I look at it again—sure enough this is the princess Aldegonda: how could I forget one that is so prodigious a favorite with me!"

"The princess Aldegonda!" echoed the prince; "and where is she to be found?"

—¡Poquito a poco, poquito a poco! —dijo el papagayo—. Más fácil es encontrarla que hacerla tuya. Es la hija única del rey cristiano de Toledo, y está escondida al mundo hasta que cumpla diecisiete años, a causa de ciertas premoniciones que realizaron los entrometidos y taimados astrólogos. No podréis verla, pues está apartada de la vista de los mortales, y os juro, bajo la palabra de papagayo que ha visto el mundo, que no he tratado en mi vida otra princesa más discreta que esta.

—Oíd dos palabras en confianza, mi querido papagayo: yo soy el heredero de un reino, y llegará el día que me siente en un trono. He visto también que sois *pájaro de cuenta* y que conocéis la aguja de marear; ayudadme, pues, a alcanzar a esta princesa, y os prometo un cargo relevante.

—¡Con todo mi corazón! —respondió el papagayo—. Pero que sea una renta, si es posible, pues nosotros los sabios tenemos odio al trabajo.

Pronto se arreglaron, y se pusieron en camino desde Córdoba por la misma puerta por donde había entrado el príncipe; este llamó al búho, que estaba en el agujero de la muralla, y lo presentó a su nuevo compañero de viaje como un sabio colega, partiendo todos reunidos.

Viajaban más despacio de lo que deseaba la impaciencia del príncipe, pues el papagayo estaba acostumbrado a la vida de alcurnia y no le gustaba madrugar. El búho, por el contrario, quería dormir al mediodía, perdiendo todos mucho tiempo, a causa de sus prolongadas siestas. Se hacía también pesado con su afición a las antigüedades, pues se empeñaba en detenerse a visitar las ruinas que encontraban, contando largas tradiciones y legendarias historias en cada torre o antiguos castillos del país. El príncipe se creyó que el papagayo y el búho se harían grandes amigos por ser dos pájaros inteligentes; pero se equivocó de medio a medio, pues mientras que el uno era bromista, el otro era estoico, lo que hacía que estuviesen siempre en una perpetua riña. El papagayo recitaba versos, criticaba poesías y hablaba elocuentemente sobre algunos puntos de erudición, mientras que el búho consideraba todo como una bagatela, no deleitándose más que en las cuestiones metafísicas. Entonces se ponía el papagayo a cantar diferentes canciones y a ensartar refranes, provocando así a su grave camarada y riéndose desaforadamente de sus propias ocurrencias; cuyo proceder tomaba el búho por un ataque a su honor, por lo que ponía mala cara, gruñía y se encolerizada, no volviendo a hablar en todo lo que quedaba de día.

"Softly, softly," said the parrot, "easier to be found than gained. She is the only daughter of the Christian king who reigns at Toledo, and is shut up from the world until her seventeenth birth-day, on account of some prediction of those meddlesome fellows the astrologers. You'll not get a sight of her; no mortal man can see her. I was admitted to her presence to entertain her, and I assure you, on the word of a parrot, who has seen the world, I have conversed with much sillier princesses in my time."

"A word in confidence, my dear parrot," said the prince; "I am heir to a kingdom, and shall one day sit upon a throne. I see that you are a bird of parts, and understand the world. Help me to gain possession of this princess, and I will advance you to some distinguished place about court."

"With all my heart," said the parrot; "but let it be a sinecure if possible, for we wits have a great dislike to labor."

Arrangements were promptly made; the prince sallied forth from Cordova through the same gate by which he had entered; called the owl down from the hole in the wall, introduced him to his new travelling companion as a brother savant, and away they set off on their journey.

They travelled much more slowly than accorded with the impatience of the prince, but the parrot was accustomed to high life, and did not like to be disturbed early in the morning. The owl, on the other hand, was for sleeping at mid-day, and lost a great deal of time by his long siestas. His antiquarian taste also was in the way; for he insisted on pausing and inspecting every ruin, and had long legendary tales to tell about every old tower and castle in the country. The prince had supposed that he and the parrot, being both birds of learning, would delight in each other's society, but never had he been more mistaken. They were eternally bickering. The one was a wit, the other a philosopher. The parrot quoted poetry, was critical on new readings and eloquent on small points of erudition; the owl treated all such knowledge as trifling, and relished nothing but metaphysics. Then the parrot would sing songs and repeat bon mots and crack jokes upon his solemn neighbor, and laugh outrageously at his own wit; all which proceedings the owl considered as a grievous invasion of his dignity, and would scowl and sulk and swell, and be silent for a whole day together.

No prestaba atención el príncipe a la desunión que había entre sus compañeros, pues estaba abstraído con los ensueños de su fantasía y con la contemplación del retrato de la bella princesa. Así atravesaron los áridos pasos de Sierra Morena y los calurosos llanos de la Mancha y de Castilla, siguiendo las riberas del dorado Tajo, cuyo curso atraviesa media España y Portugal. Finalmente divisaron una ciudad fortificada con murallas construidas en un pedregoso promontorio, cuyos pies lamían las olas del impetuoso Tajo.

—¡Ved —exclamó el búho— la antigua y renombrada ciudad de Toledo, famosa por sus antigüedades! Mirad aquellas cúpulas y torres vetustas ostentando su imponente grandeza, y donde casi todos mis antecesores se entregaban a sus estudios.

—¡Quita allá! —gritó el papagayo interrumpiendo su solemne entusiasmo de anticuario—. ¿Qué tenemos que ver nosotros con las antigüedades, con las leyendas ni con vuestros antecesores? Lo que nos importa en este momento es contemplar la mansión de la juventud y de la belleza. Ved, ¡oh príncipe!, la morada de la princesa que buscáis.

Dirigió su vista el príncipe hacia donde le indicaba el papagayo, y vio un lujoso palacio edificado entre los árboles de un atractivo jardín, en una deliciosa pradera a orillas del Tajo. Era aquel, ciertamente, el mismo lugar que le describió el palomo al informarle en dónde se encontraba el original del retrato. Permaneció fijo mirándolo, mientras su corazón latía de emoción.

"¡Quizás en este mismo momento —pensó— la hermosa princesa estará bajo aquellos frondosos árboles, o paseándose mesuradamente por los elevados terrados, o acaso descansando dentro de aquella espléndida morada!" Observando con más detenimiento, se dio cuenta que las murallas del jardín eran de gran altura, lo que hacía imposible un escalamiento, y que varias patrullas de hombres armados andaban rondando por fuera de ella.

Se volvió el príncipe al papagayo y le manifestó:

—¡Oh vos, la más perfecta de todas las aves! Ya que tenéis el don de hablar como los hombres, dirigíos a aquel jardín, buscad al ídolo de mi alma y decidle que el príncipe Ahmed, peregrino del amor, guiado por las estrellas ha llegado en su busca a las floridas riberas del Tajo.

The prince heeded not the wranglings of his companions, being wrapped up in the dreams of his own fancy and the contemplation of the portrait of the beautiful princess. In this way they journeyed through the stern passes of the Sierra Morena, across the sunburnt plains of La Mancha and Castile, and along the banks of the "Golden Tagus," which winds its wizard mazes over one half of Spain and Portugal. At length they came in sight of a strong city with walls and towers built on a rocky promontory, round the foot of which the Tagus circled with brawling violence.

"Behold," exclaimed the owl, "the ancient and renowned city of Toledo; a city famous for its antiquities. Behold those venerable domes and towers, hoary with time and clothed with legendary grandeur, in which so many of my ancestors have meditated."

"Pish!" cried the parrot, interrupting his solemn antiquarian rapture, "what have we to do with antiquities, and legends, and your ancestry? Behold what is more to the purpose—behold the abode of youth and beauty—behold at length, O prince, the abode of your long-sought princess."

The prince looked in the direction indicated by the parrot, and beheld, in a delightful meadow on the banks of the Tagus, a stately palace rising from amidst the bowers of a delicious garden. It was just such a place as had been described by the dove as the residence of the original of the picture. He gazed at it with a throbbing heart. "Perhaps at this moment," thought he, "the beautiful princess is sporting beneath those shady bowers, or pacing with delicate step those stately terraces, or reposing beneath those lofty roofs!" As he looked more narrowly he perceived that the walls of the garden were of great height, so as to defy access, while numbers of armed guards patrolled around them.

The prince turned to the parrot. "O most accomplished of birds," said he, "thou hast the gift of human speech. Hie thee to yon garden; seek the idol of my soul, and tell her that Prince Ahmed, a pilgrim of love, and guided by the stars, has arrived in quest of her on the flowery banks of the Tagus."

Orgulloso el papagayo con su embajada, voló al jardín remontándose por encima de sus altos muros, y, después de planear por algún tiempo sobre sus vergeles y alamedas, se posó en el balcón de un pabelloncito que daba al río. Desde allí, mirando al edificio, descubrió a la princesa reclinada en un cojín y fijos los ojos en un papel, deslizándose dulcemente lágrima tras lágrima por sus níveas mejillas.

Después de haber puesto en orden el papagayo el plumaje de sus alas, de arreglarse su brillante vestido verde y levantar su penacho, se colocó al lado de la princesa con aire muy galano, diciéndole lleno de ternura:

—Secad vuestras lágrimas, ¡oh vos, la más hermosa de todas las princesas!, pues vengo a traer la alegría a vuestro corazón.

Quedó atónita la princesa al oír estas palabras, pero como no vio delante de sí a nadie más que a un pájaro vestido de verde saludándola y haciéndole reverencias, dijo:

—¡Ay! ¿Qué alegría puedes tú traerme si no eres más que un papagayo?

Se enfadó el papagayo con esta respuesta, y le respondió:

—Papagayo y todo, he consolado a muchas hermosas damas en mis buenos tiempos; pero dejemos eso a un lado. Tenéis que saber que ahora vengo embajador de un personaje real: Ahmed, príncipe de Granada, ha venido en busca vuestra, y está acampado en este mismo momento en las floridas márgenes del Tajo.

Al escuchar estas palabras brillaron los ojos de la bellísima princesa con más brillo que los diamantes de su corona.

—¡Oh amabilísimo papagayo! —gritó loca de alegría—. Felices son, en verdad, las nuevas que me traes, pues ya me encontraba abatida y enferma de muerte, dudando de la fidelidad de Ahmed. Vuela a él y dile que tengo grabadas en mi corazón las apasionadas frases de su carta, y que sus poesías han servido de pábulo a mi bálsamo. Dile también que se disponga a demostrarme su amor con la fuerza de las armas, pues mañana, decimoséptimo aniversario de mi nacimiento, prepara el rey mi padre un gran torneo en el que lucharán gallardamente varios príncipes, siendo mi mano el premio del vencedor.

The parrot, proud of his embassy, flew away to the garden, mounted above its lofty walls, and after soaring for a time over the lawns and groves, alighted on the balcony of a pavilion that overhung the river. Here, looking in at the casement, he beheld the princess reclining on a couch, with her eyes fixed on a paper, while tears gently stole after each other down her pallid cheek.

Pluming his wings for a moment, adjusting his bright green coat, and elevating his top-knot, the parrot perched himself beside her with a gallant air: then assuming a tenderness of tone, "Dry thy tears, most beautiful of princesses," said he, "I come to bring solace to thy heart."

The princess was startled on hearing a voice, but turning and seeing nothing but a little green-coated bird bobbing and bowing before her; "Alas! what solace canst thou yield," said she, "seeing thou art but a parrot?"

The parrot was nettled at the question. "I have consoled many beautiful ladies in my time," said he; "but let that pass. At present I come ambassador from a royal prince. Know that Ahmed, the prince of Granada, has arrived in quest of thee, and is encamped even now on the flowery banks of the Tagus."

The eyes of the beautiful princess sparkled at these words even brighter than the diamonds in her coronet. "O sweetest of parrots," cried she, "joyful indeed are thy tidings, for I was faint and weary, and sick almost unto death with doubt of the constancy of Ahmed. Hie thee back, and tell him that the words of his letter are engraven in my heart, and his poetry has been the food of my soul. Tell him, however, that he must prepare to prove his love by force of arms; to-morrow is my seventeenth birth-day, when the king my father holds a great tournament; several princes are to enter the lists, and my hand is to be the prize of the victor."

Remontó de nuevo su vuelo el pájaro y, cruzando por las alamedas, se dirigió hacia donde el príncipe aguardaba su regreso. La alegría de Ahmed por haber encontrado el original de su retrato, de haber hallado a su adorada fiel y amantísima, sólo pueden bienaventurados los dichosos mortales que tienen la fortuna de soñar imposibles y convertirlos en realidades. Sin embargo, faltaba algo todavía para que su contento fuera completo: el cercano torneo. Efectivamente, lucían en las riberas del Tajo las brillantes armaduras y se oían resonar las trompetas de los varios caballeros y gente de armas que en arrogantes somatenes se dirigían a Toledo para asistir a la ceremonia. La misma estrella que había presidido en el destino del príncipe había también ejercitado su predominio en el de la princesa; por lo cual se la tuvo oculta del mundo hasta que tuvo diecisiete primaveras, con el fin de guardarla de la tierna pasión del amor. La reputación de su belleza, sin embargo, fue en aumento por su misma reclusión; varios príncipes poderosos la solicitaron en matrimonio, y su padre, que era un rey de extraordinaria cordura, confió la elección a la destreza de las armas, evitando así el crearse enemigos si se mostraba parcial con alguno. Entre los candidatos rivales había algunos que se habían hecho famosos por su esfuerzo y valor. ¡Qué situación aquella para el infortunado Ahmed, que ni se encontraba armado ni estaba acostumbrado a los ejercicios de la caballería! "¿Habrá príncipe más desventurado que yo? —decía—. ¡Y para esto he vivido recluido bajo la vigilancia de un filósofo!... ¿De qué me sirven el álgebra y la filosofía en materias de amor? ¡Ay, Eben Bonabben!, ¿por qué no te has cuidado en instruirme en el manejo de las armas?" Esto decía, cuando el búho rompió el silencio, iniciando su discurso con una piadosa invocación, pues era musulmán devoto.

—¡Allah Akbar! ¡Dios es grande! —exclamó—. ¡En sus manos están todos los secretos y Él solo rige los destinos de los príncipes! Sabed, ¡oh Ahmed!, que este país está lleno de misterios que permanecen ocultos para todos, menos para los que, como yo, se dedican al estudio de las ciencias mágicas. Sabed también que en las vecinas montañas existe una gruta, dentro de la cual hay una mesa de hierro y sobre esta una armadura prodigiosa, encontrándose también allí mismo un corcel encantado: todo lo cual viene permaneciendo ignorado durante multitud de generaciones.

The parrot again took wing, and rustling through the groves, flew back to where the prince awaited his return. The rapture of Ahmed on finding the original of his adored portrait, and finding her kind and true, can only be conceived by those favored mortals who have had the good fortune to realize day-dreams and turn a shadow into substance: still there was one thing that alloyed his transport—this impending tournament. In fact, the banks of the Tagus were already glittering with arms, and resounding with trumpets of the various knights, who, with proud retinues, were prancing on towards Toledo to attend the ceremonial. The same star that had controlled the destiny of the prince had governed that of the princess, and until her seventeenth birth-day she had been shut up from the world, to guard her from the tender passion. The fame of her charms, however, had been enhanced rather than obscured by this seclusion. Several powerful princes had contended for her hand; and her father, who was a king of wondrous shrewdness, to avoid making enemies by showing partiality, had referred them to the arbitrament of arms. Among the rival candidates were several renowned for strength and prowess. What a predicament for the unfortunate Ahmed, unprovided as he was with weapons, and unskilled in the exercise of chivalry! "Luckless prince that I am!" said he, "to have been brought up in seclusion under the eye of a philosopher! Of what avail are algebra and philosophy in affairs of love? Alas, Eben Bonabben! why hast thou neglected to instruct me in the management of arms?" Upon this the owl broke silence, preluding his harangue with a pious ejaculation, for he was a devout Mussulman.

"Allah Akbar! God is great!" exclaimed he; "in his hands are all secret things—he alone governs the destiny of princes! Know, O prince, that this land is full of mysteries, hidden from all but those who, like myself, can grope after knowledge in the dark. Know that in the neighboring mountains there is a cave, and in that cave there is an iron table, and on that table there lies a suit of magic armor, and beside that table there stands a spell-bound steed, which have been shut up there for many generations."

Le miró el príncipe maravillado, mientras que el búho, parpadeando sus grandes y redondos ojos y encrespando sus plumas a manera de cuernos, continuó:

—Hace ya muchos años acompañé a mi padre por estos lugares, cuando iba visitando sus dominios. Nos alojamos en esa cueva, y a esto se debe el que yo conozca el misterio. Es tradición en nuestra familia, que le oí contar a mi abuelo cuando yo era pequeño, que esta armadura perteneció a cierto brujo moro que se refugió en esta caverna cuando Toledo cayó en poder de los cristianos, y que el tal musulmán murió allí dejando su caballo y sus armas bajo sagrado sortilegio, y que no se podrá hacer uso de ellos más que por seguidores del Profeta y sólo desde la salida del sol hasta el mediodía. El que los use en este intervalo vencerá incontestablemente a todos su rivales.

—¡Basta! —exclamó el príncipe—. Busquemos al momento esa gruta.

Guiado por su misterioso mentor, encontró el príncipe la caverna en una de las sinuosidades de los áridos picos que se elevan junto a Toledo; nadie, a no ser el ojo inquisidor de un búho o el de algún anticuario, hubiera podido descubrir la entrada. Una lúgubre lámpara sepulcral de inagotable aceite lanzaba sus tristes reflejos en el interior de la caverna, y en el centro de esta se alzaba una mesa de hierro, sobre la cual se encontraba la prodigiosa armadura, y con ella una lanza, y próximo a estas un corcel árabe enjaezado como para entrar en combate, pero inmóvil cual una estatua. La armadura estaba tan refulgente y limpia como en sus primitivos tiempos, y el bravo corcel tan bien cuidado como si estuviese todavía pastando. Lo acarició Ahmed pasándole la mano por el cuello, y principió a piafar, exhalando tal relincho de alegría que hizo temblar las paredes de la caverna. Así provisto de caballo y armas, se decidió el príncipe a tomar parte en la lucha del próximo torneo.

Al fin llegó el día crítico; el palenque para el combate estaba preparado en la vega, debajo de las sólidas murallas de Toledo, a cuyo alrededor se habían levantado tablados y galerías para los espectadores, cubiertos de lujosos tapices y protegidos contra el sol por toldos de seda.

The prince stared with wonder, while the owl, blinking his huge round eyes, and erecting his horns, proceeded.

"Many years since, I accompanied my father to these parts on a tour of his estates, and we sojourned in that cave; and thus became I acquainted with the mystery. It is a tradition in our family which I have heard from my grandfather, when I was yet but a very little owlet, that this armor belonged to a Moorish magician, who took refuge in this cavern when Toledo was captured by the Christians, and died here, leaving his steed and weapons under a mystic spell, never to be used but by a Moslem, and by him only from sunrise to mid-day. In that interval, whoever uses them will overthrow every opponent."

"Enough, let us seek this cave!" exclaimed Ahmed.

Guided by his legendary mentor, the prince found the cavern, which was in one of the wildest recesses of those rocky cliffs which rise around Toledo; none but the mousing eye of an owl or an antiquary could have discovered the entrance to it. A sepulchral lamp of everlasting oil shed a solemn light through the place. On an iron table in the centre of the cavern lay the magic armor, against it leaned the lance, and beside it stood an Arabian steed, caparisoned for the field, but motionless as a statue. The armor was bright and unsullied as it had gleamed in days of old; the steed in as good condition as if just from the pasture; and when Ahmed laid his hand upon his neck, he pawed the ground and gave a loud neigh of joy that shook the walls of the cavern. Thus amply provided with "horse and rider and weapon to wear," the prince determined to defy the field in the impending tourney.

The eventful morning arrived. The lists for the combat were prepared in the vega, or plain, just below the cliff-built walls of Toledo, where stages and galleries were erected for the spectators, covered with rich tapestry, and sheltered from the sun by silken awnings.

Todas las bellezas del país se hallaban reunidas en estas galerías, y al pie de ellas cabalgaban empenachados caballeros, rodeados de pajes y escuderos, entre los cuales sobresalían los príncipes que iban a tomar parte en el torneo. Todas las bellezas quedaron eclipsadas cuando apareció la princesa Aldegunda en el pabellón real, dejándose ver por primera vez de la admirada concurrencia. Un general murmullo de sorpresa se levantó al contemplar tan singular hermosura, y los príncipes, que aspiraban a su mano atraídos solamente por la fama de sus encantos, se sintieron mucho más enardecidos para el combate.

La princesa, no obstante, presentaba un triste aspecto; el color de sus mejillas se cambiaba a cada momento, y sus ojos se dirigían con incesante y ansiosa expresión al engalanado grupo de caballeros. Ya los clarines iban a dar la señal del encuentro, cuando el heraldo anunció la llegada de un caballero, y Ahmed se presentó en la palestra. Un yelmo de acero cuajado de brillantes sobresalía por encima de su turbante; su coraza estaba guarnecida de oro; su cimitarra y su daga eran de las fábricas de Fez, ostentando piedras preciosas, y llevaba al brazo un escudo redondo, empuñando en su diestra la lanza de cualidades mágicas. La cubierta de su caballo árabe, ricamente recamada, llegaba hasta el suelo, y el impaciente corcel piafaba y relinchaba de alegría al ver de nuevo el brillo de las armas. La arrogante y graciosa figura del príncipe sorprendió a todo el mundo, y cuando le anunciaron con el sobrenombre de "el Peregrino del Amor", se sintió un rumor y una agitación general entre las hermosas damas de las galerías.

Cuando Ahmed quiso inscribirse en las listas del torneo se encontró con que estaban vetadas para él, pues, según le dijeron, nadie más que los príncipes podían ser admitidos a tomar parte. Declaró entonces su nombre y su linaje; pero esto vino a empeorar su situación, pues siendo musulmán no podía aspirar a la mano de la princesa cristiana, premio final de este torneo.

Los príncipes competidores le rodearon con aire desafiante y amenazador, y hasta uno de ellos, de insolentes maneras y cuerpo hercúleo, pretendió burlarse de su sobrenombre de "Peregrino del Amor".

All the beauties of the land were assembled in those galleries, while below pranced plumed knights with their pages and esquires, among whom figured conspicuously the princes who were to contend in the tourney. All the beauties of the land, however, were eclipsed when the princess Aldegonda appeared in the royal pavilion, and for the first time broke forth upon the gaze of an admiring world. A murmur of wonder ran through the crowd at her transcendent loveliness; and the princes who were candidates for her hand, merely on the faith of her reported charms, now felt tenfold ardor for the conflict.

The princess, however, had a troubled look. The color came and went from her cheek, and her eye wandered with a restless and unsatisfied expression over the plumed throng of knights. The trumpets were about sounding for the encounter, when the herald announced the arrival of a strange knight; and Ahmed rode into the field. A steel helmet studded with gems rose above his turban; his cuirass was embossed with gold; his cimeter and dagger were of the workmanship of Fez, and flamed with precious stones. A round shield was at his shoulder, and in his hand he bore the lance of charmed virtue. The caparison of his Arabian steed was richly embroidered and swept the ground, and the proud animal pranced and snuffed the air, and neighed with joy at once more beholding the array of arms. The lofty and graceful demeanor of the prince struck every eye, and when his appellation was announced, "the Pilgrim of Love," a universal flutter and agitation prevailed among the fair dames in the galleries.

When Ahmed presented himself at the lists, however, they were closed against him: none but princes, he was told, were admitted to the contest. He declared his name and rank. Still worse!—he was a Moslem, and could not engage in a tourney where the hand of a Christian princess was the prize.

The rival princes surrounded him with haughty and menacing aspects; and one of insolent demeanor and herculean frame sneered at his light and youthful form, and scoffed at his amorous appellation.

Se encendió súbitamente de cólera nuestro príncipe, y desafió a su rival a que midiese sus armas con él. Tomaron distancia, dieron media vuelta y cargaron el uno sobre el otro; pero no hizo más que tocar la lanza mágica al hercúleo bufón cuando fue lanzado inmediatamente de la silla. Se hubiera contentado el príncipe con esto, pero, ¡ay!, tenía que habérselas con un caballo y una armadura endiabladas, pues una vez entrado ya en lucha no habría fuerza humana capaz de frenarlos. El caballo árabe empezó a derribar caballeros en lo más recio de la pelea; la lanza echaba por tierra todo lo que se ponía delante; el gentil príncipe era llevado involuntariamente por el campo, que quedó sembrado de rivales, mientras él se dolía interiormente de sus involuntarias proezas. Bramaba y rabiaba el rey al ver el atropello cometido en las personas de sus vasallos y huéspedes, y mandó salir al momento a sus guardias; pero éstos quedaron desmontados en un decir amén. El monarca mismo arrojó su vestidura real, y embarazando escudo y lanza salió al campo, creyendo infundir miedo al extranjero ante la majestad real; pero, ¡ay!, la majestad real no lo pasó mejor que los demás, pues el caballo y la lanza no respetaban categorías ni dignidades, creciendo de punto el espanto de Ahmed cuando se sintió empujado, lanza en ristre, contra el mismo rey, que en un abrir y cerrar de ojos empezó a dar volteretas en el aire mientras su corona mordía el polvo.

En este preciso instante el sol alcanzó el meridiano; el encanto mágico cesó en su poder, por lo cual el corcel árabe se lanzó por el llano, saltó la barrera, se arrojó al Tajo, atravesando a nado su impetuosa corriente, llevando al príncipe casi sin respirar y aterrorizado a la caverna, y, tomando otra vez su posición inicial, quedó inmóvil como una estatua junto a la mesa de hierro. Desmontó el príncipe con alegría y se despojó de la armadura, dejándola de nuevo en su sitio para que cumpliese los decretos del destino. Se sentó después en la caverna, meditando por algún tiempo en el desesperado estado a que el caballo y la diabólica armadura le habían disminuido. ¿Cómo había de atreverse en lo sucesivo a presentarse en Toledo después de haber ocasionado tal vergüenza a sus caballeros y tal injuria a su rey? ¿Qué pensaría también la princesa sobre un acto tan brutal como grosero? Sumido en este mar de dudas, se resolvió a enviar a sus alígeros compañeros a que recogiesen noticias.

The ire of the prince was roused. He defied his rival to the encounter. They took distance, wheeled, and charged; and at the first touch of the magic lance, the brawny scoffer was tilted from his saddle. Here the prince would have paused, but alas! he had to deal with a demoniac horse and armor; once in action nothing could control them. The Arabian steed charged into the thickest of the throng; the lance overturned every thing that presented; the gentle prince was carried pell-mell about the field, strewing it with high and low, gentle and simple, and grieving at his own involuntary exploits. The king stormed and raged at this outrage on his subjects and his guests. He ordered out all his guards—they were unhorsed as fast as they came up. The king threw off his robes, grasped buckler and lance, and rode forth to awe the stranger with the presence of majesty itself Alas! majesty fared no better than the vulgar; the steed and lance were no respecters of persons; to the dismay of Ahmed, he was borne full tilt against the king, and in a moment the royal heels were in the air, and the crown was rolling in the dust.

At this moment the sun reached the meridian; the magic spell resumed its power; the Arabian steed scoured across the plain, leaped the barrier, plunged into the Tagus, swam its raging current, bore the prince breathless and amazed to the cavern, and resumed his station, like a statue, beside the iron table. The prince dismounted right gladly, and replaced the armor, to abide the further decrees of fate. Then seating himself in the cavern, he ruminated on the desperate state to which this demoniac steed and armor had reduced him. Never should he dare to show his face at Toledo after inflicting such disgrace upon its chivalry, and such an outrage on its king. What, too, would the princess think of so rude and riotous an achievement? Full of anxiety, he sent forth his winged messengers to gather tidings. The parrot resorted to all the public places and crowded resorts of the city, and soon returned with a world of gossip.

El papagayo voló por todos los sitios públicos y calles más frecuentadas de la ciudad, y pronto volvió con gran provisión de comentarios y directas. Contó que todo Toledo se hallaba conturbado; que la princesa había sido llevada al palacio desmayada; que el torneo había concluido en confuso alboroto; que todo el mundo hablaba de la súbita aparición, prodigiosas hazañas y extraña desaparición de un caballero musulmán. Unos decían que era un moro nigromántico; otros, que un demonio en forma humana, y otros relataban tradiciones de guerreros encantados ocultos en las cavernas de las montañas, y pensaban que sería alguno de éstos que habría hecho una salida impetuosa desde su guarida. Todos, sin embargo, convenían en que ningún mortal podía haber llevado a cabo tantas maravillas, ni haber derribado por tierra a tan perfectos y esforzado caballeros cristianos.

El búho salió también por la noche, y, cerniéndose por encima de la ciudad, fue posándose en los tejados y chimeneas. Acto seguido se dirigió hacia el palacio real, que ocupaba la parte más alta de Toledo, revoloteando por sus terrados y adarves, escuchando por todas las hendiduras y mirando con sus grandes ojos saltones a todas las ventanas donde había luz, asustando en su aventura nocturna a dos o tres damas de honor; y hasta que la aurora no inició su despunte tras la montaña, no regresó a contar al príncipe lo que había visto.

—Estando observando —le dijo— hacia una de las torres más elevadas del palacio, vi al través de una ventana a una hermosa princesa reclinada en su lecho y rodeada de médicos y sirvientes, la cual se negaba a tomar lo que los doctores le recetaban. Cuando aquellos se retiraron, sacó una carta de su señor, la leyó y la besó tiernamente, entregándose después a amargas lamentaciones; visto lo cual, a pesar de ser tan filósofo, no pude por menos de conmoverme.

Se acongojó el delicado corazón de Ahmed al oír tales noticias.

—¡Cuán ciertas eran vuestras palabras, oh sabio Eben Bonabben! —exclamó—. Cuidados, penas y noches de insomnio son el patrimonio de los amantes. ¡Allah preserve a la princesa de la funesta influencia de eso que llaman amor!

All Toledo was in consternation. The princess had been borne off senseless to the palace; the tournament had ended in confusion; every one was talking of the sudden apparition, prodigious exploits, and strange disappearance of the Moslem knight. Some pronounced him a Moorish magician; others thought him a demon who had assumed a human shape, while others related traditions of enchanted warriors hidden in the caves of the mountains, and thought it might be one of these, who had made a sudden irruption from his den. All agreed that no mere ordinary mortal could have wrought such wonders, or unhorsed such accomplished and stalwart Christian warriors.

The owl flew forth at night and hovered about the dusky city, perching on the roofs and chimneys. He then wheeled his flight up to the royal palace, which stood on a rocky summit of Toledo, and went prowling about its terraces and battlements, eavesdropping at every cranny, and glaring in with his big goggling eyes at every window where there was a light, so as to throw two or three maids of honor into fits. It was not until the gray dawn began to peer above the mountains that he returned from his mousing expedition, and related to the prince what he had seen.

"As I was prying about one of the loftiest towers of the palace," said he, "I beheld through a casement a beautiful princess. She was reclining on a couch with attendants and physicians around her, but she would none of their ministry and relief When they retired I beheld her draw forth a letter from her bosom, and read and kiss it, and give way to loud lamentations; at which, philosopher as I am, I could but be greatly moved."

The tender heart of Ahmed was distressed at these tidings. "Too true were thy words, O sage Eben Bonabben," cried he; "care and sorrow and sleepless nights are the lot of lovers. Allah preserve the princess from the blighting influence of this thing called love!"

Noticias recibidas más tarde de Toledo ratificaron las comunicadas por el búho. La ciudad, en efecto, era presa de la más viva angustia y alarma, y la princesa, entre tanto, había sido llevada a la torre más alta del palacio y se guardaban con gran vigilancia todas las avenidas. Se apoderó de la bella Aldegunda una tristeza devoradora, cuya causa nadie pudo ofrecer explicación, rehusando el tomar bocado y no prestando atención de las frases de consuelo que le dirigían. Los médicos más expertos ensayaron todos los recursos de la ciencia, pero todo en vano, llegándose a pensar que la habían embrujado; por lo que el rey publicó una proclama declarando que el que acertase a curarla recibiría la joya más preciada de su tesoro real.

No bien hubo escuchado el búho, que estaba en un rincón durmiendo, lo de la proclama, cuando movió sus redondos ojos, adoptando un aspecto más misterioso que nunca.

—¡Allah Akbar! —exclamó—. ¡Bienaventurado el mortal que lleve a cabo la curación, si sabe lo que le conviene escoger entre todos los objetos del tesoro real!

—¿Qué queréis decir con eso, venerable búho? —dijo Ahmed.

—Prestad atención, ¡oh príncipe!, a lo que os voy a relatar: Habéis de saber que nosotros los búhos somos una corporación muy ilustrada y que nos dedicamos a escudriñar las cosas oscuras e ignoradas. Durante mi última excursión nocturna por las torres y chapiteles de Toledo descubrí una academia de búhos anticuarios que celebra sus reuniones en una gran torre abovedada, donde está depositado el real tesoro. Estaba disertando sobre las formas, inscripciones y signos de las vasijas de oro y plata amontonadas en la tesorería, y acerca de los usos de los diferentes pueblos y edades; pero lo que despertaba un interés primordial eran ciertas antigüedades y talismanes que existían allí desde el tiempo del rey godo don Rodrigo. Entre estos últimos se encontraba un cofre de sándalo cerrado con barras de acero a la usanza oriental, con caracteres misteriosos conocidos solamente por algunas personas ilustradas. De ese cofre y de sus inscripciones se había ocupado la academia durante varias sesiones, dando motivo a largas y acaloradas discusiones. Al hacer yo mi visita, un búho muy anciano, recientemente llegado de Egipto, se hallaba sentado sobre su tapa descifrando sus inscripciones, resultando de su lectura que aquel cofrecillo contenía la alfombra de seda del trono del sabio Salomón, la cual, sin duda, había sido traída a Toledo por los judíos que se refugiaron en ella después de la destrucción de Jerusalén.

Further intelligence from Toledo corroborated the report of the owl. The city was a prey to uneasiness and alarm. The princess was conveyed to the highest tower of the palace, every avenue to which was strongly guarded. In the mean time a devouring melancholy had seized upon her, of which no one could divine the cause—she refused food and turned a deaf ear to every consolation. The most skilful physicians had essayed their art in vain; it was thought some magic spell had been practised upon her, and the king made proclamation, declaring that whoever should effect her cure should receive the richest jewel in the royal treasury.

When the owl, who was dozing in a corner, heard of this proclamation, he rolled his large eyes and looked more mysterious than ever.

"Allah Akbar!" exclaimed he, "happy the man that shall effect that cure, should he but know what to choose from the royal treasury."

"What mean you, most reverend owl?" said Ahmed.

"Hearken, O prince, to what I shall relate. We owls, you must know, are a learned body, and much given to dark and dusty research. During my late prowling at night about the domes and turrets of Toledo, I discovered a college of antiquarian owls, who hold their meetings in a great vaulted tower where the royal treasury is deposited. Here they were discussing the forms and inscriptions and designs of ancient gems and jewels, and of golden and silver vessels, heaped up in the treasury, the fashion of every country and age; but mostly they were interested about certain relics and talismans that have remained in the treasury since the time of Roderick the Goth. Among these was a box of sandal-wood secured by bands of steel of Oriental workmanship, and inscribed with mystic characters known only to the learned few. This box and its inscription had occupied the college for several sessions, and had caused much long and grave dispute. At the time of my visit a very ancient owl, who had recently arrived from Egypt, was seated on the lid of the box lecturing upon the inscription, and he proved from it that the coffer contained the silken carpet of the throne of Solomon the wise; which doubtless had been brought to Toledo by the Jews who took refuge there after the downfall of Jerusalem."

Cuando el búho terminó su charla sobre antigüedades quedó el príncipe absorto por algún tiempo en profundas meditaciones, exclamando al fin:

—He oído hablar al sabio Eben Bonabben de las misteriosas propiedades de ese talismán que desapareció con la ruina de Jerusalén, y que se ha creído perdido para la humanidad. Sin duda alguna, sigue siendo un secreto misterioso para los cristianos de Toledo; si yo pudiese apoderarme de él, sería segura mi felicidad.

Al día siguiente se despojó el príncipe de sus vestiduras y se disfrazó con el humilde traje de un árabe del desierto, tiñéndose el cuerpo de un color moreno; tanto, que nadie podría reconocer en él al arrogante guerrero que había causado tanta admiración y espanto en el torneo. Báculo en mano, zurrón al hombro y una pequeña flauta pastoril, se encaminó hacia Toledo, presentándose en la puerta del palacio real y haciéndose anunciar como aspirante al premio ofrecido por la curación de la princesa. Pretendieron los guardias arrojarle a palos, y le decían:

—¿Qué pretende hacer un árabe miserable en un asunto en que los más sabios del país han perdido las esperanzas?

Se dio cuenta el rey del alboroto, y dio orden de que condujesen al árabe a su presencia.

—¡Poderosísimo rey! —dijo Ahmed—. Tenéis ante vuestra presencia a un árabe beduino que ha pasado la mayor parte de su vida en las soledades del desierto, las cuales, como es sabido, son las moradas de los demonios y espíritus malignos que nos atormentan a los pobres pastores en las solitarias veladas, apoderándose de nuestros rebaños y llegando a enloquecer algunas veces hasta a los sufridos camellos. Contra estos hechizos tenemos un antídoto: la música; existiendo ciertas legendarias melodías que se vienen heredando de padres a hijos y de generación en generación, las que cantamos y tocamos para ahuyentar estos perversos espíritus. Yo pertenezco a una familia inspirada y tengo esta virtud en su mayor grado. Si por casualidad vuestra hija estuviese poseída de algún encantamiento maligno de esta clase, respondo con mi cabeza de que ella quedará libre por completo.

When the owl had concluded his antiquarian harangue the prince remained for a time absorbed in thought. "I have heard," said he, "from the sage Eben Bonabben, of the wonderful properties of that talisman, which disappeared at the fall of Jerusalem, and was supposed to be lost to mankind. Doubtless it remains a sealed mystery to the Christians of Toledo. If I can get possession of that carpet, my fortune is secure."

The next day the prince laid aside his rich attire, and arrayed himself in the simple garb of an Arab of the desert. He dyed his complexion to a tawny hue, and no one could have recognized in him the splendid warrior who had caused such admiration and dismay at the tournament. With staff in hand, and scrip by his side, and a small pastoral reed, he repaired to Toledo, and presenting himself at the gate of the royal palace, announced himself as a candidate for the reward offered for the cure of the princess. The guards would have driven him away with blows. "What can a vagrant Arab like thyself pretend to do," said they, "in a case where the most learned of the land have failed?" The king, however, overheard the tumult, and ordered the Arab to be brought into his presence.

"Most potent king," said Ahmed, "You behold before you a Bedouin Arab, the greater part of whose life has been passed in the solitudes of the desert. These solitudes, it is well known, are the haunts of demons and evil spirits, who beset us poor shepherds in our lonely watchings, enter into and possess our flocks and herds, and sometimes render even the patient camel furious; against these our counter-charm is music; and we have legendary airs handed down from generation to generation, that we chant and pipe, to cast forth these evil spirits. I am of a gifted line, and possess this power in its fullest force. If it be any evil influence of the kind that holds a spell over thy daughter, I pledge my head to free her from its sway."

El rey, que era hombre de buen entendimiento y que sabía que los árabes conocían maravillosos secretos, recobró la esperanza al oír el confiado lenguaje del príncipe, por lo cual le llevó acto seguido a la elevada torre guardada por varias puertas, y en cuya habitación superior estaba el dormitorio de la princesa. Las ventanas daban a un terrado con balaustradas que dejaban ver el panorama de Toledo y los campos cercanos. Estaban aquellas entornadas, encontrándose la princesa postrada en cama en el interior, presa de una pena devoradora y rechazando toda clase de remedios.

Se sentó el príncipe en el terrado y tocó en su flauta pastoril varios aires árabes que había aprendido de sus servidores en el Generalife de Granada. La princesa permaneció insensible, y los médicos que había presentes empezaron a mover la cabeza y a sonreír con aire de incredulidad y desprecio, hasta que el príncipe dejó a un lado la flauta y se puso a cantar los versos amorosos de la carta en la que le había declarado su amor.

La princesa reconoció la canción, y una repentina alegría se apoderó de su espíritu; levantó la cabeza y se puso a escuchar, al mismo tiempo que las lágrimas le afluían a los ojos y resbalaban por sus mejillas, palpitando su seno dulcemente emocionado. Hubiera deseado preguntar quién era el cantor y que le hubiesen llevado a su presencia; pero la natural timidez de la doncella le hizo permanecer en silencio. Adivinó el rey sus deseos y ordenó que condujesen a Ahmed a su habitación. Los amantes obraron con prudencia, limitándose a recíprocas miradas furtivas, aunque aquellas expresaban más que todas las conversaciones. Nunca triunfó el poder de la música de un modo más completo; reapareció el color sonrosado en las mejillas de la princesa, volvió la frescura a sus labios de carmín, y la mirada viva y penetrante a sus melancólicos ojos.

Se miraban con asombro los médicos que se hallaban presentes, y el mismo rey contemplaba al cantor árabe con gran admiración mezclada de respeto.

—¡Maravilloso joven! —exclamó—. Tú serás en adelante el primer médico de mi corte, y no tomaré ya otra medicina que tu dulce melodía. Por lo pronto, recibe tu premio, la joya más preciada de mi tesoro.

The king, who was a man of understanding and knew the wonderful secrets possessed by the Arabs, was inspired with hope by the confident language of the prince. He conducted him immediately to the lofty tower, secured by several doors, in the summit of which was the chamber of the princess. The windows opened upon a terrace with balustrades, commanding a view over Toledo and all the surrounding country. The windows were darkened, for the princess lay within, a prey to a devouring grief that refused all alleviation.

The prince seated himself on the terrace, and performed several wild Arabian airs on his pastoral pipe, which he had learnt from his attendants in the *Generalife* at Granada. The princess continued insensible, and the doctors who were present shook their heads, and smiled with incredulity and contempt: at length the prince laid aside the reed, and, to a simple melody, chanted the amatory verses of the letter which had declared his passion.

The princess recognized the strain—a fluttering joy stole to her heart; she raised her head and listened; tears rushed to her eyes and streamed down her cheeks; her bosom rose and fell with a tumult of emotions. She would have asked for the minstrel to be brought into her presence, but maiden coyness held her silent. The king read her wishes, and at his command Ahmed was conducted into the chamber. The lovers were discreet: they but exchanged glances, yet those glances spoke volumes. Never was triumph of music more complete. The rose had returned to the soft cheek of the princess, the freshness to her lip, and the dewy light to her languishing eyes.

All the physicians present stared at each other with astonishment. The king regarded the Arab minstrel with admiration mixed with awe. "Wonderful youth!" exclaimed he, "thou shalt henceforth be the first physician of my court, and no other prescription will I take but thy melody. For the present receive thy reward, the most precious jewel in my treasury."

—¡Oh rey! —respondió Ahmed—. Nada me importa el oro ni la plata ni las piedras preciosas. Una antigualla tienes en tu tesorería procedente de los moros que antes vivían en Toledo, y que consiste en un cofre de sándalo que contiene una alfombra de seda; dame, pues, ese cofre, y con eso sólo estaré satisfecho.

Quedaron asombrados todos los que se hallaban presentes ante la prudencia del árabe, y mucho más cuando llevaron el cofre de sándalo y sacaron la alfombra, que era de hermosa seda verde, cubierta de caracteres hebreos y caldaicos. Los médicos de la corte se miraban unos a otros, encogiéndose de hombros y burlándose de la majadería de este nuevo practicante que se contentaba con tan miserables honorarios.

—Esta alfombra —manifestó el príncipe— cubrió en otros tiempos el trono del sabio Salomón, siendo digna, por tanto, de ser colocada a los pies de la hermosura.

Y esto diciendo, la extendió en el terrado, debajo de una otomana que habían llevado para la princesa, y sentándose él después a sus pies.

—¿Quién —exclamó— podrá oponerse a lo que hay escrito en el libro del destino? He aquí cumplidas las predicciones de los astrólogos. Sabed. ¡oh rey!, que vuestra hija y yo nos hemos amado en secreto durante mucho tiempo. ¡Ved, pues, en mí, al Peregrino del Amor!

No bien hubo soltado estas palabras de sus labios, cuando la alfombra se elevó por los aires, llevándose al príncipe y a la princesa. El rey y los médicos se quedaron atónitos, contemplándolos fijamente hasta que ya no se vio más que un pequeño punto negro destacándose sobre el fondo blanco de una nube, y desapareciendo, por último, en la bóveda azul del firmamento.

Encolerizado el rey, hizo venir a su tesorero y le dijo:

—¿Cómo has permitido que un infiel se apoderase de ese talismán?

—¡Ay, señor! Nosotros no conocíamos sus cualidades, ni pudimos jamás descifrar la inscripción del cofre. Si es, efectivamente, la alfombra del trono del sabio Salomón, tiene poder mágico para transportar por el aire al que la posea.

"O king," replied Ahmed, "I care not for silver or gold or precious stones. One relic hast thou in thy treasury, handed down from the Moslems who once owned Toledo—a box of sandal-wood containing a silken carpet: give me that box, and I am content."

All present were surprised at the moderation of the Arab; and still more when the box of sandal-wood was brought and the carpet drawn forth. It was of fine green silk, covered with Hebrew and Chaldaic characters. The court physicians looked at each other, shrugged their shoulders, and smiled at the simplicity of this new practitioner, who could be content with so paltry a fee.

"This carpet," said the prince, "once covered the throne of Solomon the wise; it is worthy of being placed beneath the feet of beauty."

So saying, he spread it on the terrace beneath an ottoman that had been brought forth for the princess; then seating himself at her feet—

"Who," said he, "shall counteract what is written in the book of fate? Behold the prediction of the astrologers verified. Know, O king, that your daughter and I long have loved each other in secret. Behold in me the Pilgrim of Love!"

These words were scarcely from his lips, when the carpet rose in the air, bearing off the prince and princess. The king and the physicians gazed after it with open mouths and straining eyes until it became a little speck on the white bosom of a cloud, and then disappeared in the blue vault of heaven.

The king in a rage summoned his treasurer. "How is this," said he, "that thou hast suffered an infidel to get possession of such a talisman?"

"Alas, sir, we knew not its nature, nor could we decipher the inscription of the box. If it be indeed the carpet of the throne of the wise Solomon, it is possessed of magic power, and can transport its owner from place to place through the air."

El rey convocó un poderoso ejército y se dirigió hacia Granada en persecución de los fugitivos. Después de una caminata larga y penosa acampó en la vega, enviando enseguida un heraldo a pedir la devolución de su hija. El rey de Granada en persona le salió a su encuentro con toda su corte, y reconocieron en él al cantor árabe —pues Ahmed había subido al trono a la muerte de su padre, habiendo hecho su sultana a la hermosa Aldegunda.

El rey cristiano se aplacó con facilidad cuando supo que su hija continuaba fiel a sus creencias, no porque fuese muy devoto, sino porque la religión fue siempre un punto de orgullo y gala entre los príncipes. En lugar de sangrientas batallas hubo muchas fiestas y jolgorios, y, concluidos éstos, regresó el rey muy contento a Toledo, continuando el reinado de los jóvenes esposos tan feliz como con acierto en la Alhambra.

Debo añadir que el búho y el papagayo siguieron al príncipe a marchas descansadas hasta Granada, viajando el primero de noche y deteniéndose en las distintas posesiones hereditarias de su familia, mientras que el otro fue asistiendo a las reuniones más distinguidas de las ciudades y villas que se hallaban de paso.

Ahmed, agradecido, remuneró generoso los servicios que le habían prestado durante su peregrinación, nombrando al búho su primer ministro y al papagayo su maestro de ceremonias. Nos hace falta, el decir que jamás hubo reino tan sabiamente administrado ni corte más exacta en las reglas de la etiqueta.

Leyenda del legado del moro

Existe en el interior de la fortaleza de la Alhambra, y frente al Palacio Real, una explanada extensa y grande, llamada *Plaza de los Aljibes.* Toma su denominación de los grandes depósitos de agua subterráneos que hay en ella desde el tiempo de los moros. En un extremo de la plaza se ve un pozo árabe, cortado también en el corazón de la roca, de mucha profundidad —que comunica con los Aljibes— y cuya agua es fresca como la nieve y tan limpia y transparente como el cristal.

The king assembled a mighty army, and set off for Granada in pursuit of the fugitives. His march was long and toilsome. Encamping in the Vega, he sent a herald to demand restitution of his daughter. The king himself came forth with all his court to meet him. In the king he beheld the real minstrel, for Ahmed had succeeded to the throne on the death of his father, and the beautiful Aldegonda was his sultana.

The Christian king was easily pacified when he found that his daughter was suffered to continue in her faith—not that he was particularly pious, but religion is always a point of pride and etiquette with princes. Instead of bloody battles, there was a succession of feasts and rejoicings, after which the king returned well pleased to Toledo, and the youthful couple continued to reign as happily as wisely, in the Alhambra.

It is proper to add, that the owl and the parrot had severally followed the prince by easy stages to Granada, the former travelling by night and stopping at the various hereditary possessions of his family, the latter figuring in gay circles of every town and city on his route.

Ahmed gratefully requited the services which they had rendered on his pilgrimage. He appointed the owl his prime minister, the parrot his master of ceremonies. It is needless to say that never was a realm more sagely administered, nor a court conducted with more exact punctilio.

LEGEND OF THE MOOR'S LEGACY

Just within the fortress of the Alhambra, in front of the royal palace, is a broad open esplanade, called the Place or Square of the Cisterns (*la Plaza de los Algibes*), so called from being undermined by reservoirs of water, hidden from sight, and which have existed from the time of the Moors. At one corner of this esplanade is a Moorish well, cut through the living rock to a great depth, the water of which is cold as ice and clear as crystal.

Los pozos abiertos por los moros gozan de gran reputación, pues es bien sabido qué esfuerzos empleaban hasta dar con los nacimientos y manantiales más puros y agradables. Este pozo de que nos estamos ocupando es célebre en Granada, principalmente porque los aguadores que de él se benefician —unos con grandes garrafas a las espaldas, y otros con bestias de carga llevándoles los cántaros— están subiendo y bajando por las pendientes y frondosas alamedas de la Alhambra desde por la mañana casi al alba, hasta las horas bien avanzadas de la noche.

Las fuentes y los pozos —desde los tiempos remotos de las Sagradas Escrituras— han sido muy importantes, por constituir los sitios de reunión y conversación en los países cálidos. Ahora bien, el pozo de nuestra Alhambra es asimismo una especie de tertulia perpetua, que dura todo el santo día, constituida por los inválidos, las viejas y todos los vagos y curiosos de la fortaleza, que se sientan sobre los bancos de piedra, bajo un toldo que se extiende sobre el brocal para resguardar del sol al cobrador. Allí se charla acerca de los sucesos de la fortaleza, se pregunta a los aguadores que van llegando por las noticias que corren en la capital, y se hacen largos comentarios sobre todo cuanto se ve y todo cuanto se oye. No hay hora del día en que no se oiga cuchichear a las comadres y holgazanas domésticas, que van allí con cántaros en la cabeza o en la mano, ansiosas de enterarse del último tema de conversación de la cháchara sempiterna de aquella buena gente.

Entre los aguadores que frecuentaban a este pozo había uno robusto, ancho de espaldas y corto y zambo de piernas, llamado Pedro Gil, conocido más bien por *Peregil*, por contracción y abreviatura. Siendo aguador, tenía que ser gallego, pues la Naturaleza parece haber formado razas, así de hombres como de animales, para cada una de los diferentes oficios; en Francia todos los limpiabotas son saboyanos; los porteros de las casas, suizos; y cuando se usaban tontillos y pelo empolvado en Inglaterra, nadie más que los irlandeses se cargaban con una silla de manos. Lo mismo sucede en España: los aguadores y mozos de cordel son todos fornidos gallegos; nadie dice "Tráeme un mozo de cordel", sino "Anda y tráeme un gallego".

The wells made by the Moors are always in repute, for it is well known what pains they took to penetrate to the purest and sweetest springs and fountains. The one of which we now speak is famous throughout Granada, insomuch that water-carriers, some bearing great water-jars on their shoulders, others driving asses before them laden with earthen vessels, are ascending and descending the steep woody avenues of the Alhambra, from early dawn until a late hour of the night.

Fountains and wells, ever since the scriptural days, have been noted gossiping places in hot climates; and at the well in question there is a kind of perpetual club kept up during the livelong day, by the invalids, old women, and other curious do-nothing folk of the fortress, who sit here on the stone benches, under an awning spread over the well to shelter the toll-gatherer from the sun, and dawdle over the gossip of the fortress, and question every water-carrier that arrives about the news of the city, and make long comments on every thing they hear and see. Not an hour of the day but loitering housewives and idle maid-servants may be seen, lingering with pitcher on head, or in hand, to hear the last of the endless tattle of these worthies.

Among the water-carriers who once resorted to this well, there was a sturdy, strong-backed, bandy-legged little fellow, named Pedro Gil, but called Peregil for shortness. Being a water-carrier, he was a Gallego, or native of Galicia, of course. Nature seems to have formed races of men, as she has of animals, for different kinds of drudgery. In France the shoeblacks are all Savoyards, the porters of hotels all Swiss, and in the days of hoops and hair-powder in England, no man could give the regular swing to a sedan-chair but a bog-trotting Irishman. So in Spain, the carriers of water and bearers of burdens are all sturdy little natives of Galicia. No man says, “Get me a porter,” but, “Call a Gallego.”

Retornando a nuestra historia, *Peregil,* el gallego, había empezado su oficio con una sola garrafa grande, que llevaba a la espalda; poco a poco fue prosperando, y pudo comprar una ayuda, consistente en un animal, el más útil para su profesión: un pollino fuerte y de pelo largo. A cada lado de su orejudo cirineo, y en las correspondientes aguaderas, llevaba colocados sus cántaros, cubiertos con hojas de higuera para protegerlos del sol. No existía en toda Granada otro aguador más trabajador ni más alegre que *Peregil;* en las calles resonaba su hermosa voz vibrante, cuando iba detrás de su pollino, pregonando con el usual grito de verano que se oye en todos los pueblos de España: "¿Quién quiere agua? ¡Agua más fría que la nieve!" Cuando servía a un parroquiano el limpio vaso, le dirigía siempre alguna frasecilla que le hiciese sonreír; y si tal vez atendía a alguna hermosa dama o remilgada señorita, le endilgaba una picaresca mirada o algún gracioso requiebro, con lo que el hombre se hacía irresistible. De tal manera, *Peregil,* el gallego, era tenido en toda Granada por el más educado, alegre y feliz de los mortales.

Pero, ¡ay!, en este mundo el que canta y bromea más suele ser a veces el que devora más dolores; así, bajo toda su aparente alegría, el honrado *Peregil* sufría mil penas y angustias. Tenía el desventurado una extensa familia, una numerosa prole hambrienta, a la que era necesario alimentar, y la cual se le agolpaba hambrienta cuando volvía de noche a su humilde hogar, exhalando gritos, cual nido de pollos de golondrinas, pidiéndole a voces de comer. Su esposa y compañera le servía de todo, menos de alivio; guapa hogareña, antes de casarse se había hecho notable por su habilidad de bailar el bolero y en tocar las castañuelas, aficiones primitivas que todavía conservaba, pues o bien gastaba en bagatelas el jornal que con tanto trabajo y afán ganaba el pobre *Peregil,* o bien se apoderaba del pollino para irse de juerga al campo los domingos, los días de los santos y los innumerables días feriados, que en España son casi más numerosos que los días de trabajo. Mujer perezosa y abandonada, gustaba de estarse tendida a la larga; pero, sobre todo, era una habladora incansable, que abandonaba su casa, sus hijos y sus quehaceres domésticos por irse, en chanclas, de fisgoneo a las casas de sus vecinas charlatanas.

To return from this digression, Peregil the Gallego had begun business with merely a great earthen jar which he carried upon his shoulder; by degrees he rose in the world, and was enabled to purchase an assistant of a correspondent class of animals, being a stout shaggy-haired donkey. On each side of this his long-eared aide-de-camp, in a kind of pannier, were slung his water-jars, covered with fig-leaves to protect them from the sun. There was not a more industrious water-carrier in all Granada, nor one more merry withal. The streets rang with his cheerful voice as he trudged after his donkey, singing forth the usual summer note that resounds through the Spanish towns: *"Quién quiere agua—agua más fría que la nieve?"*—"Who wants water—water colder than snow?". When he served a customer with a sparkling glass, it was always with a pleasant word that caused a smile; and if, perchance, it was a comely dame or dimpling damsel, it was always with a sly leer and a compliment to her beauty that was irresistible. Thus Peregil the Gallego was noted throughout all Granada for being one of the civilest, pleasantest, and happiest of mortals.

Yet it is not he who sings loudest and jokes most that has the lightest heart. Under all this air of merriment, honest Peregil had his cares and troubles. He had a large family of ragged children to support, who were hungry and clamorous as a nest of young swallows, and beset him with their outcries for food whenever he came home of an evening. He had a helpmate, too, who was any thing but a help to him. She had been a village beauty before marriage, noted for her skill at dancing the bolero and rattling the castanets; and she still retained her early propensities, spending the hard earnings of honest Peregil in frippery, and laying the very donkey under requisition for junketing parties into the country on Sundays, and saints' days, and those innumerable holidays which are rather more numerous in Spain than the days of the week. With all this she was a little of a slattern, something more of a lie-abed, and, above all, a gossip of the first water; neglecting house, household, and every thing else, to loiter slipshod in the houses of her gossip neighbors.

Pero aquel que regula el viento para la esquilada oveja acomoda también el yugo del matrimonio a la sumisa cerviz. *Peregil* sobrellevaba con paciencia los derroches de su esposa y de sus hijos con tanta mansedumbre como su pollino llevaba los cántaros del agua; y, aunque algunas veces se quedaba pensativo y caviloso, nunca se atrevió a poner en duda las virtudes caseras de su negligente esposa.

Amaba a sus hijos del mismo modo que el búho ama a sus polluelos, viendo en ellos multiplicada y perpetuada su propia imagen, pues eran robustos, de pequeña estatura y cortos y zambos de piernas, como él. El mayor placer del honrado *Peregil,* cuando podía darse el gusto de celebrar un día de fiesta, por tener ahorrados unos cuantos maravedíes, se limitaba a coger a toda su prole, y unos en brazos, otros agarrados a su chaqueta y andando por su pie, llevarlos a disfrutar en saltar y brincar por las huertas de la vega, mientras que su mujer se quedaba a danzar con sus amigas en las Angosturas del Darro.

Era una hora bastante avanzada de cierta noche de verano, y ya casi todos los aguadores descansaban de su labor. El día había sido terriblemente placentero, y se presentaba una de esas deliciosas noches que tientan a los habitantes de los climas meridionales a desquitarse del calor sofocante del día, permaneciendo al aire libre para gozar de la frescura de la atmósfera hasta cerca de la medianoche. Todavía había por las calles consumidores de agua, por lo que *Peregil,* como considerado y amantísimo padre de sus hijos, se dijo pensando en sus retoños: "Daré un viaje más a los Aljibes para ganarles el puchero del domingo a los chiquillos." Y así diciendo, emprendió con paso firme la pendiente alameda de la Alhambra, cantando por el camino y descargando de vez en cuando un tremendo golpe en los lomos de su borrico, como por vía de compás a su cantinela o de refresco para el animal, pues en España les sirve de forraje el garrotazo limpio a las bestias de carga.

Cuando llegó al pozo lo encontró por completo desierto, excepción hecha de un solitario extranjero vestido a la manera morisca, pues se veía sentado en uno de los bancos de piedra a la luz de la luna. *Peregil* se detuvo de pronto, y lo miró con extrañeza mezclada de temor; pero el moro le hizo señas para que se le acercase.

—Estoy muy débil y enfermo —le dijo—; ayúdame a regresar a la ciudad y te daré el doble de lo que puedas ganar con tus cántaros de agua.

He, however, who tempers the wind to the shorn lamb, accommodates the yoke of matrimony to the submissive neck. Peregil bore all the heavy dispensations of wife and children with as meek a spirit as his donkey bore the water-jars; and, however he might shake his ears in private, never ventured to question the household virtues of his slattern spouse.

He loved his children too even as an owl loves its owlets, seeing in them his own image multiplied and perpetuated; for they were a sturdy, long-backed, bandy-legged little brood. The great pleasure of honest Peregil was, whenever he could afford himself a scanty holiday, and had a handful of marevedis to spare, to take the whole litter forth with him, some in his arms, some tugging at his skirts, and some trudging at his heels, and to treat them to a gambol among the orchards of the Vega, while his wife was dancing with her holiday friends in the *Angosturas del Darro.*

It was a late hour one summer night, and most of the water-carriers had desisted from their toils. The day had been uncommonly sultry; the night was one of those delicious moonlights, which tempt the inhabitants of southern climes to indemnify themselves for the heat and inaction of the day, by lingering in the open air, and enjoying its tempered sweetness until after midnight. Customers for water were therefore still abroad. Peregil, like a considerate, painstaking father, thought of his hungry children. "One more journey to the well," said he to himself, "to earn a Sunday's puchero for the little ones." So saying, he trudged manfully up the steep avenue of the Alhambra, singing as he went, and now and then bestowing a hearty thwack with a cudgel on the flanks of his donkey, either by way of cadence to the song, or refreshment to the animal; for dry blows serve in lieu of provender in Spain for all beasts of burden.

When arrived at the well, he found it deserted by every one except a solitary stranger in Moorish garb, seated on a stone bench in the moonlight. Peregil paused at first and regarded him with surprise, not unmixed with awe, but the Moor feebly beckoned him to approach. "I am faint and ill," said he, "aid me to return to the city, and I will pay thee double what thou couldst gain by thy jars of water."

El generoso corazón del pobre aguador se conmovió con la súplica del extranjero y le respondió:

—No quiera Dios que yo reciba recompensa alguna por hacer un acto obligado de humanidad.

Ayudó, por tanto, al moro a montar en su burro, y partió con él a paso lento para Granada; pero el pobre musulmán iba tan extenuado, que fue necesario irle aguantando sobre el animal para que no diese en tierra con su cuerpo.

Cuando llegaron a la ciudad, le preguntó el aguador adónde había que llevarlo.

—¡Ay! —dijo el moro con voz débil—. No tengo casa ni hogar, pues soy extranjero en este país. Permíteme que pase esta noche en tu casa y te recompensaré con largueza.

De esta manera se vio el bueno de *Peregil,* cuando menos lo pensaba, con el compromiso de un huésped infiel; pero el hombre era demasiado bueno y compasivo para negar una noche de hospitalidad a una pobre criatura que se hallaba en situación tan lamentable; por consiguiente, condujo al árabe a su morada. Los chiquillos, que le habían salido a su encuentro, gritándole, como de costumbre, al oír los pasos del pollino, huyeron asustados cuando vieron al extranjero del turbante, y se fueron a cobijar detrás de su madre, la cual se abalanzó colérica, como una gallina delante de sus polluelos cuando se le acerca un perro.

—¿Qué compañero es ese infiel con que te nos vienes a la casa a estas horas, para atraernos las miradas de la Inquisición? —dijo a grandes voces la mujer.

—¡No te incomodes mujer! —le contestó el gallego—. Es un pobre extranjero enfermo, sin amigos y sin hogar. ¿Querrás tú echarle, para que perezca en medio de esas calles?

La mujer hubiera seguido oponiéndose, pues, aunque habitante de una mala choza, era celosa guardadora de la honra de su casa; el pobre aguador, sin embargo, se puso serio por primera vez en su vida y se negó a acceder a los deseos de su esposa. Ayudó, por tanto, al pobre musulmán a apearse del burro, y le extendió una estera y una zalea en el sitio más fresco de la casa, única cama que podía ofrecerle en su miseria.

The honest heart of the little water-carrier was touched with compassion at the appeal of the stranger. "God forbid," said he, "that I should ask fee or reward for doing a common act of humanity." He accordingly helped the Moor on his donkey, and set off slowly for Granada, the poor Moslem being so weak that it was necessary to hold him on the animal to keep him from falling to the earth.

When they entered the city, the water-carrier demanded whither he should conduct him. "Alas!" said the Moor, faintly, "I have neither home nor habitation, I am a stranger in the land. Suffer me to lay my head this night beneath thy roof, and thou shalt be amply repaid."

Honest Peregil thus saw himself unexpectedly saddled with an infidel guest, but he was too humane to refuse a night's shelter to a fellow being in so forlorn a plight, so he conducted the Moor to his dwelling. The children, who had sallied forth open-mouthed as usual on hearing the tramp of the donkey, ran back with affright, when they beheld the turbaned stranger, and hid themselves behind their mother. The latter stepped forth intrepidly, like a ruffling hen before her brood when a vagrant dog approaches.

"What infidel companion," cried she, "is this you have brought home at this late hour, to draw upon us the eyes of the Inquisition?"

"Be quiet, wife," replied the Gallego, "here is a poor sick stranger, without friend or home; wouldst thou turn him forth to perish in the streets?"

The wife would still have remonstrated, for although she lived in a hovel she was a furious stickler for the credit of her house; the little water-carrier, however, for once was stiff-necked, and refused to bend beneath the yoke. He assisted the poor Moslem to alight, and spread a mat and a sheep-skin for him, on the ground, in the coolest part of the house; being the only kind of bed that his poverty afforded.

Al poco tiempo se vio acometido el moro de convulsiones que desafiaban todo el arte médico del buenazo aguador. Los ojos del pobre enfermo expresaban su gratitud. En un intervalo de sus accesos llamó al aguador a su lado y hablándole en voz baja, le dijo:

—Conozco que mi fin está muy próximo. Si muero, te dejo esta caja en recompensa de tu caridad.

Y, así diciendo, entreabrió su albornoz y dejó ver una cajita de madera de sándalo pendiente de su cuerpo.

—Dios haga, amigo mío —replicó el honrado gallego—, que viváis muchos años, para disfrutar de vuestro tesoro o lo que quiera que sea.

El moro movió la cabeza, puso su mano sobre la caja y quiso decir algo sobre esta, pero sus convulsiones se repitieron con mayor violencia, y al momento murió.

La mujer del aguador se puso histérica.

—Esto nos ocurre —le decía— por tus majaderías, por meterte siempre donde no puedes salir para servir a los demás. ¿Qué va a ser de nosotros cuando encuentren este cadáver en nuestra casa? Nos mandarán a presidio por asesinos; y, si escapamos con el pellejo, nos arruinarán los escribanos y alguaciles.

El pobre *Peregil* se hallaba también turbado, y casi empezó a arrepentirse de haber ejecutado aquella buena acción. Al fin le iluminó una idea salvadora.

—Todavía no es de día —dijo—; puedo sacar el cuerpo del muerto fuera de la ciudad y sepultarlo bajo la arena en la ribera del Genil. Nadie vio entrar al moro en nuestra casa y nadie sabrá nada de su fallecimiento.

Dicho y hecho. Le ayudó su mujer, y envolvieron el cadáver del infortunado musulmán en la estera donde había expirado; le pusieron después atravesado en el burro, y salió con él en dirección a la ribera del río.

Quiso la mala fortuna que viviese frente del aguador un barbero llamado Pedrillo Pedrugo, el mayor charlatán, averiguador de vidas ajenas y el hombre más perverso del mundo; con su cara de comadreja y sus patas de araña, era un ser en extremo hábil, solapado y malicioso; ni el mismo famoso *Barbero de Sevilla* hacía la competencia en esto de enterarse de los negocios de todo el mundo —de los que, por cierto, el hombre guardaba gran secreto—, pues en él caían como agua en cedazo.

In a little while the Moor was seized with violent convulsions, which defied all the ministering skill of the simple water-carrier. The eye of the poor patient acknowledged his kindness. During an interval of his fits he called him to his side, and addressing him in a low voice, "My end," said he, "I fear is at hand. If I die, I bequeath you this box as a reward for your charity": so saying, he opened his albornoz, or cloak, and showed a small box of sandalwood, strapped round his body. "God grant, my friend," replied the worthy little Gallego, "that you may live many years to enjoy your treasure, whatever it may be." The Moor shook his head; he laid his hand upon the box, and would have said something more concerning it, but his convulsions returned with increasing violence, and in a little while he expired.

The water-carrier's wife was now as one distracted. "This comes," said she, "of your foolish good nature, always running into scrapes to oblige others. What will become of us when this corpse is found in our house? We shall be sent to prison as murderers; and if we escape with our lives, shall be ruined by notaries and *alguaciles*."

Poor Peregil was in equal tribulation, and almost repented himself of having done a good deed. At length a thought struck him. "It is not yet day," said he; "I can convey the dead body out of the city, and bury it in the sands on the banks of the Xenil. No one saw the Moor enter our dwelling, and no one will know any thing of his death."

So said, so done. The wife aided him; they rolled the body of the unfortunate Moslem in the mat on which he had expired, laid it across the ass, and Peregil set out with it for the banks of the river.

As ill luck would have it, there lived opposite to the water-carrier a barber named Pedrillo Pedrugo, one of the most prying, tattling, and mischief-making of his gossip tribe. He was a weasel-faced, spider-legged varlet, supple and insinuating; the famous barber of Seville could not surpass him for his universal knowledge of the affairs of others, and he had no more power of retention than a sieve.

Decían las gentes que dormía con un ojo abierto y con el oído alerta; por lo cual, incluso durmiendo, veía y oía y se enteraba de todo cuanto pasaba. Lo cierto es que el tal Pedrillo era la crónica escandalosa de Granada, y que tenía más parroquianos que todos los de su gremio.

Este entrometido rapabarbas oyó llegar a *Peregil* a una hora anormal de la noche, y luego hirieron sus oídos las exclamaciones de la mujer y de los hijos del aguador. Se asomó inmediatamente por un ventanillo que le servía de observatorio, y vio a su vecino que ayudaba a entrar en su casa a un hombre vestido de moro. Era esto tan extraño e insólito, que Pedrillo Pedrugo no pudo pegar un ojo en toda la noche, mirando por el ventanillo cada cinco minutos y observando la luz que brillaba por las rendijas de la puerta de su vecino, hasta que le vio salir, antes de romper el día, con su pollino muy cargado.

El curioso barbero, deshecho de ansiedad, se vistió en un abrir y cerrar de ojos, y, saliendo sigilosamente, siguió al aguador a larga distancia, hasta que le vio cavar un hoyo en la arena de la ribera del Genil y enterrar acto seguido un bulto que parecía un cadáver.

Se dio prisa el barbero en volver a su casa, y empezó a dar vueltas y revueltas por la tienda, colocándolo y haciendo todo mal y de mala gana, hasta tanto que vio salir el sol. Entonces tomó una bacía debajo del brazo y se dirigió a casa del alcalde, que era su cliente diario.

El alcalde se acababa de levantar en aquel instante. Pedrillo Pedrugo le hizo sentar en una silla, le puso el paño para afeitar, le colocó la bacía con agua caliente en el cuello, y empezó a ablandarle la barba con los dedos.

—¡Qué cosas suceden tan grandes! —dijo Pedrugo, oficiando a la vez de barbero y de charlatán—. ¡Qué cosas! ¡Qué cosas! ¡Un robo, un asesinato y un entierro en una misma noche!

—¿Eh? ¡Cómo! ¿Qué estás diciendo? —exclamó el alcalde.

—Digo —continuó el barbero, pasando a la vez el jabón por las narices y la boca de la autoridad (pues a los barberos españoles no le gusta usar brocha)—, digo que *Peregil* el gallego ha robado y asesinado a un moro y le ha enterrado en esta misma maldita noche.

—¿Y cómo sabes tú todo eso? —le preguntó el alcalde.

It was said that he slept but with one eye at a time, and kept one ear uncovered, so that, even in his sleep, he might see and hear all that was going on. Certain it is, he was a sort of scandalous chronicle for the quid-nuncs of Granada, and had more customers than all the rest of his fraternity.

This meddlesome barber heard Peregil arrive at an unusual hour at night, and the exclamations of his wife and children. His head was instantly popped out of a little window which served him as a look-out, and he saw his neighbor assist a man in Moorish garb into his dwelling. This was so strange an occurrence, that Pedrillo Pedrugo slept not a wink that night. Every five minutes he was at his loophole, watching the lights that gleamed through the chinks of his neighbor's door, and before daylight he beheld Peregil sally forth with his donkey unusually laden.

The inquisitive barber was in a fidget; he slipped on his clothes, and, stealing forth silently, followed the water-carrier at a distance, until he saw him dig a hole in the sandy bank of the Xenil, and bury something that had the appearance of a dead body.

The barber hied home, and fidgeted about his shop, setting every thing upside down, until sunrise. He then took a basin under his arm, and sallied forth to the house of his daily customer the *alcalde*.

The *alcalde* was just risen. Pedrillo Pedrugo seated him in a chair, threw a napkin round his neck, put a basin of hot water under his chin, and began to mollify his beard with his fingers.

"Strange doings!" said Pedrugo, who played barber and newsmonger at the same time—"Strange doings! Robbery, and murder, and burial all in one night!"

"Hey!—how!—what is that you say?" cried the *alcalde*.

"I say," replied the barber, rubbing a piece of soap over the nose and mouth of the dignitary, for a Spanish barber disdains to employ a brush—"I say that Peregil the Gallego has robbed and murdered a Moorish Mussulman, and buried him, this blessed night. *Maldita sea la noche*—accursed be the night for the same!"

"But how do you know all this?" demanded the *alcalde*.

—¡Oiga usted con tranquilidad, señor, y se enterará de todo! —decía Pedrillo agarrándole por la nariz mientras le pasaba la navaja por sus mejillas.

Y relató al alcalde todo cuanto había visto, haciendo dos cosas a la vez: afeitar, lavar y enjugar el rostro del alcalde con la sucia toalla, al mismo tiempo que en su lengua viperina robaba, asesinaba y enterraba al musulmán culpando a otro.

Es el caso que el tal alcalde era el tirano más insufrible y el más codicioso e insaciable avariento que se conocía en Granada. Con todo, no se puede negar que tenía en bastante valor la justicia, pues el hombre la vendía *a peso de oro*. Dedujo, pues, que el caso en cuestión era un robo con asesinato, y que debía ser de bastante monto lo robado. ¿Cómo se arreglaría para ponerlo todo en las legítimas manos de la ley? Atrapar sencillamente al delincuente no era sino dar carne a la horca; pero atrapar el botín sería enriquecer al juez, y eso es lo que él consideraba el fin principal de la justicia. Y así discurriendo, mandó llamar al alguacil de su mayor confianza, el cual era una buen pardillo: un tipo de rostro enjuto y famélico, vestido a la antigua española, según correspondía a su cargo, con un sombrero ancho de castor con alas vueltas hacia arriba por ambos lados, con cuello almidonado, capilla negra colgando de los hombros y traje raído también negro, que dibujaba su raquítica contextura de alambre, y con su vara en la mano, como distintivo e insignia temible de su autoridad. Tal era el sabueso de antigua raza española a quien el alcalde puso sobre la pista del desgraciado aguador, y tal fue su diligencia y su olfato, que al punto estaba ya pisando los talones del pobre *Peregil*, quien aún no había acabado de llegar a su casa, y, cogiéndole, le llevó en compañía del borrico ante la presencia del magistrado popular.

Dirigió el alcalde una mirada inquisidora al pobre gallego y le dijo con voz amenazadora, que le hizo caer, temblando, de rodillas.

—¡Oye, infame! No pretendas negar tu delito, pues lo sé todo. La horca es el castigo que te espera por el crimen que has cometido; pero yo, que soy misericordioso, estoy dispuesto a escuchar lo que sea razonable. El hombre que ha sido asesinado en tu casa era moro, un infiel enemigo de nuestra fe, y sin duda tú le mataste en un rapto de fervor religioso; por tanto, quiero ser indulgente contigo, pero entrégame lo que le has robado y le echaremos tierra al asunto.

"Be patient, *señor*, and you shall hear all about it," replied Pedrillo, taking him by the nose and sliding a razor over his cheek. He then recounted all that he had seen, going through both operations at the same time, shaving his beard, washing his chin, and wiping him dry with a dirty napkin, while he was robbing, murdering, and burying the Moslem.

Now it so happened that this *alcalde* was one of the most overbearing, and at the same time most griping and corrupt curmudgeons in all Granada. It could not be denied, however, that he set a high value upon justice, for he sold it at its weight in gold. He presumed the case in point to be one of murder and robbery; doubtless there must be a rich spoil; how was it to be secured into the legitimate hands of the law? for as to merely entrapping the delinquent—that would be feeding the gallows; but entrapping the booty—that would be enriching the judge, and such, according to his creed, was the great end of justice. So thinking, he summoned to his presence his trustiest *alguacil*—a gaunt, hungry-looking varlet, clad, according to the custom of his order, in the ancient Spanish garb: a broad black beaver turned up at its sides, a quaint ruff, a small black cloak dangling from his shoulders, rusty black under-clothes that set off his spare wiry frame, while in his hand he bore a slender white wand, the dreaded insignia of his office. Such was the legal bloodhound of the ancient Spanish breed, that he put upon the traces of the unlucky water-carrier, and such was his speed and certainty, that he was upon the haunches of poor Peregil before he had returned to his dwelling, and brought both him and his donkey before the dispenser of justice.

The *alcalde* bent upon him one of the most terrific frowns. "Hark ye, culprit!" roared he, in a voice that made the knees of the little Gallego smite together—"hark ye, culprit! there is no need of denying thy guilt, every thing is known to me. A gallows is the proper reward for the crime thou hast committed, but I am merciful, and readily listen to reason. The man that has been murdered in thy house was a Moor, an infidel, the enemy of our faith. It was doubtless in a fit of religious zeal that thou hast slain him. I will be indulgent, therefore; render up the property of which thou hast robbed him, and we will hush the matter up."

El desventurado aguador llamaba por testigos de su inocencia a todos los santos de la corte celestial; pero, ¡ay!, ninguno venía en su ayuda, y, aunque se le hubiera presentado, el alcalde no hubiera dado crédito ni al santoral entero. El gallego contó toda la historia del moro moribundo con la justificadora sencillez de la verdad, aunque todo fue inútil.

—¿Pretenderás seguir manteniendo —le dijo el juez— que el tal moro no tenía ni dinero ni joyas, cuando ellas fueron las que tentaron tu codicia?

—Es tan verdadero como que soy inocente, señor —replicó el aguador—, que no tenía más que una cajita de sándalo, que me legó en premio de mis desvelos.

—¡Una caja de sándalo!, ¡una caja de sándalo! —gritaba el alcalde, y le brillaban las pupilas ante la esperanza de que sería una preciosa joya—. ¿Dónde está esa caja? ¿Dónde la has escondido?

—Con perdón de usía, está en una de las aguaderas de mi burro, y enteramente al servicio de su señoría —respondió el aguador.

No bien acabó de pronunciar estas palabras, cuando el astuto alguacil salió a escape y volvió en un santiamén con la misteriosa caja de sándalo. La abrió el alcalde con mano temblorosa, y se aproximaron todos para ver los tesoros que esperaban que guardara, cuando, ¡oh desilusión!, no había en el interior de ella más que un rollo de pergamino escrito con caracteres arábigos y un cabo de bujía de cera amarilla.

Cuando no hay beneficio con que un prisionero aparezca convicto y confeso, la justicia, incluso en España, se inclina siempre a ser imparcial. Así, pues, cuando el alcalde se rehízo del chasco que se había llevado y vio que no había en realidad botín alguno de que echar mano, escuchó ya sin acaloramiento las explicaciones que le daba el aguador, corroboradas además con el testimonio de su mujer. Convencido, por consiguiente, de su inocencia, lo absolvió de la pena de arresto permitiéndole llevarse la dichosa herencia del moro, o sea la famosa caja de sándalo y su contenido, en justo premio de su humanidad, si bien le embargó el borrico para pago de costas.

Y he aquí de nuevo a nuestro desafortunado gallego reducido a tener que llevar el agua a cuestas, caminando fatigosamente hacia los Aljibes de la Alhambra con la garrafa a la espalda.

The poor water-carrier called upon all the saints to witness his innocence; alas! not one of them appeared; and if they had, the *alcalde* would have disbelieved the whole calendar. The water-carrier related the whole story of the dying Moor with the straightforward simplicity of truth, but it was all in vain. "Wilt thou persist in saying," demanded the judge, "that this Moslem had neither gold nor jewels, which were the object of thy cupidity?"

"As I hope to be saved, your worship," replied the water-carrier, "he had nothing but a small box of sandalwood which he bequeathed to me in reward for my services."

"A box of sandalwood! a box of sandalwood!" exclaimed the *alcalde*, his eyes sparkling at the idea of precious jewels. "And where is this box? where have you concealed it?"

"An' it please your grace," replied the water-carrier, "it is in one of the panniers of my mule, and heartily at the service of your worship."

He had hardly spoken the words, when the keen *alguacil* darted off, and reappeared in an instant with the mysterious box of sandalwood. The *alcalde* opened it with an eager and trembling hand; all pressed forward to gaze upon the treasure it was expected to contain, when, to their disappointment, nothing appeared within, but a parchment scroll, covered with Arabic characters, and an end of a waxen taper.

When there is nothing to be gained by the conviction of a prisoner, justice, even in Spain, is apt to be impartial. The *alcalde*, having recovered from his disappointment, and found that there was really no booty in the case, now listened dispassionately to the explanation of the water-carrier, which was corroborated by the testimony of his wife. Being convinced, therefore, of his innocence, he discharged him from arrest; nay more, he permitted him to carry off the Moor's legacy, the box of sandalwood and its contents, as the well-merited reward of his humanity; but he retained his donkey in payment of costs and charges.

Behold the unfortunate little Gallego reduced once more to the necessity of being his own water-carrier, and trudging up to the well of the Alhambra with a great earthen jar upon his shoulder.

Cierta vez que subía la cuesta arriba con todo el calor del mediodía del estío le abandonó su acostumbrado buen talante. "¡Perro alcalde! —iba murmurando—. ¡Robar a un pobre los medios de subsistencia!; privarme del único apoyo que tenía en el mundo..." Y dándose al recuerdo de su amado compañero de penas y trabajos, dejaba ver toda la sensibilidad de su alma. "¡Ay, borriquito de mis entrañas! —exclamaba, dejando la garrafa sobre una piedra y limpiándose con la manga el sudor que corría por su frente—. ¡Borriquito de mi corazón! ¡Bien seguro estoy, pobre animal, que estarás echando de menos los cántaros del agua!"

Para consuelos de sus penas, no hacía también sino martirizarle su mujer cuando venía a la casa, dirigiéndole constantes recriminaciones y quejas, aprovechándose de la ventaja que le daba el haberle advertido para que no llevase a cabo el noble acto de hospitalidad que les había acarreado tantos y tantos disgustos, y como perra intencionada, aprovechaba cuantas ocasiones se le ofrecían para echarle en cara la superioridad de su previsión. Si sus hijos no tenían qué comer o si necesitaban alguna prenda nueva, les decía la ladina con sarcástica sorna:

—Id a vuestro padre, que a bien que ha quedado por heredero del Rey Chico de la Alhambra: decidle que os dé del tesoro de la caja del moro.

¿Hubo jamás mortal más castigado que el pobre *Peregil* por haber llevado a cabo una buena obra? El infortunado aguador estaba herido física y moralmente, sin embargo, soportaba con paciencia los crueles sarcasmos de su mujer. Por último, cierta noche, después de un día muy caluroso y de gran trabajo, empezó aquella a aturdirle, según costumbre, y concluyó el pobre aguador por perder la paciencia; y, no atreviéndose a contestarla, como sus ojos se fijaran de pronto en la caja de sándalo que se hallaba en la repisa con la tapa a medio abrir, cual si se estuviese mofando de él, la cogió y, tirándola al suelo con furia, exclamó:

—¡Maldito sea el día que te vi por primera vez, y en que di en mi casa cobijo a tu amo!

Pero he aquí que, al chocar la caja en el suelo, se abrió la tapa por completo y salió rodando el pergamino.

As he toiled up the hill in the heat of a summer noon, his usual good humor forsook him. "Dog of an *alcalde!*" would he cry, "to rob a poor man of the means of his subsistence, of the best friend he had in the world!" And then at the remembrance of the beloved companion of his labors, all the kindness of his nature would break forth. "Ah, donkey of my heart!" would he exclaim, resting his burden on a stone, and wiping the sweat from his brow—"Ah, donkey of my heart! I warrant me thou thinkest of thy old master! I warrant me thou missest the water-jars—poor beast."

To add to his afflictions, his wife received him, on his return home, with whimperings and repinings; she had clearly the vantage-ground of him, having warned him not to commit the egregious act of hospitality which had brought on him all these misfortunes; and, like a knowing woman, she took every occasion to throw her superior sagacity in his teeth. If her children lacked food, or needed a new garment, she could answer with a sneer—"Go to your father—he is heir to King Chico of the Alhambra: ask him to help you out of the Moor's strongbox."

Was ever poor mortal so soundly punished for having done a good action? The unlucky Peregil was grieved in flesh and spirit, but still he bore meekly with the railings of his spouse. At length, one evening, when, after a hot day's toil, she taunted him in the usual manner, he lost all patience. He did not venture to retort upon her, but his eye rested upon the box of sandalwood, which lay on a shelf with lid half open, as if laughing in mockery at his vexation. Seizing it up, he dashed it with indignation to the floor: "Unlucky was the day that I ever set eyes on thee," he cried, "or sheltered thy master beneath my roof!"

As the box struck the floor, the lid flew wide open, and the parchment scroll rolled forth.

Peregil se quedó contemplando silencioso un rato el misterioso rollo y por último, coordinando sus ideas, dijo para sí: "¡Quién sabe! ¡Tal vez este escrito sea cosa de importancia, según el gran cuidado con que el moro ponían en su conservación!" Recogió, pues, el pergamino, se lo guardó en el pecho, y a la mañana siguiente, cuando iba voceando el agua por las calles, se paró en la tienda de un moro de Tánger que vendía quincalla y perfumes en el Zacatín, y le rogó que le descifrase su contenido.

Leyó el moro con atención el pergamino, y, acariciándose la barba, le dijo con cierta sonrisa:

—Este manuscrito es una fórmula de desencantamiento para recobrar un tesoro escondido que se halla bajo el influjo de un sortilegio, y por cierto que posee tal virtud que los cerrojos y barras más fuertes y hasta la misma roca viva se abrirán ante él.

—¡Bah! —exclamó el gallego—. ¿Qué me importa a mí eso? Yo no soy brujo, ni entiendo un ardite de tesoros ocultos.

Y, diciendo esto, se echó la garrafa a la espalda, dejó el rollo en manos del moro y se fue a recorrer sus calles de costumbre.

Pero aquella noche se fue a sentar un rato, al oscurecer, junto a los Aljibes de la Alhambra, y encontró allí un coro de charlatanes reunidos, según era costumbre a aquellas horas de la noche; y he aquí que recayó la charla en los cuentos y las tradiciones fantásticas. Como todos eran más pobres que las ratas, se complacían en el consabido tema popular de las riquezas encantadas y sepultadas por los moros en varios sitios de la Alhambra, y todos a una afirmaban estar en la creencia de que existían grandes tesoros escondidos en la *Torre de los Siete Suelos*.

Estos cuentos produjeron profunda impresión en la mente del honrado *Peregil*, arraigándose más y más cuando volvió a pasar por las oscuras alamedas de la Alhambra. "¡Qué tal que hubiera un tesoro escondido debajo de esa torre, y que pudiera yo sacarlo con la ayuda del pergamino que le dejé al moro!" Y, embobado con esta bonita ilusión, faltó poco para que se le cayese la garrafa.

Durante toda la noche no hizo más que dar tumbos en la cama sin poder pegar un ojo, y a la mañana siguiente, muy temprano, se fue a la tienda del moro y le contó lo que se le había ocurrido.

Peregil sat regarding the scroll for some time in moody silence. At length rallying his ideas: "Who knows," thought he, "but this writing may be of some importance, as the Moor seems to have guarded it with such care?" Picking it up therefore, he put it in his bosom, and the next morning, as he was crying water through the streets, he stopped at the shop of a Moor, a native of Tangiers, who sold trinkets and perfumery in the Zacatin, and asked him to explain the contents.

The Moor read the scroll attentively, then stroked his beard and smiled. "This manuscript," said he, "is a form of incantation for the recovery of hidden treasure, that is under the power of enchantment. It is said to have such virtue, that the strongest bolts and bars, nay the adamantine rock itself, will yield before it!"

"Bah!" cried the little Gallego, "what is all that to me? I am no enchanter, and know nothing of buried treasure." So saying, he shouldered his water-jar, left the scroll in the hands of the Moor, and trudged forward on his daily rounds.

That evening, however, as he rested himself about twilight at the well of the Alhambra, he found a number of gossips assembled at the place, and their conversation, as is not unusual at that shadowy hour, turned upon old tales and traditions of a supernatural nature. Being all poor as rats, they dwelt with peculiar fondness upon the popular theme of enchanted riches left by the Moors in various parts of the Alhambra. Above all, they concurred in the belief that there were great treasures buried deep in the earth under the Tower of the Seven Floors.

These stories made an unusual impression on the mind of the honest Peregil, and they sank deeper and deeper into his thoughts as he returned alone down the darkling avenues. "If, after all, there should be treasure hid beneath that tower: and if the scroll I left with the Moor should enable me to get at it!" In the sudden ecstasy of the thought he had well nigh let fall his water-jar.

That night he tumbled and tossed, and could scarcely get a wink of sleep for the thoughts that were bewildering his brain. Bright and early, he repaired to the shop of the Moor, and told him all that was passing in his mind.

—Usted sabe el idioma árabe: supongamos que nos vamos juntos a la torre y probamos el efecto del sortilegio; si sale mal, nada hemos perdido; pero si sale bien, partiremos entre los dos el tesoro que descubramos —le dijo el aguador.

—¡Despacio! —replicó el moro—. Este escrito no es bastante, sino que ha de ser leído a medianoche y a la luz de una bujía compuesta y preparada de una manera especial, cuyos ingredientes no puedo proporcionar. Sin esa bujía el pergamino no sirve de nada.

—¡No siga usted hablando! —gritó el gallego—. Yo tengo esa bujía; voy a traerla al momento.

Y diciendo esto corrió a su casa y volvió rápido con el cabo de la bujía que había encontrado en la caja de sándalo.

El moro la cogió y la olió.

—Aquí hay raros y costosos perfumes —dijo— combinados con esta cera amarilla. Esta es precisamente la bujía mágica de la que habla el pergamino. Mientras esté alumbrando se abrirán los muros más fuertes y las cavernas más secretas, pero quedará encantado con el tesoro.

Acordaron entonces los dos en probar el encantamiento aquella misma noche. A hora bastante avanzada de la misma, cuando ya nadie había despierto más que las lechuzas y los murciélagos, ascendieron a la colina de la Alhambra y se aproximaron a aquella imponente y solitaria torre rodeada de árboles, todavía más imponente por las mil fantásticas historias que sobre ella se contaban. Gracias a la luz de una linterna atravesaron las zarzas y los bloques desprendidos del edificio, hasta llegar a la entrada de una bóveda situada debajo de la torre. Bajaron llenos de temor y temblando de miedo una escalera cortada en la roca, la cual llevaba a un cuarto húmedo y oscuro, donde había otra escalera que desembocaba en otra bóveda todavía más profunda. Bajaron luego hasta tres graderías más, que correspondían a otras tantas habitaciones, las cuales se hallaban colocadas unas debajo de otras. El pavimento de la cuarta era bastante sólido; pero, según la tradición, quedaban otras tres bóvedas más; sin embargo, no se podía penetrar a mayor profundidad, por hallarse los otros suelos cerrados por arte de encantamiento.

"You can read Arabic," said he; "suppose we go together to the tower, and try the effect of the charm; if it fails we are no worse off than before; but if it succeeds, we will share equally all the treasure we may discover."

"Hold," replied the Moslem; "this writing is not sufficient of itself; it must be read at midnight, by the light of a taper singularly compounded and prepared, the ingredients of which are not within my reach. Without such a taper the scroll is of no avail."

"Say no more!" cried the little Gallego; "I have such a taper at hand, and will bring it here in a moment." So saying he hastened home, and soon returned with the end of yellow wax taper that he had found in the box of sandalwood.

The Moor felt it and smelt of it. "Here are rare and costly perfumes," said he, "Combined with this yellow wax. This is the kind of taper specified in the scroll. While this burns, the strongest walls and most secret caverns will remain open. Woe to him, however, who lingers within until it be extinguished. He will remain enchanted with the treasure."

It was now agreed between them to try the charm that very night. At a late hour, therefore, when nothing was stirring but bats and owls, they ascended the woody hill of the Alhambra, and approached that awful tower, shrouded by trees and rendered formidable by so many traditionary tales. By the light of a lantern, they groped their way through bushes, and over fallen stones, to the door of a vault beneath the tower. With fear and trembling they descended a flight of steps cut into the rock. It led to an empty chamber damp and drear, from which another flight of steps led to a deeper vault. In this way they descended four several flights, leading into as many vaults one below the other, but the floor of the fourth was solid; and though, according to tradition, there remained three vaults still below, it was said to be impossible to penetrate further, the residue being shut up by strong enchantment.

El aire de la cuarta bóveda era frío, con fuerte olor a humedad, y en ella apenas penetraba ya la luz. Se detuvieron allí un momento para tomar alientos, hasta que oyeron débilmente el toque de las doce en la campana de la Vela, y enseguida encendieron el cabo de bujía amarilla, que esparció un grato olor de mirra, incienso y estoraque.

El moro comenzó a leer deprisa el pergamino. No bien había concluido, cuando se escuchó un terrible ruido subterráneo: la tierra tembló y se abrió el pavimento, descubriendo una escalera de piedra. Muertos de miedo, descendieron por ella, y divisaron a la luz de la linterna otra bóveda abigarrada con inscripciones arábigas, y en cuyo centro se veía un cofre colosal asegurado por siete barrotes de acero, y a cada lado del cofre se veía un gran moro encantado, armado de punta en blanco, pero inmóvil como una estatua y petrificado allí por arte de magia. Delante del cofre había varios jarrones repletos de oro plata y piedras preciosas. En el más grande de ellos metieron los brazos hasta el codo, sacando puñados de grandes y hermosas monedas morunas, brazaletes y adornos del mismo metal, con algún que otro collar de perlas orientales que se enredaban entre los dedos. Pero con esto temblaban y respiraban con pavor mientras que se llenaban los bolsillos de ricas preciosidades, mirando con espanto aquellos dos encantados morazos que se hallaban allí extáticos, horribles, sin movimiento y con los ojos inmóviles y amenazadores. Al fin se apoderó de ellos un pánico súbito, y corrieron escalera arriba, tropezando el uno con el otro en el piso superior, dejando caer el cabo de bujía, que se apagó al momento, cerrándose el pavimento con un ruido espantoso.

Llenos de terror, no descansan hasta que se encontraron fuera de la torre y vieron las estrellas brillar entre el ramaje de los árboles. Entonces, se sentaron sobre el musgo, se repartieron el botín, determinando el darse por contentos por entonces con aquel simple vaciado del jarrón, resolviendo regresar más adelante, durante otra noche, para desocuparlos hasta el fondo. Para asegurarse de su mutua fidelidad se dividieron los talismanes entre los dos, quedándose uno con el pergamino y el otro con la bujía; hecho lo cual partieron colina abajo con el corazón ligero y los bolsillos pesados en dirección a Granada.

The air of this vault was damp and chilly, and had an earthy smell, and the light scarce cast forth any rays. They paused here for a time in breathless suspense until they faintly heard the clock of the watchtower strike midnight; upon this they lit the waxen taper, which diffused an odor of myrrh and frankincense and storax.

The Moor began to read in a hurried voice. He had scarce finished when there was a noise as of subterraneous thunder. The earth shook, and the floor, yawning open, disclosed a flight of steps. Trembling with awe they descended, and by the light of the lantern found themselves in another vault, covered with Arabic inscriptions. In the centre stood a great chest, secured with seven bands of steel, at each end of which sat an enchanted Moor in armor, but motionless as a statue, being controlled by the power of the incantation. Before the chest were several jars filled with gold and silver and precious stones. In the largest of these they thrust their arms up to the elbow, and at every dip hauled forth handfuls of broad yellow pieces of Moorish gold, or bracelets and ornaments of the same precious metal, while occasionally a necklace of oriental pearl would stick to their fingers. Still they trembled and breathed short while cramming their pockets with the spoils; and cast many a fearful glance at the two enchanted Moors, who sat grim and motionless, glaring upon them with unwinking eyes. At length, struck with a sudden panic at some fancied noise, they both rushed up the staircase, tumbled over one another into the upper apartment, overturned and extinguished the waxen taper, and the pavement again closed with a thundering sound.

Filled with dismay, they did not pause until they had groped their way out of the tower, and beheld the stars shining through the trees. Then seating themselves upon the grass, they divided the spoil, determining to content themselves for the present with this mere skimming of the jars, but to return on some future night and drain them to the bottom. To make sure of each other's good faith, also, they divided the talismans between them, one retaining the scroll and the other the taper; this done, they set off with light hearts and well-lined pockets for Granada.

Cuando iban por el pie de la colina, el precavido moro se acercó al oído del buenazo aguador para darle un consejo.

—Amigo *Peregil* —le dijo—, este asunto debe quedar en el mayor recaudo. ¡Si se entera el alcalde del negocio, estamos perdidos!

—Es cierto —contestó el gallego—; todo eso es muy cierto.

—Amigo *Peregil* —le dijo el moro—, usted es una persona discreta y no dudo que sabrá guardar un secreto; pero tiene usted mujer.

—Mi mujer no sabrá una palabra de todo esto —replicó el aguador con gran coraje.

—Está bien —respondió el moro—. Me fío de su prudencia y de su promesa.

Positivamente nunca se había dado palabra con más resolución ni de mejor buena fe; pero, ¡ay!, ¿qué marido es el que puede ocultar un secreto a su mujer? Ninguno, pero mucho menos *Peregil* el aguador, que era un marido de blandísimo carácter. Cuando volvió a su casa encontró a su mujer sollozando en un rincón.

—¡Está muy bien! —le dijo al entrar—. ¡Gracias a Dios que has vuelto, después de haber estado toda la noche haraganeando por ahí! ¡Vaya! Y lo extraño es que no hayas venido a casa con otro huésped como el anterior.

Y gritaba y gemía la mujer, y se destrozaba las manos, y desgarrándose el pecho, exclamaba:

—¡Cuán desgraciada soy! ¿Qué va a ser de mí? ¡Mi casa robada, saqueada por escribanos y alguaciles, y este marido hecho un vago, sin pensar en ganar el sustento de su familia y andando de noche y de día por ahí como esos perros de moros infieles! ¡Ay, hijos míos! ¡Ay, hijos de mi alma! ¿Qué va a ser de nosotros? ¡Tendremos que irnos por esas calles a pedir limosna!

Se conmovió de tal manera el honrado *Peregil* con las lamentaciones de su esposa, que no pudo contener las lágrimas. Su corazón estaba reventando como su bolsillo, y no podía sujetarlo. Metió, pues, la mano en él, sacó tres o cuatro preciosas monedas de oro y se las echó a su apesadumbrada esposa en la falda. A la pobre mujer se le salieron los ojos de asombro, no pudiendo entender de dónde venía aquella lluvia de oro; pero antes que volviera de su estupor, sacó el gallego una cadena de oro y se la presentó, saltando de gozo y abriendo una boca colosal.

As they wended their way down the hill, the shrewd Moor whispered a word of counsel in the ear of the simple little water-carrier.

"Friend Peregil," said he, "all this affair must be kept a profound secret until we have secured the treasure, and conveyed it out of harm's way. If a whisper of it gets to the ear of the *alcalde*, we are undone!"

"Certainly," replied the Gallego, "nothing can be more true."

"Friend Peregil," said the Moor, "you are a discreet man, and I make no doubt can keep a secret: but you have a wife."

"She shall not know a word of it," replied the little water-carrier, sturdily.

"Enough," said the Moor, "I depend upon thy discretion and thy promise."

Never was promise more positive and sincere; but, alas! what man can keep a secret from his wife? Certainly not such a one as Peregil the water-carrier, who was one of the most loving and tractable of husbands. On his return home, he found his wife moping in a corner. "Mighty well," cried she as he entered, "you've come at last; after rambling about until this hour of the night. I wonder you have not brought home another Moor as a housemate." Then bursting into tears, she began to wring her hands and smite her breast: "Unhappy woman that I am!" exclaimed she, "what will become of me? My house stripped and plundered by lawyers and *alguaciles*; my husband a do-no-good, that no longer brings home bread to his family, but goes rambling about day and night, with infidel Moors! O my children! my children! what will become of us? we shall all have to beg in the streets!"

Honest Peregil was so moved by the distress of his spouse, that he could not help whimpering also. His heart was as full as his pocket, and not to be restrained. Thrusting his hand into the latter he hauled forth three or four broad gold pieces, and slipped them into her bosom. The poor woman stared with astonishment, and could not understand the meaning of this golden shower. Before she could recover her surprise, the little Gallego drew forth a chain of gold and dangled it before her, capering with exultation, his mouth distended from ear to ear.

—¡La santísima Virgen nos valga! —dijo la esposa—. ¿Qué has hecho, di, qué has hecho, *Peregil*? ¡No hay duda: tú has cometido algún robo, algún asesinato!

Le asaltó aquella terrible idea a la pobre mujer, y al punto la creyó convertida en espantosa realidad. Ya se imaginaba ver la prisión y la horca a cierta distancia, y un gallego zambo de piernas balanceándose de ella; hasta que, vencida por el horroroso cuadro forjado en su delirante fantasía, se vio acometida de violentos ataques de histerismo.

¿Qué salida quedaba al pobre hombre? No tuvo otra que tranquilizar a su mujer y desvanecer los fantasmas de su imaginación relatándole la historia de su buena suerte. Esto, por supuesto, no lo hizo sin que antes prestara aquella solemnísima promesa de guardar el más absoluto silencio, jurando no decir a nadie la más mínima palabra.

Sería imposible expresar la alegría que se apoderó de la mujer. Echó los brazos al cuello de su marido, faltando poco para que lo ahogara con sus efusiones.

—Vamos, mujer —le decía el aguador con honrada exaltación—; ¿qué te parece ahora la herencia del moro? De aquí en adelante no me retraigas ya cuando socorra en sus necesidades a algún semejante.

El bueno del gallego se acostó en su zalea y durmió a pierna suelta como si estuviese en un mullido colchón de plumas; no así su esposa, pues se entretuvo en vaciar todo el contenido de sus bolsillos sobre la estera, y se pasó la noche entera contando y recontando las monedas morunas de oro y probándose los collares y pendientes, e imaginándose cuán elegante estaría el día que pudiera libremente disfrutar de toda aquella riqueza.

A la mañana siguiente cogió el honrado gallego una de aquellas fantásticas monedas de oro, y se fue a venderla a la tienda de un joyero de Zacatín, explicando que la había encontrado entre las ruinas de la Alhambra. Comprobó, en efecto, el joyero que tenía una inscripción arábiga y que era de oro purísimo, por lo cual le ofreció la tercera parte de su valor, con lo que quedó el aguador muy satisfecho. A continuación, el buen *Peregil* compró vestidos nuevos para sus pequeñuelos e incluso algunos juguetes, no olvidándose de comprar sabrosas provisiones para una espléndida comida, y regresó después a su casa. Una vez allí, puso a todos sus muchachos a bailar a su alrededor, en tanto que él hacía cabriolas en medio, considerándose el padre más afortunado del mundo.

"Holy Virgin protect us!" exclaimed the wife. "What hast thou been doing, Peregil? surely thou hast not been committing murder and robbery!"

The idea scarce entered the brain of the poor woman, than it became a certainty with her. She saw a prison and a gallows in the distance, and a little bandy-legged Gallego hanging pendant from it; and, overcome by the horrors conjured up by her imagination, fell into violent hysterics.

What could the poor man do? He had no other means of pacifying his wife, and dispelling the phantoms of her fancy, than by relating the whole story of his good fortune. This, however, he did not do until he had exacted from her the most solemn promise to keep it a profound secret from every living being.

To describe her joy would be impossible. She flung her arms round the neck of her husband, and almost strangled him with her caresses. "Now, wife," exclaimed the little man with honest exultation, "what say you now to the Moor's legacy? Henceforth never abuse me for helping a fellow-creature in distress."

The honest Gallego retired to his sheepskin mat, and slept as soundly as if on a bed of down. Not so his wife; she emptied the whole contents of his pockets upon the mat, and sat counting gold pieces of Arabic coin, trying on necklaces and earrings, and fancying the figure she should one day make when permitted to enjoy her riches.

On the following morning the honest Gallego took a broad golden coin, and repaired with it to a jeweller's shop in the Zacatin to offer it for sale, pretending to have found it among the ruins of the Alhambra. The jeweller saw that it had an Arabic inscription, and was of the purest gold; he offered, however, but a third of its value, with which the water-carrier was perfectly content. Peregil now bought new clothes for his little flock, and all kinds of toys, together with ample provisions for a hearty meal, and returning to his dwelling, sat all his children dancing around him, while he capered in the midst, the happiest of fathers.

La mujer del aguador guardó el secreto con sorprendente diligencia: durante día y medio no hacía sino ir de acá para allá con cierto aire misterioso, pero, en fin, no dijo una palabra, a pesar de haber andado en compañía de sus parlanchinas convecinas. Pero, en cambio, no podía prescindir de darse cierto interés, disertando sobre el mal estado de sus vestidos y contando que se había mandado hacer una basquiña nueva guarnecida de galón dorado y de bagatelas, juntamente con una mantilla nueva de encaje. Dio también a entender que su marido tenía planes de abandonar el oficio de aguador, por convenir así a su salud; y, por último, indicó que quizá todos se irían a pasar el verano al campo, para que los chiquillos respirasen los aires puros de la montaña, pues no se podía vivir en la ciudad en tan calurosa estación.

Se miraban las vecinas unas a otras, creyendo que la pobre mujer había perdido la cabeza; y sus arrogancias, maneras y petulantes pretensiones eran ya el motivo de sarcasmo de todas y la diversión de sus amigas en cuanto aquella volvía la espalda.

Pero si la mujer del aguador obraba con prudencia fuera de la casa, bien se desquitaba dentro poniéndose al cuello una sarta de ricas perlas orientales, brazaletes moriscos en sus brazos y una diadema de brillantes en la cabeza, paseándose satisfecha por su cuarto vestida de harapos y parándose de vez en cuando para mirarse en un espejo roto. Aún más: en un impulso de indiscreta ostentación, no pudo resistir el deseo de asomarse a la ventana para saborear el efecto que producirían sus adornos entre los transeúntes.

Por desgracia suya, el entrometido barbero Pedrillo Pedrugo se hallaba en aquel mismo momento sentado sin hacer nada en su tienda en el lado contiguo de la calle, cuando hirió su vigilante ojo el brillo de los diamantes. Se colocó al momento en su ventanillo y reconoció a la andrajosa mujer del aguador adornada con todo el boato de una recién desposada de Oriente. No bien hizo un minucioso inventario de todos sus adornos, partió con la velocidad del rayo a casa del alcalde. En un momento el hambriento alguacil se puso otra vez al acecho, y antes de que acabara el día fue conducido de nuevo el infortunado *Peregil* ante la presencia de la autoridad.

The wife of the water-carrier kept her promise of secrecy with surprising strictness. For a whole day and a half she went about with a look of mystery and a heart swelling almost to bursting, yet she held her peace, though surrounded by her gossips. It is true, she could not help giving herself a few airs, apologized for her ragged dress, and talked of ordering a new basquina all trimmed with gold lace and bugles, and a new lace mantilla. She threw out hints of her husband's intention of leaving off his trade of water-carrying, as it did not altogether agree with his health. In fact she thought they should all retire to the country for the summer, that the children might have the benefit of the mountain air, for there was no living in the city in this sultry season.

The neighbors stared at each other, and thought the poor woman had lost her wits; and her airs and graces and elegant pretensions were the theme of universal scoffing and merriment among her friends, the moment her back was turned.

If she restrained herself abroad, however, she indemnified herself at home, and putting a string of rich oriental pearls round her neck, Moorish bracelets on her arms, and an aigrette of diamonds on her head, sailed backwards and forwards in her slattern rags about the room, now and then stopping to admire herself in a broken mirror. Nay, in the impulse of her simple vanity, she could not resist, on one occasion, showing herself at the window to enjoy the effect of her finery on the passers by.

As the fates would have it, Pedrillo Pedrugo, the meddlesome barber, was at this moment sitting idly in his shop on the opposite side of the street, when his ever-watchful eye caught the sparkle of a diamond. In an instant he was at his loophole reconnoitering the slattern spouse of the water-carrier, decorated with the splendor of an eastern bride. No sooner had he taken an accurate inventory of her ornaments, than he posted off with all speed to the *alcalde*. In a little while the hungry *alguacil* was again on the scent, and before the day was over the unfortunate Peregil was once more dragged into the presence of the judge.

—¿Cómo es esto, miserable? —gritó el alcalde enfurecido—. ¿Me dijiste que el infiel que murió en tu casa no había dejado más que una caja vacía, y ahora descubrimos con que tu andrajosa mujer se pavonea en tu casa adornándose con perlas y diamantes? ¡Ah, tunante! ¡Prepárate a darme los despojos de tu miserable víctima, o irás a patalear a la horca, que ya está cansada de esperarte!

El aterrorizado aguador cayó de rodillas y contó de pleno la extraordinaria manera como había ganado su riqueza. El alcalde, el alguacil y el barbero delator escucharon con ávida codicia el cuento maravilloso del tesoro embrujado. Fue despachado inmediatamente el alguacil para traerse al moro que había asistido al maravilloso conjuro. Vino, en efecto, el musulmán, y quedó casi muerto de miedo al verse entre las garras de los esbirros de la ley. Cuando miró al aguador de pie con aire tímido y semblante continente, lo comprendió todo.

—¡Bruto, animal! —le dijo al pasar por su lado—; ¿no le advertí que no contara nada a su mujer?

La descripción que hizo el moro coincidió con cabal conformidad con la de su colega; pero el alcalde fingió no creer nada, y empezó a amenazarles con la cárcel y una rigurosa investigación.

—¡Poco a poco, señor alcalde! —dijo el musulmán recobrando su aplomo y sangre fría—. No eche a perder usted los favores de la fortuna por ambicionarlo todo. Nadie sabe una palabra acerca de este negocio más que nosotros; guardemos, pues, el secreto mutuamente. Aún queda en el subterráneo un inmenso tesoro con que todos podemos hacernos ricos; prometa usted dividirlo equitativamente, y todo se descubrirá; pero, si usted rechaza esta proposición, el subterráneo continuará cerrado para siempre.

El alcalde consultó aparte con el alguacil. Este viejo sabueso, experto en el oficio, le aconsejó:

—Prometa usted todo lo que quiera, hasta que se apodere del tesoro y, una vez en sus manos, si él y su cómplice se atreven a protestar, les amenaza usted con la hoguera por infieles y hechiceros.

"How is this, villain!" cried the *alcalde*, in a furious voice. "You told me that the infidel who died in your house left nothing behind but an empty coffer, and now I hear of your wife flaunting in her rags decked out with pearls and diamonds. Wretch that thou art! prepare to render up the spoils of thy miserable victim, and to swing on the gallows that is already tired of waiting for thee."

The terrified water-carrier fell on his knees, and made a full relation of the marvellous manner in which he had gained his wealth. The *alcalde*, the *alguacil*, and the inquisitive barber, listened with greedy ears to this Arabian tale of enchanted treasure. The *alguacil* was dispatched to bring the Moor who had assisted in the incantation. The Moslem entered half frightened out of his wits at finding himself in the hands of the harpies of the law. When he beheld the water-carrier standing with sheepish looks and downcast countenance, he comprehended the whole matter. "Miserable animal," said he, as he passed near him, "did I not warn thee against babbling to thy wife?".

The story of the Moor coincided exactly with that of his colleague; but the *alcalde* affected to be slow of belief, and threw out menaces of imprisonment and rigorous investigation.

"Softly, good *Señor Alcalde*," said the Mussulman, who by this time had recovered his usual shrewdness and self-possession. "Let us not mar fortune's favors in the scramble for them. Nobody knows any thing of this matter but ourselves; let us keep the secret. There is wealth enough in the cave to enrich us all. Promise a fair division, and all shall be produced; refuse, and the cave shall remain for ever closed."

The *alcalde* consulted apart with the *alguacil*. The latter was an old fox in his profession. "Promise any thing," said he, "until you get possession of the treasure. You may then seize upon the whole, and if he and his accomplice dare to murmur, threaten them with the fagot and the stake as infidels and sorcerers."

El alcalde dio aprobación del consejo; y, pasándose la mano por la frente, se volvió al moro y le dijo:

—Esa es una historia bastante extraña que puede ser cierta, pero quiero ser testigo presencial de ella. Esta misma noche, por tanto, va usted a repetir el conjuro en mi presencia; si existe realmente tal tesoro, lo partiremos amistosamente entre nosotros y no hablaremos más del asunto; pero, si me han engañado ustedes, no esperen clemencia. Mientras tanto permanecerán vigilados.

Accedieron gustosos a estas condiciones el moro y el aguador, satisfechos de que el resultado probaría la veracidad de su historia.

Sobre la medianoche salió secretamente el alcalde acompañado del alguacil y del barbero curioso, todos perfectamente armados. Llevaron al moro y al aguador como prisioneros, yendo provistos del vigoroso pollino del último, para transportar el codiciado tesoro. Llegados a la torre sin haber sido vistos por nadie, ataron el borrico a una higuera y descendieron hasta el cuarto suelo de aquella.

Sacaron el pergamino y encendieron el cabo de bujía, procediendo el moro a leer la fórmula del desencantamiento, y la tierra tembló como la primera vez, abriéndose el pavimento con un ruido ensordecedor, dejando descubierta la estrecha gradería. El alcalde, el alguacil y el barbero se aterrorizaron y no se atrevieron a bajar por ella; pero el moro y el aguador entraron en la bóveda inferior, y allí se encontraron a los dos musulmanes sentados como antes, inmóviles y en silencio. Cogieron los dos jarrones grandes llenos de monedas de oro y de piedras preciosas, los cuales fueron subidos por el aguador uno a uno sobre sus hombros; y por cierto que, a pesar de ser fuerte y estar acostumbrado a las cargas pesadas, se tambaleaba el hombre; pero cuando estuvieron colocados los jarrones a cada lado del borrico, manifestó que aquella era la sola carga que podía llevar el animal.

—Bastante tenemos por ahora —dijo el moro—; hemos sacado toda cuanta riqueza podemos acarrear sin que nos vean, y la suficiente para hacernos tan poderosos como pudiéramos desear.

—¿Pues queda todavía más tesoro? —preguntó el alcalde.

—Queda lo de más valor —dijo el moro—; un cofre enorme guarnecido con fajas de acero y lleno de perlas y piedras preciosas.

The *alcalde* relished the advice. Smoothing his brow and turning to the Moor, "This is a strange story," said he, "and may be true, but I must have ocular proof of it. This very night you must repeat the incantation in my presence, If there be really such treasure, we will share it amicably between us, and say nothing further of the matter; if ye have deceived me, expect no mercy at my hands. In the mean time you must remain in custody."

The Moor and the water-carrier cheerfully agreed to these conditions, satisfied that the event would prove the truth of their words.

Towards midnight the *alcalde* sallied forth secretly, attended by the *alguacil* and the meddlesome barber, all strongly armed. They conducted the Moor and the water-carrier as prisoners, and were provided with the stout donkey of the latter to bear off the expected treasure. They arrived at the tower without being observed, and tying the donkey to a fig-tree, descended into the fourth vault of the tower.

The scroll was produced, the yellow taper lighted, and the Moor read the form of incantation. The earth trembled as before, and the pavement opened with a thundering sound, disclosing the narrow flight of steps. The *alcalde*, the *alguacil*, and the barber were struck aghast, and could not summon courage to descend. The Moor and the water-carrier entered the lower vault, and found the two Moors seated as before, silent and motionless. They removed two of the great jars, filled with golden coin and precious stones. The water-carrier bore them up one by one upon his shoulders, but though a strong-backed little man, and accustomed to carry burdens, he staggered beneath their weight, and found, when slung on each side of his donkey, they were as much as the animal could bear.

"Let us be content for the present," said the Moor; "here is as much treasure as we can carry off without being perceived, and enough to make us all wealthy to our heart's desire."

"Is there more treasure remaining behind?" demanded the *alcalde*.

"The greatest prize of all," said the Moor, "a huge coffer bound with bands of steel, and filled with pearls and precious stones."

—Pues vamos a subir ese cofre en un instante —gritó el codicioso alcalde.

—Yo no bajo más —dijo el moro tenazmente—; esto es suficiente para una persona razonable; más todavía me parece superfluo.

—Y yo —añadió el aguador— no sacaré más carga para partir por el espinazo a mi pobre burro.

Viendo que eran inútiles las órdenes, amenazas y súplicas, se volvió el alcalde a sus dos acompañantes y les dijo:

—Ayudadme a subir el cofre y partiremos entre nosotros su contenido.

Y, diciendo esto, bajó la escalera, siguiéndole con gran repulsión el alguacil y el barbero.

No bien vio el moro que habían bajado a lo más profundo, apagó el cabo de bujía, y se cerró el pavimento con el pavoroso estruendo consiguiente, quedándose sepultados en su seno los tres perversos personajes.

Se dio prisa el moro a subir las escaleras, y no paró hasta encontrarse al aire libre, siguiéndole el aguador con la ligereza que le permitieron sus cortas piernas.

—¿Qué ha hecho usted? —gritó *Peregil* tan pronto como pudo tomar alientos—. El alcalde y los otros dos han quedado sepultados en la bóveda.

—¡Cúmplase la voluntad de Allah! —dijo el moro con religiosidad.

—¿Y no los vais a dejar que salgan? —preguntó el gallego.

—¡No lo permita Allah! —replicó el moro pasándose la mano por la barba—. Está escrito en el libro del destino que permanecerán encantados hasta que algún futuro aventurero deshaga el hechizo. ¡Hágase la voluntad de Allah!

Y esto diciendo, lanzó el cabo de bujía en los oscuros bosquecillos de la cañada.

Ya no había remedio; por lo cual el moro y el aguador se dirigieron a la ciudad con el burro ricamente cargado, no pudiendo por menos el honrado *Peregil* de abrazar y besar a su orejudo compañero de oficio, por tal modo librado de las garras de la ley; y en verdad que no se sabía lo que causaba más placer al sencillo aguador: si haber extraído el tesoro o haber recobrado su pollino.

"Let us have up the coffer by all means," cried the grasping *alcalde*.

"I will descend for no more," said the Moor, doggedly; "enough is enough for a reasonable man—more is superfluous."

"And I," said the water-carrier, "will bring up no further burden to break the back of my poor donkey."

Finding commands, threats and entreaties equally vain, the *alcalde* turned to his two adherents. "Aid me" said he, "to bring up the coffer, and its contents shall be divided between us." So saying he descended the steps, followed with trembling reluctance by the *alguacil* and the barber.

No sooner did the Moor behold them fairly earthed than he extinguished the yellow taper; the pavement closed with its usual crash, and the three worthies remained buried in its womb.

He then hastened up the different flights of steps, nor stopped until in the open air. The little water-carrier followed him as fast as his short legs would permit.

"What hast thou done?" cried Peregil, as soon as he could recover breath. "The *alcalde* and the other two are shut up in the vault."

"It is the will of Allah!" said the Moor devoutly.

"And will you not release them?" demanded the Gallego.

"Allah forbid!" replied the Moor, smoothing his beard. "It is written in the book of fate that they shall remain enchanted until some future adventurer arrive to break the charm. The will of God be done!" so saying, he hurled the end of the waxen taper far among the gloomy thickets of the glen.

There was now no remedy, so the Moor and the water-carrier proceeded with the richly laden donkey toward the city, nor could honest Peregil refrain from hugging and kissing his long-eared fellow-laborer, thus restored to him from the clutches of the law; and in fact, it is doubtful which gave the simple hearted little man most joy at the moment, the gaining of the treasure, or the recovery of the donkey.

Los dos socios afortunados dividieron amigable y equitativamente el tesoro, excepción hecha de que el moro, que gustaba más de las joyas, procuró poner en su parte casi todas las perlas, piedras preciosas y demás adornos, dando en su lugar al aguador magníficas piezas de oro macizo cinco o seis veces mayores, con lo que el último quedó muy satisfecho. Tuvieron gran cuidado de que no les sucediera ninguna otra tribulación sino que se marcharon a disfrutar en paz sus riquezas a tierras lejanas. Regresó el moro al África, a su ciudad natal, Tetuán, y el gallego se fue a Portugal con su mujer, sus hijos y su jumento. Allí, con los consejos y dirección de su mujer, llegó a ser un personaje relevante, pues hizo aquella que cubriese su cuerpo y sus cortas piernas con justillo y calzas, que se cubriese con sombrero de pluma y que llevase espada al cinto, dejando el nombre familiar de *Peregil* y tomando el título sonoro de don Pedro Gil; su descendencia creció con maravillosa robustez y alegría, si bien todos salieron patizambos; en tanto que la señora de Gil, cubierta de galones, brocado y encajes, de pies a cabeza, y con brillantes sortijas en los dedos, se hizo el acabado personaje de la grotesca y abigarrada gracia.

En cuanto al alcalde y sus camaradas, quedaron sepultados en la gran *Torre de los Siete Suelos*, y continúan allí hechizados hasta el fin del mundo. Cuando hagan falta en España curiosos barberos, bribones alguaciles y corruptos alcaldes, en la torre pueden ir a buscarlos; pero si tienen que aguardar su libertad, se corre peligro de que el hechizo dure hasta el día del juicio final.

Leyenda de la Rosa de la Alhambra

Poco tiempo después de finalizada la Reconquista fue la deliciosa ciudad de Granada la residencia habitual y favorita de los soberanos españoles, hasta que de ella se vieron apartados por los continuos terremotos, que dañaron multitud de sus edificios e hicieron temblar las viejas torres moriscas hasta sus fundamentos.

The two partners in good luck divided their spoil amicably and fairly, except that the Moor, who had a little taste for trinketry, made out to get into his heap the most of the pearls and precious stones and other baubles, but then he always gave the water-carrier in lieu magnificent jewels of massy gold, of five times the size, with which the latter was heartily content. They took care not to linger within reach of accidents, but made off to enjoy their wealth undisturbed in other countries. The Moor returned to Africa, to his native city of Tangiers, and the Gallego, with his wife, his children, and his donkey, made the best of his way to Portugal. Here, under the admonition and tuition of his wife, he became a personage of some consequence, for she made the worthy little man array his long body and short legs in doublet and hose, with a feather in his hat and a sword by his side, and laying aside his familiar appellation of Peregil, assume the more sonorous title of Don Pedro Gil: his progeny grew up a thriving and merry-hearted, though short and bandy-legged generation, while *Señora* Gil, befringed, belaced, and betasselled from her head to her heels, with glittering rings on every finger, became a model of slattern fashion and finery.

As to the *alcalde* and his adjuncts, they remained shut up under the great Tower of the Seven Floors, and there they remain spell-bound at the present day. Whenever there shall be a lack in Spain of pimping barbers, sharking *alguaciles*, and corrupt *alcaldes*, they may be sought after; but if they have to wait until such time for their deliverance, there is danger of their enchantment enduring until doomsday.

LEGEND OF THE ROSE OF THE ALHAMBRA

For some time after the surrender of Granada by the Moors, that delightful city was a frequent and favorite residence of the Spanish sovereigns, until they were frightened away by successive shocks of earthquakes, which toppled down various houses, and made the old Moslem towers rock to their foundation.

Muchos años transcurrieron después, y en este largo tiempo rara vez se vio favorecida Granada con la visita de algún personaje de la familia real. Los palacios de la nobleza permanecieron cerrados y silenciosos, y la Alhambra —como desdeñada hermosura— quedó en triste soledad en medio de sus mal cuidados jardines. La *Torre de las Infantas*, residencia en otro tiempo de las tres encantadoras princesas moras, participaba de la dejación general: la araña tejía su tela en lo alto de los dorados camarines, a la vez que los murciélagos y las lechuzas anidaban en aquellos primeros aposentos, realzados en otro tiempo por la presencia de Zayda, Zorayda y Zorahayda. El abandono de esta torre era causado principalmente por la superstición de los habitantes, pues había circulado el rumor de que la sombra fantástica de la joven Zorahayda, que había exhalado su último suspiro en aquella torre, se veía con frecuencia a la luz de la luna reclinada junto a la fuente del saloncito, o llorando en lo alto del adarve; y que otras veces, a medianoche, oían las notas de su argentino laúd los caminantes que transitaban por lo profundo de la cañada solitaria.

Por fin, la ciudad de Granada se vio honrada por personajes reales. Todo el mundo conoce que Felipe V fue el primer Borbón que empuñó el cetro de España, y asimismo es sabido que casó en segundas nupcias con Isabel, la hermosa princesa de Parma, y que, por esta serie de eventos, un príncipe francés y una princesa italiana compartían el trono español.

La Alhambra hubo de decorarse y amueblarse a toda prisa para recibir a los augustos esposos; y con la llegada de la corte cambió por completo el aspecto del Palacio, desierto poco antes. El estruendo de los tambores y trompetas y el trotar de los caballos por las avenidas y patios del alcázar, a la vez las barbacanas y los adarves, todo traía a la memoria el antiguo extinguido esplendor militar de la fortaleza. Se respiraba de nuevo cierto ambiente en los reales aposentos; se oía el rechinar de las sedas y el cauteloso paso y las voces suaves y melosas de los cortesanos aduladores a través de las antecámaras, el continuo ir y venir del sinnúmero de pajes y damas de honor por los jardines y los acordes de la música que se filtraban a través de las celosías.

Many, many years then rolled away, during which Granada was rarely honored by a royal guest. The palaces of the nobility remained silent and shut up; and the Alhambra, like a slighted beauty, sat in mournful desolation, among her neglected gardens. The tower of the Infantas, once the residence of the three beautiful Moorish princesses, partook of the general desolation; the spider spun her web athwart the gilded vault, and bats and owls nestled in those chambers that had been graced by the presence of Zayda, Zorayda, and Zorahayda. The neglect of this tower may partly have been owing to some superstitious notions of the neighbors. It was rumored that the spirit of the youthful Zorahayda, who had perished in that tower, was often seen by moonlight seated beside the fountain in the hall, or moaning about the battlements, and that the notes of her silver lute would be heard at midnight by wayfarers passing along the glen.

At length the city of Granada was once more welcomed by the royal presence. All the world knows that Philip V was the first Bourbon that swayed the Spanish sceptre. All the world knows that he married, in second nuptials, Elizabetta or Isabella (for they are the same), the beautiful princess of Parma; and all the world knows that by this chain of contingencies a French prince and an Italian princess were seated together on the Spanish throne.

For a visit of this illustrious pair, the Alhambra was repaired and fitted up with all possible expedition. The arrival of the court changed the whole aspect of the lately deserted palace. The clangor of drum and trumpet, the tramp of steed about the avenues and outer court, the glitter of arms and display of banners about barbican and battlement, recalled the ancient and warlike glories of the fortress. A softer spirit, however, reigned within the royal palace. There was the rustling of robes and the cautious tread and murmuring voice of reverential courtiers about the antechambers; a loitering of pages and maids of honor about the gardens, and the sound of music stealing from open casements.

Entre los individuos de la comitiva regia venía un paje, favorito de la reina llamado Ruiz de Alarcón. Con decir que era favorito de la reina, queda hecho todo su elogio, pues cuantos figuraban en la corte de la altiva Isabel se distinguían por su atractivo, su donaire y su hermosura. Acababa nuestro bello doncel de cumplir las dieciocho primaveras, era esbelto, bien formado y hermoso como el joven Antinoo. Ante la reina se mostraba siempre con toda cortesía y respeto; pero en el fondo era un crápula acariciado y mimado por las damas de la corte, y más experimentado en materia de mujeres que lo que debía esperarse en sus pocos años.

Andaba el inquieto paje cierta mañana vagando por los bosques del Generalife que dominan la Alhambra, y se había llevado para distraerse el halcón favorito de la reina, cuando he aquí que el ave de rapiña atisbó un pájaro posado en un árbol, y se lanzó a volar en su persecución. Se elevó, en efecto, por los aires y se precipitó sobre su presa, pero se le escapó y siguió volando sin hacer caso de los llamamientos del paje. El paje siguió con la vista al pájaro furtivo en su caprichoso vuelo, hasta que lo vio posarse sobre la muralla de una apartada y solitaria torre construida en el borde de un barranco que separa la fortaleza real de la jurisdicción del Generalife; en una palabra: en el muro de la torre de las Infantas.

Bajó el paje hasta el barranco y se aproximó a la torre; pero no presentaba ninguna entrada por la parte de la cañada, y su gran altura hacía imposible todo propósito de escalamiento. Así, pues, en busca de una puerta o entrada cualquiera del castillo morisco, fue dando un gran rodeo para explorar por los lados de la torre que miran al interior de la fortaleza.

Delante de la misma torre se veía un pequeño jardín cercado con un enverjado de cañas y cubierto de mirtos. Abrió el mancebo un portillo y atravesó por entre cuadros de flores y grupos de rosales, hasta llegar a la puerta de aquella. Se encontraba cerrada, pero percibió en ella un agujero que le facilitaba poder examinar el interior del misterioso baluarte. Vio en él un precioso saloncito morisco, de paredes coquetamente labradas, con esbeltas columnas de mármol y una fuente de alabastro rodeada de flores; en el centro, suspendida, una jaula dorada que encerraba un lindo pajarillo; debajo de esta, en una silla, un gato romano durmiendo entre madejas de seda y otros objetos de labor femenina; y junto a la fuente una guitarra adornada con cintas y lazos.

Among those who attended in the train of the monarchs was a favorite page of the queen, named Ruiz de Alarcon. To say that he was a favorite page of the queen was at once to speak his eulogium, for every one in the suite of the stately Elizabetta was chosen for grace, and beauty, and accomplishments. He was just turned of eighteen, light and lithe of form, and graceful as a young Antinous. To the queen he was all deference and respect, yet he was at heart a roguish stripling, petted and spoiled by the ladies about the court, and experienced in the ways of women far beyond his years.

This loitering page was one morning rambling about the groves of the *Generalife*, which overlook the grounds of the Alhambra. He had taken with him for his amusement a favorite gerfalcon of the queen. In the course of his rambles, seeing a bird rising from a thicket, he unhooded the hawk and let him fly. The falcon towered high in the air, made a swoop at his quarry, but missing it, soared away, regardless of the calls of the page. The latter followed the truant bird with his eye, in its capricious flight, until he saw it alight upon the battlements of a remote and lonely tower, in the outer wall of the Alhambra, built on the edge of a ravine that separated the royal fortress from the grounds of the *Generalife*. It was in fact the "Tower of the Princesses."

The page descended into the ravine and approached the tower, but it had no entrance from the glen, and its lofty height rendered any attempt to scale it fruitless. Seeking one of the gates of the fortress, therefore, he made a wide circuit to that side of the tower facing within the walls.

A small garden, inclosed by a trellis-work of reeds overhung with myrtle, lay before the tower. Opening a wicket, the page passed between beds of flowers and thickets of roses to the door. It was closed and bolted. A crevice in the door gave him a peep into the interior. There was a small Moorish hall with fretted walls, light marble columns, and an alabaster fountain surrounded with flowers. In the centre hung a gilt cage containing a singing bird, beneath it, on a chair, lay a tortoise-shell cat among reels of silk and other articles of female labor, and a guitar decorated with ribbons leaned against the fountain.

Se sorprendió Ruiz de Alarcón ante aquellas señales de gusto y elegancia femenina en una torre que él creía deshabitada, y al punto se le vino al pensamiento los cuentos de salones encantados tan divulgados en la Alhambra, y si el gato romano sería tal vez alguna princesa embrujada.

Llamó muy suave a la puerta, y se dejó ver un hermoso rostro desde un elevado ajimez de la torre; pero enseguida desapareció. Esperaba el mancebo que se abriera la puerta, pero inútilmente: no se oía ni el más leve sonido en su interior, y todo permanecía en silencio. ¿Le habían engañado sus sentidos o era quizá la bella aparecida el hada que habitaba la torre? Llamó de nuevo y con más fuerzas y después de una ligera pausa apareció por segunda vez el mismo rostro hechicero de una bellísima muchacha de quince años. Le saludó inmediatamente el paje quitándose su birrete de plumas, y le rogó, en los términos más atentos y educados, que le permitiese subir a la torre para coger su halcón fugitivo.

—Dispensadme, señor, que no me atreva a abriros la puerta —contestó la joven subiéndoseles los colores—; pero mi tía me lo tiene prohibido.

—Os lo ruego con mucha atención, hermosa niña; pensad que es el halcón favorito de la reina; y ¿cómo voy a poder regresar al palacio sin él?

—¿Sois, pues, un caballero de la corte?

—En efecto, preciosa niña; pero caería en desgracia con la reina si se me perdiera ese halcón.

—¡Santa Virgen María! ¡Pues si es precisamente a los caballeros de la corte a los que mi tía me ha señalando con mayor empeño que jamás les abra la puerta!

—¡Ya! Pero será a los malos caballeros, y está perfectamente en su derecho; más yo, querida mía, no pertenezco a ese número sino que yo soy un simple inofensivo paje, que se verá arruinado y perdido si le negáis este pequeño favor.

Se ablandó el corazón de la joven al ver el apuro del lamentable pajecillo. ¿No era una lástima que se arruinara por cosa tan mezquina? Y efectivamente aquel joven no podía ser ninguno de los peligrosos cortesanos que su tía le había descrito, pandilla de caníbales siempre dispuestos a hacer presa en las jóvenes inocentes; por el contrario, ¿no se mostraba gentil y modesto?... ¡y suplicaba birrete en mano, y era tan encantador!

Ruiz de Alarcon was struck with these traces of female taste and elegance in a lonely, and, as he had supposed, deserted tower. They reminded him of the tales of enchanted halls current in the Alhambra; and the tortoise-shell cat might be some spell-bound princess.

He knocked gently at the door. A beautiful face peeped out from a little window above, but was instantly withdrawn. He waited, expecting that the door would be opened, but he waited in vain; no footstep was to be heard within—all was silent. Had his senses deceived him, or was this beautiful apparition the fairy of the tower? He knocked again, and more loudly. After a little while the beaming face once more peeped forth; it was that of a blooming damsel of fifteen. The page immediately doffed his plumed bonnet, and entreated in the most courteous accents to be permitted to ascend the tower in pursuit of his falcon.

"I dare not open the door, *señor,*" replied the little damsel, blushing, "my aunt has forbidden it."

"I do beseech you, fair maid—it is the favorite falcon of the queen. I dare not return to the palace without it."

"Are you then one of the cavaliers of the court?"

"I am, fair maid; but I shall lose the queen's favor and my place, if I lose this hawk."

"*Santa María!* It is against you cavaliers of the court my aunt has charged me especially to bar the door.

"Against wicked cavaliers doubtless, but I am none of these, but a simple harmless page, who will be ruined and undone if you deny me this small request."

The heart of the little damsel was touched by the distress of the page. It was a thousand pities he should be ruined for the want of so trifling a boon. Surely too he could not be one of those dangerous beings whom her aunt had described as a species of cannibal, ever on the prowl to make prey of thoughtless damsels; he was gentle and modest, and stood so entreatingly with cap in hand, and looked so charming.

El astuto paje vio que la guarnición empezaba a vacilar, y redobló sus súplicas de un modo tan conmovedor, que no era posible que abrigase la negativa en el corazón de la muchacha; así, pues, la ruborosa y tierna guardiana de la torre bajó y abrió la puerta con mano temblorosa. Si el paje quedó extasiado cuando vio su peregrino rostro en la ventana, acabó de perder el pleito al contemplar delante de sí el resto de la linda castellana.

Su corpiño andaluz y su graciosa basquiña dejaban ver la redondez y delicada simetría de sus formas, manifestando que no habían llevado aún a su completo desarrollo; su sedoso cabello, partido en su frente con escrupulosa exactitud, se hallaba adornado con una fresca rosa recién cogida, aparecía algo tostado por los ardores del clima meridional, pero esto mismo prestaba más atractivo al sonrosado color de sus mejillas, haciendo más radiante la refulgente luz de sus hermosos ojos.

Observó todo esto Ruiz de Alarcón con una simple mirada, puesto que no podía detenerse, y, después de pronunciar algunas sencillas frases de gratitud, se dirigió veloz hacia la escalera de caracol, en busca de su halcón.

Apareció después de un breve instante con el pícaro pájaro en la mano. La joven, entre tanto, se había sentado junto a la fuente en el saloncito, y se hallaba devanando una madeja de seda; pero en su aturdimiento dejó caer el ovillo al suelo. Se dio prisa galantemente el paje a recogerlo, y, doblando una rodilla en tierra, se lo presentó; pero, al extender la joven la mano para recibirlo imprimió el mozo en ella un beso más cálido y amoroso que todos los que había depositado en la hermosa mano de su reina.

—¡Ave María! —exclamó la muchacha ruborizada y llena de confusión y sorpresa, pues jamás había recibido semejante salutación.

El humilde paje le pidió mil perdones, asegurando que era costumbre cortesana rendir de tal modo pleitesía con el más profundo respeto.

El enojo de la niña —si es que lo sintió— se sosegó con facilidad; pero su agitación y aturdimiento continuaron, pues volvió a sentarse, y seguía cada vez más encendida y cabizbaja, y, aunque fija en su tarea, se le enredaba la madeja que trataba de devanar.

The sly page saw that the garrison began to waver, and redoubled his entreaties in such moving terms that it was not in the nature of mortal maiden to deny him; so the blushing little warden of the tower descended, and opened the door with a trembling hand, and if the page had been charmed by a mere glimpse of her countenance from the window, he was ravished by the full length portrait now revealed to him.

Her Andalusian bodice and trim basquina set off the round but delicate symmetry of her form, which was as yet scarce verging into womanhood. Her glossy hair was parted on her forehead with scrupulous exactness, and decorated with a fresh-plucked rose, according to the universal custom of the country. It is true her complexion was tinged by the ardor of a southern sun, but it served to give richness to the mantling bloom of her cheek, and to heighten the lustre of her melting eyes.

Ruiz de Alarcon beheld all this with a single glance, for it became him not to tarry; he merely murmured his acknowledgments, and then bounded lightly up the spiral staircase in quest of his falcon.

He soon returned with the truant bird upon his fist. The damsel, in the mean time, had seated herself by the fountain in the hall, and was winding silk; but in her agitation she let fall the reel upon the pavement. The page sprang and picked it up, then dropping gracefully on one knee, presented it to her; but, seizing the hand extended to receive it, imprinted on it a kiss more fervent and devout than he had ever imprinted on the fair hand of his sovereign.

"Ave María, *señor!*" exclaimed the damsel, blushing still deeper with confusion and surprise, for never before had she received such a salutation.

The modest page made a thousand apologies, assuring her it was the way, at court, of expressing the most profound homage and respect.

Her anger, if anger she felt, was easily pacified, but her agitation and embarrassment continued, and she sat blushing deeper and deeper, with her eyes cast down upon her work, entangling the silk which she attempted to wind.

El sagaz arrapiezo se dio cuenta de la confusión que había provocado en el campo enemigo, y se propuso beneficiarse de ella; pero los corteses razonamientos que intentaba pronunciar se ahogaban en sus labios, sus rasgos de galantería le salían con dificultad, y, con gran sorpresa propia, el astuto muchacho, que venía gozando de tan gran predicamento por su gracia y desenvoltura entre las damas más avispadas y expertas de la corte, aparecían en aquella sazón intimidado y balbuciente en presencia de una inocente jovencita de quince primaveras.

En definitiva: la sencilla muchacha poseía guardianes más eficaces en su modestia e inocencia que en los cerrojos y rejas con que la guardaba su celosa tía. Sin embargo, ¿qué corazón femenino podrá ser insensible a las primeras emociones del amor? La adolescente con todo su candor y sencillez, comprendió por instinto todo lo que la atribulada lengua del paje no pudo expresar, y su corazón saltaba de alegría al ver por primera vez un amante rendido a sus pies… ¡y un amante como aquel!

La turbación del paje, si bien sincera, duró poco; pero cuando iba el zagal recobrando su habitual aplomo y serenidad, oyó una voz áspera como a alguna distancia.

—¡Mi tía que vuelve de misa! —gritó la doncella azorada—. Señor, os suplico que os marchéis.

—No ha de ser hasta tanto que me hayáis concedido esa rosa de vuestra cabeza como grato recuerdo.

La desenredó con prisas de sus negras trenzas, y le dijo, aturdida y desconcertada:

—Tomadla; pero idos, por Dios; os lo ruego.

El paje cogió la flor, cubriendo de besos al mismo tiempo la linda mano que se la ofrecía. Después, poniéndose el birrete y colocando el halcón en su puño, se deslizó por el jardín, llevándose consigo el corazón de la hermosa Jacinta.

Cuando la celosa tía penetró en la torre notó la agitación de su sobrina y el desorden que había en el saloncito; pero una sola frase, le ofreció suficientemente explicación: "Un halcón ha venido persiguiendo su presa hasta el mismo salón".

The cunning page saw the confusion in the opposite camp, and would fain have profited by it, but the fine speeches he would have uttered died upon his lips; his attempts at gallantry were awkward and ineffectual; and to his surprise, the adroit page, who had figured with such grace and effrontery among the most knowing and experienced ladies of the court, found himself awed and abashed in the presence of a simple damsel of fifteen.

In fact, the artless maiden, in her own modesty and innocence, had guardians more effectual than the bolts and bars prescribed by her vigilant aunt. Still, where is the female bosom proof against the first whisperings of love? The little damsel, with all her artlessness, instinctively comprehended all that the faltering tongue of the page failed to express, and her heart was fluttered at beholding, for the first time, a lover at her feet—and such a lover!

The diffidence of the page, though genuine, was short-lived, and he was recovering his usual ease and confidence, when a shrill voice was heard at a distance.

"My aunt is returning from mass!" cried the damsel in affright; "I pray you, *señor*, depart."

"Not until you grant me that rose from your hair as a remembrance."

She hastily untwisted the rose from her raven locks. "Take it," cried she, agitated and blushing, "but pray begone."

The page took the rose, and at the same time covered with kisses the fair hand that gave it. Then, placing the flower in his bonnet, and taking the falcon upon his fist, he bounded off through the garden, bearing away with him the heart of the gentle Jacinta.

When the vigilant aunt arrived at the tower, she remarked the agitation of her niece, and an air of confusion in the hall; but a word of explanation sufficed. "A falcon had pursued his prey into the hall."

—¡Dios nos ampare y nos asista! Conque, ¿hasta dentro mismo de la torre han de penetrar los halcones?… ¿Se habrá visto jamás ave más insolente? ¡Ay, Dios mío! ¡El pobre pájaro ni todavía en la misma jaula se encuentra ya seguro!

La vigilante Fredegunda era una dueña muy anciana y experimentada; miraba con gran terror y desconfianza a lo que ella denominaba el *sexo opuesto,* recelo que se había ido acrecentando más y más con su largo celibato. Y no obedecía esto a que la buena señora hubiera sufrido en cualquier ocasión algún desengaño, pues la Naturaleza la había dotado de una salvaguardia con su rostro que impedía traspasar los justos límites; pero las mujeres que tienen poco que temer por sí mismas se encuentran a toda hora vigilantes en la custodia y guardia de sus seductoras vecinas.

La sobrina, huérfana de un oficial que murió en el campo de batalla, se había educado en un convento y había sido traída hacía poco tiempo de aquel sagrado asilo para encomendarla a la inmediata vigilancia de su tía, bajo cuya rigurosa tutela vegetaba sin brillo la pobre niña, como el capullo que florece oculto en un zarzal. Y no utilizamos esta comparación únicamente al caso, pues es lo cierto, la fresca y virginal hermosura de la muchacha había sido ya vista y admirada por las gentes, a pesar de vivir encerrada en su solitaria morada, y, siguiendo la poética costumbre del pueblo andaluz, la apellidaban sus vecinos "la Rosa de la Alhambra".

La celosa tía venía guardando con grandísimo cuidado a su tentadora sobrina mientras la corte permanecía en Granada, enorgulleciéndose del buen éxito que obtenía con su exquisita vigilancia. Sin embargo, a la pobre señora dueña la turbaban de vez en cuando los acordes de las guitarras y las coplas amorosas que cantaban desde la espesa arboleda del pie de la torre; entonces redoblaba sus sermones a la sobrina para que no prestara oídos a aquellos pérfidos cantos, asegurándola que eran una de las muchas tretas de que se valía el *sexo opuesto* para atraer y seducir a las jóvenes incautas; pero, ¡ay!, ¿de qué valen todas las severas exhortaciones contra una serenata dada a la luz de la luna?

"Mercy on us! to think of a falcon flying into the tower. Did ever one hear of so saucy a hawk? Why, the very bird in the cage is not safe!"

The vigilant Fredegonda was one of the most wary of ancient spinsters. She had a becoming terror and distrust of what she denominated "the opposite sex," which had gradually increased through a long life of celibacy. Not that the good lady had ever suffered from their wiles, nature having set up a safeguard in her face that forbade all trespass upon her premises; but ladies who have least cause to fear for themselves are most ready to keep a watch over their more tempting neighbors.

The niece was the orphan of an officer who had fallen in the wars. She had been educated in a convent, and had recently been transferred from her sacred asylum to the immediate guardianship of her aunt, under whose overshadowing care she vegetated in obscurity, like an opening rose blooming beneath a brier. Nor indeed is this comparison entirely accidental; for, to tell the truth, her fresh and dawning beauty had caught the public eye, even in her seclusion, and, with that poetical turn common to the people of Andalusia, the peasantry of the neighborhood had given her the appellation of "the Rose of the Alhambra."

The wary aunt continued to keep a faithful watch over her tempting little niece as long as the court continued at Granada, and flattered herself that her vigilance had been successful. It is true, the good lady was now and then discomposed by the tinkling of guitars and chanting of love ditties from the moonlit groves beneath the tower; but she would exhort her niece to shut her ears against such idle minstrelsy, assuring her that it was one of the arts of the opposite sex, by which simple maids were often lured to their undoing. Alas! what chance with a simple maid has a dry lecture against a moonlight serenade?

Por último, el rey don Felipe V abrevió su permanecía en Granada y partió de súbito con todo su séquito. La recelosa Fredegunda miraba con ojo atento a la comitiva real conforme iba saliendo por la Puerta de la Justicia y bajando la pendiente alameda que conduce a la ciudad. Cuando perdió de vista el último estandarte se volvió gozosa a su torre, pues ya habían concluido todos sus cuidados y desvelos; pero con gran sorpresa suya vio un hermoso potro árabe piafando en el portillo del jardín; y luego, con gran horror, apercibió a través de los rosales a un apuesto joven tiernamente rendido a los pies de su sobrina. Al ruido de las pisadas se dio prisa el mozo a dar el último "adiós" a su adorada y, saltando con soltura el enverjado de cañas y mirtos y montando a caballo, se perdió de vista con la rapidez del rayo.

La enamorada Jacinta, embargada por su profundo dolor, no tuvo en cuenta el que causaba a su buena tía; y arrojándose en sus brazos, empezó a deshacerse en un mar de lágrimas.

—¡Ay de mí! —decía—. ¡Se ha marchado! ¡Se ha marchado! ¡Ya no le veré más!

—¡Que se ha marchado!... ¿Quién se ha marchado? ¿Qué joven es ése que he visto rendido a tus pies?

—Un paje de la reina, querida tía, que ha venido a despedirse de mí.

—¡Un paje de la reina, hija mía! —gritó la vigilante Fredegunda con una perturbada voz—. Y ¿cuándo, cuándo has conocido tú a ese paje de la reina?

—El día que el halcón entró en la torre. Era el halcón de la reina, y venía en su persecución.

—¡Ay, niña inocente! Has de saber que no hay halcones tan temibles como estos pajes libertinos; y, sobre todo, si hacen presa de pájaros tan inocentes como tú.

Gran enojo se apoderó de la tía cuando supo que, a pesar de toda su exquisita vigilancia, se habían entablado aquella tierna correspondencia entre los dos jóvenes amantes casi en sus mismas narices; pero se tranquilizó finalmente cuando vio que la cándida niña había salido pura y victoriosa de la prueba peligrosa —incluso sin la protección de cerrojos y rejas— en que la habían puesto las maquinaciones del *sexo opuesto;* todo lo cual atribuía la buena dueña a las prudentes y cautelosas máximas que ella le había inculcado.

At length King Philip V cut short his sojourn at Granada, and suddenly departed with all his train. The vigilant Fredegonda watched the royal pageant as it issued forth from the Gate of Justice, and descended the great avenue leading to the city. When the last banner disappeared from her sight, she returned exulting to her tower, for all her cares were over. To her surprise, a light Arabian steed pawed the ground at the wicket-gate of the garden—to her horror, she saw through the thickets of roses a youth, in gayly-embroidered dress, at the feet of her niece. At the sound of her footsteps he gave a tender adieu, bounded lightly over the barrier of reeds and myrtles, sprang upon his horse, and was out of sight in an instant.

The tender Jacinta, in the agony of her grief, lost all thought of her aunt's displeasure. Throwing herself into her arms, she broke forth into sobs and tears.

"*Ay de mi!*" cried she; "he's gone!—he's gone!—he's gone! and I shall never see him more!"

"Gone!—who is gone?—what youth is that I saw at your feet?"

"A queen's page, aunt, who came to bid me farewell."

"A queen's page, child!" echoed the vigilant Fredegonda, faintly; "and when did you become acquainted with the queen's page?"

"The morning that the falcon came into the tower. It was the queen's falcon, and he came in pursuit of it."

"Ah silly, silly girl! know that there are no falcons half so dangerous as these young prankling pages, and it is precisely such innocent birds as thee that they pounce upon."

The aunt was at first indignant at learning that in despite of her boasted vigilance, a tender intercourse had been carried on by the youthful lovers, almost beneath her eye; but when she found that her simple-hearted niece, though thus exposed, without the protection of bolt or bar, to all the machinations of the opposite sex, had come forth unsinged from the fiery ordeal, she consoled herself with the persuasion that it was owing to the chaste and cautious maxims in which she had, as it were, steeped her to the very lips.

Mientras que la pobre anciana pensaba en todas estas cosas, la sobrina sólo y permanentemente tenía fijos en su memoria los continuos juramentos de amor y fidelidad de su amante; pero ¿qué es el amor del hombre errante sino arroyuelo que juguetea por algún tiempo con las florecillas que encuentra a su paso, dejándolas presas de lágrimas?

Pasaron días, semanas y meses, y nada se volvió a saber del doncel de la reina. Maduró la granada, dio su fruto la viña, las lluvias torrenciales del otoño corrieron por las montañas, cubriéndose la Sierra Nevada con su túnica de nieve y se lamentaron los vientos del Norte por los desiertos salones de la Alhambra; y, sin embargo, el paje no volvía. Pasó el invierno y retornó de nuevo la primavera, con los cantos de los pájaros, con sus flores y con su perfumado céfiro; se derritió la nieve de las montañas hasta que no quedó más que una ligera capa en la cima de Sierra Nevada, y, con todo, nada se supo del voluble paje.

Mientras tanto, la infeliz joven Jacinta se iba marchitando pálida y melancólica; abandonó sus ocupaciones y entretenimientos; sus madejas de seda permanecieron sin devanar; su guitarra, muda; sus flores, descuidadas; ya no escuchaba los trinos de los pájaros; y sus ojos, antes alegres y brillantes, se iban apagando de tanto llorar en secreto. Si se hubiera de buscar una mansión propia para alimentar la pasión de una triste doncella de tal modo abandonada, no sería posible encontrar en el mundo otra más idónea que la Alhambra, donde todo parece evocar tiernos y románticos ensueños. La Alhambra es un auténtico paraíso de los enamorados; pero ¡cuán triste debe ser encontrarse sola y abandonada en ese paraíso!

—¡Ay inexperta niña mía! —le decía la severa y casta Fredegunda cuando sorprendía a su sobrina en los momentos de tristeza—. ¿No te puse en guardia de los enredos y engaños de esos cortesanos? ¿Qué podías, pues esperar de un joven arrogante, que pertenece a una de las familias más nobles y encumbradas, siendo huérfana y nacida en pobre y humilde cuna? Ten la seguridad de que, aunque ese joven se hubiera propuesto serte fiel, su padre, uno de los nobles más orgullosos de la corte, le prohibiría terminantemente su unión con una joven humilde y desheredada como tú. Toma, por tanto, una resolución enérgica, y desecha de tu imaginación esas vanas esperanzas.

While the aunt laid this soothing unction to her pride, the niece treasured up the oft-repeated vows of fidelity of the page. But what is the love of restless, roving man? A vagrant stream that dallies for a time with each flower upon its bank, then passes on, and leaves them all in tears.

Days, weeks, months elapsed, and nothing more was heard of the page. The pomegranate ripened, the vine yielded up its fruit, the autumnal rains descended in torrents from the mountains; the *Sierra Nevada* became covered with a snowy mantle, and wintry blasts howled through the halls of the Alhambra—still he came not. The winter passed away. Again the genial spring burst forth with song and blossom and balmy zephyr; the snows melted from the mountains, until none remained but on the lofty summit of Nevada, glistening through the sultry summer air. Still nothing was heard of the forgetful page.

In the mean time, the poor little Jacinta grew pale and thoughtful. Her former occupations and amusements were abandoned, her silk lay entangled, her guitar unstrung, her flowers were neglected, the notes of her bird unheeded, and her eyes, once so bright, were dimmed with secret weeping. If any solitude could be devised to foster the passion of a love-lorn damsel, it would be such a place as the Alhambra, where every thing seems disposed to produce tender and romantic reveries. It is a very paradise for lovers: how hard then to be alone in such a paradise—and not merely alone, but forsaken!

"Alas, silly child!" would the staid and immaculate Fredegonda say, when she found her niece in one of her desponding moods—"did I not warn thee against the wiles and deceptions of these men? What couldst thou expect, too, from one of a haughty and aspiring family—thou an orphan, the descendant of a fallen and impoverished line? Be assured, if the youth were true, his father, who is one of the proudest nobles about the court, would prohibit his union with one so humble and portionless as thou. Pluck up thy resolution, therefore, and drive these idle notions from thy mind."

Las palabras de la virginal Fredegunda sólo servían para aumentar la tristeza de su sobrina, por lo que la infeliz criatura tomó la resolución de entregarse a solas a su dolor. Cierta noche de verano, y en horas bastante avanzadas, después que la tía se retiró a descansar, permaneció la sobrina en el saloncillo de la torre, sentada junto a la fuente de alabastro; allí donde el desleal amante se había arrodillado y besado su mano por vez primera; allí donde le había jurado tantas y tantas veces eterno amor y fidelidad. El corazón de la apenada doncella se comprimía con estos tristes recuerdos, y sus lágrimas corrían sin freno, cayendo hilo a hilo en la taza de la fuente. Poco a poco comenzó a agitarse el agua cristalina y a bullir, constituyendo burbujas, hasta que apareció ante sus ojos una hermosísima figura de mujer ricamente ataviada con traje a la morisca.

Jacinta se asustó de tal forma que huyó del salón y no se atrevió a regresar a él. A la mañana siguiente contó cuanto había visto a su tía; pero la buena señora creyó que todo era pura invención fantástica de su perturbada imaginación, que quizá, dormida, habría estado soñando junto a la supuesta maravillosa fuente.

—Habrás estado pensando en la historia de las tres princesas moras que habitaron en otros tiempos esta torre —añadió—, y eso te habrá hecho soñar con ellas.

—¿Qué historia era ésa, tía? No sé nada de ella.

—Pues qué, ¿no has escuchado referirse a las tres bellas princesas Zayda, Zorayda y Zorahayda, que estuvieron encerradas en esta torre misma por el rey moro su padre, y que se resolvieron a huir con tres caballeros cristianos, pero de las cuales sólo las dos mayores llevaron a cabo su proyecto, habiendo faltado el ánimo a la menor para seguirlas, que es la que, según se cuenta, murió en esta misma torre?

—Ahora recuerdo haber oído esa historia —dijo Jacinta—, y aun he llorado muchas veces por la desgracia de la infortunada Zorahayda.

—Hacías muy bien en dolerte de su desgracia —continuó la tía— pues el amante de Zorahayda fue uno de tus antepasados. Por largo tiempo lloró a su adorada princesa morisca; pero el tiempo mitigó su dolor y se casó con una noble dama española, de la cual tú eres descendiente.

The words of the immaculate Fredegonda only served to increase the melancholy of her niece, but she sought to indulge it in private. At a late hour one midsummer night, after her aunt had retired to rest, she remained alone in the hall of the tower, seated beside the alabaster fountain. It was here that the faithless page had first knelt and kissed her hand; it was here that he had often vowed eternal fidelity. The poor little damsel's heart was overladen with sad and tender recollections, her tears began to flow, and slowly fell drop by drop into the fountain. By degrees the crystal water became agitated, and—bubble—bubble—bubble—boiled up and was tossed about, until a female figure, richly clad in Moorish robes, slowly rose to view.

Jacinta was so frightened that she fled from the hall, and did not venture to return. The next morning she related what she had seen to her aunt, but the good lady treated it as a fantasy of her troubled mind, or supposed she had fallen asleep and dreamt beside the fountain. "Thou hast been thinking of the story of the three Moorish princesses that once inhabited this tower," continued she, "and it has entered into thy dreams."

"What story, aunt? I know nothing of it."

"Thou hast certainly heard of the three princesses, Zayda, Zorayda, and Zorahayda, who were confined in this tower by the king their father, and agreed to fly with three Christian cavaliers. The two first accomplished their escape, but the third failed in her resolution, and, it is said, died in this tower."

"I now recollect to have heard of it," said Jacinta, "and to have wept over the fate of the gentle Zorahayda."

"You may well weep over her fate," continued the aunt, "for the lover of Zorahayda was thy ancestor. He long bemoaned his Moorish love; but time cured him of his grief, and he married a Spanish lady, from whom thou art descended."

Jacinta permaneció pensativa al oír estas palabras; pero se decía interiormente. "¡Ah, no! No ha sido una vana quimera de mi fantasía; estoy segura de ello. Ahora bien; si la visión es, en efecto, el alma de la hermosa Zorahayda, la cual, según me cuentan, anda vagando en esta torre, ¿qué puedo yo temer? Voy a velar esta misma noche junto a la fuente, y quizá repita su visita".

Cerca de la medianoche, cuando todo estaba en completo silencio, fue Jacinta a colocarse de nuevo junto a la fuente del saloncito. No bien la campana de la lejana Torre de la Vela anunció la hora de las doce cuando la fuente se agitó de nuevo y empezó a bullir el agua hasta que apareció la misteriosa visión. Era joven y hermosa; sus vestiduras estaban adornadas de riquísimas joyas, y llevaba en la mano un argentino laúd. Jacinta se estremeció y estuvo a punto de perder el sentido; pero se tranquilizó al oír la dulce y doliente voz de la aparición y al ver la cariñosa expresión de su triste y pálido rostro.

—¡Hija de los mortales! —le dijo—. ¿Qué te aqueja? ¿Por qué turba tu llanto el agua de mi fuente? ¿Por qué interrumpen tus lamentos y tus quejas el tranquilo silencio de la noche?

—Me lamento de los hombres y me quejo de mi triste soledad y abandono.

—¡Consuélate, hija mía! Tus penas pueden concluir. Mira en mí una princesa mora que, como tú, fue también muy desdichada en amores. Un caballero cristiano, antecesor tuyo, cautivó mi corazón y me hubiera llevado a su país natal y al seno de tu Iglesia. Me había convencido de todo; pero me faltó vigor que igualara a mi fe y vacilé en el momento supremo; por lo cual el espíritu del mal se apoderó de mí y estoy encantada en esta torre hasta que un alma cristiana quiera romper el mágico hechizo. ¿Quieres tú acometer esta empresa?

—¡Ay, sí; quiero! —contestó la joven resuelta.

—Pues acércate y sin temor; mete tu mano en la fuente, rocía el agua sobre mí y bautízame según la costumbre de tu religión; así concluirá el encantamiento y mi alma en pena alcanzará el descanso.

Jacinta ruminated upon these words. "That what I have seen is no fantasy of the brain," said she to herself, "I am confident. If indeed it be the spirit of the gentle Zorahayda, which I have heard lingers about this tower, of what should I be afraid? I'll watch by the fountain to-night—perhaps the visit will be repeated."

Towards midnight, when every thing was quiet, she again took her seat in the hall. As the bell in the distant watchtower of the Alhambra struck the midnight hour, the fountain was again agitated; and bubble—bubble—bubble—it tossed about the waters until the Moorish female again rose to view. She was young and beautiful; her dress was rich with jewels, and in her hand she held a silver lute. Jacinta trembled and was faint, but was reassured by the soft and plaintive voice of the apparition, and the sweet expression of her pale, melancholy countenance.

"Daughter of mortality," said she, "what aileth thee? Why do thy tears trouble my fountain, and thy sighs and plaints disturb the quiet watches of the night?"

"I weep because of the faithlessness of man, and I bemoan my solitary and forsaken state."

"Take comfort; thy sorrows may yet have an end. Thou beholdest a Moorish princess, who, like thee, was unhappy in her love. A Christian knight, thy ancestor, won my heart, and would have borne me to his native land and to the bosom of his church. I was a convert in my heart, but I lacked courage equal to my faith, and lingered till too late. For this the evil genii are permitted to have power over me, and I remain enchanted in this tower until some pure Christian will deign to break the magic spell. Wilt thou undertake the task?"

"I will," replied the damsel, trembling.

"Come hither then, and fear not; dip thy hand in the fountain, sprinkle the water over me, and baptize me after the manner of thy faith; so shall the enchantment be dispelled, and my troubled spirit have repose."

La tímida doncella se aproximó con paso vacilante, introdujo la mano en la fuente, y, cogiendo de ella un poco de agua, verificó la aspersión sobre el pálido rostro de la lúgubre aparición. Se sonrió con una descriptible bondad, la bella visión y, dejando caer su laúd a los pies de Jacinta, cruzó sus blancos brazos sobre el pecho y se desvaneció, transformándose, al parecer, en una lluvia de gotas de rocío que caían cual perlas sobre la fuente.

Jacinta se retiró del salón con cierto terror mezclado de perplejidad. Difícilmente pudo conciliar el sueño en aquella noche y cuando se despertó al romper el día, por la misma agitación con que había dormido, le pareció que todo ello habría sido una delirante pesadilla. Pero cuando bajó al saloncito vio confirmada la realidad de la aparición, pues al borde de la fuente se encontró el laúd de plata, brillando a los rayos del brillante sol naciente.

Se apresuró a buscar a su tía y le contó todo lo que le había ocurrido, animándola para que viniese a ver el laúd, como prueba de la veracidad de su historia. Si la buena señora abrigaba alguna duda se desvaneció por completo cuando Jacinta pulsó el instrumento, pues le arrancaba melodías tan arrebatadoras que se conmovió tiernamente hasta el helado corazón de la intachable Fredegunda, región de perpetuo invierno. ¿Qué otra cosa sino una melodía sobrenatural podía producir efecto tan prodigioso? La extraordinaria virtud del maravilloso laúd se hizo cada día más famosa: cuantos transitaban por el pie de la torre se detenían hechizados, sin atreverse a respirar, enteramente extasiados; y hasta los mismos pájaros se posaban en los árboles cercanos, enmudecidos, escuchando con extraordinario silencio aquellas divinas melodías.

La fama de este prodigio se extendió con rapidez por todas partes. Los habitantes de Granada subían a la Alhambra para oír siquiera algunas notas de la música sobrenatural que, aunque débilmente, se percibía en los contornos de la *Torre de las Infantas*.

La encantadora joven salió finalmente de su retiro, pues los ricos y poderosos del país se disputaban a porfía el agasajarla y colmarla de distinciones; en una palabra, todos hacían los mayores esfuerzos para llevar las soberanas delicias del prodigioso laúd a sus espléndidos salones con el fin de atraer a ellos lo más selecto de la nobleza.

The damsel advanced with faltering steps, dipped her hand in the fountain, collected water in the palm, and sprinkled it over the pale face of the phantom. The latter smiled with ineffable benignity. She dropped her silver lute at the feet of Jacinta, crossed her white arms upon her bosom, and melted from sight, so that it seemed merely as if a shower of dew-drops had fallen into the fountain.

Jacinta retired from the hall filled with awe and wonder. She scarcely closed her eyes that night; but when she awoke at daybreak out of a troubled slumber, the whole appeared to her like a distempered dream. On descending into the hall, however, the truth of the vision was established, for, beside the fountain, she beheld the silver lute glittering in the morning sunshine.

She hastened to her aunt, to relate all that had befallen her, and called her to behold the lute as a testimonial of the reality of her story. If the good lady had any lingering doubts, they were removed when Jacinta touched the instrument, for she drew forth such ravishing tones as to thaw even the frigid bosom of the immaculate Fredegonda, that region of eternal winter, into a genial flow. Nothing but supernatural melody could have produced such an effect. The extraordinary power of the lute became every day more and more apparent. The wayfarer passing by the tower was detained, and, as it were, spell-bound, in breathless ecstasy. The very birds gathered in the neighboring trees, and hushing their own strains, listened in charmed silence.

Rumor soon spread the news abroad. The inhabitants of Granada thronged to the Alhambra to catch a few notes of the transcendent music that floated about the Tower of *Las Infantas*.

The lovely little minstrel was at length drawn forth from her retreat. The rich and powerful of the land contended who should entertain and do honor to her; or rather, who should secure the charms of her lute to draw fashionable throngs to their saloons.

Acompañaba a la maravillosa artista su diligente tía, como vigilante dragón, para tener a raya el enjambre de apasionados admiradores que se acercaban a la niña enloquecidos por las notas de su laúd. La fama de su maravilloso poder prosiguió su marcha de ciudad en ciudad. En Málaga, Sevilla, Córdoba y en toda Andalucía no se hablaba de otra cosa sino de la bella artista de la Alhambra. ¿Y cómo no había de ser así en un pueblo tan apasionado a la música y tan sensual y galante como el pueblo andaluz, si el laúd estaba dotado de poder mágico y la tañedora se sentía divinamente inspirada por el amor?

Mientras que Andalucía entera se hallaba poseída de esta exaltada pasión musical corrían diferentes vientos en la corte de España, pues a Felipe V, desgraciado hipocondríaco, sujeto a toda clase de manías, unas veces le daba por guardar cama semanas enteras, quejándose de dolencias imaginarias, y otras se empeñaba en querer abdicar la corona, con gran disgusto de su real esposa, a quien halagaban por todo lo alto el esplendor de la corte y del trono, tanto más cuanto que ella, por consecuencia misma de la incapacidad de su esposo, era la que con cierta habilidad y firmeza llevaba el cetro de España.

No se encontró otro remedio más eficaz para mitigar las melancolías del augusto monarca que el poder de la música; la reina, por consiguiente, cuidó de rodearse de los más celebrados músicos y cantores de la época, haciendo venir a su corte como auténtico médico de cámara al famoso cantante italiano Farinelli.

En la época a que se refiere nuestra historia se había apoderado del ilustre Borbón una monomanía infinitamente más extraña que todas las suyas anteriores. Después de un largo período de enfermedad imaginaria, contra la que habrá fracasado todo el arte de Farinelli y los conciertos de una escogida orquesta de cuerda de la corte, el desventurado rey se obstinó en que había entregado su espíritu, en creerse realmente difunto; cosa, en verdad, bastante inocente y que hasta hubiera sido algo cómoda para la reina y los cortesanos si se hubiese conformado con permanecer en el reposo consiguiente de los muertos; pero, con gran aprieto para todos, se encaprichó en que se le hicieran las exequias fúnebres, y, con sorpresa de cuantos le rodeaban, empezó a encolerizarse reconviniéndoles duramente por su negligencia y falta de respeto queriéndole dejar insepulto.

Wherever she went her vigilant aunt kept a dragon watch at her elbow, awing the throngs of impassioned admirers, who hung in raptures on her strains. The report of her wonderful powers spread from city to city. Malaga, Seville, Cordova, all became successively mad on the theme; nothing was talked of throughout Andalusia but the beautiful minstrel of the Alhambra. How could it be otherwise among a people so musical and gallant as the Andalusians, when the lute was magical in its powers, and the minstrel inspired by love!

While all Andalusia was thus music mad, a different mood prevailed at the court of Spain. Philip V, as is well known, was a miserable hypochondriac, and subject to all kinds of fancies. Sometimes he would keep to his bed for weeks together, groaning under imaginary complaints. At other times he would insist upon abdicating his throne, to the great annoyance of his royal spouse, who had a strong relish for the splendors of a court and the glories of a crown, and guided the sceptre of her imbecile lord with an expert and steady hand.

Nothing was found to be so efficacious in dispelling the royal megrims as the power of music; the queen took care, therefore, to have the best performers, both vocal and instrumental, at hand, and retained the famous Italian singer Farinelli about the court as a kind of royal physician.

At the moment we treat of, however, a freak had come over the mind of this sapient and illustrious Bourbon that surpassed all former vagaries. After a long spell of imaginary illness, which set all the strains of Farinelli and the consultations of a whole orchestra of court fiddlers at defiance, the monarch fairly, in idea, gave up the ghost, and considered himself absolutely dead. This would have been harmless enough, and even convenient both to his queen and courtiers, had he been content to remain in the quietude befitting a dead man; but to their annoyance he insisted upon having the funeral ceremonies performed over him, and, to their inexpressible perplexity, began to grow impatient, and to revile bitterly at them for negligence and disrespect, in leaving him unburied.

¿Qué hacer en tal tesitura? Desobedecer las órdenes del monarca era negocio gravísimo a los ojos de aquellos respetuosos y ceremoniosos cortesanos; pero obedecerle y enterrarle vivo era cometer un verdadero sacrilegio.

Encerrados se hallaban en este insoluble dilema cuando llegó a la corte la fama de la tocadora de laúd que estaba causando la admiración de toda Andalucía, y enseguida despachó la reina emisarios para que la condujeran a San Ildefonso, lugar de residencia de la corte por aquellos desgraciados días.

Pocos días habían pasado cuando, al hallarse paseando la reina en compañía de sus damas de honor por aquellos encantadores jardines, construidos para emular las glorias de los de Versalles, llevaron a su presencia a la celebrada artista granadina. La augusta soberana se fijó en la noble al par que humilde prestancia de aquella joven, admiración y pasmo a la sazón de todo el mundo, la cual venía ataviada con pintoresco traje de Andalucía y trayendo en la mano el precioso laúd de plata, pero con los ojos bajos, mostrando su modestia y aquella hermosura, sencillez y distinción que dejaban ver todavía a "la Rosa de la Alhambra".

La acompañaba, según queda señalado, la vigilante Fredegunda; esta ilustró a la reina en la historia y genealogía de la preciosa muchacha, por haber mostrado la soberana deseos de conocerla. Pero si la augusta Isabel se sintió interesada por el aspecto de Jacinta, creció de punto su interés cuando supo que era oriunda de una familia noble, aunque empobrecida, y que su padre había muerto peleando con honor por el servicio de sus soberanos.

—Si tu habilidad corre pareja con tu fama —dijo la reina— y si consigues desterrar el mal espíritu de que está poseído tu soberano, tu suerte quedará de aquí en adelante a mis expensas y te colmaré de honores y de riquezas.

Impaciente para hacer la prueba, la condujo a la habitación del maniático monarca.

What was to be done? To disobey the king's positive commands was monstrous in the eyes of the obsequious courtiers of a punctilious court—but to obey him, and bury him alive would be downright regicide!

In the midst of this fearful dilemma a rumor reached the court, of the female minstrel who was turning the brains of all Andalusia. The queen dispatched missions in all haste to summon her to St. Ildefonso, where the court at that time resided.

Within a few days, as the queen with her maids of honor was walking in those stately gardens, intended, with their avenues and terraces and fountains, to eclipse the glories of Versailles, the far-famed minstrel was conducted into her presence. The imperial Elizabetta gazed with surprise at the youthful and unpretending appearance of the little being that had set the world madding. She was in her picturesque Andalusian dress, her silver lute in hand, and stood with modest and downcast eyes, but with a simplicity and freshness of beauty that still bespoke her "the Rose of the Alhambra."

As usual she was accompanied by the ever-vigilant Fredegonda, who gave the whole history of her parentage and descent to the inquiring queen. If the stately Elizabetta had been interested by the appearance of Jacinta, she was still more pleased when she learnt that she was of a meritorious though impoverished line, and that her father had bravely fallen in the service of the crown. "If thy powers equal their renown," said she, "and thou canst cast forth this evil spirit that possesses thy sovereign, thy fortunes shall henceforth be my care, and honors and wealth attend thee."

Impatient to make trial of her skill, she led the way at once to the apartment of the moody monarch.

La siguió Jacinta con los ojos bajos por entre la muchedumbre de guardias y de cortesanos, hasta que llegaron a una gran y suntuosa cámara tapizada de negro. Las ventanas se hallaban cerradas para impedir que penetrara la luz del día, y en su lugar numerosos blandones de cera amarilla sustentados en candelabros de plata despedían sus tenebrosas resplandores, iluminando las lúgubres figuras de los severos enlutados señores que iban llegando sigilosamente y sin cesar, revelando el disgusto de que estaban poseídos en sus tristes rostros; y, por último, sobre un catafalco se hallaba de cuerpo presente el monarca, que se había empecinado en que le dieran sepultura con las manos cruzadas sobre el pecho y dejando ver tan sólo la punta de la nariz.

Penetró la augusta señora silenciosamente en la regia cámara, y, señalando un escabel que había en un oscuro rincón, dio a entender a la bella Jacinta que tomara asiento, y que podía comenzar.

Vibró esta al principio las cuerdas de su laúd con mano trémula; pero se serenó después y se entusiasmó más y más conforme iba tocando, y dejó oír una melodía tan sobrenatural, que todos los presentes dudaban si era producida por persona humana. En cuanto al monarca, como ya se consideraba en el mundo de los espíritus, creyó que sería alguna melodía de ángeles o la música de las esferas. La sublime artista fue variando insensiblemente de tema, y, acompañada de su instrumento, empezó a cantar un romance heroico primoroso, en el que se ensalzaban las antiguas glorias de la Alhambra y las empresas guerreras de los moros. Su alma entera se conectó con su canto, pues el recuerdo de la Alhambra estaba íntimamente unido a la historia de su amor. Resonaban en el fúnebre aposento las notas varoniles de aquel hermoso canto fortificador, que al fin pudieron levantar el entristecido corazón del monarca. Alzó este la cabeza y miró a su alrededor; se sentó en su ataúd y empezaron sus ojos a animarse; hasta que, finalmente, saltó al suelo y solicitó su espada y su broquel.

El triunfo de la música —o, mejor dicho, del mágico laúd— fue del todo completo; el demonio de la melancolía fue arrojado, y pudo decirse, con certeza, que un difunto volvía a la vida. Se abrieron las ventanas de la estancia; los brillantes resplandores del sol español bañaron a la cámara que poco antes era lúgubre mansión, y todos los ojos buscaron a la hermosa cantora; pero el laúd se había deslizado de su mano, y ella misma hubiera caído tal vez en tierra desmayada, si en el mismo instante no la hubiera recibido en sus brazos el noble joven Ruiz de Alarcón.

Jacinta followed with downcast eyes through files of guards and crowds of courtiers. They arrived at length at a great chamber hung with black. The windows were closed to exclude the light of day: a number of yellow wax tapers in silver sconces diffused a lugubrious light, and dimly revealed the figures of mutes in mourning dresses, and courtiers who glided about with noiseless step and woebegone visage. In the midst of a funeral bed or bier, his hands folded on his breast, and the tip of his nose just visible, lay extended this would-be-buried monarch.

The queen entered the chamber in silence, and pointing to a footstool in an obscure corner, beckoned to Jacinta to sit down and commence.

At first she touched her lute with a faltering hand, but gathering confidence and animation as she proceeded, drew forth such soft aerial harmony, that all present could scarce believe it mortal. As to the monarch, who had already considered himself in the world of spirits, he set it down for some angelic melody or the music of the spheres. By degrees the theme was varied, and the voice of the minstrel accompanied the instrument. She poured forth one of the legendary ballads treating of the ancient glories of the Alhambra and the achievements of the Moors. Her whole soul entered into the theme, for with the recollections of the Alhambra was associated the story of her love. The funeral chamber resounded with the animating strain. It entered into the gloomy heart of the monarch. He raised his head and gazed around: he sat up on his couch, his eye began to kindle—at length, leaping upon the floor, he called for sword and buckler.

The triumph of music, or rather of the enchanted lute, was complete; the demon of melancholy was cast forth; and, as it were, a dead man brought to life. The windows of the apartment were thrown open; the glorious effulgence of Spanish sunshine burst into the late lugubrious chamber; all eyes sought the lovely enchantress, but the lute had fallen from her hand, she had sunk upon the earth, and the next moment was clasped to the bosom of Ruiz de Alarcon.

Se celebró con grandeza las nupcias de la feliz pareja. Y ahora se me preguntará: ¿pues cómo Ruiz de Alarcón pudo justificar su largo olvido? Su silencio había sido por causa de la oposición de su orgulloso padre, ya anciano y de carácter inflexible; pero los jóvenes que se aman sinceramente hacen pronto las amistades y perdonan las faltas pagadas cuando vuelven a encontrarse de nuevo.

¿Y cómo fue el consentir en la boda el orgulloso y altivo padre? Muy sencillo: sus escrúpulos desaparecieron bien pronto con dos palabras de la reina, y especialmente cuando comenzaron a llover sobre la gentil pareja toda clase de dignidades y recompensas. Además, debe saber el lector que el laúd de Jacinta poseía la mágica virtud de triunfar sobre la cabeza más empecinada y sobre el corazón más endurecido.

Pero ¿dónde fue a parar el laúd maravilloso, me preguntaréis? ¡Oh! Esto es lo más desconcertante y lo que prueba con más fuerza la veracidad de esta historia. Aquel laúd permaneció por algún tiempo siendo un tesoro de familia; pero luego fue robado por el extraordinario cantante Farinelli, por pura envidia de artista. A su muerte pasó a otras manos en Italia; desconocedoras de su mágico poder, fundieron la plata y aprovecharon sus cuerdas en un viejo violín de Cremona, las cuales conservan en gran parte su virtud maravillosa. Una palabrita al oído del lector, pero que no lo sepa nadie: ¡este violín está arrebatando al mundo entero: es el violín de Paganini!

El Veterano

Entre las curiosas amistades que adquirí durante mis excursiones por la fortaleza fue una de ellas la de un valiente y maltratado veterano, coronel de inválidos, que vivía, a la manera de un gavilán, encerrado en una torre moruna. Su historia, que se complacía en referir, constituía un tejido de aventuras, desgracias y vicisitudes, que imprimían a su vida, como a la del mayor número de los españoles, ese sello único, ese original carácter y singularidad que se encuentran en las famosas páginas del *Gil Blas.*

The nuptials of the happy couple were celebrated soon afterwards with great splendor, and the Rose of the Alhambra became the ornament and delight of the court. "But hold—not so fast"—I hear the reader exclaim, "first let us know how Ruiz de Alarcon managed to account to Jacinta for his long neglect?" Nothing more easy; the venerable, time-honored excuse, the opposition to his wishes by a proud, pragmatical old father: besides, young people, who really like one another, soon come to an amicable understanding, and bury all past grievances when once they meet.

But how was the proud pragmatical old father reconciled to the match? Oh! as to that, his scruples were easily overcome by a word or two from the queen; especially as dignities and rewards were showered upon the blooming favorite of royalty. Besides, the lute of Jacinta, you know, possessed a magic power, and could control the most stubborn head and hardest breast.

And what came of the enchanted lute? Oh, that is the most curious matter of all, and plainly proves the truth of the whole story. That lute remained for some time in the family, but was purloined and carried off, as was supposed, by the great singer Farinelli, in pure jealousy. At his death it passed into other hands in Italy, who were ignorant of its mystic powers, and melting down the silver, transferred the strings to an old Cremona fiddle. The strings still retain something of their magic virtues. A word in the reader's ear, but let it go no further—that fiddle is now bewitching the whole world—it is the fiddle of Paganini!

THE VETERAN

Among the curious acquaintances I made in my rambles about the fortress, was a brave and battered old colonel of Invalids, who was nestled like a hawk in one of the Moorish towers. His history, which he was fond of telling, was a tissue of those adventures, mishaps, and vicissitudes that render the life of almost every Spaniard of note as varied and whimsical as the pages of Gil Blas.

Estuvo en América a los doce años de edad, y contaba entre los sucesos más notables y felices de su vida el haber conocido al general Washington. Desde entonces vino tomando parte en todas las guerras de su patria; hablaba, por propio conocimiento, de todas las prisiones y calabozos de la Península; quedó cojo de una pierna y tan tullido de sus manos y tan mutilado y arcabuceado, que era una especie de monumento viviente de las vicisitudes de España, pues contaba una cicatriz por cada batalla o escaramuza, de idéntica forma que se hallaban señalados cada uno de los años de cautiverio en un árbol de Robinsón.

Pero, entre todas, la mayor desventura de este anciano y valeroso hidalgo era, al parecer, el haber ejercitado el mando en la ciudad de Málaga en épocas de revolución y gran peligro, y el que sus habitantes le hubieran otorgado el empleo de general para que protegiera contra la invasión de los franceses; circunstancias que debían haberle servido de justos títulos para obtener la merecida recompensa del gobierno; pero me temo que había de pasar su vida escribiendo o imprimiendo peticiones y memoriales, con gran esfuerzo de su cerebro, dispendio de sus ahorros y cansancio inútil de sus amigos, pues no podía nadie visitarle sin tener por fuerza que escuchar algún pesado memorial de hora y media de lectura, por lo menos, y que llevarse en los bolsillos media docena de papelotes. Esta clase de individuos es bastante común en España; por todas partes se tropieza con personas respetables relegadas al olvido, decorando en un rincón la miseria, el amargo agravio y la patente injusticia recibida en pago de sus servicios. Y por cierto que cuando un español se ve precisado a sostener un pleito o formar alguna reclamación contra el gobierno, puede decirse con seguridad que ya tiene para rato.

Visitaba yo con asiduidad a este noble veterano, cuya habitación se hallaba encima de la *Torre del Vino,* habitación que era, por cierto, muy recoleta y con hermosas vistas a la vega. Tenía todo en él arreglado con el orden y la precisión propios de un soldado: se veían colgadas en la pared tres carabinas y un par de pistolas, limpias y brillantes, y, junto a ellas, un sable y un bastón, uno a cada lado; y por encima de ellos, dos sombreros de tres picos, uno para gala y otro para diario.

He was in America at twelve years of age, and reckoned among the most signal and fortunate events of his life, his having seen General Washington. Since then he had taken a part in all the wars of his country; he could speak experimentally of most of the prisons and dungeons of the Peninsula; had been lamed of one leg, crippled in his hands, and so cut up and carbonadoed that he was a kind of walking monument of the troubles of Spain, on which there was a scar for every battle and broil, as every year of captivity was notched upon the tree of Robinson Crusoe.

The greatest misfortune of the brave old cavalier, however, appeared to have been his having commanded at Malaga during a time of peril and confusion, and been made a general by the inhabitants, to protect them from the invasion of the French. This had entailed upon him a number of just claims upon government, that I feared would employ him until his dying day in writing and printing petitions and memorials, to the great disquiet of his mind, exhaustion of his purse, and penance of his friends; not one of whom could visit him without having to listen to a mortal document of half an hour in length, and to carry away half a dozen pamphlets in his pocket. This, however, is the case throughout Spain; every where you meet with some worthy wight brooding in a corner, and nursing up some pet grievance and cherished wrong. Besides, a Spaniard who has a lawsuit, or a claim upon government, may be considered as furnished with employment for the remainder of his life.

I visited the veteran in his quarters in the upper part of the *Torre del Vino*, or Wine Tower. His room was small but snug, and commanded a beautiful view of the Vega. It was arranged with a soldier's precision. Three muskets and a brace of pistols, all bright and shining, were suspended against the wall, with a sabre and a cane hanging side by side, and above them, two cocked hats, one for parade, and one for ordinary use.

Constituía su biblioteca un pequeño armario con media docena de libros; siendo de su lectura favorita un viejo y desencuadernado volumen de máximas filosóficas que hojeaba y manoseaba cotidianamente, para aplicarlas a cada uno de los casos y avatares particulares de su vida, siempre que supusiera algún tinte de amargura o tratasen de las injusticias del mundo.

A pesar de todo esto, era el buen señor una persona amable y bondadosa; y, cuando olvidaba sus pesares y sus filosofías era un divertido compañero. Me gustaba escuchar a este desarraigado de la fortuna, sobre todo relatando sus aventuras de campaña. Ahora bien, en la serie de mis visitas a este respetable inválido me enteré de cosas muy curiosas relativas a otro viejo militar, comandante de la fortaleza, quien, al parecer, había tenido idéntica fortuna en el campo de batalla. Todos esos relatos los he completado y ampliado con el resultado de mis indagaciones sobre los viejos habitantes de la fortaleza, y en particular con las noticias que me suministró el padre de Mateo Jiménez, de cuyas populares historias es su héroe favorito el personaje que voy a presentar a mis lectores.

LEYENDA DEL GOBERNADOR Y EL ESCRIBANO

En tiempos pasados fue gobernador de la Alhambra un anciano y valeroso caballero, el cual, por haber perdido un brazo en la guerra era profundamente conocido con el nombre de *El gobernador manco.* Se mostraba en todos los sentidos, orgulloso de ser un veterano; con sus largos bigotes que le llegaban a los ojos, sus botas de montar y una espada toledana tan larga como una pica, llevando siempre el pañuelo dentro de la cazoleta de su empuñadura.

Ocurría, que era exageradamente celoso y rígidamente severo y escrupuloso en conservar todos sus fueros y privilegios. Bajo su gobierno se habían de cumplir al pie de la letra todas las inmunidades de la Alhambra como Sitio Real; estaba prohibido entrar en la fortaleza con armas de fuego, ni con espada o bastón, a menos de ser personaje de cierta posición; y se obligaba a los jinetes a desmontar en la puerta y a llevar el caballo por la brida.

A small shelf, containing some half dozen books, formed his library, one of which, a little old mouldy volume of philosophical maxims, was his favorite reading. This he thumbed and pondered over day by day; applying every maxim to his own particular case, provided it had a little tinge of wholesome bitterness, and treated of the injustice of the world.

Yet he was social and kind-hearted, and provided he could be diverted from his wrongs and his philosophy, was an entertaining companion. I like these old weather-beaten sons of fortune, and enjoy their rough campaigning anecdotes. In the course of my visits to the one in question, I learnt some curious facts about an old military commander of the fortress, who seems to have resembled him in some respects, and to have had similar fortunes in the wars. These particulars have been augmented by inquiries among some of the old inhabitants of the place, particularly the father of Mateo Ximenes, of whose traditional stories the worthy I am about to introduce to the reader, was a favorite hero.

The Governor and the Notary

In former times there ruled, as governor of the Alhambra, a doughty old cavalier, who, from having lost one arm in the wars, was commonly known by the name of *el Gobernador Manco*, or "the one-armed governor." He in fact prided himself upon being an old soldier, wore his mustaches curled up to his eyes, a pair of campaigning boots, and a Toledo as long as a spit, with his pocket handkerchief in the basket-hilt.

He was, moreover, exceedingly proud and punctilious, and tenacious of all his privileges and dignities. Under his sway the immunities of the Alhambra, as a royal residence and domain, were rigidly exacted. No one was permitted to enter the fortress with firearms, or even with a sword or staff, unless he were of a certain rank; and every horseman was obliged to dismount at the gate, and lead his horse by the bridle.

Como la colina de la Alhambra se eleva en forma de protuberancia en medio del suelo de Granada, era por demás molesto para el capitán general que mandaba en la provincia tener un *imperium in imperio,* un pequeño Estado independiente en el centro de sus dominios, situación que se hacía entonces más intolerable, así por la inflexibilidad del viejo gobernador que llevaba a sangre y a fuego la más mínima cuestión de autoridad o de jurisdicción, como por la traza maleante y levantisca de la gente que poco a poco se iba subiendo a vivir a la fortaleza, tomándola como lugar de asilo, y desde donde ejercitaban el bandidaje y el expolio a costa de los honrados habitantes de la ciudad.

De tal situación se infería que vivieran en una perpetua enemistad y disputa continua el capitán general y el gobernador, mucho más agudizadas por parte de este último, por aquello de que la más humilde y pequeña de dos autoridades vecinas es siempre la más celosa de su dignidad. El majestuoso palacio del capitán general se hallaba situado en la Plaza Nueva, al pie de la colina de la Alhambra; en él se agitaba a todas horas una gran multitud de gente: los destacamentos que hacían la guardia, la servidumbre y los funcionarios de la ciudad. Un baluarte saliente de la fortaleza de la Alhambra dominaba el palacio y la mencionada plaza pública, frente por frente de ella; y allí era donde el gobernador manco acostumbrada pasearse con su espada toledana colgada al cinto y mirando abajo a su rival, como el halcón que espía a su presa desde la alta copa del árbol secular.

Cuando descendía nuestro gobernador a la ciudad bajaba siempre a caballo, rodeado de sus guardias, o en su coche de ceremonia, antiguo y pesado armatoste español de madera tallada y cuero dorado, tirado por ocho mulas y escoltado por caballerizos y lacayos; entonces el buen anciano se lisonjeaba de la impresión de temor y admiración que causaba en los paseantes por su calidad de vicerregente del rey, aunque los bromistas de Granada, y en particular los que frecuentaban el palacio del capitán general, se burlaban de su ridículo boato en miniatura y llamaban al pobre gobernador *El rey de los mendigos*, sugiriendo la traza desharrapada y mísera de sus vasallos.

Now as the hill of the Alhambra rises from the very midst of the city of Granada, being, as it were, an excrescence of the capital, it must at all times be somewhat irksome to the captain-general, who commands the province, to have thus an imperium in imperio, a petty independent post in the very centre of his domains. It was rendered the more galling, in the present instance, from the irritable jealousy of the old governor, that took fire on the least question of authority and jurisdiction; and from the loose vagrant character of the people who had gradually nestled themselves within the fortress, as in a sanctuary, and thence carried on a system of roguery and depredation at the expense of the honest inhabitants of the city.

Thus there was a perpetual feud and heart-burning between the captain-general and the governor, the more virulent on the part of the latter, inasmuch as the smallest of two neighboring potentates is always the most captious about his dignity. The stately palace of the captain-general stood in the Plaza Nueva, immediately at the foot of the hill of the Alhambra, and here was always a bustle and parade of guards, and domestics, and city functionaries. A beetling bastion of the fortress overlooked the palace and public square in front of it; and on this bastion the old governor would occasionally strut backwards and forwards, with his Toledo girded by his side, keeping a wary eye down upon his rival, like a hawk reconnoitering his quarry from his nest in a dry tree.

Whenever he descended into the city it was in grand parade, on horseback, surrounded by his guards, or in his state coach, an ancient and unwieldy Spanish edifice of carved timber and gilt leather, drawn by eight mules, with running footmen, outriders, and lackeys; on which occasions he flattered himself he impressed every beholder with awe and admiration as viceregent of the king; though the wits of Granada, particularly those who loitered about the palace of the captain-general, were apt to sneer at his petty parade, and in allusion to the vagrant character of his subjects, to greet him with the appellation of "the king of the beggars."

Motivo perenne de conflicto entre ambas autoridades era el derecho que creía tener el gobernador a que le dejasen pasar libres de peaje las provisiones para su guarnición; como que poco a poco dio lugar este privilegio a que se ejercitase un contrabando mayúsculo y a que una partida de contrabandistas asentara sus reales en las viviendas de la fortaleza y en las numerosas cuevas vecinas, haciendo negocios en alta escala, en alianza y transgresiones con los soldados de la guarnición.

Se despertó finalmente la vigilancia del capitán general, quien consultó con su factótum, que era un astuto y enredador escribano que gozaba en aprovechar cuantas ocasiones se le ofrecían para molestar al viejo gobernador de la Alhambra y envolverlo en complicados litigios judiciales. Aconsejó, pues, al capitán general que insistiese en su derecho de registrar los convoyes que pasaran por las puertas de la ciudad, y le redactó un largo documento defendiendo su privilegio. El gobernador manco era uno de esos veteranos que no entienden de razones ni de leyes, y que despreciaba a los escribanos más que al mismo diablo, y al tal escribano de marras más que a todos los escribanos del mundo reunidos.

—¡Hola! —exclamaba el hombre retorciéndose furiosamente el mostacho—. Conque, ¿el señor capitán general se vale del escribanito para ponerme a mí en apuros? ¡Pues yo le haré ver que un soldado viejo no se deja aplastar por un cortesano!

Cogió, pues, la pluma, y emborronó una breve carta, en la cual, sin acceder entrar en razones, insistía en su derecho de libre tránsito; conminando con que no quedaría sin embargo cualquier aduanero que pusiese su desvergonzada mano en un convoy protegido por el pabellón de la Alhambra.

Mientras se esgrimían estas cuestiones entre las dos testarudas autoridades sucedió que llegó cierto día una mula cargada de víveres para la fortaleza al Puente de Genil, por el cual tenía que pasar y atravesar después en su camino un barrio de la ciudad en dirección hacia la Alhambra. Iba guiando el convoy un malhumorado cabo, ya viejo, que había servido mucho tiempo a las órdenes del gobernador, y era su *álter ego* en la manera de pensar, y duro también y fuerte como una hoja toledana.

One of the most fruitful sources of dispute between these two doughty rivals was the right claimed by the governor to have all things passed free of duty through the city, that were intended for the use of himself or his garrison. By degrees this privilege had given rise to extensive smuggling. A nest of *contrabandistas* took up their abode in the hovels of the fortress, and the numerous caves in its vicinity, and drove a thriving business under the connivance of the soldiers of the garrison.

The vigilance of the captain-general was aroused. He consulted his legal adviser and factotum, a shrewd meddlesome *escribano*, or notary, who rejoiced in an opportunity of perplexing the old potentate of the Alhambra, and involving him in a maze of legal subtilties. He advised the captain-general to insist upon the right of examining every convoy passing through the gates of his city, and penned a long letter for him in vindication of the right. Governor Manco was a straightforward cut-and-thrust old soldier, who hated an *escribano* worse than the devil and this one in particular worse than all other *escribanos*.

"What!" said he, curling up his mustaches fiercely, "does the captain-general set his man of the pen to practise confusions upon me? I'll let him see an old soldier is not to be baffled by schoolcraft."

He seized his pen and scrawled a short letter in a crabbed hand, in which, without deigning to enter into argument, he insisted on the right of transit free of search, and denounced vengeance on any custom-house officer who should lay his unhallowed hand on any convoy protected by the flag of the Alhambra.

While this question was agitated between the two pragmatical potentates, it so happened that a mule laden with supplies for the fortress arrived one day at the gate of Xenil, by which it was to traverse a suburb of the city on its way to the Alhambra. The convoy was headed by a testy old corporal, who had long served under the governor, and was a man after his own heart; as rusty and stanch as an old Toledo blade.

Al llegar junto a las puertas de la ciudad puso el cabo el pabellón de la Alhambra sobre la carga de la mula, y, tomando un aire marcial, avanzó adelante con la cabeza erguida, pero con el ojo avizor y atento, como perro que pasa por un campo enemigo, alerta y dispuesto a ladrar o a dar un mordisco.

—¿Quién vive? —dijo el centinela del peaje.

—Soldados de la Alhambra —respondió el cabo sin volver la cabeza.

—¿Qué lleváis ahí?

—Provisiones para la guarnición.

—Adelante.

Pasó el cabo arrogante seguido de su convoy; pero no bien habían andado algunos pasos cuando varios aduaneros se lanzaron sobre él desde el puente.

—¡Alto ahí! —gritó el jefe—. Detente, mulatero, y abre esos fardos.

—¡Respetad el pabellón de la Alhambra! Estos objetos son para el gobernador.

—¡Un pimiento para el gobernador y otro para su pabellón! ¡Mulatero, te hemos dicho que te detengas!

—¡Detened el convoy si os atrevéis! —gritó el cabo preparando la carabina—. ¡Adelante, mulatero!

Éste dio un fuerte varazo a la acémila, pero el jefe se adelantó y la cogió por el ronzal. Entonces le apuntó el cabo con la carabina, disparándola de muerte.

Al momento se alborotó la calle. Hicieron prisionero al viejo cabo, y, después de sufrir una sesión de puntapiés, bofetadas y palos —introducción que propina *de inmediato* el populacho español como primicias anticipadas a los rigores de la ley—, fue cargado de cadenas y encarcelado en la ciudad, en tanto que se les permitió a sus camaradas el proseguir con el convoy hasta la Alhambra, después de haber sido registrado a su antojo.

El viejo gobernador echó a los demonios cuando supo el insulto inferido a su pabellón y la prisión de su cabo. Por algún tiempo desahogó meramente su malhumor paseándose por los salones moriscos o arrojando coléricas miradas de fuego desde su baluarte al palacio del capitán general.

As they approached the gate of the city, the corporal placed the banner of the Alhambra on the pack-saddle of the mule, and drawing himself up to a perfect perpendicular, advanced with his head dressed to the front, but with the wary side-glance of a cur passing through hostile ground, and ready for a snap and a snarl.

"Who goes there?" said the sentinel at the gate.

"Soldier of the Alhambra!" said the corporal, without turning his head.

"What have you in charge?"

"Provisions for the garrison."

"Proceed."

The corporal marched straight forward, followed by the convoy, but had not advanced many paces before a posse of custom-house officers rushed out of a small toll-house.

"Halt there!" cried the leader. "Muleteer, halt, and open those packages."

The corporal wheeled round, and drew himself up in battle array. "Respect the flag of the Alhambra," said he; "these things are for the governor."

"A figo for the governor, and a figo for his flag. Muleteer, halt, I say."

"Stop the convoy at your peril!" cried the corporal, cocking his musket.

The muleteer gave his beast a hearty thwack; the custom-house officer sprang forward and seized the halter; whereupon the corporal levelled his piece, and shot him dead.

The street was immediately in an uproar. The old corporal was seized, and after undergoing sundry kicks, and cuffs, and cudgellings, which are generally given impromptu by the mob in Spain, as a foretaste of the after penalties of the law, he was loaded with irons, and conducted to the city prison; while his comrades were permitted to proceed with the convoy, after it had been well rummaged, to the Alhambra.

The old governor was in a towering passion when he heard of this insult to his flag and capture of his corporal. For a time he stormed about the Moorish halls, and vapored about the bastions, and looked down fire and sword upon the palace of the captain-general.

Pero después se calmó del crucial arrebato de cólera, envió un mensajero pidiendo la entrega del cabo, alegando que sólo a él le pertenecía de derecho el juzgar y entender de los delitos cometidos por sus súbditos. El capitán general, auxiliado del socarrón del escribano le arguyó, después de mucho tiempo, que, como el delito fue cometido dentro del recinto de la ciudad y en la persona de uno de sus empleados civiles, no ofrecía duda que competía a su jurisdicción. Replicó el gobernador repitiendo su petición, y le volvió a contestar el capitán general con un alegato mucho más extenso, y razonando siempre con fundamentos legales. Se encolerizaba el gobernador más y más, mostrándose más rígido y obstinado en su petición; en tanto que el capitán general se manifestaba cada vez más prolijo y sereno en sus respuestas; con lo que el veterano, que tenía el corazón de un león, bramaba de furia al verse enredado en las mallas de una controversia de despacho.

En tanto que el avispado escribano se divertía de este modo a expensas del gobernador, seguía con actividad el sumario del cabo, el cual se hallaba encerrado en un estrecho calabozo de la cárcel, sin tener más que una ventanilla enrejada por donde asomaba su curtido rostro y por donde recibía los ánimos de sus amigos.

El infatigable escribano extendió sin levantar la mano —siguiendo el procedimiento español— un conjunto de declaraciones y diligencias, con las que consiguió plenamente confundir al cabo y que se declarase convicto y confeso de asesinato; en vista de lo cual fue sentenciado a morir en la horca.

El gobernador protestó inútilmente y lanzó fulminantes amenazas desde la Alhambra. Llegó al fin el día nefasto y el cabo fue puesto en capilla, según se acostumbra hacer siempre con los criminales el día antes de la ejecución, a fin de que mediten en su próximo fin y se arrepientan de sus pecados. Viendo las cosas en tal tesitura, determinó el viejo gobernador resolver el asunto en persona, para lo cual ordenó preparar su coche de ceremonia, y rodeado de guardias bajó por los paseos de la Alhambra a la ciudad. Paró ante la casa del escribano, e hizo que lo llamasen al portal.

Having vented the first ebullition of his wrath, he dispatched a message demanding the surrender of the corporal, as to him alone belonged the right of sitting in judgment on the offences of those under his command. The captain-general, aided by the pen of the delighted *escribano*, replied at great length, arguing that as the offence had been committed within the walls of his city, and against one of his civil officers, it was clearly within his proper jurisdiction. The governor rejoined by a repetition of his demand; the captain-general gave a sur-rejoinder of still greater length and legal acumen; the governor became hotter and more peremptory in his demands, and the captain-general cooler and more copious in his replies; until the old lion-hearted soldier absolutely roared with fury at being thus entangled in the meshes of legal controversy.

While the subtle *escribano* was thus amusing himself at the expense of the governor, he was conducting the trial of the corporal, who, mewed up in a narrow dungeon of the prison, had merely a small grated window at which to show his iron-bound visage and receive the consolations of his friends.

A mountain of written testimony was diligently heaped up, according to Spanish form, by the indefatigable *escribano*; the corporal was completely overwhelmed by it. He was convicted of murder, and sentenced to be hanged.

It was in vain the governor sent down remonstrance and menace from the Alhambra. The fatal day was at hand, and the corporal was put in capilla, that is to say, in the chapel of the prison, as is always done with culprits the day before execution, that they may meditate on their approaching end and repent them of their sins. Seeing things drawing to extremity, the old governor determined to attend to the affair in person. For this purpose he ordered out his carriage of state, and, surrounded by his guards, rumbled down the avenue of the Alhambra into the city. Driving to the house of the *escribano*, he summoned him to the portal. The eye of the old governor gleamed like a coal at beholding the smirking man of the law advancing with an air of exultation.

—¿Qué es lo que me han contado? ¿Habéis condenado a muerte a uno de mis soldados? —dijo gritando el gobernador.

—Todo se ha hecho con arreglo a la ley y con estricta sujeción al procedimiento judicial —contestó con cierta morbosidad el escribano, sonriéndose y frotándose las manos—; puedo mostrar a Su Excelencia las declaraciones que constan en el sumario.

—Traedlas acá —dijo el gobernador.

El escribano se metió en su despacho contentísimo de tener nueva ocasión en que mostrar su destreza a costa del empecinado veterano.

Volvió con un voluminoso legajo de papeles, y empezó a leer con el alto timbre de voz y con las especiales maneras propias de los de su oficio. A la vez que leía, se iba aglomerando un corro de gente, que permanecía atento con la boca abierta.

—Hacedme el favor de subir al coche —le dijo el gobernador— y nos libraremos de este gentío de impertinentes curiosos que no me dejan oíros.

Entró el escribano en el carruaje, y acto seguido, en un santiamén, cerraron la portezuela, crujió el cochero el látigo, y mulas, carruaje, guardias, todo, partió en vertiginosa carrera, dejando pasmada a la muchedumbre, y no paró el gobernador hasta que aseguró su presa en uno de los calabozos mejor fortificados de la Alhambra.

Envió acto seguido un parlamentario con bandera blanca, a estilo militar, proponiendo un canje de prisioneros: el cabo por el escribano. Se sintió herido en su orgullo el capitán general; rehusó el cambio, dando una negativa insultante, y mandó levantar una horca sólida y elevada en el centro de la Plaza Nueva para llevar a la práctica la ejecución del cabo.

—¡Hola! Así pues, ¿va a ahorcarle? —dijo el gobernador.

Entonces mandó que levantasen un patíbulo junto a la muralla principal que daba a la Plaza Nueva.

—Ahora —dijo en un mensaje que dirigió al capitán general— ahorque usted cuando quiera a mi soldado; pero al mismo tiempo levante usted la vista por encima de la plaza y contemplará usted a su escribano danzando en el aire.

"What is this I hear," cried he, "that you are about to put to death one of my soldiers?"

"All according to law—all in strict form of justice," said the self-sufficient *escribano*, chuckling and rubbing his hands. "I can show your excellency the written testimony in the case."

"Fetch it hither," said the governor. The *escribano* bustled into his office, delighted with having another opportunity of displaying his ingenuity at the expense of the hard-headed veteran.

He returned with a satchel full of papers, and began to read a long deposition with professional volubility. By this time a crowd had collected, listening with outstretched necks and gaping mouths.

"Prithee, man, get into the carriage, out of this pestilent throng, that I may the better hear thee," said the governor.

The *escribano* entered the carriage, when, in a twinkling, the door was closed, the coachman smacked his whip—mules, carriage, guards and all dashed off at a thundering rate, leaving the crowd in gaping wonderment; nor did the governor pause until he had lodged his prey in one of the strongest dungeons of the Alhambra.

He then sent down a flag of truce in military style, proposing a cartel or exchange of prisoners—the corporal for the notary. The pride of the captain-general was piqued; he returned a contemptuous refusal, and forthwith caused a gallows, tall and strong, to be erected in the centre of the *Plaza Nueva* for the execution of the corporal.

"Oho! is that the game?" said Governor Manco. He gave orders, and immediately a gibbet was reared on the verge of the great beetling bastion that overlooked the Plaza. "Now," said he in a message to the captain-general, "hang my soldier when you please; but at the same time that he is swung off in the square, look up to see your *escribano* dangling against the sky."

El capitán general se reveló inflexible; se formaron las tropas en la plaza, redoblaron los tambores, tocaron a muerto las campanas y se congregó allí gran número de espectadores para presenciar la ejecución; en tanto que allá arriba en la Alhambra formó el gobernador toda la guarnición en el baluarte, mientras tañían las campanas de la Torre de la Campana anunciando la muerte del escribano.

La esposa de este atravesó la muchedumbre seguida de su numerosa prole de *escribanillos en potencia,* y, arrojándose a los pies del capitán general, le suplicó que no sacrificase la vida de su marido, su bienestar y el de sus numerosos hijos por una cuestión de amor propio "pues Su Excelencia conoce bastante bien —le dijo— al viejo gobernador para dudar que no ejecute su amenaza si Su Excelencia ahorca al soldado".

Se conmovió a continuación el capitán general ante sus lágrimas y lamentos y los clamores de su tierna familia. Envió al cabo a la Alhambra escoltado por un piquete y vestido con la ropa de ajusticiado, encaperuzado como un fraile, pero con la frente levantada y su rostro impávido, y pidió en canje al escribano, según se había solicitado. Sacaron del calabozo, más muerto que vivo, al antes sonriente y satisfecho secretario; toda su arrogancia había desaparecido completamente y —según decían— habían encanecido sus cabellos de terror, presentándose con aire desanimado y con la mirada huidiza, como si hubiese sentido el contacto de la cuerda fatal en su cuello.

El viejo gobernador cruzó su único brazo encorvado y miró al escribano por breves momentos con fiera sonrisa, diciéndole:

—De ahora en adelante, amigo mío, modere usted su celo por enviar gente al patíbulo y no confíe usted en su salvación, aunque tenga de su parte la ley; pero, sobre todo, tenga usted mucho cuidado de no andarse con chanzas otra vez con este anciano veterano.

The captain-general was inflexible; troops were paraded in the square; the drums beat, the bell tolled. An immense multitude of amateurs gathered together to behold the execution. On the other hand, the governor paraded his garrison on the bastion, and tolled the funeral dirge of the notary from the *Torre de la Campana*, or Tower of the Bell.

The notary's wife pressed through the crowd with a whole progeny of little embryo *escribanos* at her heels, and throwing herself at the feet of the captain-general, implored him not to sacrifice the life of her husband, and the welfare of herself and her numerous little ones, to a point of pride; "for you know the old governor too well," said she, "to doubt that he will put his threat in execution, if you hang the soldier."

The captain-general was overpowered by her tears and lamentations, and the clamors of her callow brood. The corporal was sent up to the Alhambra, under a guard, in his gallows garb, like a hooded friar, but with head erect and a face of iron. The *escribano* was demanded in exchange, according to the cartel. The once bustling and self-sufficient man of the law was drawn forth from his dungeon more dead than alive. All his flippancy and conceit had evaporated; his hair, it is said, had nearly turned gray with affright, and he had a downcast, dogged look, as if he still felt the halter round his neck.

The old governor stuck his one arm akimbo, and for a moment surveyed him with an iron smile. "Henceforth, my friend," said he, "moderate your zeal in hurrying others to the gallows; be not too certain of your safety, even though you should have the law on your side; and above all take care how you play off your schoolcraft another time upon an old soldier."

LEYENDA DEL GOBERNADOR MANCO Y EL SOLDADO

Encolerizado el viejo gobernador manco —quien, como sabemos, gozaba de privilegio militar en la Alhambra— por las continuas quejas que se le dirigían manifestándole que la fortaleza se había convertido en refugio criminal de ladrones y contrabandistas, determinó llevar a cabo un escrúpulo; y trabajando sin descanso arrojó de la fortaleza a un gran número de proscritos y a los enjambres de gitanos de las cuevas circunvecinas. Dispuso asimismo que rondaran continuamente patrullas de soldados por las alamedas y veredas, con orden expresa de arrestar a cuantas personas sospechosas se encontrasen.

En una plácida mañana del verano se encontraba parada junto a las tapias del jardín del Generalife, y cerca del camino que sube al Cerro del Sol, una de las conocidas patrullas, compuesta del inválido cabo que tanto se distinguió en el negocio del escribano, de un corneta y dos soldados. De repente oyeron pasos de un caballo y una voz varonil que cantaba en áspero estilo, pero con bastante buena entonación, un antiguo aire guerrero.

A poco apareció un hombre de complexión vigorosa, de cutis tostado por el sol, vestido con un ya gastado y pringoso uniforme de soldado de infantería, y llevando del diestro un poderoso caballo árabe enjaezado a la antigua usanza morisca.

Se sorprendieron al ver un militar de aquel aspecto descendiendo con un caballo de la brida por esta solitaria montaña, y saliendo el cabo a su encuentro en el camino, le gritó:

—¿Quién vive?

—Gente amiga.

—¿Quién sois?

—Un pobre soldado que vuelve de la guerra con una bolsa vacía y el cuerpo acribillado.

Al llegar aquí ya se les había aproximado, y vieron que llevaba un parche negro en la frente y que su barba era entrecana, lo que, junto con cierto movimiento picaresco de ojos hacía que pronto se notara por tal conjunto que el individuo era un pícaro ladino y hombre de buen talante.

Governor Manco and the Soldier

While Governor Manco, or "the one-armed," kept up a show of military state in the Alhambra, he became nettled at the reproaches continually cast upon his fortress, of being a nestling place of rogues and *contrabandistas*. On a sudden, the old potentate determined on reform, and setting vigorously to work, ejected whole nests of vagabonds out of the fortress and the gipsy caves with which the surrounding hills are honeycombed. He sent out soldiers, also, to patrol the avenues and footpaths, with orders to take up all suspicious persons.

One bright summer morning, a patrol, consisting of the testy old corporal who had distinguished himself in the affair of the notary, a trumpeter and two privates, was seated under the garden wall of the *Generalife*, beside the road which leads down from the mountain of the sun, when they heard the tramp of a horse, and a male voice singing in rough, though not unmusical tones, an old campaigning song.

Presently they beheld a sturdy, sunburnt fellow, clad in the ragged garb of a foot-soldier, leading a powerful Arabian horse, caparisoned in the ancient Morisco fashion.

Astonished at the sight of a strange soldier descending, steed in hand, from that solitary mountain, the corporal stepped forth and challenged him.

"Who goes there?"

"A friend."

"Who and what are you?"

"A poor soldier just from the wars, with a cracked crown and empty purse for a reward."

By this time they were enabled to view him more narrowly. He had a black patch across his forehead, which, with a grizzled beard, added to a certain daredevil cast of countenance, while a slight squint threw into the whole an occasional gleam of roguish good humor.

Después que hubo contestado a las preguntas de la patrulla, se creyó nuestro héroe con el derecho de poder dirigir a su vez otro interrogatorio.

—¿Se puede saber —les preguntó— qué ciudad es ésa que veo al pie de esta colina?

—¿Que qué ciudad es ésa? —dijo el corneta— ¡Anda, pues está guasón! ¡Aquí tenéis un individuo que viene del Cerro del Sol y se le ocurre preguntar por el nombre de la ciudad de Granada!

—¿Granada? ¡Santa Madre de Dios! ¿Es posible?

—¿Cómo que si es posible? —volvió a insistir el corneta—; ¿pues por ventura ignoráis que aquellas torres son las de la Alhambra?

—¡Quita allá, mal corneta! —replicó el desconocido—. No te vengas a mí con chanzas… ¡Ah! ¡Si fuera verdad que ésa era la Alhambra, tendría cosas muy extraordinarias que revelar al gobernador!

—Pues vais a tener pronto el gusto de veros con él —le comunicó el cabo—, porque ya hemos decidido el llevaros a su presencia.

Y a continuación cogió el corneta el caballo de la brida y los dos soldados al desconocido por los brazos, y poniéndose el cabo a la cabeza dio la voz: *"¡De frente! ¡Marchen! ¡Arm…!"* Y se dirigieron a la Alhambra.

El espectáculo de un militar desharrapado y un bello alazán árabe apresados por la patrulla llamó la atención de la gente ociosa de la fortaleza y de los charlatanes y las comadres que se reunían diariamente en los aljibes y las fuentes; las garruchas de las cisternas se detuvieron por un momento, y las mozuelas que habían venido a ellas por agua, cántaro en mano y en chanclas, abrían una boca descomunal al ver pasar al cabo con su prisionero. Numeroso acompañamiento de curiosos se fue incorporando a la cola de la escolta.

Se guiñaban unos a otros, y enseguida se forjaron mil hipótesis para explicar el caso. "Es un desertor", decía uno. "¡No!, es un contrabandista", indicaba otro. "Ese es un bandolero", manifestaba un tercero. Hasta que corrió la voz de que el cabo y su patrulla habían capturado con arrojo al capitán de una desalmada compañía de ladrones "¡Bueno, bueno! —decían las mujerzuelas unas a otras—. Capitán o no capitán, que se libre ahora, si es que puede, de las garras del gobernador manco, aunque no tiene más que una".

Having answered the questions of the patrol, the soldier seemed to consider himself entitled to make others in return. "May I ask," said he, "what city is that which I see at the foot of the hill?"

"What city!" cried the trumpeter; "come, that's too bad. Here's a fellow lurking about the mountain of the sun, and demands the name of the great city of Granada!"

"Granada! *Madre de Dios!* can it be possible?"

"Perhaps not!" rejoined the trumpeter; "and perhaps you have no idea that yonder are the towers of the Alhambra."

"Son of a trumpet," replied the stranger, "do not trifle with me; if this be indeed the Alhambra, I have some strange matters to reveal to the governor."

"You will have an opportunity," said the corporal, "for we mean to take you before him." By this time the trumpeter had seized the bridle of the steed, the two privates had each secured an arm of the soldier, the corporal put himself in front, gave the word, "Forward—march!" and away they marched for the Alhambra.

The sight of a ragged foot-soldier and a fine Arabian horse, brought in captive by the patrol, attracted the attention of all the idlers of the fortress, and of those gossip groups that generally assemble about wells and fountains at early dawn. The wheel of the cistern paused in its rotations, and the slipshod servant-maid stood gaping, with pitcher in hand, as the corporal passed by with his prize. A motley train gradually gathered in the rear of the escort.

Knowing nods and winks and conjectures passed from one to another. "It is a deserter," said one. "A *contrabandista*," said another. "A *bandolero*," said a third—until it was affirmed that a captain of a desperate band of robbers had been captured by the prowess of the corporal and his patrol. "Well, well," said the old crones, one to another, "captain or not, let him get out of the grasp of old Governor Manco if he can, though he is but one-handed."

Se encontraba sentado el gobernador manco en uno de los salones interiores de su morada en la Alhambra, sorbiendo el chocolate de la mañana en compañía de su confesor, rollizo fraile franciscano del vecino convento, y sirviéndoselo una moza malagueña de lindos ojos negros, hija de su ama de llaves. La maledicencia de las gentes se obstinaba en decir que tal jovencita, a pesar de todo su aire de humildad y sencillez, era una grandísima bellaca, que había descubierto el lado flaco del corazón de hierro del viejo gobernador y lo manejaba a su antojo; pero nosotros no haremos caso de estas habladurías, pues la vida privada de los poderosos potentados de la tierra no debe analizarse muy de cerca.

Cuando dieron parte al gobernador de haber sido arrestado un sospechoso desconocido que vagaba por los alrededores de la fortaleza y de que se encontraba en aquel mismo momento en el patio exterior en poder del cabo, aguardando las órdenes de Su Excelencia, se sintió henchido el corazón del gobernador ante la grandeza y majestad de su cargo; y, poniendo la pequeña vasija del chocolate en las manos de la modosa doncella, pidió que le alargasen la espada, se la ciñó al instante, se retorció el bigote, se sentó en un sillón de ancho respaldo, y, tomando un aspecto digno y severo, ordenó que condujesen el prisionero a su presencia. Fue llevado ante él el militar a los pocos minutos por los guardias, fuertemente asido y custodiado por el cabo. El soldado conservaba, a pesar de ello, un aire tranquilo y resuelto; como que correspondió a la penetrante y escudriñadora mirada del gobernador con cierto gesto chocarrero que no agradó mucho a la rígida autoridad superior de la fortaleza.

Después de fijar su vista en él por un momento, dijo el gobernador:

—Conteste el prisionero lo que tenga que alegar en su defensa. ¿Quién sois, pues?

—Señor, soy un pobre soldado que vuelve de la guerra, sin otros ahorros que cicatrices y chirlos.

—Conque ¡un soldado! ¡ya!... ¡y a juzgar por el traje, de infantería! Pues me han comunicado que sois dueño de un soberbio alazán árabe: supongo que lo traeréis por añadidura de las cicatrices y los chirlos.

Governor Manco was seated in one of the inner halls of the Alhambra, taking his morning's cup of chocolate in company with his confessor, a fat Franciscan friar, from the neighboring convent. A demure, dark-eyed damsel of Malaga, the daughter of his housekeeper, was attending upon him. The world hinted that the damsel, who, with all her demureness, was a sly buxom baggage, had found out a soft spot in the iron heart of the old governor, and held complete control over him. But let that pass—the domestic affairs of these mighty potentates of the earth should not be too narrowly scrutinized.

When word was brought that a suspicious stranger had been taken lurking about the fortress, and was actually in the outer court, in durance of the corporal, waiting the pleasure of his excellency, the pride and stateliness of office swelled the bosom of the governor. Giving back his chocolate cup into the hands of the demure damsel, he called for his basket-hilted sword, girded it to his side, twirled up his mustaches, took his seat in a large high-backed chair, assumed a bitter and forbidding aspect, and ordered the prisoner into his presence. The soldier was brought in, still closely pinioned by his captors, and guarded by the corporal. He maintained, however, a resolute self-confident air, and returned the sharp, scrutinizing look of the governor with an easy squint, which by no means pleased the punctilious old commanders.

"Well, culprit," said the governor, after he had regarded him for a moment in silence, "what have you to say for yourself—who are you?"

"A Soldier, just from the wars, who has brought away nothing but scars and bruises."

"A soldier—humph—a foot-soldier by your garb. I understand you have a fine Arabian horse. I presume you brought him too from the wars, besides your scars and bruises."

—Si Su Excelencia lo tiene a bien, he de contarle precisamente cosas muy maravillosas sobre ese caballo, con otras extrañas y estupendas que atañen grandemente a la seguridad de esta fortaleza y de toda Granada; pero tiene Vuecencia que oírlas a solas o, a lo más, delante de aquellas personas en quienes tenga Su Excelencia depositada toda su confianza.

—Este reverendo fraile —dijo al prisionero— es mi confesor, y podéis hablar en su presencia; y esta muchacha —señalando a la criada, que se había quedado haciendo como que hacía algo, pero en realidad movida por la fisgonear—, esta joven tiene mucha prudencia y discreción; se puede revelar cualquier secreto delante de ella.

Dirigió el militar a la mozuela una mirada entre sarcástica y amartelada, y contestó:

—Entonces no hay problema en que se quede esta chica.

Después que los demás se hubieron retirado, comenzó el soldado a contar su historia, dejando ver enseguida que era un pillo de siete suelas, que charlaba hasta por los codos y se expresaba en un lenguaje que no guardaba conformidad con su aparente condición.

—Con permiso de Su Excelencia —empezó a decir—, soy, como ya antes he manifestado, un soldado que he prestado muchos y valiosos servicios, pero que, habiendo cumplido el tiempo de empeño, me dieron la licencia no ha mucho; y, separándome del cuerpo de ejército de Valladolid, me puse en marcha a pie en dirección a mi pueblo natal, que está en Andalucía. Ayer por la tarde, al ponerse el sol, atravesaba una vasta y árida llanura de Castilla la Vieja.

—¡Alto ahí! —gritó el gobernador—. ¿Qué estáis insinuando? ¡Castilla la Vieja se encuentra a ochenta o cien leguas de aquí!

—No importa —replicó el soldado sin amilanarse—. Por eso le dije a Su Excelencia que tenía cosas muy extraordinarias que contarle; pero tan maravillosas como verdaderas, como verá. Su Excelencia, si se digna tener la calma de escucharme.

—¡Vaya! Seguid adelante —dijo el gobernador retorciéndose el bigote.

"May it please your excellency, I have something strange to tell about that horse. Indeed I have one of the most wonderful things to relate. Something too that concerns the security of this fortress, indeed of all Granada. But it is a matter to be imparted only to your private ear, or in presence of such only as are in your confidence."

The governor considered for a moment, and then directed the corporal and his men to withdraw, but to post themselves outside of the door, and be ready at a call. "This holy friar," said he, "is my confessor, you may say any thing in his presence—and this damsel," nodding toward the handmaid, who had loitered with an air of great curiosity, "this damsel is of great secrecy and discretion, and to be trusted with any thing."

The soldier gave a glance between a squint and a leer at the demure handmaid. "I am perfectly willing," said he, "that the damsel should remain."

When all the rest had withdrawn, the soldier commenced his story. He was a fluent, smooth-tongued varlet, and had a command of language above his apparent rank.

"May it please your excellency," said he, "I am, as I before observed, a soldier, and have seen some hard service, but my term of enlistment being expired, I was discharged, not long since, from the army at Valladolid, and set out on foot for my native village in Andalusia. Yesterday evening the sun went down as I was traversing a great dry plain of Old Castile."

"Hold," cried the governor, "what is this you say? Old Castile is some two or three hundred miles from this."

"Even so," replied the soldier, coolly; "I told your excellency I had strange things to relate; but not more strange than true; as your excellency will find, if you will deign me a patient hearing."

"Proceed, culprit," said the governor, twirling up his mustaches.

—Pues al ocultarse el sol —siguió el soldado— miré a mi entorno, en busca de un albergue donde pasar la noche; pero en todo lo que mi vista pudo alcanzar no había trazas de morada alguna. Me resigné, por tanto, a tener que pernoctar y dormir en el llano con mi morral por almohada, pues Su Excelencia, que es un veterano, sabe perfectamente que el pasar una noche de esta forma no es gran sacrificio para el que ha servido en guerra.

El gobernador hizo un ademán afirmativo, a la vez que sacaba su pañuelo de la cazoleta de la espada para espantar una mosca que le molestaba en la nariz.

—Pues bien; para abreviar mi historia, anduve algunas leguas más, hasta que llegué a un puente construido en un hondo barranco que servía de cauce a un riachuelo, entonces casi seco por el calor del verano. En un lado del puente había una torre moruna, ruinosa por arriba, pero en perfecto estado de conservación por una bóveda que se levantaba junto a los cimientos "He aquí un buen lugar —me dije— para pasar la noche". Así pues, me bajé, hasta el arroyo, me bebí un buen trago de agua (pues era dulce y pura y me encontraba muerto de sed), y después, abriendo mi morral, saqué una cebolla y unos cuantos mendrugos (que en esto consistían mis provisiones), y sentado sobre una orilla a la margen del arroyuelo empecé a cenar, y dispuse luego pasar la noche bajo la bóveda de la torre, y ¡vive Dios, que no era mala instalación para un soldado que regresaba cansado de la guerra! Su Excelencia, que es un veterano, sabe tanto como yo.

—En lugares peores me he alojado yo en mis tiempos —dijo el gobernador colocando de nuevo el pañuelo en la cazoleta de la espada.

—Estaba yo tranquilamente dando buena cuenta de mis mendrugos —continuó el soldado—, cuando sentí que se movía algo dentro de la bóveda; me puse a escuchar, y me di cuenta que eran pasos de caballo. En efecto, al poco rato salió un hombre por una puerta practicada en los fundamentos de la torre y cerca del arroyo, el cual venía conduciendo de la brida un fogoso alazán. No pude distinguir quién era a la simple claridad de las estrellas; pero me infundió sospechas aquel individuo vagando por las ruinas de una torre tan agreste y solitaria.

"As the sun went down," continued the soldier, "I cast my eyes about in search of quarters for the night, but as far as my sight could reach, there were no signs of habitation. I saw that I should have to make my bed on the naked plain, with my knapsack for a pillow; but your excellency is an old soldier, and knows that to one who has been in the wars, such a night's lodging is no great hardship."

The governor nodded assent, as he drew his pocket handkerchief out of the basket-hilt, to drive away a fly that buzzed about his nose.

"Well, to make a long story short," continued the soldier, "I trudged forward for several miles until I came to a bridge over a deep ravine, through which ran a little thread of water, almost dried up by the summer heat. At one end of the bridge was a Moorish tower, the upper end all in ruins, but a vault in the foundation quite entire. Here, thinks I, is a good place to make a halt; so I went down to the stream, took a hearty drink, for the water was pure and sweet, and I was parched with thirst; then, opening my wallet, I took out an onion and a few crusts, which were all my provisions, and seating myself on a stone on the margin of the stream, began to make my supper, intending afterwards to quarter myself for the night in the vault of the tower; and capital quarters they would have been for a campaigner just from the wars, as your excellency, who is an old soldier, may suppose."

"I have put up gladly with worse in my time," said the governor, returning his pocket handkerchief into the hilt of his sword.

"While I was quietly crunching my crust," pursued the soldier, "I heard something stir within the vault; I listened—it was the tramp of a horse. By and by a man came forth from a door in the foundation of the tower, close by the water's edge, leading a powerful horse by the bridle. I could not well make out what he was by the starlight. It had a suspicious look to be lurking among the ruins of a tower, in that wild solitary place.

"Más si no es sencillamente un caminante como yo (me dije) y sí un contrabandista o un bandolero, ¿a mí qué?" Gracias a Dios y a mi pobreza, no tenía nada que me robasen; por lo cual seguí liquidando tranquilamente mis mendrugos. Se aproximó el misterioso aparecido con su caballo para darle de beber cerca del sitio en que yo estaba sentado, y con tal motivo pude contemplarlo a mis anchas. Me sorprendió el verle vestido de moro, con coraza de acero y brillante casco, que distinguí perfectamente por la luz de las estrellas que se reflejaban en él; su caballo se encontraba también enjaezado a la manera árabe y llevaba grandes estribos. Condujo el caballo, como iba diciendo, hasta la orilla del riachuelo, y metiendo en él el animal su cabeza hasta los ojos, bebió tanto y con tal avidez, que creí que iba a reventar.

—Compañero —le dije—, bien bebe vuestro caballo. Cuando una bestia mete la cabeza de ese modo en el agua, es buen síntoma.

—Bien puede beber —dijo el desconocido con acentuando árabe—, pues ya hace más de un año que abrevó la última vez.

—¡Por el apóstol Santiago! —le respondí—. ¡Pues ya aguanta más la sed que los camellos que he visto en el África! Pero ven, pues parece que eres militar. ¿No te quieres sentar y participar de la pobre cena de otro militar como tú? —En realidad, estaba deseando tener un compañero en aquel lugar solitario, y daba igual que fuese moro o cristiano. Además, como Su Excelencia conoce muy bien, le importa poco al soldado la religión que profesen sus compañeros, pues todos los militares del mundo son amigos en tiempos de paz.

El gobernador hizo otra vez una señal afirmativa.

—Pues bien; como iba diciendo, le invité a compartir con él mi cena amigablemente, como era lo común.

—No puedo perder tiempo en comer ni beber —me respondió—, pues necesito hacer un largo viaje antes de que amanezca.

—¿Y adónde os dirigís? —le pregunté.

—A Andalucía —comentó.

—Precisamente llevo la misma ruta —le dije—; y puesto que no queréis deteneros a cenar conmigo, permitidme, al menos, que monte a la grupa de vuestro caballo, pues veo que es bastante fuerte y podrá llevar sin problema carga doble.

He might be a mere wayfarer, like myself; he might be a *contrabandista*; he might be a *bandolero*! what of that? thank heaven and my poverty, I had nothing to lose; so I sat still and crunched my crust.

"He led his horse to the water, close by where I was sitting, so that I had a fair opportunity of reconnoitering him. To my surprise he was dressed in a Moorish garb, with a cuirass of steel, and a polished skull-cap that I distinguished by the reflection of the stars upon it. His horse, too, was harnessed in the Morisco fashion, with great shovel stirrups. He led him, as I said, to the side of the stream, into which the animal plunged his head almost to the eyes, and drank until I thought he would have burst.

"'Comrade,' said I, 'your steed drinks well; it's a good sign when a horse plunges his muzzle bravely into the water.'

"'He may well drink,' said the stranger, speaking with a Moorish accent; 'it is a good year since he had his last draught.'

"'By Santiago,' said I, 'that beats even the camels I have seen in Africa. But come, you seem to be something of a soldier, will you sit down and take part of a soldier's fare?' In fact, I felt the want of a companion in this lonely place, and was willing to put up with an infidel. Besides, as your excellency well knows, a soldier is never very particular about the faith of his company, and soldiers of all countries are comrades on peaceable ground."

The governor again nodded assent.

"Well, as I was saying, I invited him to share my supper, such as it was, for I could not do less in common hospitality. 'I have no time to pause for meat or drink,' said he, 'I have a long journey to make before morning.'

"'In which direction?' said I.

"'Andalusia,' said he.

"'Exactly my route,' said I, 'so, as you won't stop and eat with me, perhaps you will let me mount and ride with you. I see your horse is of a powerful frame, I'll warrant he'll carry double.'

—Acepto con placer —replicó el moro.

Y en verdad que no hubiera sido cortés ni natural en un soldado el negarme este favor, habiéndole yo invitado antes a que cenase conmigo. Montó, pues, a caballo y me acomodé detrás de él.

—Tente firme —me advirtió—, pues mi caballo corre como el viento.

—No tengas temor —le respondí—. Y nos pusimos en marcha.

El caballo, que caminaba a buen paso, tomó después el trote, y a este siguió el galope, terminando por fin en una vertiginosa carrera. Rocas, árboles, edificios, todo, en fin, parecía huir de nosotros.

—¿Qué ciudad es aquella? —le pregunté.

—Segovia —me respondió. Pues no bien acabábamos de pronunciar estas palabras cuando ya las torres de Segovia habían desaparecido de nuestra vista. Subimos la Sierra de Guadarrama y pasamos por El Escorial; rodeamos las murallas de Madrid y cruzamos velozmente por las llanuras de la Mancha. De este modo íbamos dejando atrás montañas, valles, torres y ciudades que divisábamos rápidamente por el simple fulgor de las estrellas.

Para resumir esta historia, y para no cansar a Su Excelencia, diré que el moro refrenó de pronto su caballo en la falda de una montaña. "Ya hemos llegado (dijo) al término de nuestro viaje". Miré a mi alrededor y no descubrí señal alguna que me indicase que aquel paraje estaba habitado, no se percibía más que la entrada de una caverna. En tanto veo que empieza a aparecer una multitud de gente vestida a la morisca, unos a caballo y otros a pie, de todos los puntos del cuadrante, y con igual ímpetu se precipitaban por la sima de la caverna como las abejas hacia un panal. Antes de que hubiese tenido yo tiempo de interrogar sobre todo aquello, picó mi camarada el jinete musulmán sus largas espuelas morunas en los ijares de su caballo y se confundió entre los demás. Recorrimos una larga senda inclinada y tortuosa que bajaba hasta las mismas entrañas de la tierra, y a medida que íbamos entrando empezó a hacerse perceptible una luz que asemejaba los primeros albores del día; pero no podía yo distinguir bien qué era lo que brillaba. A poco se fue haciendo más viva e intensa, y ya pude ir claramente observando lo que me rodeaba. Descubrí entonces, conforme íbamos avanzando, grandes grutas abiertas a derecha e izquierda, que parecían los salones de una armería; en unas había escudos, yelmos, corazas, lanzas y cimitarras pendientes de la pared; en otras, grandes montones de municiones y equipajes de campana desparramados por los suelos.

"'Agreed,' said the trooper; and it would not have been civil and soldier-like to refuse, especially as I had offered to share my supper with him. So up he mounted, and up I mounted behind him.

"'Hold fast,' said he, 'my steed goes like the wind.'

"'Never fear me,' said I, and so off we set.

"From a walk the horse soon passed to a trot, from a trot to a gallop, and from a gallop to a harum-scarum scamper. It seemed as if rocks, trees, houses, every thing, flew hurry-scurry behind us.

"'What town is this?' said I.

"'Segovia,' said he; and before the word was out of his mouth, the towers of Segovia were out of sight. We swept up the Guadarrama mountains, and down by the Escorial; and we skirted the walls of Madrid, and we scoured away across the plains of La Mancha. In this way we went up hill and down dale, by towers and cities, all buried in deep sleep, and across mountains, and plains, and rivers, just glimmering in the starlight.

"To make a long story short, and not to fatigue your excellency, the trooper suddenly pulled up on the side of a mountain. 'Here we are,' said he, 'at the end of our journey.' I looked about, but could see no signs of habitation; nothing but the mouth of a cavern. While I looked I saw multitudes of people in Moorish dresses, some on horseback, some on foot, arriving as if borne by the wind from all points of the compass, and hurrying into the mouth of the cavern like bees into a hive. Before I could ask a question the trooper struck his long Moorish spurs into the horse's flanks, and dashed in with the throng. We passed along a steep winding way, that descended into the very bowels of the mountain. As we pushed on, a light began to glimmer up, by little and little, like the first glimmerings of day, but what caused it I could not discern. It grew stronger and stronger, and enabled me to see every thing around. I now noticed, as we passed along, great caverns, opening to the right and left, like halls in an arsenal. In some there were shields, and helmets, and cuirasses, and lances, and cimeters, hanging against the walls; in others there were great heaps of warlike munitions, and camp equipage lying upon the ground.

¡Cuánto se hubiera alegrado Su Excelencia, como veterano que es, de ver tantas y tantas provisiones de guerra! Además, en otras cavernas se veían numerosas filas de jinetes perfectamente armados, lanza en ristre y con banderas desplegadas, dispuestos para salir al campo de batalla; pero todos inmóviles en sus monturas, a manera de estatuas. En otros salones se veían guerreros durmiendo en el suelo, junto a sus caballos, y grupos de soldados de infantería, dispuestos para entrar en combate; todos enjaezados y armados a la morisca.

Finalmente, para terminar de contar con rapidez esta historia a Su Excelencia, entramos finalmente en una inmensa caverna, o, mejor dicho, en un palacio que tenía la forma de una gruta, y cuyas paredes, con incrustaciones de oro y plata, brillaban como si fueran de diamantes, zafiros u otras piedras preciosas. En la parte más elevada se encontraba sentado en un trono un rey moro, rodeado de sus nobles y custodiado por una guardia de negros africanos empuñando afiladas cimitarras. Todos los que iban entrando (y por cierto que se podían contar a miles) pasaban uno a uno ante su trono y se inclinaban en señal de acatamiento. Unos vestían magníficos ropajes, sin mancha ni rotura alguna y deslumbrando con sus joyas, y otros llevaban brillantes y esmaltadas armaduras; pero otros, por el contrario, iban cubiertos de mugrientos y haraposos vestidos y con armaduras destrozadas y cubiertas de orín.

—¡Oye, camarada! —le pregunté—; ¿qué significa todo eso?

—Esto —contestó el soldado— es un grande y terrible misterio. ¡Oh cristiano!, que tienes ante tu vista la corte y el ejército de Boabdil, último rey de Granada.

—¿Qué me estáis diciendo? —exclamé—. Boabdil y su corte fueron desterrados de este país hace varios siglos, y todos murieron en África.

—Así se cuenta en vuestras falsas crónicas —añadió el moro—; pero ten entendido que Boabdil y los guerreros que pelearon hasta lo último por la defensa de Granada, todos fueron encerrados en esta montaña por arte de brujería. En cuanto al rey y al ejército que salieron de Granada al tiempo de la rendición, era una simple turba de espíritus y demonios, a quienes se les permitió tomar aquellas formas para engañar a los reyes cristianos.

"It would have done your excellency's heart good, being an old soldier, to have seen such grand provision for war. Then, in other caverns, there were long rows of horsemen armed to the teeth, with lances raised and banners unfurled, all ready for the field; but they all sat motionless in their saddles like so many statues. In other halls were warriors sleeping on the ground beside their horses, and foot-soldiers in groups ready to fall into the ranks. All were in old-fashioned Moorish dresses and armor.

"Well, your excellency, to cut a long story short, we at length entered an immense cavern, or I may say palace, of grotto work, the walls of which seemed to be veined with gold and silver, and to sparkle with diamonds and sapphires and all kinds of precious stones. At the upper end sat a Moorish king on a golden throne, with his nobles on each side, and a guard of African blacks with drawn cimeters. All the crowd that continued to flock in, and amounted to thousands and thousands, passed one by one before his throne, each paying homage as he passed. Some of the multitude were dressed in magnificent robes, without stain or blemish and sparkling with jewels; others in burnished and enamelled armor; while others were in mouldered and mildewed garments, and in armor all battered and dented and covered with rust.

"I had hitherto held my tongue, for your excellency well knows it is not for a soldier to ask many questions when on duty, but I could keep silent no longer.

"'Prithee, comrade,' said I, 'what is the meaning of all this?'

"'This,' said the trooper, 'is a great and fearful mystery. Know, O Christian, that you see before you the court and army of Boabdil the last king of Granada.'

"'What is this you tell me?' cried I. 'Boabdil and his court were exiled from the land hundreds of years agone, and all died in Africa.'

"'So it is recorded in your lying chronicles,' replied the Moor; 'but know that Boabdil and the warriors who made the last struggle for Granada were all shut up in the mountain by powerful enchantment. As for the king and army that marched forth from Granada at the time of the surrender, they were a mere phantom train of spirits and demons, permitted to assume those shapes to deceive the Christian sovereigns.

Más te diré, amigo mío: España entera es un país hechizado; no hay cueva en la montaña, solitario torreón en el llano o derruido castillo en la sierra donde no se oculten embrujados guerreros, que duermen y dormirán siglos y siglos bajo sus bóvedas, hasta que rediman sus pecados, por lo que Allah permitió que el gobierno de la hermosa España pasase por algún tiempo a manos de los cristianos. Una vez al año, en la víspera de San Juan, se ven libres del mágico embrujo desde la salida del sol hasta el ocaso, y se les permite venir a rendir pleitesía a su soberano; así, pues, toda esa muchedumbre que ves moviéndose en la caverna son guerreros musulmanes que acuden de sus antros y de todas las partes de España. Por lo que a mí toca, ya viste en Castilla la arruinada torre del puente donde he pasado centenares de inviernos y veranos, debiendo volver a ella antes de romper el nuevo día. En cuanto a los batallones de infantería y caballería que ves formados en las cavernas vecinas, son los encantados guerreros de Granada. Está escrito en el libro del destino que, cuando sean desencantados, bajará Boabdil de la montaña, a la cabeza de su ejército, recobrará su trono en la Alhambra y gobernará de nuevo en Granada; y, reuniendo los embrujados guerreros que hay diseminados en toda España, reconquistará la Península, que volverá otra vez a quedar sometida al yugo musulmán.

—¿Y cuándo acontecerá eso? —pregunté nervioso.

—¡Sólo Allah lo sabe! Nosotros creímos que estaba próximo ya el día de nuestra libertad; pero reina ahora en la Alhambra un gobernador muy celoso, tan valiente como soldado veterano soldado, conocido por *El gobernador manco.* Mientras este viejo guerrero tenga el mando de esta avanzada y esté pronto a rechazar la primera irrupción de la montaña me temo que Boabdil y sus tropas tengan que contentarse con permanecer sobre las armas.

Al oír esto, el gobernador se incorporó, puso su mano en su espada y se retorció de nuevo el mostacho.

—Para concluir la historia y no cansar más a Su Excelencia, el soldado moro, después de contarme esto, se apeó del caballo y me dijo:

—Quédate aquí vigilando mi corcel, mientras que yo voy a doblar la rodilla ante Boabdil. —Y diciendo esto, se mezcló entre la multitud que rodeaba el trono.

And furthermore let me tell you, friend, that all Spain is a country under the power of enchantment. There is not a mountain cave, not a lonely watchtower in the plains, nor ruined castle on the hills, but has some spell-bound warriors sleeping from age to age within its vaults, until the sins are expiated for which Allah permitted the dominion to pass for a time out of the hands of the faithful. Once every year, on the eve of St. John, they are released from enchantment, from sunset to sunrise, and permitted to repair here to pay homage to their sovereign! and the crowds which you beheld swarming into the cavern are Moslem warriors from their haunts in all parts of Spain. For my own part, you saw the ruined tower of the bridge in Old Castile, where I have now wintered and summered for many hundred years, and where I must be back again by daybreak. As to the battalions of horse and foot which you beheld drawn up in array in the neighboring caverns, they are the spell-bound warriors of Granada. It is written in the book of fate, that when the enchantment is broken, Boabdil will descend from the mountain at the head of this army, resume his throne in the Alhambra and his sway of Granada, and gathering together the enchanted warriors, from all parts of Spain, will reconquer the Peninsula and restore it to Moslem rule.'

"'And when shall this happen?' said I.

"'Allah alone knows: we had hoped the day of deliverance was at hand; but there reigns at present a vigilant governor in the Alhambra, a stanch old soldier, well known as Governor Manco. While such a warrior holds command of the very outpost, and stands ready to check the first irruption from the mountain, I fear Boabdil and his soldiery must be content to rest upon their arms.'

Here the governor raised himself somewhat perpendicularly, adjusted his sword, and twirled up his mustaches.

"To make a long story short, and not to fatigue your excellency, the trooper, having given me this account, dismounted from his steed.

"'Tarry here,' said he, 'and guard my steed while I go and bow the knee to Boabdil.' So saying, he strode away among the throng that pressed forward to the throne.

"¿Qué hacer (me pregunté) habiéndome dejado solo y de esta forma? ¿Espero a que vuelva el infiel, me monte en su caballo fantástico y me lleve Dios sabe dónde, o aprovecho el tiempo y huyo de este ejército de fantasmas?" Un soldado se decide pronto, como sabe Su Excelencia perfectamente, y en cuanto al caballo, lo consideré como presa legal, según los fueros de la guerra y de la patria. Así, pues, montando rápidamente en la silla, volví riendas, golpeé con los estribos morunos en los flancos del animal, y hui rápidamente por el mismo sitio que habíamos entrado. Al pasar a través de los salones en que se hallaban formados los jinetes musulmanes en batallones inmóviles, me pareció escuchar un estruendo de armas y ruido de voces. Aguijoneé de nuevo al caballo con los estribos y redoblé mi carrera. Entonces sentí a mis espaldas cierto rugido como el que produce el huracán: escuché el choque de mil herraduras, y acto seguido me vi alcanzado por miles y miles de soldados y arrastrado hacia la puerta de la caverna, donde partían innumerables sombras en cada una de las direcciones de los cuatro puntos cardinales.

Con el tumulto y la confusión de aquella escena me vine al suelo sin sentido; y cuando volví en mí, me encontré tendido en la cima de una montaña, con el caballo árabe de pie a mi lado, pues al caer se enredó la brida en mi brazo, lo que creo que impidió que se escapara a Castilla la Vieja.

Su Excelencia comprenderá con facilidad cuán grande sería mi sorpresa no viendo a mi alrededor más que pitas y chumberas, los productos de los climas meridionales, y luego esa gran ciudad allí abajo, con sus numerosas torres y palacios y con su gran catedral. Bajé del cerro con cautela llevando mi caballo de la brida, pues temí montarme en él, no me fuera a jugar una mala pasada. Cuando bajaba me topé con vuestra patrulla, la cual me informó ser Granada la ciudad que se extendía ante mi vista, y de que me encontraba en aquel instante cercano a las murallas de la Alhambra, la fortaleza del temible gobernador manco, terror de la embrujada morisma. Al escuchar esto signifiqué mi deseo de que me hicieran comparecer ante Su Excelencia, a fin de ponerle al corriente de todo lo que había visto, y de que se impusiera de todos los peligros que le rodean, y para que pueda Vuecencia tomar a tiempo sus medidas para salvar la fortaleza y hasta el reino mismo de propósitos del ejército formidable y misterioso que vaga por las entrañas de la tierra.

"'What's to be done?' thought I, when thus left to myself; 'shall I wait here until this infidel returns to whisk me off on his goblin steed, the Lord knows where; or shall I make the most of my time and beat a retreat from this hobgoblin community? A soldier's mind is soon made up, as your excellency well knows. As to the horse, he belonged to an avowed enemy of the faith and the realm, and was a fair prize according to the rules of war. So hoisting myself from the crupper into the saddle, I turned the reins, struck the Moorish stirrups into the sides of the steed, and put him to make the best of his way out of the passage by which he had entered. As we scoured by the halls where the Moslem horsemen sat in motionless battalions, I thought I heard the clang of armor and a hollow murmur of voices. I gave the steed another taste of the stirrups and doubled my speed. There was now a sound behind me like a rushing blast; I heard the clatter of a thousand hoofs; a countless throng overtook me. I was borne along in the press, and hurled forth from the mouth of the cavern, while thousands of shadowy forms were swept off in every direction by the four winds of heaven.

"In the whirl and confusion of the scene I was thrown senseless to the earth. When I came to myself I was lying on the brow of a hill, with the Arabian steed standing beside me; for in falling, my arm had slipped within the bridle, which, I presume, prevented his whisking off to Old Castile.

"Your excellency may easily judge of my surprise, on looking round, to behold hedges of aloes and Indian figs and other proofs of a southern climate, and to see a great city below me, with towers, and palaces, and a grand cathedral. I descended the hill cautiously, leading my steed, for I was afraid to mount him again, lest he should play me some slippery trick. As I descended I met with your patrol, who let me into the secret that it was Granada that lay before me; and that I was actually under the walls of the Alhambra, the fortress of the redoubted Governor Manco, the terror of all enchanted Moslems. When I heard this, I determined at once to seek your excellency, to inform you of all that I had seen, and to warn you of the perils that surround and undermine you, that you may take measures in time to guard your fortress, and the kingdom itself, from this intestine army that lurks in the very bowels of the land."

—Y decidme, amigo, vos que sois un veterano que ha llevado a cabo tan importantes servicios —le dijo el gobernador—. ¿Qué me aconsejáis para defenderme de tamaños peligros?

—No está bien que un humilde soldado que no ha salido nunca de las filas pretenda dar consejo a un jefe de la astucia de Su Excelencia; pero creo que debería mandar tapiar a conciencia todas las grutas y agujeros de la montaña, de forma que Boabdil y su ejército quedasen eternamente sepultados en sus antros subterráneos. Además, si este venerable padre —añadió el soldado con reverencia, saludando al fraile y santiguándose con munición— tuviera a bien consagrar las tapias con su bendición y colocar unas cuantas cruces, reliquias e imágenes de santos, creo que sería bastante para desafiar toda la virtud y el poder de sortilegios de los infieles.

—Eso sería, en verdad, de gran efecto —dijo el fraile.

El gobernador entonces puso su único brazo en el puño de su espada toledana, fijó la vista en el soldado, y moviendo la cabeza le dijo:

—¿De modo, pillo redomado, que creéis ciertamente que me vais a engañar con todas estos chismes de montañas y moros encantados?... ¡Ni una palabra más!... Sois ya en efecto un zorro viejo; pero tened entendido que tenéis que enfrentaros con otro más zorro que vos, que no se deja embarcar tan fácilmente. ¡Hola! ¡Guardias, aquí! ¡Cargad de cadenas a este miserable!

La modesta sirvienta hubiera intercedido de buena gana en favor del prisionero; pero el señor gobernador le impuso silencio con una durísima mirada.

Se encontraba maniatando al militar, cuando uno de los guardias tentó un bulto voluminoso en su bolsillo, y sacándolo fuera vio que era un gran bolsón de cuero, al parecer bien lleno. Cogiéndole por el fondo, vació su contenido sobre la mesa, ante la presencia misma del gobernador, y nunca mochila de filibustero arrojó cosas de más valor: salieron anillos, joyas, rosarios de perlas, cruces de brillantes e infinidad de monedas de oro antiguas, algunas de las cuales cayeron al suelo y fueron rodando hasta los rincones más recónditos de la habitación.

"And prithee, friend, you who are a veteran campaigner, and have seen so much service," said the governor, "how would you advise me to proceed, in order to prevent this evil?"

"It is not for a humble private of the ranks," said the soldier, modestly, "to pretend to instruct a commander of your excellency's sagacity, but it appears to me that your excellency might cause all the caves and entrances into the mountains to be walled up with solid mason work, so that Boabdil and his army might be completely corked up in their subterranean habitation. If the good father, too," added the soldier, reverently bowing to the friar, and devoutly crossing himself, "would consecrate the barricadoes with his blessing, and put up a few crosses and relics and images of saints, I think they might withstand all the power of infidel enchantments."

"They doubtless would be of great avail," said the friar.

The governor now placed his arm akimbo, with his hand resting on the hilt of his Toledo, fixed his eye upon the soldier, and gently wagging his head from one side to the other.

"So, friend," said he, "then you really suppose I am to be gulled with this cock-and-bull story about enchanted mountains and enchanted Moors? Hark ye, culprit!—not another word. An old soldier you may be, but you'll find you have an older soldier to deal with, and one not easily outgeneralled. Ho! guards there! put this fellow in irons."

The demure handmaid would have put in a word in favor of the prisoner, but the governor silenced her with a look.

As they were pinioning the soldier, one of the guards felt something of bulk in his pocket, and drawing it forth, found a long leathern purse that appeared to be well filled. Holding it by one corner, he turned out the contents upon the table before the governor, and never did freebooter's bag make more gorgeous delivery. Out tumbled rings, and jewels, and rosaries of pearls, and sparkling diamond crosses, and a profusion of ancient golden coin, some of which fell jingling to the floor, and rolled away to the uttermost parts of the chamber.

Por algunos instantes se suspendió la acción de la justicia, dedicándose todos a la búsqueda de las monedas diseminadas; sólo el gobernador, revestido de la gravedad española, conservaba su majestuoso porte, aunque sus ojos dejaron vislumbrar cierta ansia hasta tanto que el viejo vio meter en el bolso la última moneda y la última joya.

El fraile no parecía hallarse muy sosegado; su cara se mostraba roja como un horno encendido y sus ojos echaban fuego al ver los rosarios y las cruces.

—¡Miserable sacrílego! —exclamó—. ¿A qué iglesias o santuario has robado estas sagradas reliquias?

—Ni lo uno ni lo otro, reverendo padre; si son despojos sacrílegos, debieron ser robados en tiempos pasados por el soldado infiel que he referido. Precisamente iba a decir a Su Excelencia, cuando me interrumpió, que al posesionarme del caballo desaté un bolsón de cuero que colgaba del arzón de la silla, y el cual creo que contenía el botín de sus antiguos días de campaña, cuando los moros asolaban el país.

—Está bien; ahora apañaros como bien os parezca, permitiendo alojaros en un calabozo de las *Torres Bermejas*, las cuales, aunque no están bajo ningún sortilegio mágico, os tendrán a buen recaudo como cualquier cueva de vuestros embrujados moros.

—Su Excelencia hará lo que crea más conveniente —contestó el prisionero con tranquilidad—; sea como fuere le agradeceré mi alojamiento en esa fortaleza. A un soldado que ha estado en las guerras como sabe bien Su Excelencia, le importa poco la clase de alojamiento; con tal de tener una habitacioncita arreglada y rancho no muy malo, yo me las arreglaré para pasarlo con deleite. Sólo ruego a Su Excelencia que, ya que desdobla tanto cuidado conmigo, que cuide asimismo de su fortaleza y que no eche en saco roto la advertencia que le he hecho de tapiar los agujeros de las montañas.

For a time the functions of justice were suspended; there was a universal scramble after the glittering fugitives. The governor alone, who was imbued with true Spanish pride, maintained his stately decorum, though his eye betrayed a little anxiety until the last coin and jewel was restored to the sack.

The friar was not so calm; his whole face glowed like a furnace, and his eyes twinkled and flashed at sight of the rosaries and crosses.

"Sacrilegious wretch that thou art!" exclaimed he; "what church or sanctuary hast thou been plundering of these sacred relics?"

"Neither one nor the other, holy father. If they be sacrilegious spoils, they must have been taken, in times long past, by the infidel trooper I have mentioned. I was just going to tell his excellency when he interrupted me, that on taking possession of the trooper's horse, I unhooked a leathern sack which hung at the saddle-bow, and which I presume contained the plunder of his campaignings in days of old, when the Moors overran the country."

"Mighty well; at present you will make up your mind to take up your quarters in a chamber of the Vermilion Tower, which, though not under a magic spell, will hold you as safe as any cave of your enchanted Moors."

"Your excellency will do as you think proper," said the prisoner, coolly. "I shall be thankful to your excellency for any accommodation in the fortress. A soldier who has been in the wars, as your excellency well knows, is not particular about his lodgings: provided I have a snug dungeon and regular rations, I shall manage to make myself comfortable. I would only entreat that while your excellency is so careful about me, you would have an eye to your fortress, and think on the hint I dropped about stopping up the entrances to the mountain."

Así terminó aquel acontecimiento. El prisionero fue conducido a un seguro calabozo de las *Torres Bermejas*, el caballo árabe fue llevado a las caballerizas del gobernador y el bolsón del soldado nuestro a buen recaudo en el arca de Su Excelencia; bien es cierto que sobre esto le opuso el fraile algunas objeciones, manifestándole que las sagradas reliquias, que eran, sin lugar a dudas, despojos sacrílegos, debían ser depositadas en la iglesia; pero como el gobernador se había hecho cargo de aquel tema y era señor absoluto de la Alhambra, soslayó el reverendo la cuestión, si bien determinó interiormente informar del caso a las autoridades eclesiásticas de Granada.

Para más explicarnos estas rápidas y severas medidas por parte del viejo gobernador manco, es precio saber que por esta época se hallaba sembrando el terror en las serranías de la Alpujarra, no lejos de Granada, una partida de bandidos capitaneada por un jefe temible llamado Manuel Borrasco, quien no sólo andaba merodeando por los campos, sino que se atrevía a entrar hasta en la misma ciudad con diferentes disfraces para obtener noticias de los convoyes de mercancías próximos a salir, o de los viajeros que se iban a poner en marcha con los bolsillos bien llenos, de los cuales se encargaba él y su partida en los apartados y solitarios pasos o encrucijadas de los caminos. Estos constantes y escandalosos atropellos llamaron la atención del gobierno, y los comandantes de algunos puestos militares habían recibido ya instrucciones para que estuviesen alerta y detuviesen a los forasteros sospechosos. El gobernador manco tomó el asunto con un celo extraordinario, a consecuencia de la mala fama que había adquirido la fortaleza, y en tal ocasión se creía seguro de haber agarrado algún terrible bandido de la famosa partida.

Mientras tanto el suceso, corrió de boca en boca, siéndose el tema de todas las conversaciones, no sólo en la fortaleza, sino también en la ciudad. Se contaba que el célebre bandido Manuel Borrasco, terror de las Alpujarras, había caído en manos del veterano gobernador manco, y que este lo había encerrado en un calabozo de las *Torres Bermejas*, acudiendo allí todos los que habían sido despojados por él, a ver si le reconocían.

Here ended the scene. The prisoner was conducted to a strong dungeon in the Vermilion Tower, the Arabian steed was led to his excellency's stable, and the trooper's sack was deposited in his excellency's strong box. To the latter, it is true, the friar made some demur, questioning whether the sacred relics, which were evidently sacrilegious spoils, should not be placed in custody of the church; but as the governor was peremptory on the subject, and was absolute lord in the Alhambra, the friar discreetly dropped the discussion, but determined to convey intelligence of the fact to the church dignitaries in Granada.

To explain these prompt and rigid measures on the part of old Governor Manco, it is proper to observe, that about this time the Alpuxarra mountains in the neighborhood of Granada were terribly infested by a gang of robbers, under the command of a daring chief named Manuel Borrasco, who were accustomed to prowl about the country, and even to enter the city in various disguises, to gain intelligence of the departure of convoys of merchandise, or travellers with well-lined purses, whom they took care to waylay in distant and solitary passes of the road. These repeated and daring outrages had awakened the attention of government, and the commanders of the various posts had received instructions to be on the alert, and to take up all suspicious stragglers. Governor Manco was particularly zealous in consequence of the various stigmas that had been cast upon his fortress, and he now doubted not he had entrapped some formidable desperado of this gang.

In the mean time the story took wind, and became the talk, not merely of the fortress, but of the whole city of Granada. It was said that the noted robber Manuel Borrasco, the terror of the Alpuxarras, had fallen into the clutches of old Governor Manco, and been cooped up by him in a dungeon of the Vermilion Tower; and every one who had been robbed by him flocked to recognize the marauder.

Las *Torres Bermejas*, como conocemos, están enfrente de la Alhambra, en una colina semejante, y separadas de la fortaleza principal por la cañada en que se encuentra la alameda. No tiene murallas exteriores, pero un centinela hacía la guardia delante de ellas. La ventana del cuarto donde encerraron al soldado se encontraba fuertemente asegurada con recias barras de hierro y miraba a una pequeña explanada. Allí se congregaba el pueblo para contemplar al prisionero, como si viniera a ver una hiena feroz que se revuelve en la jaula de una exposición de fieras. Nadie, sin embargo, lo identificó con Manuel Borrasco, pues aquel terrible ladrón era famoso por su feroz fisonomía, y no tenía de ningún modo el aire burlón del prisionero. Ya no sólo de la ciudad, sino de todo el reino, venía la gente a verle, pero nadie le conocía; con lo que empezaron a surgir dudas en la imaginación del vulgo sobre si sería o no verdad la fabulosa historia que había relatado el hombre; pues era antigua tradición, oída contar a sus padres por los más ancianos de la fortaleza, que Boabdil y su ejército estaban encerrados por mágico conjuro en las montañas. Muchas personas subieron al Cerro del Sol —o por otro nombre, de Santa Elena—, en busca de la cueva citada por el soldado, y todos se asomaban a la boca de un pozo tenebroso, cuya profundidad inmensa nadie conocía —que todavía se conserva—, y al dedillo creían que sería la fabulosa entrada al antro subterráneo de Boabdil.

Paulatinamente fue ganándose el soldado las simpatías del populacho, pues el bandolero de las montañas no tiene en forma alguna en España el espantoso carácter que el ladrón de los demás países, sino que, por el contrario, es una especie de personaje caballeresco a los ojos de la gente. Existe también ciertas predisposiciones a censurar la conducta de los que mandan, y no pocos comenzaron a murmurar de las drásticas medidas que había adoptado el gobernador manco, y veían ya al prisionero como un mártir de su disciplina.

El soldado, además, era hombre alegre y divertido, y bromeaba con todos los que se acercaban a su ventana, enviando galantes requiebros a las muchachas. Se procuró también una mala guitarrilla, y, sentado a la ventana, entonaba canciones y coplas amorosas, con las que deleitaba a las jóvenes de la vecindad, que se congregaban por la noche en la explanada y bailaban boleros al son de su música.

The Vermilion Tower, as is well known, stands apart from the Alhambra on a sister hill, separated from the main fortress by the ravine down which passes the main avenue. There were no outer walls, but a sentinel patrolled before the tower. The window of the chamber in which the soldier was confined was strongly grated, and looked upon a small esplanade. Here the good folks of Granada repaired to gaze at him, as they would at a laughing hyena, grinning through the cage of a menagerie. Nobody, however, recognized him for Manuel Borrasco, for that terrible robber was noted for a ferocious physiognomy, and had by no means the good-humored squint of the prisoner. Visitors came not merely from the city, but from all parts of the country; but nobody knew him, and there began to be doubts in the minds of the common people whether there might not be some truth in his story. That Boabdil and his army were shut up in the mountain, was an old tradition which many of the ancient inhabitants had heard from their fathers. Numbers went up to the mountain of the sun, or rather of St. Elena, in search of the cave mentioned by the soldier; and saw and peeped into the deep dark pit, descending, no one knows how far, into the mountain, and which remains there to this day—the fabled entrance to the subterranean abode of Boabdil.

By degrees the soldier became popular with the common people. A freebooter of the mountains is by no means the opprobrious character in Spain that a robber is in any other country: on the contrary, he is a kind of chivalrous personage in the eyes of the lower classes. There is always a disposition, also, to cavil at the conduct of those in command, and many began to murmur at the high-handed measures of old Governor Manco, and to look upon the prisoner in the light of a martyr.

The soldier, moreover, was a merry, waggish fellow, that had a joke for every one who came near his window, and a soft speech for every female. He had procured an old guitar also, and would sit by his window and sing ballads and love-ditties to the delight of the women of the neighborhood, who would assemble on the esplanade in the evening and dance boleros to his music.

Como se había afeitado la barba silvestre, se hizo agradable a los ojos de las muchachas, y hasta la humilde criada del gobernador confesó que su picaresca mirada era irresistible. Esta sensible joven demostró desde el primer momento una tierna simpatía por sus desgracias, y, después de haber pretendido en vano aliviar los rigores del gobernador, se puso a dulcificar por su cuenta su cautiverio, por lo que todos los días llevaba al prisionero algunas golosinas que se perdían de la mesa del gobernador o que robaba con astucia de la despensa; esto sin contar de vez en cuando con tal o cual confortable botella de selecto Valdepeñas o rico Málaga.

Al tiempo que tenían lugar esta inocente traicioncilla dentro de la misma ciudadela del viejo gobernador, gestaban un amago de guerra sus enemigos exteriores. La circunstancia de haber encontrado al supuesto ladrón un bolsón lleno de monedas y alhajas fue contada con exageración en Granada, por lo que se suscitó una polémica de jurisdicción territorial por el implacable rival del gobernador, el capitán general. Éste insistió en que el prisionero había sido apresado fuera del recinto de la Alhambra y dentro del territorio en que ejercía él autoridad; por consiguiente, reclamó su persona y el *spolia opima* cogido con él. El fraile, a su vez realizó una delación semejante al gran inquisidor sobre las cruces, rosarios y otras reliquias contenidas en el bolsón, por cuyo motivo reclamó este también al culpable por haber incurrido en el delito de sacrilegio, sosteniendo que lo robado por el ladrón pertenecía de derecho a la Iglesia y su cuerpo al próximo auto de fe. El gobernador se encontraba dado a los demonios ante estas reclamaciones, y juraba y perjuraba que antes de entregar al prisionero le haría ahorcar en la Alhambra, como espía cogido en los confines de la fortaleza.

El capitán general amenazó con enviar un destacamento de soldados para trasladar al prisionero desde las *Torres Bermejas* a la ciudad. El gran inquisidor también intentaba enviar algunos familiares del Santo Oficio. Avisaron al gobernador cierta noche de estas intrigas.

—¡Que vengan —chilló— y verán antes de tiempo lo que les espera conmigo! ¡Mucho tiene que madrugar el que quiera burlarse de este viejo soldado!

Having trimmed off his rough beard, his sunburnt face found favor in the eyes of the fair, and the demure handmaid of the governor declared that his squint was perfectly irresistible. This kind-hearted damsel had from the first evinced a deep sympathy in his fortunes, and having in vain tried to mollify the governor, had set to work privately to mitigate the rigor of his dispensations. Every day she brought the prisoner some crumbs of comfort which had fallen from the governor's table, or been abstracted from his larder, together with, now and then, a consoling bottle of choice Valdepenas, or rich Malaga.

While this petty treason was going on, in the very centre of the old governor's citadel, a storm of open war was brewing up among his external foes. The circumstance of a bag of gold and jewels having been found upon the person of the supposed robber, had been reported, with many exaggerations, in Granada. A question of territorial jurisdiction was immediately started by the governor's inveterate rival, the captain-general. He insisted that the prisoner had been captured without the precincts of the Alhambra, and within the rules of his authority. He demanded his body therefore, and the spolia opima taken with him. Due information having been carried likewise by the friar to the grand inquisitor of the crosses and rosaries, and other relics contained in the bag, he claimed the culprit as having been guilty of sacrilege, and insisted that his plunder was due to the church, and his body to the next auto-da-fe. The feuds ran high; the governor was furious, and swore, rather than surrender his captive, he would hang him up within the Alhambra, as a spy caught within the purlieus of the fortress.

The captain-general threatened to send a body of soldiers to transfer the prisoner from the Vermilion Tower to the city. The grand inquisitor was equally bent upon dispatching a number of the familiars of the Holy Office. Word was brought late at night to the governor of these machinations. "Let them come," said he, "they'll find me beforehand with them; he must rise bright and early who would take in an old soldier."

Dictó, por consiguiente, sus providencias para que el prisionero fuera conducido al romper el día a un calabozo que había dentro de las murallas de la Alhambra.

—Y oye tú, niña —dijo a su recatada doncella—, llama a mi puerta y despiértame antes de que cante el gallo, para que presencie yo mismo la ejecución de mis órdenes.

Vino el día, cantó el gallo, pero nadie llamó a la puerta del gobernador. Ya había aparecido el sol por la cima de las montañas cuando se vio despertado el gobernador por su veterano cabo, que se le presentó con el terror retratado en su semblante.

—¡Se ha escapado! ¡Se ha escapado! —gritaba el cabo tomando alientos.

—¿Cómo? ¿Quién se ha escapado?

—¡El soldado!... ¡El bandido!... ¡El diablo!... Pues no sabemos quién es. Su calabozo se encuentra vacío, pero la puerta cerrada, y nadie se explica cómo ha podido huir.

—¿Quién lo vio por última vez?

—Vuestra criada, que le llevó la cena.

—Que venga al instante.

Aquí hubo otro nuevo motivo de alarma: el cuarto de la humilde doncella estaba también vacío y su cama mostraba que no se había acostado aquella noche; era evidente que se había fugado con el prisionero, pues se acordó que días antes sostenía frecuentes charlas con él.

Este último golpe hirió al gobernador en la parte más sensible de su corazón; pero apenas tuvo tiempo para darse cuenta de lo ocurrido cuando se presentaron a su vista nuevos contratiempos, pues al entrar en su gabinete se encontró abierta su arca y que había desaparecido el bolsón del soldado y con él sendos talegos repletos de doblones.

¿Cómo y por dónde se habían escapado los fugitivos? Un labrador ya anciano, que vivía en un cortijo junto a un camino que conducía a la sierra, dijo que había oído el ruido del galope de un poderoso corcel que iba hacia la montaña poco antes de romper el día; se asomó, pues, a una ventana y pudo percibir un jinete que transportaba una mujer sentada en la delantera.

He accordingly issued orders to have the prisoner removed, at daybreak, to the donjon keep within the walls of the Alhambra. "And d'ye hear, child," said he to his demure handmaid, "tap at my door, and wake me before cock-crowing, that I may see to the matter myself."

The day dawned, the cock crowed, but nobody tapped at the door of the governor. The sun rose high above the mountain-tops, and glittered in at his casement, ere the governor was awakened from his morning dreams by his veteran corporal, who stood before him with terror stamped upon his iron visage.

"He's off! he's gone!" cried the corporal, gasping for breath.

"Who's off—who's gone?"

"The soldier—the robber—the devil, for aught I know; his dungeon is empty, but the door locked: no one knows how he has escaped out of it."

"Who saw him last?"

"Your handmaid, she brought him his supper."

"Let her be called instantly."

Here was new matter of confusion. The chamber of the demure damsel was likewise empty, her bed had not been slept in: she had doubtless gone off with the culprit, as she had appeared, for some days past, to have frequent conversations with him.

This was wounding the old governor in a tender part, but he had scarce time to wince at it, when new misfortunes broke upon his view. On going into his cabinet he found his strong box open, the leather purse of the trooper abstracted, and with it, a couple of corpulent bags of doubloons.

But how, and which way had the fugitives escaped? An old peasant who lived in a cottage by the road-side, leading up into the Sierra, declared that he had heard the tramp of a powerful steed just before daybreak, passing up into the mountains. He had looked out at his casement, and could just distinguish a horseman, with a female seated before him.

—Mirad las caballerizas —aulló el gobernador manco.

En efecto, se registraron las caballerizas, y todos los caballos estaban atados a sus respectivas estacas, excepto el caballo árabe, que en su lugar había sujeto al pesebre un impresionante garrote y junto a él un letrero que decía:

Al buen gobernador manco, regala este animalejo un soldado viejo.

LEYENDA DE LAS DOS DISCRETAS ESTATUAS

En tiempos antiguos habitaba una de las habitaciones de la Alhambra un hombrecillo muy alegre llamado Lope Sánchez, el cual trabajaba en los jardines y se pasaba cantando todo el día, contento y gozoso como una cigarra. Era nuestro hombre la vida y el alma de la fortaleza; cuando concluía su trabajo se sentaba con su guitarra en uno de los bancos de piedra de la explanada y al son de su instrumento cantaba magníficos cantares del Cid, de Bernardo del Carpio, de Hernando del Pulgar y otros héroes españoles, con los que entretenía a los inválidos del recinto, o entonaba aires más animados para que las muchachas bailasen fandangos y boleros.

Como la mayor parte de los hombres de poca estatura, Lope Sánchez se había casado con una mujer alta y robusta, que casi se lo podía meter en un bolsillo, sin estragos Sánchez no tuvo la misma suerte que la generalidad de los pobres, pues en lugar de darle diez o doce chiquillos, tuvo solamente una hija: una niña bajita de cuerpo, de hermosos ojos negros, a la sazón de unos doce años de edad, llamada Sanchica, tan alegre y jovial como él, y la cual hacía las delicias de su corazón. Jugaba a su lado mientras el padre trabajaba en los jardines, bailaba al compás de su guitarra cuando el padre se sentaba a descansar a la sombra, y corría y saltaba como una gacela por los bosques, alamedas y vacíos salones de la Alhambra.

"Search the stables!" cried Governor Manco. The stables were searched; all the horses were in their stalls, excepting the Arabian steed. In his place was a stout cudgel tied to the manger, and on it a label bearing these words:

"A gift to Governor Manco, from an Old Soldier."

LEGEND OF THE TWO DISCREET STATUES

There lived once in a waste apartment of the Alhambra, a merry little fellow, named Lope Sanchez, who worked in the gardens, and was as brisk and blithe as a grasshopper, singing all day long. He was the life and soul of the fortress; when his work was over, he would sit on one of the stone benches of the esplanade, strum his guitar, and sing long ditties about the Cid, and Bernardo del Carpio, and Fernando del Pulgar, and other Spanish heroes, for the amusement of the old soldiers of the fortress, or would strike up a merrier tune, and set the girls dancing boleros and fandangos.

Like most little men, Lope Sanchez had a strapping buxom dame for a wife, who could almost have put him in her pocket; but he lacked the usual poor man's lot—instead of ten children he had but one. This was a little black-eyed girl about twelve years of age, named Sanchica, who was as merry as himself, and the delight of his heart. She played about him as he worked in the gardens, danced to his guitar as he sat in the shade, and ran as wild as a young fawn about the groves and alleys and ruined halls of the Alhambra.

En una víspera de San Juan la gente jovial aficionada a celebrar los días festivos, hombres, mujeres y chiquillos, subieron por la noche al Cerro del Sol, que domina el Generalife, para pasar la velada en su plana y elevada meseta. Hacía una hermosa noche de luna; todas las montañas estaban bañadas de su plateada luz; la ciudad, con sus cúpulas y campanarios, se mostraba envuelta entre sombras, y la vega parecía tierra de hadas con las mil encantadas lucecillas que brillaban entre sus oscuras arboledas. En la parte más alta del cerro encendieron una gran hoguera, siguiendo la antigua costumbre del país, conservada desde tiempo de moros, mientras los habitantes de los campos de los alrededores festejaban de igual manera la velada con sendas fogatas, encendidas en diversos sitios de la vega y en la falda de las montañas, que brillaban pálidamente a la luz de la luna.

Se pasó la noche bailando alegremente al son de la guitarra de Lope Sánchez, el cual jamás se sentía tan contento como en uno de estos días de fiesta y jolgorio general. Mientras bailaban los concurrentes, la niña Sanchica se divertía en saltar y brincar con otras muchachas sus amigas por entre las ruinas de la vieja torre morisca, cuando he aquí que, encontrándose cogiendo piedrecillas en el foso, halló una manecita de azabache bellamente esculpida, con los dedos cerrados y el pulgar fuertemente pegado a ella. Contenta por su feliz hallazgo, corrió a enseñárselo a su madre e inmediatamente se hizo aquel el tema general de conversación, siendo tomado por casi todos con cierta superstición y recelo.

—¡Tiradla! —decía uno.

—¡Eso es cosa de moros; probablemente contiene algún sortilegio! —decía otro.

—¡No hagáis tal cosa! —añadía un tercero—. Eso puede venderse, aunque den poco, a los joyeros del Zacatín.

Enfrascados se hallaban en esta discusión, cuando se aproximó un veterano que había servido en África, de rostro tan moreno como el de un rifeño, el cual dijo, después de examinar la manecita con aire de superior inteligencia:

—He visto muchos objetos como este allá en Berbería. Este es un maravilloso amuleto para librarse del mal de ojo de toda clase de sortilegios y hechicerías. Os felicito, amigo Lope, pues esto anuncia buena fortuna a vuestra hija.

It was now the eve of the blessed St. John, and the holiday-loving gossips of the Alhambra, men, women, and children, went up at night to the mountain of the sun, which rises above the *Generalife*, to keep their midsummer vigil on its level summit. It was a bright moonlight night, and all the mountains were gray and silvery, and the city, with its domes and spires, lay in shadows below, and the Vega was like a fairy land, with haunted streams gleaming among its dusky groves. On the highest part of the mountain they lit up a bonfire, according to an old custom of the country handed down from the Moors. The inhabitants of the surrounding country were keeping a similar vigil, and bonfires, here and there in the Vega, and along the folds of the mountains, blazed up palely in the moonlight.

The evening was gayly passed in dancing to the guitar of Lope Sanchez, who was never so joyous as when on a holiday revel of the kind. While the dance was going on, the little Sanchica with some of her playmates sported among the ruins of an old Moorish fort, when, in gathering pebbles in the fosse, she found a small hand curiously carved of jet, the fingers closed, and the thumb firmly clasped upon them. Overjoyed with her good fortune, she ran to her mother with her prize. It immediately became a subject of sage speculation, and was eyed by some with superstitious distrust. "Throw it away," said one; "it's Moorish—depend upon it, there's mischief and witchcraft in it." "By no means," said another; "you may sell it for something to the jewellers of the Zacatin."

In the midst of this discussion an old tawny soldier drew near, who had served in Africa, and was as swarthy as a Moor. He examined the hand with a knowing look. "I have seen things of this kind," said he, "among the Moors of Barbary. It is a great virtue to guard against the evil eye, and all kinds of spells and enchantments. I give you joy, friend Lope, this bodes good luck to your child."

Al oír tales palabras, la mujer de Lope Sánchez ató la manecita de azabache a una cinta y la colocó al cuello de su hija.

La vista de este talismán atrajo a la memoria de los presentes las más gratas y halagüeñas credulidades referentes a los moros. Se dejó, pues, de bailar, y, sentados en corrillos en el suelo, empezaron unos y otros a contar las antiguas y legendarias tradiciones heredadas de sus abuelos. Algunas de estas consejas se relacionaban con la misma maravillosa montaña, en el cual se hallaban, y que era considerado realmente por una región fantástica famosísima. Una de aquellas viejas comadres hizo la descripción detallada del palacio subterráneo que se halla en las entrañas de aquel cerro, donde todos creen, como si lo vieran, que se hallaba encantado Boabdil con su espléndida corte morisca.

—Entre aquellas ruinas de más allá —dijo la anciana señalando unos muros desmantelados y unos montones de piedra algo lejos de la montaña— se encuentra un pozo profundo y tenebroso que alcanza el mismo corazón del monte. Lo que es yo no osaría por mi parte mirar por el brocal por todo cuanto dinero hay en el mundo, pues en cierta ocasión, hace de esto ya bastante tiempo, un pobre pastor de la Alhambra, que guardaba sus cabras en ese lugar, bajó al pozo en busca de un cabritillo que se le había caído dentro, salió de allí, pálido y sobrecogido, y contando tales y tan portentosos prodigios que había visto, que todo el mundo creyó que había perdido el juicio. Estuvo delirando dos o tres días con los fantasmas de los moros que le habían perseguido en la caverna, y no hubo en mucho tiempo medio de persuadirlo a que subiese otra vez a la montaña. Por su desgracia regresó al fin, y, ¡pobre infeliz!, no se le volvió a ver más. Sus vecinos encontraron sus cabras, pastando entre las ruinas moriscas, y su sombrero y su manta junto a la boca del pozo, pero no se supo más de él.

La pequeña Sanchica escuchó con gran atención aquella historia y, como era sumamente curiosa, se apoderó de ella un fuerte deseo de asomarse a explorar el terrible y fatídico pozo. Se separó, pues, de sus compañeras y se dirigió a las apartadas ruinas, y, después de andar tropezando por algún tiempo, llegó a una pequeña concavidad en la cima de la montaña, junto al declive del Valle del Darro, oscuro como boca de lobo, lo cual ofrecía suficientes señales de que en su centro se abría la boca de la famosa cisterna.

Upon hearing this, the wife of Lope Sanchez tied the little hand of jet to a ribbon, and hung it round the neck of her daughter.

The sight of this talisman called up all the favorite superstitions about the Moors. The dance was neglected, and they sat in groups on the ground, telling old legendary tales handed down from their ancestors. Some of their stories turned upon the wonders of the very mountain upon which they were seated, which is a famous hobgoblin region. One ancient crone gave a long account of the subterranean palace in the bowels of that mountain where Boabdil and all his Moslem court are said to remain enchanted.

"Among yonder ruins," said she, pointing to some crumbling walls and mounds of earth on a distant part of the mountain, "there is a deep black pit that goes down, down into the very heart of the mountain. For all the money in Granada I would not look down into it. Once upon a time a poor man of the Alhambra, who tended goats upon this mountain, scrambled down into that pit after a kid that had fallen in. He came out again all wild and staring, and told such things of what he had seen, that every one thought his brain was turned. He raved for a day or two about the hobgoblin Moors that had pursued him in the cavern, and could hardly be persuaded to drive his goats up again to the mountain. He did so at last, but, poor man!, he never came down again. The neighbors found his goats browsing about the Moorish ruins, and his hat and mantle lying near the mouth of the pit, but he was never more heard of."

The little Sanchica listened with breathless attention to this story. She was of a curious nature, and felt immediately a great hankering to peep into this pit. Stealing away from her companions she sought the distant ruins, and after groping for some time among them came to a small hollow, or basin, near the brow of the mountain, where it swept steeply down into the valley of the Darro. In the centre of this basin yawned the mouth of the pit.

Sanchica se aventuró a llegar hasta el borde y miró hacia el fondo, su profundidad. Se le congeló la sangre en el cuerpo a la muchacha y se retiró presa de miedo; volvió a mirar de nuevo y volvió a retirarse otra vez; repitió por tercera vez la operación, y el mismo horror le hacía ya sentir cierta especie de placer; por último, cogió un gran guijarro y lo arrojó al abismo: por algún tiempo bajó la piedra silenciosamente, pero pronto se sintió su tremendo choque contra alguna roca saliente, y luego que botaba de un lado para otro y que producía un ruido parecido al del trueno, hasta que, por último, sonó en agua a grandísima profundidad, quedando de nuevo en completo silencio.

Este silencio, sin embargo, no fue muy largo; pues no parecía sino que se había despertado algo en aquel espantoso abismo; empezó por elevarse poco a poco del fondo de la cisterna un zumbido semejante al que producen las abejas en una colmena; este zumbido fue creciendo más y más, y, por último, se percibió, aunque débilmente, cierto clamoreo como lejano y el estrépito y ruido de armas, címbalos y trompetas, como si algún ejército marchase a la guerra por entre los antros y profundidades de aquella montaña. Se retiró la chiquilla aterrorizada y volvió al sitio donde había dejado a sus padres y compañeros; pero todos se habían esfumado y la hoguera se encontraba agonizante y despidiendo una débil humareda a los pálidos rayos de la luna.

También las fogatas que habían ardido en las próximas montañas y en la vega se habían extinguido completamente y todo parecía haber quedado en calma. Sanchica llamó a gritos a sus padres y a algunos de sus conocidos por sus respectivos nombres, y, viendo que nadie contestaba, bajó rápidamente a la falda de la montaña y los jardines del Generalife, hasta que alcanzó la alameda que conduce a la Alhambra, y sintiéndose cansada se sentó en un banco de madera para tomar fuerza. La campana de la *Torre de los guardias de la Alhambra* dio en aquel momento el toque de medianoche; reinaba un terrorífico silencio, como si durmiese toda la Naturaleza, percibiéndose únicamente el casi imperceptible murmullo que producía un oculto arroyuelo que se deslizaba bajo los árboles.

Sanchica ventured to the verge, and peeped in. All was as black as pitch, and gave an idea of immeasurable depth. Her blood ran cold; she drew back, then peeped in again, then would have run away, then took another peep—the very horror of the thing was delightful to her. At length she rolled a large stone, and pushed it over the brink. For some time it fell in silence; then struck some rocky projection with a violent crash, then rebounded from side to side, rumbling and tumbling, with a noise like thunder, then made a final splash into water, far, far below—and all was again silent.

The silence, however, did not long continue. It seemed as if something had been awakened within this dreary abyss. A murmuring sound gradually rose out of the pit like the hum and buzz of a beehive. It grew louder and louder; there was the confusion of voices as of a distant multitude, together with the faint din of arms, clash of cymbals and clangor of trumpets, as if some army were marshalling for battle in the very bowels of the mountain. The child drew off with silent awe, and hastened back to the place where she had left her parents and their companions. All were gone. The bonfire was expiring, and its last wreath of smoke curling up in the moonshine.

The distant fires that had blazed along the mountains and in the Vega were all extinguished, and every thing seemed to have sunk to repose. Sanchica called her parents and some of her companions by name, but received no reply. She ran down the side of the mountain, and by the gardens of the *Generalife*, until she arrived in the alley of trees leading to the Alhambra, when she seated herself on a bench of a woody recess to recover breath. The bell from the watchtower of the Alhambra tolled midnight. There was a deep tranquillity as if all nature slept, excepting the low tinkling sound of a stream that ran under the covert of the bushes.

La dulzura de la atmósfera iba ya adormeciendo a la muchacha, cuando de repente vislumbró cierta cosa que brillaba a lo lejos, y, con no poca sorpresa suya, divisó una gran cabalgata de guerreros moriscos que bajaba por la falda de la montaña, dirigiéndose a las alamedas de la Alhambra. Unos venían armados con lanzas y adargas, y otros con cimitarras y hachas; cubiertos con brillantes corazas que relucían a los rayos de la luna, y montados en soberbios alazanes que corveteaban y piafaban e iban orgullosos tascando el freno; pero el ruido de sus cascos era sordo, como si estuviesen calzados de fieltro. Los jinetes llevaban en sus semblantes la palidez de la muerte; entre ellos cabalgaba una hermosa dama, ciñendo una corona su tersa frente y llevando sus largas trenzas rubias adornadas de perlas, así como la cubierta de su palafrén, de terciopelo carmesí bordado de oro. Caminaba la noble señora sumida en el más profundo dolor y con la mirada fija en el suelo.

Detrás seguía un numeroso séquito de cortesanos, lujosamente vestidos con trajes y turbantes de variados colores, y en medio de ellos, sobre un caballo de guerra bellamente guarnecido, iba el rey Boabdil el Chico, cubierto con su manto real adornado de ricas joyas y con una corona lustrada de diamantes. La admirada muchacha lo reconoció por su barba rubia y por el gran parecido que tenía con su retrato, que había visto mil veces en la galería de pinturas del Generalife. Contemplaba con perplejidad la joven aquella regia pompa conforme iba pasando el cortejo por entre los árboles; pero, aunque persuadida de que aquel monarca y aquellos cortesanos y guerreros tan pálidos y silenciosos eran cosa de otro mundo, de magia y encantamiento, los miraba sin ningún miedo; ¡tal valor le había suministrado ya el virtuoso talismán de la manecita que llevaba pendiente del cuello!

Después que pasó la cabalgata, se levantó y la siguió. Se dirigió la extraña procesión hacia la gran *Puerta de la Justicia*, que estaba abierta de par en par; los centinelas que hacían la guardia dormían en los bancos de la barbacana con un profundo y al parecer sueño sobrenatural, pasando la fantástica comitiva por su lado sin hacer el más leve ruido, con banderas desplegadas y en actitud de triunfo. Sanchica quiso seguirla, pero, con gran sorpresa suya, vio una abertura en la tierra, dentro de la barbacana, que conducía hasta los cimientos de la torre.

The breathing sweetness of the atmosphere was lulling her to sleep, when her eye was caught by something glittering at a distance, and to her surprise she beheld a long cavalcade of Moorish warriors pouring down the mountain side and along the leafy avenues. Some were armed with lances and shields, others with cimeters and battle-axes, and with polished cuirasses that flashed in the moonbeams. Their horses pranced proudly and champed upon their bits, but their tramp caused no more sound than if they had been shod with felt, and the riders were all as pale as death. Among them rode a beautiful lady, with a crowned head and long golden locks entwined with pearls. The housings of her palfrey were of crimson velvet embroidered with gold, and swept the earth; but she rode all disconsolate, with eyes ever fixed upon the ground.

Then succeeded a train of courtiers magnificently arrayed in robes and turbans of divers colors, and amidst them, on a cream-colored charger, rode King Boabdil *el Chico*, in a royal mantle covered with jewels, and a crown sparkling with diamonds. The little Sanchica knew him by his yellow beard, and his resemblance to his portrait, which she had often seen in the picture gallery of the *Generalife*. She gazed in wonder and admiration at this royal pageant, as it passed glistening among the trees; but though she knew these monarchs and courtiers and warriors, so pale and silent, were out of the common course of nature, and things of magic and enchantment, yet she looked on with a bold heart, such courage did she derive from the mystic talisman of the hand, which was suspended about her neck.

The cavalcade having passed by, she rose and followed. It continued on to the great Gate of Justice, which stood wide open; the old invalid sentinels on duty lay on the stone benches of the barbican, buried in profound and apparently charmed sleep, and the phantom pageant swept noiselessly by them with flaunting banner and triumphant state. Sanchica would have followed; but to her surprise she beheld an opening in the earth, within the barbican, leading down beneath the foundations of the tower.

Se internó un poco dentro de ella y se atrevió a descender por la abertura, por unos escalones toscamente labrados en la roca viva, y penetró luego en un pasadizo abovedado, iluminado de trecho en trecho con lámparas de plata, las cuales, a la vez que iluminaban, despedían un perfume embriagador. Se aventuró la muchacha más y más, hasta que desembocó en un gran salón abierto en el corazón de la montaña, espléndidamente amueblado al estilo morisco e iluminado con lámparas de plata y cristal. Allí, recostado en un diván, aparecía como aletargado un viejo de luenga barba blanca y vestido a la usanza morisca, con un báculo en la mano, que parecía que se le iba de los dedos a cada momento, y sentada a corta distancia de él una bellísima doncella, vestida a la antigua usanza española, ciñendo su frente una diadema cuajada de brillantes y con su dorada cabellera salpicada de perlas, la cual pulsaba dulcemente una lira de plata. La hija de Lope recordó entonces cierto relato que ella había oído contar a los viejos habitantes de la Alhambra sobre una princesa goda que se hallaba cautiva en el centro de la montaña por las artes y hechizos de un viejo astrólogo árabe, al cual tenía ella a su vez amodorrado en un sueño perpetuo gracias al mágico poder de su lira singular.

La dama cautiva manifestó gran extrañeza al ver a una persona en carne mortal en su lúgubre morada.

—¿Es la víspera de San Juan? —preguntó a la muchacha.

—Sí, señora —respondió Sanchica.

—Entonces cesa por esta noche el mágico encantamiento. Ven, hija mía, y nada temas; soy cristiana como tú, aunque me ves aquí hechizada por arte de magia. Toca mis cadenas con ese talismán que pende de tu cuello y me veré libre por esta noche.

Tras decir esto, entreabrió sus vestidos, dejando ver una ancha faja de oro que sujetaba su talle y una cadena del mismo metal que la tenía aprisionada al suelo. La niña aplicó sin vacilar la manecita de azabache a la faja de oro, y enseguida desprendió la cadena al suelo. Al ruido se despertó el astrólogo y comenzó a restregarse los ojos; pero la cautiva pasó suavemente los dedos por las cuerdas de la lira, y volvió de nuevo el anciano a su modorra y a dar cabezadas y a vacilar su báculo en la mano.

She entered for a little distance, and was encouraged to proceed by finding steps rudely hewn in the rock, and a vaulted passage here and there lit up by a silver lamp, which, while it gave light, diffused likewise a grateful fragrance. Venturing on, she came at last to a great hall, wrought out of the heart of the mountain, magnificently furnished in the Moorish style, and lighted up by silver and crystal lamps. Here, on an ottoman, sat an old man in Moorish dress, with a long white beard, nodding and dozing, with a staff in his hand, which seemed ever to be slipping from his grasp; while at a little distance sat a beautiful lady, in ancient Spanish dress, with a coronet all sparkling with diamonds, and her hair entwined with pearls, who was softly playing on a silver lyre. The little Sanchica now recollected a story she had heard among the old people of the Alhambra, concerning a Gothic princess confined in the centre of the mountain by an old Arabian magician, whom she kept bound up in magic sleep by the power of music.

The lady paused with surprise at seeing a mortal in that enchanted hall. "Is it the eve of the blessed St. John?" said she.

"It is," replied Sanchica.

"Then for one night the magic charm is suspended. Come hither, child, and fear not. I am a Christian like thyself, though bound here by enchantment. Touch my fetters with the talisman that hangs about thy neck, and for this night I shall be free."

So saying, she opened her robes and displayed a broad golden band round her waist, and a golden chain that fastened her to the ground. The child hesitated not to apply the little hand of jet to the golden band, and immediately the chain fell to the earth. At the sound the old man woke and began to rub his eyes; but the lady ran her fingers over the chords of the lyre, and again he fell into a slumber and began to nod, and his staff to falter in his hand.

—Ahora —le dijo la joven— toca su báculo con la mágica manecita de azabache.

Obedeció la muchacha, y le resbaló al viejo la vara mágica de su diestra, quedándose profundamente dormido en su otomana. La dama aproximó su lira al diván apoyándola sobre la cabeza del aletargado astrólogo; después hizo sonar de nuevo las cuerdas hasta que vibraron en sus oídos.

—¡Oh poderoso espíritu de la armonía! —exclamó la cautiva—. Ten encadenados sus sentidos hasta que venga el nuevo día. Ahora sígueme, hija mía —continuó—, y verás la Alhambra como estuvo en los días de su esplendor, pues posees un talismán que descubre todos sus secretos.

Sanchica siguió a la cautiva cristiana sin pronunciar una palabra. Pasaron el umbral o barbacana de la *Puerta de la Justicia* y llegaron a la *Plaza de los Aljibes*, la cual estaba repleta de soldados de caballería e infantería morisca formados en escuadrones y con banderas desplegadas. Se veían después guardias reales en la puerta del Alcázar e interminables filas de negros africanos con sus cimitarras desnudas, y en silencio. Sanchica pasó sin recelo alguno detrás de su guía. Su asombro fue en aumento cuando entró en el *Palacio Real*, pues, aunque se había criado en aquellos aposentos, como la luna iluminaba intensamente los regios salones, los patios y los jardines, se veía todo tan claro como de día, ofreciendo aquellos lugares un aspecto enteramente diferente del que presentaban cotidianamente a sus habitantes y espectadores. Las paredes de las habitaciones no parecían manchadas ni agrietadas por la inclemencia del tiempo, en vez de verse cubiertas de telarañas, estaban adornadas con ricas sedas de damasco, y los dorados y pinturas arabescas con su frescura y brillantez primitivas; los salones, en lugar de estar vacíos y desnudos, aparecían engalanados con riquísimos divanes y otomanas revestidos de perlas y recamados de piedras preciosas, y todas las fuentes de los patios y jardines arrojaban surtidores de agua bellísimos.

Las cocinas del antes desierto Alcázar, se encontraban entonces funcionando de nuevo, viéndose en ellas multitud de marmitones ocupados en condimentar riquísimos y suculentos manjares y en aderezar fantasmagóricos pollos y perdices; incontables criados iban y venían con apetitosas viandas, servidas en vajilla de plata, destinadas al fabuloso banquete.

"Now," said the lady, "touch his staff with the talismanic hand of jet." The child did so, and it fell from his grasp, and he sank in a deep sleep on the ottoman. The lady gently laid the silver lyre on the ottoman, leaning it against the head of the sleeping magician; then touching the chords until they vibrated in his ear—"O potent spirit of harmony," said she, "continue thus to hold his senses in thraldom till the return of day. Now follow me, my child," continued she, "and thou shalt behold the Alhambra as it was in the days of its glory, for thou hast a magic talisman that reveals all enchantments."

Sanchica followed the lady in silence. They passed up through the entrance of the cavern into the barbican of the Gate of Justice, and thence to the Plaza de los Algibes, or esplanade within the fortress. This was all filled with Moorish soldiery, horse and foot, marshalled in squadrons, with banners displayed. There were royal guards also at the portal, and rows of African blacks with drawn cimeters. No one spoke a word, and Sanchica passed on fearlessly after her conductor. Her astonishment increased on entering the royal palace, in which she had been reared. The broad moonshine lit up all the halls and courts and gardens almost as brightly as if it were day, but revealed a far different scene from that to which she was accustomed. The walls of the apartments were no longer stained and rent by time. Instead of cobwebs, they were now hung with rich silks of Damascus, and the gildings and arabesque paintings were restored to their original brilliancy and freshness. The halls, no longer naked and unfurnished, were set out with divans and ottomans of the rarest stuffs, embroidered with pearls and studded with precious gems, and all the fountains in the courts and gardens were playing.

The kitchens were again in full operation; cooks were busy preparing shadowy dishes, and roasting and boiling the phantoms of pullets and partridges: servants were hurrying to and fro with silver dishes heaped up with dainties, and arranging a delicious banquet.

El *Patio de los Leones* estaba repleto de guardias, de cortesanos y alfaquíes, como en los antiguos tiempos de esplendor, y en uno de los extremos de la *Sala de la Justicia* se veía sentado en su trono el rey Boabdil rodeado de su corte y empuñando en su mano un fantásticos cetro. A pesar de tan inmensa multitud, no se percibía ruido alguno de pasos ni de voz humana, interrumpiendo sólo la caída del agua en las fuentes el silencio de la medianoche. La joven Sanchica siguió a la hermosa cautiva por todo el Palacio, muda de asombro, hasta que llegaron a una puerta que conducía a los pasadizos abovedados que se hallan por debajo de la *Torre de Comares*. A cada lado de la puerta destacaba la escultura de una ninfa de hermoso y puro alabastro; sus cabezas se hallaban vueltas hacia un mismo lado y miraban a un mismo punto dentro de la bóveda. Se paró la dama encantada e hizo señas a la niña para que se le aproximase.

—Aquí —le dijo— existe un gran misterio, que te voy a revelar en premio de tu fe y de tu valor. Estas estatuas mudas vigilan un tesoro que escondió en este lugar un rey moro desde tiempos remotos. Di a tu padre que abra un agujero en el sitio hacia donde tienen las ninfas fijos los ojos, y se encontrará una riqueza con la cual será más poderoso que cuantas personas existen en Granada; pero es necesario que sepas que sólo tus puras manos, dotada como estás de ese talismán, podrán sacar el tesoro. Por último, di también a tu padre que use de él con prudencia y que dedique una parte del mismo en decirme diariamente misas para que pueda llegar a verme libre de este encantamiento mágico.

Dichas estas palabras, condujo a la niña al pequeño Jardín de Lindaraja, contiguo a la bóveda de las estatuas. La luna jugueteaba sobre las aguas de la solitaria fuente emplazada en el centro del jardín, derramando una débil luz sobre los naranjos y limoneros. La hermosa dama cortó una rama de mirto y coronó a la niña con ella.

—Esto te recordará —le dijo— lo que te he revelado y servirá de testimonio de su veracidad. Ha llegado mi hora, y es necesario que vuelva al salón encantado; no me sigas, no sea que vaya a ocurrirte alguna desgracia. ¡Adiós! ¡Acuérdate de mis encargos y haz que digan misas para mi desencanto!

Y diciendo estas palabras, se internó la dama en el pasadizo oscuro de debajo de la *Torre de Comares* y desapareció.

The Court of Lions was thronged with guards, and courtiers, and alfaquis, as in the old times of the Moors; and at the upper end, in the Saloon of Judgment, sat Boabdil on his throne, surrounded by his court, and swaying a shadowy sceptre for the night. Notwithstanding all this throng and seeming bustle, not a voice nor a footstep was to be heard; nothing interrupted the midnight silence but the splashing of the fountains. The little Sanchica followed her conductress in mute amazement about the palace, until they came to a portal opening to the vaulted passages beneath the great Tower of Comares. On each side of the portal sat the figure of a nymph, wrought out of alabaster. Their heads were turned aside, and their regards fixed upon the same spot within the vault. The enchanted lady paused, and beckoned the child to her.

"Here," said she, "is a great secret, which I will reveal to thee in reward for thy faith and courage. These discreet statues watch over a treasure hidden in old times by a Moorish king. Tell thy father to search the spot on which their eyes are fixed, and he will find what will make him richer than any man in Granada. Thy innocent hands alone, however, gifted as thou art also with the talisman, can remove the treasure. Bid thy father use it discreetly, and devote a part of it to the performance of daily masses for my deliverance from this unholy enchantment."

When the lady had spoken these words, she led the child onward to the little garden of Lindaraxa, which is hard by the vault of the statues. The moon trembled upon the waters of the solitary fountain in the centre of the garden, and shed a tender light upon the orange and citron trees. The beautiful lady plucked a branch of myrtle and wreathed it round the head of the child. "Let this be a memento", said she, "of what I have revealed to thee, and a testimonial of its truth. My hour is come; I must return to the enchanted hall; follow me not, lest evil befall thee—farewell. Remember what I have said, and have masses performed for my deliverance." So saying, the lady entered a dark passage leading beneath the Tower of Comares, and was no longer seen.

Se escuchó en aquel instante el lejano canto de un gallo allá por bajo de la Alhambra, en el Valle del Darro, y luego apareció una pálida claridad por las montañas del Oriente; se levantó una brisa suave, se oyó cierto ruido por los patios y corredores, como el que hace el viento cuando arrastra las hojas secas de las alamedas, y se fue cerrando una puerta tras otra con estruendo infernal.

Regresó Sanchica recorriendo los mismos lugares que antes había visto poblados por la fantástica multitud, pero Boabdil y su corte se habían esfumado. La luz de la mañana sólo dejaba ver los salones como siempre, desiertos, y las galerías despojadas del pasajero esplendor nocturno, manchadas, deterioradas por el tiempo y cubiertas de telarañas; sólo los murciélagos revoloteaban a la incierta luz del crepúsculo y las ranas croaban en el estanque.

Se apresuró a subir la hija del buen Sánchez por una escalera especial que conducía a las habitaciones que ocupaba su familia. La puerta se hallaba, como de costumbre, abierta, pues el pobre Lope era tan escaso de fortuna que no necesitaba de cerrojos ni de barras; la joven buscó a tientas su colchón, y poniendo la guirnalda de mirto debajo de su almohada, se durmió profundamente. Por la mañana contó al padre todo cuanto le había acaecido en la noche anterior. Lope Sánchez lo creyó todo puro ensueño y se rio de la credulidad de su hija, yéndose pronto a sus labores de costumbre.

No hacía mucho tiempo que se encontraba en los jardines cuando vio venir a la muchacha corriendo y gritando sin alientos:

—¡Padre, padre! ¡Mire usted la guirnalda de mirto que la dama misteriosa me puso en la cabeza!

Permaneció perplejo Lope Sánchez, pues la rama de mirto era de oro purísimo y cada hoja tenía una bellísima esmeralda. No estaba acostumbrado el buen hombre a ver piedras preciosas e ignoraba el auténtico valor de la guirnalda; pero sabía lo bastante para comprender que era de materias más positivas que aquellas de que constituyen los sueños, y "de todos modos —decía para sí— mi hija ha soñado con provecho". Su primer cuidado fue advertirle a la niña que guardase el más absoluto secreto; y en cuanto a esto, podía el padre estar seguro, pues poseía aquella criatura una discreción maravillosa con relación a su edad y a su sexo.

The faint crowing of a cock was now heard from the cottages below the Alhambra, in the valley of the Darro, and a pale streak of light began to appear above the eastern mountains. A slight wind arose, there was a sound like the rustling of dry leaves through the courts and corridors, and door after door shut to with a jarring sound.

Sanchica returned to the scenes she had so lately beheld thronged with the shadowy multitude, but Boabdil and his phantom court were gone. The moon shone into empty halls and galleries stripped of their transient splendor, stained and dilapidated by time, and hung with cobwebs. The bat flitted about in the uncertain light, and the frog croaked from the fish-pond.

Sanchica now made the best of her way to a remote staircase that led up to the humble apartment occupied by her family. The door as usual was open, for Lope Sanchez was too poor to need bolt or bar; she crept quietly to her pallet, and, putting the myrtle wreath beneath her pillow, soon fell asleep.

In the morning she related all that had befallen her to her father. Lope Sanchez, however, treated the whole as a mere dream, and laughed at the child for her credulity. He went forth to his customary labors in the garden, but had not been there long when his little daughter came running to him almost breathless. "Father! father!" cried she, "behold the myrtle wreath which the Moorish lady bound round my head."

Lope Sanchez gazed with astonishment, for the stalk of the myrtle was of pure gold, and every leaf was a sparkling emerald! Being not much accustomed to precious stones, he was ignorant of the real value of the wreath, but he saw enough to convince him that it was something more substantial than the stuff of which dreams are generally made, and that at any rate the child had dreamt to some purpose. His first care was to enjoin the most absolute secrecy upon his daughter; in this respect, however, he was secure, for she had discretion far beyond her years or sex.

Después se encaminó hacia la bóveda donde se hallaban las estatuas de alabastro, y observó que sus cabezas se dirigían a un mismo lugar en el interior del edificio. Lope Sánchez no pudo menos que admirar esta prudente invención para guardar un secreto: trazó, pues, una línea desde los ojos de las ninfas hasta el punto donde se dirigían, hizo una pequeña señal en la pared y se retiró.

Durante todo el día la imaginación del jardinero se sintió grandemente agitada. No cesaba de dar vueltas y más vueltas por el emplazamiento de las estatuas, convulso y nervioso, no fuera que se descubriese el secreto del tesoro. Cada paso que oía por los lugares cercanos le hacía temblar; hubiera dado cualquier cosa por poder volver a otro lado las cabezas de las esculturas, sin pensar que se encontraban ya mirando en aquella misma dirección durante algunos siglos, sin que nadie hubiera descubierto el objeto.

"¡Los demonios se las lleven! —se decía a sí mismo—. ¡Van a descubrirlo todo! ¿Se ha visto nunca un modo semejante de guardar un secreto?" Además de esto, cuando percibía que se aproximaba alguien, se iba silenciosamente a otro lugar, no fuera que andando por allí pudiera despertar sospechas. Luego volvía sigilosamente y miraba desde lejos para asegurarse de que todo estaba seguro; pero la mirada fija de las dos estatuas le hacía estallar de indignación. "¡Y venga! ¡Allí están —decía para sus adentros— siempre mirando, mirando, mirando precisamente adonde no debieran mirar! ¡Mal rayo las parta! Son igual que todas las mujeres; si no tienen lengua con que charlar, esté usted seguro que hablarán con los ojos".

Al fin, con gran contento de Lope Sánchez, terminó aquel ajetreado día. Ya no se escuchaba ruido de pasos en los acústicos salones de la Alhambra; fue despedido el último extranjero, la puerta principal cerrada y atrancada, y el murciélago, la rana y la lechuza se entregaron poco a poco a sus aficiones nocturnas en el Palacio desierto.

He then repaired to the vault, where stood the statues of the two alabaster nymphs. He remarked that their heads were turned from the portal, and that the regards of each were fixed upon the same point in the interior of the building. Lope Sanchez could not but admire this most discreet contrivance for guarding a secret. He drew a line from the eyes of the statues to the point of regard, made a private mark on the wall, and then retired.

All day, however, the mind of Lope Sanchez was distracted with a thousand cares. He could not help hovering within distant view of the two statues, and became nervous from the dread that the golden secret might be discovered. Every footstep that approached the place made him tremble. He would have given any thing could he but have turned the heads of the statues, forgetting that they had looked precisely in the same direction for some hundreds of years, without any person being the wiser.

"A plague upon them!" he would say to himself, "they'll betray all; did ever mortal hear of such a mode of guarding a secret?" Then on hearing any one advance, he would steal off, as though his very lurking near the place would awaken suspicion. Then he would return cautiously, and peep from a distance to see if every thing was secure, but the sight of the statues would again call forth his indignation. "*Ay*, there they stand," would he say, "always looking, and looking, and looking, just where they should not. Confound them! they are just like all their sex; if they have not tongues to tattle with, they'll be sure to do it with their eyes."

At length, to his relief, the long anxious day drew to a close. The sound of footsteps was no longer heard in the echoing halls of the Alhambra; the last stranger passed the threshold, the great portal was barred and bolted, and the bat and the frog and the hooting owl gradually resumed their nightly vocations in the deserted palace.

Lope Sánchez, sin embargo, esperó a que estuviera bien adelantada la noche, y entonces se dirigió con su hija a la sala de las dos ninfas, a las que encontró mirando tan misteriosamente como siempre al sitio secreto del tesoro. "Con vuestro permiso, gentiles damas —dijo Lope Sánchez al pasar por entre ellas—, os voy a eximir del penoso cargo que habéis tenido, y que os debe haber sido bien enojoso, durante los dos o tres últimos siglos".

Pronto se puso a explorar en el punto de la pared que había señalado con anterioridad, y al momento quedó abierto un hueco tremendo, en el cual se encontró con dos grandes jarrones de porcelana. Intentó sacarlos fuera, pero se encontraban clavados, inmóviles; hasta que fueron tocados por la inocente mano de su niña, con cuya ayuda los pudo extraer de su nicho, y vio con inefable alegría que se encontraban repletos de monedas de oro morunas, de alhajas y de piedras preciosas. Transportó el buen Lope los jarrones a su cuarto antes del alba del nuevo día, y, las dos estatuas que los custodiaban con sus ojos fijos todavía en la hueca pared misteriosa.

Lope Sánchez se hizo rico de repente de este modo; pero sus riquezas, como sucede siempre, le acarrearon un sinnúmero de cuidados hasta entonces había ignorado. ¿Cómo iba a sacar su tesoro y tenerlo seguro? ¿Cómo disfrutaría de él sin inspirar sospechas? Entonces, por primera vez en su vida, tuvo miedo de los ladrones, considerando aterrorizado la inseguridad de su habitación y se cuidaba de asegurar las puertas y ventanas; pero, a pesar de todas sus precauciones le era imposible dormir tranquilo. Su habitual alegría se le fue finalmente, y ya no bromeaba ni cantaba con sus vecinos; se hizo, en una palabra, el ser más desventurado de la Alhambra. Sus antiguos amigos notaron en él este cambio y, aunque mostraban compadecerle cordialmente, el caso es que empezaron a volverle la espalda, pensando que se hallaba en la miseria y que corrían peligro de tener que ayudarle; sin embargo, no llegaron a sospechar que su única desgracia era el ser rico.

Lope Sanchez waited, however, until the night was far advanced before he ventured with his little daughter to the hall of the two nymphs. He found them looking as knowingly and mysteriously as ever at the secret place of deposit. "By your leaves, gentle ladies," thought Lope Sanchez, as he passed between them, "I will relieve you from this charge that must have set so heavy in your minds for the last two or three centuries."

He accordingly went to work at the part of the wall which he had marked, and in a little while laid open a concealed recess, in which stood two great jars of porcelain. He attempted to draw them forth, but they were immovable, until touched by the innocent hand of his little daughter. With her aid he dislodged them from their niche, and found, to his great joy, that they were filled with pieces of Moorish gold, mingled with jewels and precious stones. Before daylight he managed to convey them to his chamber, and left the two guardian statues with their eyes still fixed on the vacant wall.

Lope Sanchez had thus on a sudden become a rich man; but riches, as usual, brought a world of cares to which he had hitherto been a stranger. How was he to convey away his wealth with safety? How was he even to enter upon the enjoyment of it without awakening suspicion? Now, too, for the first time in his life the dread of robbers entered into his mind. He looked with terror at the insecurity of his habitation, and went to work to barricade the doors and windows; yet after all his precautions he could not sleep soundly. His usual gayety was at an end, he had no longer a joke or a song for his neighbors, and, in short, became the most miserable animal in the Alhambra. His old comrades remarked this alteration, pitied him heartily, and began to desert him; thinking he must be falling into want, and in danger of looking to them for assistance. Little did they suspect that his only calamity was riches.

La mujer de Lope Sánchez compartía las tristezas del marido, pero tenía sus consuelos espirituales; pues debemos consignar que, por ser el jardinero un hombrecillo tan ruin, insignificante y de escasas entendederas, su esposa acostumbraba a dejarse aconsejar, en todos los asuntos graves, por su confesor fray Simón, un fraile rollizo, de anchas espaldas, barba larga y cabeza gorda, del cercano convento de San Francisco, que era el director y consuelo espiritual de la mayor parte de las buenas mujeres de la vecindad. Era asimismo tenido en gran aprecio en diversos conventos de monjas, donde le solicitaban como confesor, y de las cuales recibía frecuentes regalitos de golosinas y exquisiteces confeccionadas en los mismos conventos, tales como delicadas confituras, ricos bizcochos y botellas de excelentes vinos y licores, que servían al buen padre de reconfortantes tónicos después de los ayunos y vigilias.

Fray Simón progresaba con el ejercicio de sus funciones. En su grasiento cutis relucía el sol cuando subía por las cuestas de la Alhambra en los días calurosos. Pero, a pesar de su obesidad, demostraba el padre la austeridad de su regla llevando constantemente amarrado el cordón a su cintura; las gentes se quitaban el sombrero, viendo en él un espejo de piedad, y los perros mismos olfateaban el olor de santidad que despedían sus vestiduras, y le saludaban ladrándole desde las perreras cuando pasaba.

Tal era el director espiritual de la bonachona mujer de Lope Sánchez; y como el padre confesor es el confidente doméstico de las mujeres del pueblo de España fue pronto informado con demasiado misterio de la historia del tesoro escondido.

El fraile abrió los ojos y puso una boca enorme, santiguándose diez o doce veces al conocer la noticia; justo inmediatamente después de una pausa, expresó:

—¡Hija de mi alma! Has de saber que tu marido ha cometido un doble pecado contra el Estado y contra la Iglesia. El tesoro de que se ha apoderado pertenece a la corona por haber sido encontrado en los dominios reales; pero como, por otro lado, es riqueza de infieles, arrebatada de las garras de Satanás, debe ser consagrado a la Iglesia. Con todo, ya determinaremos la manera de solventar este asunto; tráeme de momento la guirnalda de mirto.

The wife of Lope Sanchez shared his anxiety, but then she had ghostly comfort. We ought before this to have mentioned that Lope, being rather a light inconsiderate little man, his wife was accustomed, in all grave matters, to seek the counsel and ministry of her confessor Fray Simon, a sturdy, broad-shouldered, blue-bearded, bullet-headed friar of the neighboring convent of San Francisco, who was in fact the spiritual comforter of half the good wives of the neighborhood. He was moreover in great esteem among divers sisterhoods of nuns; who requited him for his ghostly services by frequent presents of those little dainties and knick-knacks manufactured in convents, such as delicate confections, sweet biscuits, and bottles of spiced cordials, found to be marvellous restoratives after fasts and vigils.

Fray Simon thrived in the exercise of his functions. His oily skin glistened in the sunshine as he toiled up the hill of the Alhambra on a sultry day. Yet notwithstanding his sleek condition, the knotted rope round his waist showed the austerity of his self-discipline; the multitude doffed their caps to him as a mirror of piety, and even the dogs scented the odor of sanctity that exhaled from his garments, and howled from their kennels as he passed.

Such was Fray Simon, the spiritual counsellor of the comely wife of Lope Sanchez; and as the father confessor is the domestic confidant of women in humble life in Spain, he was soon acquainted, in great secrecy, with the story of the hidden treasure.

The friar opened his eyes and mouth and crossed himself a dozen times at the news. After a moment's pause, "Daughter of my soul!" said he, "know that thy husband has committed a double sin—a sin against both state and church! The treasure he hath thus seized upon for himself, being found in the royal domains, belongs of course to the crown; but being infidel wealth, rescued as it were from the very fangs of Satan, should be devoted to the church. Still, however, the matter may be accommodated. Bring hither thy myrtle wreath."

Cuando se la llevaron, al buen fraile se le deslumbran los ojos viendo el tamaño y bellezas de aquellas llamativas esmeraldas.

—He aquí las primicias de este descubrimiento, que deben destinarse a obras piadosas. La colgaré en la iglesia como ofrenda delante de la imagen de nuestro señor San Francisco, y le pediré esta misma noche con gran fervor que conceda a tu marido el poder gozar con tranquilidad de sus riquezas.

La buena mujer se alegró mucho de estar en paz con el cielo bajo condiciones tan razonables, y el fraile, ocultando la guirnalda debajo de sus hábitos, se encaminó con mansedumbre a su convento.

Cuando nuestro buen Lope regresó a su casa le comentó su mujer todo lo que había acontecido. Se enojó mucho el jardinero con la intempestiva devoción de su esposa, irritándole las constantes visitas del fraile.

—¡Mujer! ¿Qué has hecho? —le comentó—. Vas a comprometernos con tu cháchara.

—¿Cómo con mi cháchara? —exclamo enérgicamente la buena mujer—. ¿Acaso me querrás prohibir que descargue mi conciencia en mi confesor?

—¡No es eso, mujer! Confiesa todos los pecados que quieras; pero en cuanto a este tesoro, es un pecado solamente mío, y mi conciencia no se siente agobiada por ello de ningún peso.

No tendría sentido ya el entregarse a inútiles lamentaciones: el secreto se había publicado, y como agua que cae en la arena, no se podía ya esconder. Su única esperanza se encontraba cifrada en la discreción del fraile.

Al día siguiente, mientras Sánchez se encontraba ausente, sonó un toque suavecito en la puerta y entró fray Simón con su aspecto humilde y bonachón.

—¡Hija mía! —le dijo—. He rezado con mucha emoción a San Francisco, y ha oído mis plegarias. A medianoche se me apareció el santo bendito en sueños, pero con el rostro como de enfado. "¿Cómo (me dijo) has de pedirme que dé mi permiso para complacerme con un tesoro de los gentiles, cuando ves la pobreza que reina en mi capilla? Dirígete a casa de Lope Sánchez y solicita en mi nombre una parte de ese tesoro morisco para que se me fabriquen dos candelabros para el altar mayor, y después que disfrute en paz el resto."

When the good father beheld it, his eyes twinkled more than ever with admiration of the size and beauty of the emeralds. "This," said he, "being the first-fruits of this discovery, should be dedicated to pious purposes. I will hang it up as a votive offering before the image of San Francisco in our chapel, and will earnestly pray to him, this very night, that your husband be permitted to remain in quiet possession of your wealth."

The good dame was delighted to make her peace with heaven at so cheap a rate, and the friar putting the wreath under his mantle, departed with saintly steps toward his convent.

When Lope Sanchez came home, his wife told him what had passed. He was excessively provoked, for he lacked his wife's devotion, and had for some time groaned in secret at the domestic visitations of the friar. "Woman," said he, "what hast thou done? thou hast put every thing at hazard by thy tattling."

"What!" cried the good woman, "would you forbid my disburdening my conscience to my confessor?"

"No, wife! confess as many of your own sins as you please; but as to this money-digging, it is a sin of my own, and my conscience is very easy under the weight of it."

There was no use, however, in complaining; the secret was told, and, like water spilled on the sand, was not again to be gathered. Their only chance was, that the friar would be discreet.

The next day, while Lope Sanchez was abroad there was a humble knocking at the door, and Fray Simon entered with meek and demure countenance.

"Daughter," said he, "I have earnestly prayed to San Francisco, and he has heard my prayer. In the dead of the night the saint appeared to me in a dream, but with a frowning aspect. 'Why,' said he, 'dost thou pray to me to dispense with this treasure of the *Gentiles*, when thou seest the poverty of my chapel? Go to the house of Lope Sanchez, crave in my name a portion of the Moorish gold, to furnish two candlesticks for the main altar, and let him possess the residue in peace.'

Cuando la buena mujer escuchó lo de la visión se persignó con espanto, y visitando el sitio secreto donde su marido ocultaba el tesoro llenó una gran bolsa de cuero de monedas de oro morunas y se las entregó al franciscano. El piadoso padre la colmó, en cambio, de bendiciones, en número suficiente para enriquecer a toda su raza hasta la última generación si el cielo las confirmara; y guardándose la bolsa en una de las mangas de su hábito, cruzó sus manos sobre el pecho y retiró con aire de humilde gratitud.

Cuando Lope se enteró de este segundo donativo a la Iglesia faltó poco para que se volviera loco.

—¡Esto es difícil de soportar! —exclamaba—. ¿Qué va a ser de mí? ¡Me robarán poco a poco, me arruinarán y me dejarán, Dios mío, para pedir limosna!

Con mucha dificultad pudo su mujer sosegarlo, recordándole las grandes riquezas que aún le quedaban y cuán moderado se había manifestado San Francisco, puesto que se había contentado con tan poca cosa.

Por desgracia, fray Simón tenía un extensa parentela que mantener, aparte de media docena de chiquillos rollizos, de cabeza gorda, huérfanos y desamparados, de quienes se había hecho cargo. Repitió, pues, sus visitas día a día, solicitando limosnas para Santo Domingo, San Andrés y Santiago, hasta que el pobre Lope Sánchez llegó a desesperarse, y comprendió que, si no se alejaba de este bendito varón, tendría que hacer donativos a todos los santos del calendario. Determinó, pues, en vista de esto, empaquetar el dinero que le quedaba y largarse silenciosamente de noche a otro lugar del reino.

Con este motivo compró un arrogante mulo y lo ocultó en una tenebrosa bóveda debajo de la *Torre de los Siete Suelos*; desde este lugar —según se decía— salía por la noche el *Velludo*, caballo endiablado, que transitaba las calles de Granada perseguido por una jauría de perros de los demonios. Lope Sánchez no tenía fe en semejantes consejos, y se aprovechó del terror que tales cuentos provocaban, calculando, juiciosamente, que nadie se atrevería a ir a la caballeriza subterránea del corcel espectro.

When the good woman heard of this vision, she crossed herself with awe, and going to the secret place where Lope had hid the treasure, she filled a great leathern purse with pieces of Moorish gold, and gave it to the friar. The pious monk bestowed upon her, in return, benedictions enough, if paid by Heaven. to enrich her race to the latest posterity; then slipping the purse into the sleeve of his habit, he folded his hands upon his breast, and departed with an air of humble thankfulness.

When Lope Sanchez heard of this second donation to the church, he had well nigh lost his senses. "Unfortunate man," cried he, "what will become of me? I shall be robbed by piece-meal; I shall be ruined and brought to beggary!"

It was with the utmost difficulty that his wife could pacify him, by reminding him of the countless wealth that yet remained, and how considerate it was for San Francisco to rest contented with so small a portion.

Unluckily, Fray Simon had a number of poor relations to be provided for, not to mention some half-dozen sturdy bullet-headed orphan children, and destitute foundlings that he had taken under his care. He repeated his visits, therefore, from day to day, with solicitations on behalf of Saint Dominick, Saint Andrew, Saint James, until poor Lope was driven to despair, and found that unless he got out of the reach of this holy friar, he should have to make peace-offerings to every saint in the calendar. He determined, therefore, to pack up his remaining wealth, beat a secret retreat in the night, and make off to another part of the kingdom.

Full of his project, he bought a stout mule for the purpose, and tethered it in a gloomy vault underneath the Tower of the Seven Floors—the very place whence the *Velludo*, or goblin horse, is said to issue forth at midnight, and scour the streets of Granada, pursued by a pack of hell-hounds. Lope Sanchez had little faith in the story, but availed himself of the dread occasioned by it, knowing that no one would be likely to pry into the subterranean stable of the phantom steed.

Durante el día hizo marchar a su familia, comentándoles que lo mejor sería que lo esperasen en una aldea que se encontraba un poco retirada de la vega, y ya bien entrada la noche trasladó su tesoro a la bóveda subterránea de la torre, lo cargó luego en su mulo, lo sacó fuera y bajó sin hacer ruido por la oscura alameda.

El precavido Lope había planificado su plan con el mayor secreto posible, no dándolo a conocer a nadie más que a su esposa; pero, sin duda, efecto de alguna milagrosa revelación, llegó a oídos de fray Simón. El celoso padre se dio cuenta que se le escapaba para siempre de su poder el apreciado tesoro, y determinó tomarlo por asalto en beneficio de la Iglesia y de San Francisco; por lo cual, cuando las campanas dieron el toque de Ánimas y toda la Alhambra yacía en completo silencio, salió de su convento, y, encaminándose hacia la *Puerta de la Justicia*, se escondió entre los matorrales de rosales y laureles que adornan la alameda. Aguardó allí contando los cuartos de hora que iban sonando en la campana de la *Torre de la Vela*, oyendo el siniestro graznido de las lechuzas y los lejanos ladridos de los perros de las cercanas cuevas de los gitanos.

Finalmente escuchó un ruido de herraduras, y a través de la oscuridad que proyectaban los árboles pudo ver, aunque de manera confusa, el bulto de un caballo que descendía por la alameda. El rollizo fraile no cabía de gozo pensando en la mala jugada que iba a hacer al bueno de Lope.

Después de haberse remangado los hábitos y agachado como el gato que acecha al ratón, se mantuvo estático hasta que su presa estuvo enfrente de él, y entonces partió de su escondrijo, y poniendo una mano en el lomo del animal y otra en la grupa, dio un salto que hubiera dado honor al más aventajado maestro de equitación.

—¡Ajajá! —dijo el robusto fraile—. Ahora veremos quién será el vencedor de la partida.

Pero no había hecho más que manifestar estas palabras cuando el caballo comenzó a cocear, a encabritarse y dar gigantescos saltos, y luego partió a escape descendiendo la colina. Igualmente el reverendo fraile intentaba sujetarlo, pues brincaba de roca en roca y de breña en breña; sus hábitos se hicieron trizas y su cabeza afeitada recibió golpes contra las ramas de los árboles y no pocos arañazos en los zarzales. Para colmo de su terror, vio una jauría de siete perros que corrían ladrando tras él y entonces comprendió, aunque demasiado tarde, que iba sobre el terrible *Velludo*.

He sent off his family in the course of the day with orders to wait for him at a distant village of the Vega. As the night advanced, he conveyed his treasure to the vault under the tower, and having loaded his mule, he led it forth, and cautiously descended the dusky avenue.

Honest Lope had taken his measures with the utmost secrecy, imparting them to no one but the faithful wife of his bosom. By some miraculous revelation, however, they became known to Fray Simon. The zealous friar beheld these infidel treasures on the point of slipping for ever out of his grasp, and determined to have one more dash at them for the benefit of the church and San Francisco. Accordingly, when the bells had rung for animas, and all the Alhambra was quiet, he stole out of his convent, and descending through the Gate of Justice, concealed himself among the thickets of roses and laurels that border the great avenue. Here he remained, counting the quarters of hours as they were sounded on the bell of the watchtower, and listening to the dreary hootings of owls, and the distant barking of dogs from the gipsy caverns.

At length he heard the tramp of hoofs, and, through the gloom of the overshadowing trees, imperfectly beheld a steed descending the avenue. The sturdy friar chuckled at the idea of the knowing turn he was about to serve honest Lope.

Tucking up the skirts of his habit, and wriggling like a cat watching a mouse, he waited until his prey was directly before him, when darting forth from his leafy covert, and putting one hand on the shoulder and the other on the crupper, he made a vault that would not have disgraced the most experienced master of equitation, and alighted well-forked astride the steed. "Ah ha!" said the sturdy friar, "we shall now see who best understands the game." He had scarce uttered the words when the mule began to kick, and rear, and plunge, and then set off full speed down the hill. The friar attempted to check him, but in vain. He bounded from rock to rock, and bush to bush; the friar's habit was torn to ribbons and fluttered in the wind, his shaven poll received many a hard knock from the branches of the trees, and many a scratch from the brambles. To add to his terror and distress, he found a pack of seven hounds in full cry at his heels, and perceived, too late, that he was actually mounted upon the terrible *Velludo!*

Nunca cazador ni galgo corrieron una carrera más endiablada que aquella, por la alameda de la Alhambra, la plaza Nueva, el Zacatín y plaza de Bibarrambla, como alma que lleva el diablo. En vano invocaba el buen padre a todos los santos del calendario y a la Santísima Virgen María; cada nombre sagrado que exclamaba hacía el efecto de un aguijoneo, haciendo botar al *Velludo* hasta los tejados de las casas. Durante toda la noche anduvo el desventurado fray Simón correteando calles contra su voluntad, doliéndole todos los huesos de su cuerpo y sufriendo tan horrible maltrato que causa lástima el contarlo. Al fin el canto del gallo anunció la llegada del día, y lo mismo fue oírle, que volvió grupas el impresionante animal y salió corriendo hacia su torre. Atravesó de nuevo como una furia la plaza de Bibarrambla, el Zacatín, la plaza Nueva y la alameda de la Alhambra, seguido de los siete perros, que no paraban de aullar y ladrar, mordiéndole los talones al aterrorizado fraile. No había hecho más que apuntar el crepúsculo matutino cuando llegaron a la torre; aquí la quimérica cabalgadura soltó un par de coces que hicieron dar al reverendo un salto mortal en el aire, mal de su voluntad, y desapareció en la oscura bóveda, seguida de la infernal traílla de perros, sobreviniendo el más profundo silencio después de sus terribles estruendos.

¿Se le jugó nunca en la vida partida más serrana a un reverendo fraile? Un labrador que iba a su trabajo muy de mañana encontró al magullado fraile Simón tendido bajo una higuera al pie de la torre; pero tan aporreado y maltrecho, que apenas podía hablar ni moverse. Fue llevado con mucho cuidado y solicitud a su celda, y se corrió la voz de que unos ladrones lo habían robado y maltratado. No se movió durante unos dos días, y se consolidaba entre tanto pensando que, aunque se le había escapado el mulo con el tesoro, había conseguido antes una buena tajada del botín. Su primer cuidado, después que pudo valerse, fue buscar debajo de su colchón en el sitio donde había escondido la guirnalda de mirto y la bolsa de cuero que había sacado a la mujer de Lope Sánchez; pero ¡cuál no sería su desesperación al comprobar que la guirnalda se había transformado de forma inesperada en una simple rama de mirto y que la bolsa de cuero estaba llena de arena y bichos!

Away then they went, according to the ancient phrase, "pull devil, pull friar," down the great avenue, across the *Plaza Nueva*, along the Zacatin, around the Vivarrambla—never did huntsman and hound make a more furious run, or more infernal uproar. In vain did the friar invoke every saint in the calendar, and the holy Virgin into the bargain; every time he mentioned a name of the kind it was like a fresh application of the spur, and made the *Velludo* bound as high as a house. Through the remainder of the night was the unlucky Fray Simon carried hither and thither, and whither he would not, until every bone in his body ached, and he suffered a loss of leather too grievous to be mentioned. At length the crowing of a cock gave the signal of returning day. At the sound the goblin steed wheeled about, and galloped back for his tower. Again he scoured the Vivarrambla, the Zacatin, the *Plaza Nueva*, and the avenue of fountains, the seven dogs yelling, and barking, and leaping up, and snapping at the heels of the terrified friar. The first streak of day had just appeared as they reached the tower; here the goblin steed kicked up his heels, sent the friar a somerset through the air, plunged into the dark vault followed by the infernal pack, and a profound silence succeeded to the late deafening clamor.

Was ever so diabolical a trick played off upon a holy friar? A peasant going to his labors at early dawn found the unfortunate Fray Simon lying under a fig-tree at the foot of the tower, but so bruised and bedevilled that he could neither speak nor move. He was conveyed with all care and tenderness to his cell, and the story went that he had been waylaid and maltreated by robbers. A day or two elapsed before he recovered the use of his limbs; he consoled himself, in the meantime, with the thoughts that though the mule with the treasure had escaped him, he had previously had some rare pickings at the infidel spoils. His first care on being able to use his limbs, was to search beneath his pallet, where he had secreted the myrtle wreath and the leathern pouches of gold extracted from the piety of Dame Sanchez. What was his dismay at finding the wreath, in effect, but a withered branch of myrtle, and the leathern pouches filled with sand and gravel!

Fray Simón, a pesar de su disgusto, tuvo la prudencia de callarse, pues de divulgar aquel secreto habría de pasar forzosamente por un ser miserable a los ojos de la gente y atraerse al justo castigo de su superior, no refiriendo a nadie su trote nocturno sobre el *Velludo* hasta que, con el pasar de varios años, lo reveló a su confesor en el lecho de muerte.

No se supo nada por mucho tiempo de Lope Sánchez desde que desapareció de la Alhambra. Le recordaban con agrado sus cualidades de hombre alegre, todos explicaban, como hemos dicho, las tristezas y melancolías que se habían apoderado de él antes de su desaparición misteriosa, a causa de un extremo estado de pobreza. Una vez transcurridos algunos años, sucedió que uno de sus antiguos camaradas, un soldado inválido que se encontraba en Málaga, resultó atropellado por un coche de seis caballos. Detuvo inmediatamente el carruaje y bajó a ayudar a levantar al pobre inválido un señor ya anciano, vestido de manera muy elegante, con peluquín y espada. Cuál no sería el asombro del veterano al reconocer en este gran personaje a su antiguo convecino Lope Sánchez, el cual iba a celebrar en aquel mismo momento el casamiento de su hija Sanchica con uno de los grandes del reino.

En el carruaje se trasladaban los novios. La señora de Sánchez, que también iba allí, se había puesto tan gruesa que parecía un barril, e iba adornada con plumas, alhajas, sartas de perlas, collares de diamantes y anillos en todos los dedos, y con un lujo faraónico que no se había visto igual desde los tiempos de la reina de Saba. La niña Sanchica estaba ya hecha una mujer, y en cuanto a belleza y donosura, podría pasar por una gran duquesa y aun también por una princesa. El novio iba sentado al lado de su prometida: era un tipo muy flaco y, al parecer, hombre extremado, señal y prueba de ser de sangre azul, todo un grande de España con cinco pies apenas de estatura. Estas bodas habían sido arregladas por la madre.

Las riquezas no habían endurecido el corazón del honrado Lope; hospedó, pues, a su antiguo camarada en su propia casa por algunos días, tratándolo a cuerpo de rey, llevándolo a los teatros y corridas de toros, y regalándole a la despedida, como muestra de cariño, una buena bolsa de dinero para él y otra para que la distribuyese entre sus antiguos compañeros inválidos de la Alhambra.

Fray Simon, with all his chagrin, had the discretion to hold his tongue, for to betray the secret might draw on him the ridicule of the public, and the punishment of his superior: it was not until many years afterwards, on his death-bed, that he revealed to his confessor his nocturnal ride on the *Velludo*.

Nothing was heard of Lope Sanchez for a long time after his disappearance from the Alhambra. His memory was always cherished as that of a merry companion, though it was feared, from the care and melancholy observed in his conduct shortly before his mysterious departure, that poverty and distress had driven him to some extremity. Some years afterwards one of his old companions, an invalid soldier, being at Malaga, was knocked down and nearly run over by a coach and six. The carriage stopped; an old gentleman magnificently dressed, with a bag-wig and sword, stepped out to assist the poor invalid. What was the astonishment of the latter to behold in this grand cavalier his old friend Lope Sanchez, who was actually celebrating the marriage of his daughter Sanchica with one of the first grandees in the land.

The carriage contained the bridal party. There was Dame Sanchez, now grown as round as a barrel, and dressed out with feathers and jewels, and necklaces of pearls, and necklaces of diamonds, and rings on every finger, altogether a finery of apparel that had not been seen since the days of Queen Sheba. The little Sanchica had now grown to be a woman, and for grace and beauty might have been mistaken for a duchess, if not a princess outright. The bridegroom sat beside her—rather a withered spindle-shanked little man, but this only proved him to be of the true-blue blood, a legitimate Spanish *grande* being rarely above three cubits in stature. The match had been of the mother's making.

Riches had not spoiled the heart of honest Lope. He kept his old comrade with him for several days; feasted him like a king, took him to plays and bull-fights, and at length sent him away rejoicing, with a big bag of money for himself, and another to be distributed among his ancient messmates of the Alhambra.

Lope contaba siempre, desde luego, que tuvo un hermano con mucho dinero que vivía en América pero que había fallecido y que le había dejado heredero de una mina de cobre; pero los malévolos charlatanes de la Alhambra afirmaban continuamente que su riqueza provenía del tesoro que había encontrado en el Palacio árabe y que estaba guardado por dos ninfas de alabastro. Es digno de notarse que estas dos discretas estatuas siguen todavía en la actualidad con los ojos fijos en el mismo sitio de la pared; esto ha hecho suponer a muchos que aún se encuentra mucho dinero oculto en aquel lugar y que bien vale la pena de que fije en él su atención el celoso viajero. Otros —y en especial las mujeres— contemplan aquellas esculturas con extremo gozo, como un monumento indeleble que demuestra que las mujeres pueden guardar un secreto.

MOHAMED ABU ALHAMAR, EL FUNDADOR DE LA ALHAMBRA

Después de habernos ocupado con alguna extensión de las fábulas de la Alhambra, es necesario ofrecer al lector varias noticias que atañen a su historia particular, o más bien a la de dos magnánimos monarcas, fundador el uno y finalizador el otro de la Alhambra. Para poder estudiar estos hechos bajé desde la región de la fantasía y de la fábula, donde se colorea con los tintes de la imaginación, dirigiéndome a realizar investigaciones históricas en los viejos volúmenes de la antigua biblioteca de padres jesuitas de la Universidad de Granada. Este tesoro del saber, tan célebre en otros tiempos, es ahora una mera muestra de lo que fue, pues los franceses despojaron esta librería de sus más cautivadores manuscritos y obras un poco extrañas cuando dominaron en Granada. Todavía se conservan allí, entre un sinnúmero de voluminosos tomos de polémica de los padres jesuitas, algunos primorosos tratados de literatura española, y, en especial, una gran cantidad de crónicas encuadernadas en pergamino, a las cuales les he profesado siempre un particular respeto.

Lope always gave out that a rich brother had died in America and left him heir to a copper mine; but the shrewd gossips of the Alhambra insist that his wealth was all derived from his having discovered the secret guarded by the two marble nymphs of the Alhambra. It is remarked that these very discreet statues continue, even unto the present day, with their eyes fixed most significantly on the same part of the wall; which leads many to suppose there is still some hidden treasure remaining there well worthy the attention of the enterprising traveller. Though others, and particularly all female visitors, regard them with great complacency as lasting monuments of the fact that women can keep a secret.

MOHAMED ABU ALHAMAR, THE FOUNDER OF THE ALHAMBRA

After having indulged in depth of the most popular legends of the Alhambra, it is necessary to offer our readers some facts that are closely related with its particular history. Mainly we'll talk about two of the most magnanimous monarchs, one was the funder and the one was the finisher of the Alhambra. To gratify this curiosity, I have descended from this region of fancy and fable, where every thing is liable to take an imaginary tint, and have carried my researches among the dusty tomes of the old Jesuits' Library, in the University. This once boasted repository of erudition is now a mere shadow of its former self, having been stripped of its manuscripts and rarest works by the French, when masters of Granada; still it contains among many ponderous tomes of the Jesuit fathers, which the French were careful to leave behind, several curious tracts of Spanish literature; and above all, a number of those antiquated parchment-bound chronicles for which I have a particular veneration.

En esta antigua biblioteca pasaba grandes momentos de tranquilidad, sin que nadie viniese a molestarme en mi trabajo, pues me confiaban las llaves de los estantes y me dejaban solo para que escudriñase a mi placer; facultades que se otorgan en muy pocas ocasiones en estos santuarios del saber, donde repetidamente los insaciables amantes del estudio se ven sentados ante la vista de las fuentes del conocimiento.

Durante mis estancias recogí estos breves apuntes referentes al asunto histórico que interesa.

Los moros de Granada miraron siempre la Alhambra como una maravilla del arte, y era tradición entre ellos que el rey que ordenó su construcción era poseedor de las artes mágicas, o, por lo menos, versado en la alquimia, por cuyos medios se procuró las grandes sumas de oro que se gastaron en su edificación. Una rápida ojeada sobre este reinado dará a conocer el auténtico secreto de su riqueza.

Es conocido en la historia Árabe como Muhammed Ibn-al-Ahmer pero generalmente su nombre esta simplemente escrito como Alhamar. Este apodo le fue dado a casusa de su tez rubicunda.

Nació en Arjona en el año 591 de la héjira (1195 de la Era Cristiana), y era descendiente de la noble familia de Beni-Nasar, o hijos de Nasar. Sus padres no ahorraron ningún gasto con el objetivo de educarlo para el alto rango que la grandeza y dignidad de su familia le obligaron a desempeñar. Ya los sarracenos de España estaban bastante avanzados en civilización, y existían instituciones de enseñanza en las ciencias y en las artes en las principales ciudades, pudiendo allí recibir una sólida instrucción los jóvenes de alto rango y crecida riqueza. Abu Alhamar, cuando llegó a la edad viril, fue nombrado alcaide de Arjona y Jaén, alcanzando gran renombre por su bondad y justicia. Unos años después, a la muerte de Abou Hud, se dividió en bandos el poder musulmán en España, declarándose partidarios muchas ciudades de Mohamed Abu Alhamar. Dotado de espíritu ardiente y de gran ambición, se aprovechó de esta situación, recorriendo el país, siendo recibido en todos los pueblos con aclamaciones de júbilo. En el año 1238 entró en Granada, en medio de los vítores entusiastas de sus habitantes; fue proclamado rey con grandes demostraciones de alegría, y pronto se hizo el jefe de los musulmanes en España, siendo el primero del esclarecido linaje de Beni-Nasar que ocupó el trono granadino.

In this old library, I have passed many delightful hours of quiet, undisturbed, literary foraging; for the keys of the doors and bookcases were kindly intrusted to me, and I was left alone, to rummage at my pleasure—a rare indulgence in these sanctuaries of learning, which too often tantalize the thirsty student with the sight of sealed fountains of knowledge.

In the course of these visits I gleaned a variety of facts concerning historical characters connected with the Alhambra, some of which I here subjoin, trusting they may prove acceptable to the reader.

The Moors of Granada regarded the Alhambra as a miracle of art, and had a tradition that the king who founded it dealt in magic, or at least in alchemy, by means whereof he procured the immense sums of gold expended in its erection. A brief view of his reign will show the secret of his wealth.

He is known in Arabian history as Muhamed Ibn-l-Ahmar; but his name in general is written simply Alhamar, and was given to him, we are told, on account of his ruddy complexion.

He was of the noble and opulent line of the Beni Nasar, or tribe of Nasar, and was born in Arjona, in the year of the Hegira 592 (A. D. 1195). No expense was spared in fitting him for the high destinies prognosticated. The saracenic people of Spain was already well versed in civilisation, and there were specialised institutions where science and art studies where taught throughout the main cities. In such place Alhamar was able to receive higher instruction with young people like him, that were wealthy and part of the high end class. Before he attained the full years of manhood, he was appointed as the mayor of Arjona and Jaen, achieving great popularity for his kindness and justice. After the death of Abou Hudfactions arose among the Muslim power in Spain, and many cities started decklaring they were supporters of Abu Alhamar. He took advantage of this situation, due to his arodor of spirit and great ambition, and traveled across the country, where he was welcomed in each town with cheers of joy He made his formal entry into Granada in 1238, amid the enthusiastic shouts of the multitude, who hailed him as the only one capable of uniting the various factions which prevailed. Alhamar established his court in Granada; he was the first of the illustrious line of Nasar that sat upon a throne.

Su reinado fue una gran cantidad de sucesos venturosos para sus súbditos. Concedió el mando de sus numerosas ciudades a aquellos que se habían distinguido por su valor y su prudencia y que eran más estimados del pueblo. Creó una policía vigilante y estableció leyes estrictas para la administración de justicia. El pobre y el oprimido eran siempre admitidos en audiencia, y los atendía personalmente, protegiéndolos y socorriéndolos. Fundó hospitales para los ciegos, los ancianos y los enfermos y para todas aquellas personas que no se encontraban en condiciones para trabajar, visitándolos frecuentemente, y no en días especiales ni anunciándose con pompa para dar tiempo a que todo apareciese marchando perfectamente y quedasen ocultos los abusos, sino que se presentaba de improviso y cuando menos lo esperaban, se informaba en persona del cuidado de los enfermos y de la conducta de los encargados de cuidarles. Fundó escuelas y colegios, que visitaba de idéntica forma, inspeccionando por su propia cuenta la educación de la juventud. Estableció también carnicerías y hornos públicos para que el pueblo se abasteciese de los artículos de primera necesidad a precios justos y equitativos. Abasteció abundantes cañerías de agua a la ciudad, mandando construir baños y fuentes, además de acueductos y acequias para regar y fertilizar la vega. De esta manera reinaban la abundancia y la prosperidad en su hermosa ciudad; sus puertas se vieron abiertas al comercio y a la industria, y sus almacenes estaban repletos de mercancías de todos los países.

De tal forma iba Mohamed Abu Alhamar gobernando sus dominios y con tanta sabiduría como prosperidad, cuando se vio de pronto intimidado con los horrores de la guerra. Los cristianos, por este tiempo, aprovechándose del desmembramiento del poder musulmán, principiaron de nuevo a reconquistar sus antiguos territorios. Jaime el Conquistador había tomado ya a Valencia, y Fernando el Santo paseaba sus armas victoriosas por toda Andalucía; este último puso sitio a Jaén, y juró no levantar el campo hasta apoderarse de la ciudad. Mohamed Abu Alhamar, convencido de su impotencia para hacer frente al poderoso monarca de Castilla, tomó una rápida resolución: se fue secretamente al campamento cristiano y se presentó al rey Fernando.

His reign was a large amount of fortunate events for his subjects. He confided the command of his various cities to such as had distinguished themselves by valor and prudence, and who seemed most acceptable to the people. He organized a vigilant police, and established rigid rules for the administration of justice. The poor and the distressed always found ready admission to his presence, and he attended personally to their assistance and redress. He erected hospitals for the blind, the aged, and infirm, and all those incapable of labor, and visited them frequently; not on set days with pomp and form, so as to give time for every thing to be put in order, and every abuse concealed; but suddenly, and unexpectedly, informing himself, by actual observation and close inquiry, of the treatment of the sick, and the conduct of those appointed to administer to their relief. He founded schools and colleges, which he visited in the same manner, inspecting personally the instruction of the youth. He established butcheries and public ovens, that the people might be furnished with wholesome provisions at just and regular prices. He introduced abundant streams of water into the city, erecting baths and fountains, and constructing aqueducts and canals to irrigate and fertilize the Vega. By these means prosperity and abundance prevailed in this beautiful city, its gates were thronged with commerce, and its warehouses filled with luxuries and merchandise of every clime and country.

In such a way Mohamed Abu Alhamar would rule his domains and with as much wisdom as prosperity, until he was suddenly intimidated by the horrors of war. The Christians, profiting by the dismemberment of the Moslem power, were rapidly regaining their ancient territories. James the Conqueror had subjected all Valencia, and Ferdinand the Saint sat down in person before Jaen, the bulwark of Granada and he swore not to raise his camp until he had gained possession of the place. Alhamar was conscious of the insufficiency of his means to cope with the potent sovereign of Castile, so he took a sudden resolution; he repaired privately to the Christian camp, made his unexpected appearance in the presence of King Ferdinand, and frankly announced himself as the king of Granada.

—Ved en mí —le dijo— a Mohamed, rey de Granada; confío en vuestra lealtad y me pongo bajo vuestra protección. Tomad todo lo que poseo y recibidme como vasallo vuestro.

Y, al decir esto, se arrodilló y besó la mano del rey en señal de sumisión.

El rey Fernando se enterneció al ver este ejemplo de fidelidad, y decidió ser no menos altruista. Levantó del suelo al que era momentos antes su enemigo, le abrazó como amigo y no aceptó las riquezas que le ofrecía, sino que lo recibió como vasallo, dejándole la soberanía de sus estados a condición de pagarle cierto tributo anual, con derecho a asistir a las Cortes como uno de tantos nobles de su reino y con la obligación de ayudarlo en la guerra con cierto número de caballeros.

No pasó mucho tiempo sin que Mohamed fuese llamado a prestar su concurso como guerrero, pues tuvo que ayudar al rey Fernando en su célebre asedio de Sevilla. El rey moro vino con muchos caballeros escogidos de Granada, alrededor de quinientos, a quienes nadie aventajaba en el mundo manejando la lanza y el caballo; servicio triste y humillante, pues tenían que desenvainar la espada contra sus mismos hermanos de religión.

Mohamed consiguió una amarga celebridad por su valor en esta conquista, no menos que por el honor de haber influido en el ánimo de Fernando para que dulcificase las crueles costumbres establecidas en la guerra. Cuando en 1248 se rindió la famosa ciudad de Sevilla a los monarcas castellanos, regresó Mohamed a sus dominios triste y taciturno, pues se dio cuenta de las desgracias que amenazaban a la causa musulmana, soltando con frecuencia esta exclamación que solía decir en momentos de pena y angustia: "¡Cuán estrecha y miserable sería nuestra vida si no fuera tan dilatada y espaciosa nuestra esperanza!"

Cuando el agotado Alhamar iba llegando a su querida Granada salieron a recibirle sus súbditos, impacientes por abrazarle y saludarle, pues lo amaban como su bienhechor. Habían erigido arcos de triunfo en honor de sus hazañas de guerra y dondequiera que pasaba lo aclamaban llamándole *El Ghalib,* esto es, *El Victorioso.* Mohamed movió su cabeza al oír esto, y exclamó: "*¡Wa la ghalib ila Allah!* (¡Sólo Dios es vencedor!)". A partir de ese instante se adoptó esta sentencia por lema, y la hizo grabar sobre una banda transversal en su escudo de armas, y continuó siendo en adelante el lema de sus sucesores.

"I come," said he, "confiding in your good faith, to put myself under your protection. Take all I possess and receive me as your vassal"; so saying, he knelt and kissed the king's hand in token of allegiance.

Ferdinand was won by this instance of confiding faith, and determined not to be outdone in generosity. He raised his late enemy from the earth, embraced him as a friend, and, refusing the wealth he offered, left him sovereign of his dominions, under the feudal tenure of a yearly tribute, attendance at the Cortes as one of the nobles of the empire, and service in war with a certain number of horsemen. He moreover conferred on him the honor of knighthood, and armed him with his own hands.

It was not long after this that Alhamar was called upon, for his military services, to aid King Ferdinand in his famous siege of Seville. The Moorish king sallied forth with five hundred chosen horsemen of Granada, than whom none in the world knew better how to manage the steed or wield the lance. It was a humiliating service, however, for they had to draw the sword against their brethren of the faith.

Alhamar gained a melancholy distinction by his prowess in this renowned conquest, but more true honor by the humanity which he prevailed upon Ferdinand to introduce into the usages of war. When in 1248 the famous city of Seville surrendered to the Castilian monarch, Alhamar returned sad and full of care to his dominions. He saw the gathering ills that menaced the Moslem cause; and uttered an ejaculation often used by him in moments of anxiety and trouble—"How straitened and wretched would be our life, if our hope were not so spacious and extensive."

As he approached Granada on his return he beheld arches of triumph which had been erected in honor of his martial exploits. The people thronged forth to see him with impatient joy, for his benignant rule had won all hearts. Wherever he passed he was hailed with acclamations as *"El Ghalib!"* (the conqueror). Alhamar gave a melancholy shake of the head on hearing the appellation. "*Wa le ghalib il Allah!*" ("There is no conqueror but God!"), exclaimed he. From that time forward this exclamation became his motto, and the motto of his descendants, and appears to this day emblazoned on his escutcheons in the halls of the Alhambra.

Mohamed había comprado la paz sometiéndose al yugo cristiano; pero sabía que cuando elementos heterogéneos se hallan discordantes y separados por motivos de hostilidad inveterados y profundos, la armonía no podía ser segura ni duradera. Así, pues, siguiendo la antigua máxima *Ármate en tiempo de paz y arrópate incluso en verano*, aprovechó el intervalo de tranquilidad que disfrutaba para fortificar sus dominios y abastecer sus arsenales, protegiendo al mismo tiempo las artes útiles, que dan a las naciones riqueza y poderío. Concedió asimismo premios y privilegios a los mejores artistas; estimuló la cría caballar y de otros animales domésticos y la agricultura, aumentando la feracidad natural del terreno por su iniciativa, haciendo que los fértiles valles del reino floreciesen como el más precioso jardín. También otorgó grandes privilegios al cultivo y fabricación de la seda, hasta que consiguió que los tejidos realizados en Granada sobrepujasen a los de Siria en finura y belleza de producción. Igualmente hizo explotar las minas de oro, plata y otros metales encontrados en las regiones montañosas de sus dominios, y fue el primer rey de Granada que acuñó monedas de oro y plata con su nombre, poniendo gran diligencia en que las piezas estuviesen perfectamente grabadas.

Durante esta época, hacia la mitad del siglo XIII y poco después de su regreso del sitio de Sevilla, dio comienzo al magnífico Palacio de la Alhambra, supervisando él mismo su perfecta construcción, mezclándose con frecuencia entre los artistas y alarifes, y dirigiendo personalmente cada uno de sus trabajos.

Aunque tan espléndido en sus obras y grande en sus proyectos, era humilde en su persona y moderado en sus diversiones. Sus vestidos no eran lujosos ni mucho menos, sino tan sencillos que no se diferenciaban de los de sus vasallos. Su harén lo componían pocas mujeres, a las que visitaba rara vez; pero las rodeaba de gran magnificencia. Sus esposas eran hijas de los nobles más importantes, y las trataba con diferencia, como amigas y compañeras; y, lo que es más extraño, logró que viviesen entre sí en paz y amistad continua. Pasaba la mayor parte del día en sus jardines, y sobre todo en los de la Alhambra, que había enriquecido con las plantas más exóticas y las flores más preciosas y aromáticas, y allí se complacía en leer historias o haciendo que se las leyesen, y en los momentos de descanso se dedicaba en enseñar a sus tres hijos, a quienes había colocado con los maestros más ilustres y virtuosos.

Alhamar had purchased peace by submission to the Christian yoke; but he was conscious that, with elements so discordant and motives for hostility so deep and ancient, it could not be permanent. Acting, therefore, upon the old maxim, "arm thyself in peace and clothe thyself in summer," he improved the present interval of tranquillity by fortifying his dominions, replenishing his arsenals, and promoting those useful arts which give wealth and real power. He moreover gave premiums and privileges to the best artisans; improved the breed of horses and other domestic animals; encouraged husbandry; and increased the natural fertility of the soil twofold by his protection, making the lovely valleys of his kingdom to bloom like gardens. He fostered also the growth and fabrication of silk, until the looms of Granada surpassed even those of Syria in the fineness and beauty of their productions. He moreover caused the mines of gold and silver and other metals, found in the mountainous regions of his dominions, to be diligently worked, and was the first king of Granada who struck money of gold and silver with his name, taking great care that the coins should be skilfully executed.

It was towards the middle of the thirteenth century, and just after his return from the siege of Seville, that he commenced the splendid palace of the Alhambra; superintending the building of it in person; mingling frequently among the artists and workmen, and directing their labors.

Though thus magnificent in his works and great in his enterprises, he was simple in his person and moderate in his enjoyments. His dress was not merely void of splendor, but so plain as not to distinguish him from his subjects. His harem boasted but few beauties, and these he visited but seldom, though they were entertained with great magnificence. His wives were daughters of the principal nobles, and were treated by him as friends and rational companions. What is more, he managed to make them live in friendship with one another. He passed much of his time in his gardens; especially in those of the Alhambra, which he had stored with the rarest plants and the most beautiful and aromatic flowers. Here he delighted himself in reading histories, or in causing them to be read and related to him, and sometimes, in intervals of leisure, employed himself in the instruction of his three sons, for whom he had provided the most learned and virtuous masters.

Como se había sometido franca y voluntariamente como vasallo tributario de Fernando, permaneció siempre fiel a su palabra, ofreciendo continuas pruebas de afecto y de lealtad. Cuando aquel extraordinario monarca falleció en Sevilla, en 1254, Mohamed Abu Alhamar mandó embajadores a dar el pésame a su sucesor Alfonso X, y con ellos un lujoso séquito de cien caballeros musulmanes de alto rango, para que velasen con velones encendidos alrededor del féretro real en las ceremonias fúnebres. El monarca musulmán repitió este testimonio de respeto durante el resto de sus días en cada aniversario de la muerte del rey Fernando el Santo, enviando de Granada a Sevilla cien caballeros moriscos, asistiendo con blandones encendidos en la suntuosa catedral, rodeando el cenotafio del ilustre difunto.

Mohamed Abu Alhamar conservó sus facultades intelectuales y su vigor hasta una edad muy avanzada. A los setenta y nueve años salió al campo a caballo, acompañado de lo más selecto de todos sus caballeros, para rechazar una invasión en sus territorios. Al salir el ejército de Granada, uno de los principales campeones que iban al frente de él rompió involuntariamente su lanza contra el arco de la puerta. Los consejeros del rey, alarmados por este suceso, que consideraban como un mal augurio, le rogaron que regresase a su palacio. Cuantos ruegos le hicieron todos fueron en vano, pues el rey insistió en continuar, cumpliendo fatalmente el presagio, y —según cuentan los cronistas árabes— Mohamed se vio de repente atacado a la caída de la tarde de una enfermedad imprevista, faltando poco para que cayese de su caballo. Lo colocaron en una litera, conduciéndole de nuevo a Granada; pero su enfermedad se agravó de tal forma, que se vieron obligados a instalarle en una tienda de campaña en la vega. Sus médicos estaban conmovidos, sin saber qué remedio podían suministrarle, falleciendo poco después de haber vomitado sangre y en medio de las más horribles convulsiones. El infante castellano don Felipe, hermano de Alfonso X, se encontraba junto a él cuando murió. Su cuerpo fue embalsamado, depositado en un ataúd de plata y enterrado en la Alhambra en un mausoleo de mármol, en medio de los llantos de tristeza y lamentos de sus súbditos, que lo recordaban como a un padre.

As he had frankly and voluntarily offered himself a tributary vassal to Ferdinand, so he always remained loyal to his word, giving him repeated proofs of fidelity and attachment. When that renowned monarch died in Seville in 1254, Alhamar sent ambassadors to condole with his successor, Alonzo X, and with them a gallant train of a hundred Moorish cavaliers of distinguished rank, who were to attend round the royal bier during the funeral ceremonies, each bearing a lighted taper. This grand testimonial of respect was repeated by the Moslem monarch during the remainder of his life on each anniversary of the death of King Ferdinand el Santo, when the hundred Moorish knights repaired from Granada to Seville, and took their stations with lighted tapers in the centre of the sumptuous cathedral round the cenotaph of the illustrious deceased.

Alhamar retained his faculties and vigor to an advanced age. In his seventy-ninth year (A. D. 1272) he took the field on horseback, accompanied by the flower of his chivalry, to resist an invasion of his territories. As the army sallied forth from Granada, one of the principal adalides, or guides, who rode in the advance, accidentally broke his lance against the arch of the gate. The councillors of the king, alarmed by this circumstance, which was considered an evil omen, entreated him to return. Their supplications were in vain. The king persisted, and at noontide the omen, say the Moorish chroniclers, was fatally fulfilled. Alhamar was suddenly struck with illness, and had nearly fallen from his horse. He was placed on a litter, and borne back towards Granada but his illness increased to such a degree that they were obliged to pitch his tent in the Vega. His physicians were filled with consternation, not knowing what remedy to prescribe. In a few hours he died, vomiting blood and in violent convulsions. The Castilian prince, Don Philip, brother of Alonzo X, was by his side when he expired. His body was embalmed, enclosed in a silver coffin, and buried in the Alhambra in a sepulchre of precious marble, amidst the unfeigned lamentations of his subjects, who bewailed him as a parent.

Tal fue el ilustre príncipe patriota que fundó la Alhambra, cuyo nombre se encuentra entrelazado con sus delicados adornos, y cuya memoria entusiasman los más grandes pensamientos a los que visitan esta desértica mansión de su magnificencia y de su gloria. Aunque sus empresas eran osadas y sus gastos elevados, su erario estaba usualmente repleto, dando lugar esta contradicción a la conseja que lo suponía versado en la magia, y a la opinión común de que tenía el secreto de cambiar los metales viles en oro. Los que fijen su interés en la política de este monarca que he consignado aquí se explicarán fácilmente la magia natural y la sencilla alquimia que hacía que su tesoro estuviese siempre nadando en la prosperidad.

YUSEF ABUL HAGIG,
EL FINALIZADOR DE LA ALHAMBRA

Justo debajo de las habitaciones del gobernador de la Alhambra se encuentra la Mezquita Real, donde los monarcas mahometanos oraban sus devociones. Aunque fue después consagrada como capilla católica, conserva aún restos de su carácter musulmán; pueden todavía contemplarse las columnas árabes con sus capiteles de color oro y las galerías de celosías para las mujeres del harén, y en sus paredes están mezclados los escudos de armas de los reyes moros con los de los soberanos de Castilla.

En este sagrado aposento falleció el célebre Yusef Abul Hagig, el noble príncipe que culminó la Alhambra, el cual se hizo digno casi de igual renombre que su magnánimo fundador, por sus singularidades virtudes y cualidades inigualables. Con grata satisfacción saco de las tinieblas en que ha permanecido por tan largo tiempo el nombre de uno de los soberanos de esta dinastía casi olvidada que reinó con esplendor y gloria en Andalucía cuando toda Europa estaba sumida en un estado de relativa anarquía.

I have said that he was the first of the illustrious line of Nasar that sat upon a throne. I may add that he was the founder of a brilliant kingdom, which will ever be famous in history and romance, as the last rallying place, of Moslem power and splendor in the peninsula. Though his undertakings were vast, and his expenditures immense, yet his treasury was always full; and this seeming contradiction gave rise to the story that he was versed in magic art, and possessed of the secret for transmuting baser metals into gold. Those who have attended to his domestic policy, as here set forth, will easily understand the natural magic and simple alchemy which made his ample treasury to overflow.

YUSEF ABUL HAGIG, THE FINISHER OF THE ALHAMBRA

The royal mosque of the Alhambra is located just below the chambers of the governor, and here is where the Muslims monarchs prayed their devotions. Although it was later consecrated as a Catholic chapel, still retains traces of its Muslim character; the Arab columns with gilded capitals and galleries lattices for women of the harem can still be seen, and on its walls are hanged mixed coats of arms of the Moorish kings with the kings of Castile.

In this sacred chamber died the illustrious Yusef Abul Hagig, the noble prince who finished the Alhambra, which was worth almost equally magnanimous founder renowned for his illustrious virtues and unique qualities. I bring out of the darkness, with pleasant complacency, what has been the name of one of the rulers of this almost forgotten dynasty for so long that reigned in splendor and glory in Andalusia when Europe was plunged into a state of barbarism.

Yusef Abul Hagig —o, como se escribe generalmente, Haxis— llegó al trono de Granada en el año 1333, y con sus prendas personales y dotes intelectuales tuvo muchos simpatizantes, afianzándose un reinado feliz y próspero. Era de noble presencia, de una increíble fuerza física y dotado de una particular hermosura; su cutis era muy blanco, y aumentaba su gravedad y majestad dejándose muy larga la barba y tiñéndola de negro. Tenía una memoria extraordinaria y muy enriquecida de ciencia y erudición; era de genio vivo y estaba reputado por uno de los extraordinarios poetas de su época; sus modales eran por todo extremo corteses, afables y educados. Yusef tenía el valor personal de las almas generosas, pero su carácter se amoldaba más a la paz que al conflicto, viéndose sumamente molesto, cuando se veía obligado a disponer de las armas, lo cual sucedía con frecuencia en aquellos tiempos. Llevaba su afabilidad de carácter hasta la misma práctica de la guerra, prohibiendo toda crueldad innecesaria y desviviéndose para que las mujeres estuviesen a salvo, al igual que niños, ancianos, enfermos, religiosos y personas de vida ejemplar y escogida.

En medio de sus desventuradas empresas se menciona la campaña que llevó a cabo en compañía del rey de Marruecos contra los reyes de Castilla y Portugal, y que terminó con la derrota en la célebre batalla del Salado, cuyo desastroso contratiempo fue un tremendo golpe de muerte para el poder musulmán en España.

Posteriormente a esta derrota Yusef consiguió una larga tregua; durante este tiempo se dedicó al adiestramiento de su pueblo y al perfeccionamiento de sus costumbres y de su cultura. Con este motivo instauró escuelas en todas las aldeas, con sencillos y uniformes métodos de educación; forzó a que cada pueblo pequeño de más de doce casas tuviese una mezquita, y prohibió los varios abusos e irreverencias que se habían deslizado en las ceremonias religiosas y en las fiestas públicas. Cuidó y atendió con esmero a la policía de las ciudades, creando rondas nocturnas y patrullas, e inspeccionando todos los asuntos municipales. Desplegó un ardiente celo por terminar los edificios arquitectónicos que ya habían sido iniciados por sus antecesores, e hizo levantar otros de nueva planta.

Yusef Abul Hagig (or as it is sometimes written, Haxis) ascended the throne of Granada in the year of grace 1333, and with hispersonal belongings and intellectual capacities, he had a large amount of supported that allowed him to fasten his reign full of happiness and prosperity. He had a noble presence, great bodily strength, and a fair complexion, and the majesty of his countenance increased, , by suffering his beard to grow to a dignified length and dying it black.. He had an excellent memory, and had stored his mind with science and erudition; his taste was altogether elegant and refined, and he was accounted the best poet of his time. His manners were gentle, affable, and urbane; he carried the benignity of his nature into warfare, prohibiting all wanton cruelty, and enjoining mercy and protection towards women and children, the aged and infirm, and all friars and other persons of holy and recluse life. But though he possessed the courage common to generous spirits, the bent of his genius was more for peace than war, and though repeatedly obliged by circumstances to take up arms, he was generally unfortunate.

Among other ill-starred enterprises, he undertook a great campaign, in conjunction with the king of Morocco, against the kings of Castile and Portugal, but was defeated in the memorable battle of Salado, which had nearly proved a death-blow to the Moslem power in Spain.

Yusef obtained a long truce after this defeat, and now his character shone forth in its true lustre. Devoting himself to the instruction of his people and the improvement of their morals and manners, he established schools in all the villages, with simple and uniform systems of education; he obliged every hamlet of more than twelve houses to have a mosque, and purified the ceremonies of religion, and the festivals and popular amusements, from various abuses and indecorums which had crept into them. He attended vigilantly to the police of the city, establishing nocturnal guards and patrols, and superintending all municipal concerns. His attention was also directed towards finishing the great architectural works commenced by his predecessors, and erecting others on his own plans.

Concluyó también de edificar la Alhambra, comenzada por el ilustre Abu Alhamar, y construyó la elegante Puerta de la Justicia, que constituye la entrada principal de la fortaleza, la cual se concluyó en 1348. Embelleció igualmente varios de los patios y salones del Palacio, como lo certifican las inscripciones que hay en el recinto, en las que se repite con gran frecuencia su nombre. Igualmente construyó el bellísimo Alcázar de Málaga, actualmente convertido en un montón de ruinas por desgracia, siendo muy probable que presentase su interior el mismo aspecto de elegancia y magnificencia que la Alhambra.

El carácter de un soberano refleja fielmente el de su época. Los nobles de Granada, emulando el buen gusto de Yusef, adornaron aquella ciudad de lujosos palacios, cuyos salones presentaban pavimentos de mosaicos, paredes y cúpulas de finísimas labores en estuco y delicadamente doradas y pintadas de azul, rojo y otros brillantes colores, o incrustadas primorosamente de cedro y otras maderas preciosas, de los cuales han sobrevivido modelos en perfectísimo estado de conservación después de algunos siglos. Gran parte de las casas disponían fuentes que arrojaban surtidores de agua, refrescando el ambiente puro, y torrecillas de madera o mampostería caprichosamente edificadas, decoradas y cubiertas con chapas de metal que hacían relucir los espectaculares rayos del sol. Tal era el refinamiento y delicado gusto arquitectónico que existía en aquel momento en esa gran culta capital del reino granadino, que dio lugar a esa hermosa comparación de un escritor arábigo: "Granada, en los tiempos de Yusef, era un vaso de plata cubierto de esmeraldas y de jacintos."

Una simple anécdota bastará para poner de relieve la magnanimidad de este altruista monarca. Ya iba a expirar la larga tregua que siguió a la batalla del Salado, y todos los esfuerzos de Yusef por ampliarla habían resultado estériles. Su enemigo mortal, Alfonso XI de Castilla, salió al campo con un gran ejército y sitió Gibraltar. Yusef cogió las armas con gran disgusto y movilizó tropas para salvar la ciudad; pero en medio de su intranquilidad, tuvo confidencias de que su temible enemigo había fallecido como consecuencia de la peste. Pues bien; este noble príncipe, en vez de manifestarse alegre y contento por tal noticia, no tuvo ánimo sino para mencionar las excelentes cualidades del difunto, y exclamó conmovido con generosa tristeza:

The Alhambra, which had been founded by the good Alhamar, was now completed. Yusef constructed the beautiful Gate of Justice, forming the grand entrance to the fortress, which he finished in 1348. He likewise adorned many of the courts and halls of the palace, as may be seen by the inscriptions on the walls, in which his name repeatedly occurs. He built also the noble Alcazar or citadel of Malaga, now unfortunately a mere mass of crumbling ruins, but which most probably exhibited in its interior, similar elegance and magnificence with the Alhambra.

The genius of a sovereign stamps a character upon his time. The nobles of Granada, imitating the elegant and graceful taste of Yusef, soon filled the city of Granada with magnificent palaces; the halls of which were paved with mosaic, the walls and ceilings wrought in fretwork, and delicately gilded and painted with azure, vermilion, and other brilliant colors, or minutely inlaid with cedar and other precious woods; specimens of which have survived, in all their lustre, the lapse of several centuries. Many of the houses had fountains, which threw up jets of water to refresh and cool the air. They had lofty towers also, of wood or stone, curiously carved and ornamented, and covered with plates of metal that glittered in the sun. Such was the refined and delicate taste in architecture that prevailed among this elegant people; insomuch that to use the beautiful simile of an Arabian writer, "Granada, in the days of Yusef, was as a silver vase filled with emeralds and jacinths."

One anecdote will be sufficient to show the magnanimity of this generous prince. The long truce which had succeeded the battle of Salado was at an end, and every effort of Yusef to renew it was in vain. His deadly foe, Alfonzo XI of Castile, took the field with great force, and laid siege to Gibraltar. Yusef reluctantly took up arms, and sent troops to the relief of the place. In the midst of his anxiety, he received tidings that his dreaded foe had suddenly fallen a victim to the plague. Instead of manifesting exultation on the occasion, Yusef called to mind the great qualities of the deceased, and was touched with a noble sorrow.

—¡Ay! ¡El mundo ha perdido uno de sus mejores príncipes! ¡Era un soberano que reconocía el mérito lo mismo en sus amigos que en sus enemigos!

Los cronistas españoles ensalzan a una este rasgo de elevación de alma. Según refieren éstos, los caballeros moros participaron del sentimiento de su rey y llevaron luto por la muerte de don Alfonso. Aun los mismos moros de Gibraltar, que habían sido tan hostilmente sitiados, cuando supieron que el monarca enemigo había muerto en su campo, se abstuvieron por voto unánime de no hacer entonces ninguna escaramuza contra los cristianos.

El día en que aquellos levantaron el cerco y partió el ejército con el cadáver de don Alfonso salieron los moros en gran número de Gibraltar y vieron en silencio y nostálgicos la triste ceremonia. El mismo respeto a la memoria del difunto vieron todos los jeques musulmanes fronterizos, dando lugar al paso a la fúnebre comitiva que transportaba el cadáver del cristiano monarca desde Gibraltar hasta Sevilla.

Yusef no resistió mucho tiempo al enemigo que noblemente había llorado. En el año 1354, estando orando un día en la Mezquita Real de la Alhambra, se echó de pronto sobre él un demente y le clavó una daga en el costado. Los guardias y cortesanos se dirigieron al lugar después de escuchar los lamentos del rey, y le encontraron lleno de sangre y presa de horribles convulsiones. Fue trasladado rápidamente a las habitaciones reales, donde expiró al poco tiempo. El asesino fue descuartizado y sus restos fueron quemados en público para complacer la voluntad popular.

El cuerpo del monarca fue depositado en un magnífico sepulcro de bellísimo mármol blanco, en el cual recordaba sus grandes virtudes un gran epitafio en letras de oro sobre fondo azul que decía lo siguiente:

Aquí yace un rey y un mártir de ilustre linaje afable, sabio y virtuoso; renombrado por sus prendas personales y su delicado trato, cuya clemencia, piedad y benevolencia eran alabadas en todo el reino de granada fue un gran príncipe, un ilustre capitán, una tajante espada de los musulmanes, un valiente abanderado entre los más poderosos monarcas...

"Alas!" cried he, "the world has lost one of its most excellent princes; a sovereign who knew how to honor merit, whether in friend or foe!"

The Spanish chroniclers themselves bear witness to this magnanimity. According to their accounts, the Moorish cavaliers partook of the sentiment of their king, and put on mourning for the death of Alfonzo. Even those of Gibraltar, who had been so closely invested, when they knew that the hostile monarch lay dead in his camp, determined among themselves that no hostile movement should be made against the Christians. The day on which the camp was broken up, and the army departed bearing the corpse of Alfonzo, the Moors issued in multitudes from Gibraltar, and stood mute and melancholy, watching the mournful pageant. The same reverence for the deceased was observed by all the Moorish commanders on the frontiers, who suffered the funeral train to pass in safety, bearing the corpse of the Christian sovereign from Gibraltar to Seville.

Yusef did not long survive the enemy he had so generously deplored. In the year 1354, as he was one day praying in the royal mosque of the Alhambra, a maniac rushed suddenly from behind and plunged a dagger in his side. The cries of the king brought his guards and courtiers to his assistance. They found him weltering in his blood. He made some signs as if to speak, but his words were unintelligible. They bore him senseless to the royal apartments, where he expired almost immediately. The murderer was cut to pieces, and his limbs burnt in public to gratify the fury of the populace.

The body of the king was interred in a superb sepulchre of white marble; a long epitaph, in letters of gold upon an azure ground, recorded his virtues:

"Here lies a king and martyr, of an illustrious line, gentle, learned, and virtuous; renowned for the graces of his person and his manners; whose clemency, piety and benevolence, were extolled throughout the kingdom of Granada. He was a great prince; an illustrious captain; a sharp sword of the Moslems; a valiant standard-bearer among the most potent monarchs" .

La mezquita en que resonaron los gritos moribundos de Yusef aún se conserva; pero el mausoleo que recordaba sus cualidades desapareció hace ya mucho tiempo. Su nombre, continúa escrito en los adornos de la Alhambra, y vivirá para siempre mientras dure esta renombrada fortaleza, en cuya suntuosidad y belleza resumió su mayor orgullo, y a la que consideró siempre como la soberana de sus delicias.

The mosque still exists which once resounded with the dying cries of Yusef, but the monument which recorded his virtues has long since disappeared. His name, however, remains inscribed among the delicate and graceful ornaments of the Alhambra, and will be perpetuated in connection with this renowned pile, which it was his pride and delight to beautify.

ACTIVIDADES

A continuación encontrará una lista de vocabulario de cada uno de los diferentes capítulos de "Cuentos de la Alhambra" de Washington Irving que acaba de leer. Luego de la lista encontrará oraciones que están en el cuento con un espacio en blanco en donde tendrá que completar la oración con una de las palabras de dichas listas. Es importante saber que habrá verbos que tendrá que conjugar en el tiempo verbal correspondiente para que la oración esté correcta.

Vocabulary

The journey

Cloak: abrigo, sobretodo
Muleteer: arriero
Steep: empinado, escarpado
Wealthy: adinerado, rico

1. He perceives some village on a _____ hill.

2. The ________ villager rarely ventures to the market-town without his *trabuco.*

3. The Spanish ______ has an inexhaustible stock of songs and ballads.

4. Our ______ were spread on the grass, under an elm by the side of a bubbling rivulet.

Palace of the Alhambra
The interior of the Alhambra

Desolate: solitario, arruinado, afligido
To engrave: grabar, estampar

Solemnity: Solemnidad
Tempered: templado

5. Its beautiful halls became ______, and some of them fell to ruin.

6. On the keystone of this arch is ________ a gigantic hand.

7. A cupola or lantern admits a ________ light from above and a free circulation of air.

8. There is a magnificence as well as ________ in the gloom.

The tower of Comares

Defile: desfiladero
Narrow: angosto
Rivulets: riachuelos, arroyuelos
Summit: cumbre, cima

9. What a morning to mount to the ______of the Tower of Comares!

10. The deep _____ glen below us, which gradually widens as it opens from the mountains, is the valley of the Darro.

11. It was down a cragged _____ of these mountains, called the Pass of Lope, which the Christian armies descended into the Vega.

12. It is this aerial treasury of snow, which, melting in proportion to the increase of the summer heat, sends down ______ and streams.

Considerations of the Muslim rule in Spain

THE FAMILY OF THE HOUSE

Lodging: alojamiento, hospedaje
Remnants: restos
Stillness: quietud tranquilidad
Stuttering: tartamudo, tartamudeo

13. Not a breath of air disturbed the ______ of the hour.

14. The exiled _____ of their once powerful empire disappeared among the barbarians of Africa.

15. The good dame Antonia fulfils faithfully her contract in regard to my board and ______.

16. When I rise in the morning, Pepe, the _______ lad from the gardens, brings me a tribute of fresh culled flowers.

The Truant
My Chambers

Crown: corona.
To Cherish: amar, estimar, mantener.
Ambassador: embajador
Effortlessly: fácilmente, sin ningún esfuerzo.
To Escort: escoltar, acompañar.
Perilous: peligroso, arriesgado.

17. Their virtuous union was at length _________ by two spotless and milk-white eggs, to the great joy of their ___________ little mistress.

18. It was determined, therefore, to send Pepe, the stuttering lad of the gardens, as __________ to the Administrador.

19. I was able to get the key, but not ___________.

20. The whole family _____________ me to my chamber, and took leave of me as of one engaged on a __________ enterprise.

The Alhambra under the moonlight
Inhabitants of the Alhambra

Heavenly: divino, celestial.
To Loiter: holgazanear, vaguear, perder el tiempo.
To Boast: jactarse, presumir, alardear.
Utmost: máximo esfuerzo.

21. On such __________ nights I would sit for hours at my window inhaling the sweetness of the garden.

22. Such is a faint picture of the moonlight nights I have passed ___________.

23. Proud as he is ragged, _____________ of his descent from the illustrious house of Aguilar.

24. He has done his ___________ to perpetuate his line and continue the poverty of the family.

The court of Lions
Boabdil, the kid

Behold: mirar, observar, contemplar.
Vindicate: vindicar, vengar.
To Trace: trazar, rastrear.
Jailer: carcelero.

25. Through the ample and fretted arch of the portal I _________ the Court of Lions.

26. I endeavored to ____________ the memory of the unlucky Boabdil.

27. The most of these tales may be _________ to a work commonly called The Civil Wars of Granada.

28. And here we find the tyrant _________ was his father, and the captive sultana.

Mementos of Boabdil / The Balcony

Sought: buscado, deseado.
To Savor: saborear, disfrutar.
Earnest: serio, sincero
To Proclaim: proclamar, anunciar.

29. I next __________ the gate by which Boabdil made his last exit from the Alhambra.

30. A speech __________ more of the pride of the princess than the tenderness of the mother.

31. I saw the father and the lover issue forth; they were in __________ conversation.

32. The streets are deserted, except by the water-carrier, who refreshes the ear by __________ the merits of his sparkling beverage.

RESPUESTAS

The journey

1. He perceives some village on a **steep** hill.

2. The **wealthy** villager rarely ventures to the market-town without his *trabuco.*

3. The Spanish **muleteer** has an inexhaustible stock of songs and ballads.

4. Our **cloak** were spread on the grass, under an elm by the side of a bubbling rivulet.

Palace of the Alhambra
The interior of the Alhambra

5. Its beautiful halls became **desolate**, and some of them fell to ruin.

6. On the keystone of this arch is **engraven** a gigantic hand.

7. A cupola or lantern admits a **tempered** light from above and a free circulation of air.

8. There is a magnificence as well as **solemnity** in the gloom.

The tower of Comares

9. What a morning to mount to the **summit** of the Tower of Comares!

10. The deep **narrow** glen below us, which gradually widens as it opens from the mountains, is the valley of the Darro.

11. It was down a cragged **defile** of these mountains, called the Pass of Lope, which the Christian armies descended into the Vega.

12. It is this aerial treasury of snow, which, melting in proportion to the increase of the summer heat, sends down **rivulets** and streams.

Considerations of the Muslim rule in Spain
The family of the house

13. Not a breath of air disturbed the **stillness** of the hour.

14. The exiled **remnant** of their once powerful empire disappeared among the barbarians of Africa.

15. The good dame Antonia fulfils faithfully her contract in regard to my board and **lodging**.

16. When I rise in the morning, Pepe, the **stuttering** lad from the gardens, brings me a tribute of fresh culled flowers.

The Truant
My Chambers

17. Their virtuous union was at length **crowned** by two spotless and milk-white eggs, to the great joy of their **cherishing** little mistress.

18. It was determined, therefore, to send Pepe, the stuttering lad of the gardens, as **ambassador** to the Administrador.

19. I was able to get the key, but not **effortlessly**.

20. The whole family **escorted** me to my chamber, and took leave of me as of one engaged on a **perilous** enterprise.

The Alhambra under the moonlight
Inhabitants of the Alhambra

21. On such **heavenly** nights I would sit for hours at my window inhaling the sweetness of the garden.

22. Such is a faint picture of the moonlight nights I have passed **loitering**.

23. Proud as he is ragged, **boasting** of his descent from the illustrious house of Aguilar.

24. He has done his **utmost** to perpetuate his line and continue the poverty of the family.

The court of Lions
Boabdil, the kid

25. Through the ample and fretted arch of the portal I **behold** the Court of Lions.

26. I endeavored to **vindicate** the memory of the unlucky Boabdil.

27. The most of these tales may be **traced** to a work commonly called The Civil Wars of Granada.

28. And here we find the tyrant **jailer** was his father, and the captive sultana.

Mementos of Boabdil
The Balcony

29. I next **sought** the gate by which Boabdil made his last exit from the Alhambra.

30. A speech **savoring** more of the pride of the princess than the tenderness of the mother.

31. I saw the father and the lover issue forth; they were in **earnest** conversation.

32. The streets are deserted, except by the water-carrier, who refreshes the ear by **proclaiming** the merits of his sparkling beverage.

ÍNDICE